国家社会科学基金教育学一般课题"中等职业教育质量监测机制研究"(课题批准号:BJA180103)

教育评价研究丛书

中等职业教育质量监测机制研究

李桂荣　等著

中国社会科学出版社

图书在版编目（CIP）数据

中等职业教育质量监测机制研究 / 李桂荣等著. -- 北京：中国社会科学出版社，2024.9. -- （教育评价研究丛书 / 刘志军主编）. -- ISBN 978-7-5227-3763-8

Ⅰ. G719.2

中国国家版本馆CIP数据核字第2024TT3051号

出 版 人	赵剑英
责任编辑	高　歌
责任校对	李　琳
责任印制	戴　宽

出　　版	中国社会科学出版社
社　　址	北京鼓楼西大街甲158号
邮　　编	100720
网　　址	http://www.csspw.cn
发 行 部	010-84083685
门 市 部	010-84029450
经　　销	新华书店及其他书店

印　　刷	北京明恒达印务有限公司
装　　订	廊坊市广阳区广增装订厂
版　　次	2024年9月第1版
印　　次	2024年9月第1次印刷

开　　本	710×1000　1/16
印　　张	29.25
插　　页	2
字　　数	437千字
定　　价	99.00元

凡购买中国社会科学出版社图书，如有质量问题请与本社营销中心联系调换
电话：010-84083683

版权所有　侵权必究

总　　序

教育，乃立国之本、强国之基。在人类历史发展进程中，教育始终发挥着传承文明、塑造未来的重要作用。而教育评价是教育教学工作的指挥棒，是教育体制改革的牛鼻子，是教育事业发展的定盘星，它处于引导教育发展方向、调控教育改革进程、衡量教育质量效果的关键环节，贯穿于教育改革与发展的各个领域、阶段和方面。党的十八大以来，以习近平同志为核心的党中央高度重视教育评价改革工作。关于深化教育体制改革，习近平总书记指出，要"健全立德树人落实机制，扭转不科学的教育评价导向""要坚决克服唯分数、唯升学、唯文凭、唯论文、唯帽子的顽瘴痼疾，从根本上解决教育评价指挥棒问题"[1]，强调要"完善学校管理和教育体系"[2]，"推进育人方式、办学模式、管理体制、保障机制改革"[3]，"要抓好深化新时代教育评价改革总体方案出台和落实落地，构建符合中国实际、具有世界水平的评价体系"[4]。习近平总书记关于教育评价改革的新思想新观点，为深化新时代教育评价改革提供了前进方向和根本遵循。

2020年10月，中共中央、国务院印发了《深化新时代教育评价改革总体方案》，对教育评价改革做了系统全面的谋划部署。这是新中国第一个关于教育评价系统改革的文件，也是指导深化新时代教育评价改

---

[1] 习近平：《习近平谈治国理政》（第三卷），外文出版社2020年版，第348页。
[2] 《习近平著作选读》（第一卷），人民出版社2023年版，第28页。
[3] 习近平：《习近平谈治国理政》（第三卷），外文出版社2020年版，第348页。
[4] 习近平：《习近平重要讲话单行本》（2020年合订本），人民出版社2021年版，第139页。

革的纲领性文件。但教育评价改革是一项复杂的系统工程，涉及教育系统内外因素的相互协调，关涉不同利益主体的相互配合，牵一发而动全身。所以要纵深推进教育评价改革，使教育评价工作得到实质性的发展，不仅需要出台相关的教育评价政策予以指导和规范，还需要探索多样化的教育评价实践提供鲜活的经验支撑，需要研究科学合理的教育评价理论给予坚实的智慧支持。因此，为了贯彻落实党和国家关于教育评价改革的战略性安排，推动教育评价改革的深化发展，实现立德树人的教育根本任务，河南大学教育学部组织部分教师对教育评价的相关问题进行研究，并围绕相关研究成果精心策划和编纂了这套"教育评价丛书"。本丛书旨在以教育评价研究领域的最新研究成果与实践经验，为教育理论工作者、一线教师及教育管理者提供一套系统、科学、实用的教育评价指南，进而助力我国形成富有时代特征、彰显中国特色、体现世界水平的教育评价体系。

综观这套"教育评价丛书"，我认为有以下五点明显的特征：

其一，发展本位。如果给这套丛书寻出一条串联主线的话，那就是这里面的所有作品都是以促进学生、教师、学校、社会和国家发展为价值旨归的，都昭示着发展本位的教育诉求和时代精神。

其二，理论深邃。一个好的教育评价研究成果一定是具有发人深省的理论品格，能够对人们认识教育评价问题提供深刻的洞见和反思的窗口，本丛书非常注重教育评价研究的理论厚度，从哲学、伦理学、历史学、循证学等多学科理论角度对教育评价问题进行了深刻审视。

其三，实践导向。教育评价问题研究的生命力不仅存在于其理论涵养中，还要依靠实践养分的滋润，本丛书非常注重对解释和指导教育评价实践的关照，提供了大量的教育评价实践案例，以及相关的教育评价实践指南，帮助评价者提高理论知识转化实际操作的能力，进而提升教育评价工作的实效性。

其四，内容多元。本丛书所涉及的学生评价研究内容较为广泛，不仅包括对教育评价理论、政策和实践的研究，包括对教育评价指标、评价过程、评价结果等方面的研究，还涵盖学前教育、基础教育、大学教育、研究生教育、职业教育等领域内的教育评价，努力为人们认识、理解和实践教育评价提供一套完整的知识体系。

其五，创新引领。面对复杂多变的教育环境和社会需求，本丛书对义务教育阶段学生综合素质评价、高中学生创新力评价、中等职业教育质量监测、一流学科建设状态监测等领域进行了积极探索，在探索中，采用了过程性评价、表现性评价、真实性评价等多样的评价方式，力求在评价内容和方式上实现全面创新。

本丛书的设计与出版，一方面是在响应国家关于深化新时代教育评价改革的号召下所取得的点滴成果，另一方面也是彰显河南大学教育学科"教育评价"研究特色的阶段成果。我们希望通过这套丛书的出版，能够帮助广大教育工作者树立正确的教育评价观念，掌握恰当适切的教育评价方法，践行科学规范的教育评价制度，为教育改革事业的深化发展和教育质量效果的全面提升提供有力支持。同时，教育评价研究是一项复杂而艰巨的任务，需要我们投入更多的人力、物力和精力对其进行探索和实践。我们也希望能够借以这套丛书的出版，来吸引更多的研究者关注和参与教育评价研究，共同推动教育评价工作的不断完善和发展。相信在大家的共同努力下，我们将会共同见证富有时代特征、彰显中国特色、体现世界水平的教育评价体系在中国大地上开花结果。

2024 年 8 月 25 日

本书前言

本书是国家社会科学基金教育学一般课题"中等职业教育质量监测机制研究"（课题批准号：BJA180103）的研究成果，也是河南大学教育评价研究的系列成果之一。

党的二十大报告指出，高质量发展是全面建设社会主义现代化国家的首要任务，教育、科技、人才是全面建设社会主义现代化国家的基础性、战略性支撑。在党的二十大精神指引下，中国正在开启以创新驱动高质量发展的中国式现代化建设新征程。职业教育积极推进的职普融通、产教融合、科教融汇，成为中国式现代化建设的重要支撑和教育高质量发展的重要举措。本书针对中等职业教育质量问题，聚焦质量监测机制，对于国家建立健全教育质量监测体系并推动中等职业教育进入高质量发展新时代具有广阔的适用空间。

回望历史，自20世纪60年代末以来，世界进入了高度重视教育质量的时代。1969年和1978年，联合国教科文组织国际教育规划研究所两次对教育质量的内涵进行讨论，在国际范围内引起了人们对教育质量的广泛重视。质量监测、质量评估、质量评价作为促进教育质量发展的重要手段，受到了国际社会的高度重视。与国际社会相比，中国教育质量的监测与评估起步相对较晚。进入新的发展阶段和历史时期，党和国家加强了对教育质量监测与评估的重视程度，并于2012年8月成立教育督导委员会，逐步形成了督导体制、督学体制及评估测量体系等国家教育质量监测制度，成为推动教育高质量发展的重要制度引擎。

中等职业教育作为全面提高国民素质、建设人力资源强国、增强民族产业发展实力、推进共同富裕的基础性工程，近年来，在各级政府的大力推动下，经过加大投资，政策倾斜和持续攻坚，得到了快速发展，成为现代职业教育体系的重要基础。但是，中等职业教育因为办学条件较差、育人质量较低、学生流失率偏高、吸引力不足等原因而常被社会诟病。如何持续提高中等职业教育质量，并进一步提升中等职业教育存在与发展的价值，已经成为教育理论与教育实践共同关注的焦点及难点问题。

在这样的背景下，中等职业教育要回应新时代教育高质量发展的现实要求，亟须建立健全教育质量监测机制，发挥评估监测对中等职业教育质量提升的引领作用。目前，中国中等职业教育质量监测，无论是理论研究还是实践推进，相较于国际先进国家和中国的基础教育与高等教育（包括高职）都较为滞后，不仅没有形成可供利用的、系统的质量监测数据，而且尚未形成完整统一的职业教育质量评价与监测体系。中等职业教育无论是作为整个教育体系的质量短板，还是作为一种特定的办学类型和阶段，都有必要尽快建立质量监测体系，以真实有效地把握中等职业教育质量状况。

为此，本书致力于中等职业教育质量监测机制研究。这里的"监测"，有动态跟踪的含义，其目的不在于简单地鉴别与评判中等职业教育质量的高与低，而是要通过全面、动态、定量、定期的多次测定，从整体上把握中等职业教育质量状况，深入了解在现行的专业教学标准及其实施背景下中职学生发展目标的达成度和总体发展状况，以及不同区域之间的发展差异，为教育决策提供数据支撑，提升国家基于证据的决策能力和教育治理能力，并且通过对监测数据的深度挖掘，了解影响中等职业教育质量的关键因素，为诊断、指导和改进中等职业教育发展状况提供依据。

本书从中等职业教育质量角度出发，在系统探讨中等职业教育质量监测的宏观背景、研究综述、政策演进、实践形态基础上，借鉴国内外职业教育质量监测经验，试图构建具有中国特色的中等职业教育质量监测机制理论框架，以回答中等职业教育质量监测机制中的四大核心内容：

其一,"谁来监测",即确立中等职业教育质量监测的主体和联动机制;其二,"用什么监测",即构建中等职业教育质量监测指标体系;其三,"监测过程怎么管控",即通过内部诊断与改进、外部评估及政府保障等手段,保证监测工作各环节的规范性和有效性;其四,"如何运用监测结果",即通过监测结果应用机制发挥质量监测对于中等职业教育质量提升的促进作用。

基于上述问题,本书深入探讨了中等职业教育质量监测的主体联动机制、指标构建机制、过程管控机制及结果应用机制:

第一,中等职业教育质量监测的主体联动机制。本书基于新公共管理理论、利益相关者理论和四螺旋理论构建中等职业教育质量监测多元主体参与的关系模型,通过审思政府、行业企业、学校、社会等不同利益主体在中等职业教育高质量发展过程中所扮演的角色,设计中等职业教育高质量发展架构,提出"政府—行业企业—中职学校—社会机构"监测主体联动机制模型,通过将四螺旋嵌入中等职业教育质量监测工作中,使政府、行业企业、中职学校以及社会机构等参与主体与中等职业教育质量监测的各项信息有效连接起来,实现各主体价值的最大化。

第二,中等职业教育质量监测的指标构建机制。本书强调,中等职业教育质量监测指标体系的构建要关注中等职业教育的基础性、专业性和职业性特征。首先,要回归中等职业教育的本质特征,监测指标要能诊断中等职业教育的办学方向、办学条件、办学过程是否围绕职业教育的本质特征进行;其次,要关注中等职业教育的专业性和职业性,监测指标要关注企业人才需求、专业岗位要求及岗位竞争优势。另外,要关照中等职业教育对象的年龄特征。中等职业教育是"职业人"教育,也是义务后教育,中职学生大多仍是未成年人,监测指标要充分关注学生的个人发展和成长需求。

第三,中等职业教育质量监测的过程管控机制。本书认为,中等职业教育质量监测工作的有效开展,是一个内外评价有机结合的系统过程。从中等职业教育质量监测的内部路径来说,主要是以中职学校教学诊断与改进工作为核心,涉及学校的专业设置、教师队伍、课程改革、课堂教学、学校管理等方方面面和所有部门，构建和完善校内全员、全过程、全方位、全要素、网络化的质量诊断体系是实现中等职业教育质量监测的有效途径。从中等职业教育质量监测的外部渠道来说，现行的以政府为主导和中职学校自评为主的评价方式存在一定弊端，借鉴发达国家和我国高等教育领域的经验，需要积极探索将第三方评价引入中等职业教育质量监测的有效渠道。

第四，中等职业教育质量监测的结果运用机制。监测结果应用是中等职业教育质量提升的"解码器"，对提升中职学校的办学水平和教育质量有着积极的反馈作用。用好中等职业教育质量监测结果，是解决好质量提升"最后一公里"问题的关键。为此，本书提出了以协同善治为核心，由教育督导部门、中职学校、行业企业、社会机构四位联动、协同推进，包括解读报告、合理归因、持续改进、跟踪评估四个关键环节的"一核四位四环"工作机制模型，形成"问题诊断、协同合作、改进提升"的监测格局，以期基于监测结果真正形成干预、参与、指导、服务、提升的协同发展体制机制。

本书对于提高中等职业教育质量、加快中等职业教育改革、构建中等职业教育质量监测体系具有重要的理论价值及实践意义。当然，本书只是关于中等职业教育领域质量监测机制的一项尝试性研究，更多的是理论上的构想和论证，在丰富和完善中等职业教育质量监测机制方面只是尝试做出初步的探索，目的是引起政府管理部门和职业教育学界对于中等职业教育质量监测理论及实践的重视，起到抛砖引玉的作用。

本书是整个研究团队集体努力的结果，也是团队精神的象征。本书由李桂荣负责全书的整体框架、逻辑思路和统稿、定稿，何俊萍、李文华、宋小香等参与了部分统稿工作。具体撰写任务分工如下：

第一章——"中等职业教育质量监测宏观背景"的撰写者是李桂荣、宋小香。

第二章——"中等职业教育质量监测研究综述"的撰写者是李桂荣、何俊萍。

第三章——"中等职业教育质量监测政策演进"的撰写者是李桂

荣、李向辉。

第四章——"中等职业教育质量监测实践形态"的撰写者是许佳佳、刘德磊、李文华、宋小香。

第五章——"中等职业教育质量监测主体联动机制"的撰写者是李桂荣、何俊萍。

第六章——"中等职业教育质量监测指标构建机制"的撰写者是李向辉、宋小香。

第七章——"中等职业教育质量监测过程管控机制"的撰写者是许佳佳、李文华、刘德磊。

第八章——"中等职业教育质量监测结果应用机制"的撰写者是李桂荣、何俊萍。

第九章——"中等职业教育质量监测相关专题研究"的撰写者是李桂荣、许佳佳、李文华、何俊萍。

在本书稿付梓出版之际，衷心感谢使本课题得以立项的评审专家！感谢多次提出研究建议的诸多评议专家！感谢中国社会科学出版社的编辑老师！感谢为研究提供诸多支持的河南大学的领导、同事、朋友，以及河南省教育政策研究院同仁的大力支持和精诚协作！

由于水平和精力所限，书中纰漏在所难免，敬请前辈、同仁、读者批评指正，以便我们进一步修改完善。

李桂荣
2024 年 8 月 30 日

目　　录

第一章　中等职业教育质量监测宏观背景 / 1
 第一节　中职教育发展的时代之境 / 1
 第二节　中职教育发展的战略目标 / 6
 第三节　中职教育发展的现实困境 / 29
 第四节　中职教育质量监测的意义 / 53
 小　结 / 64

第二章　中等职业教育质量监测研究综述 / 65
 第一节　中职教育质量监测研究概况 / 66
 第二节　中职教育质量监测研究轨迹 / 80
 第三节　中职教育质量监测研究热点 / 85
 第四节　中职教育质量监测研究前沿 / 93
 小　结 / 97

第三章　中等职业教育质量监测政策演进 / 99
 第一节　中职教育质量监测政策演进历程 / 100
 第二节　中职教育质量监测政策演进逻辑 / 106
 第三节　中职教育质量监测政策演进趋势 / 111
 第四节　中职教育质量监测政策工具分析 / 117
 小　结 / 131

第四章　中等职业教育质量监测实践形态　　　/ 132
　　第一节　中职教育质量监测现实状况　　　/ 132
　　第二节　中职教育质量监测国际案例　　　/ 146
　　第三节　中职教育质量监测突出问题　　　/ 173
　　第四节　中职教育质量监测实践机制　　　/ 175
　　小　结　　　/ 177

第五章　中等职业教育质量监测主体联动机制　　　/ 179
　　第一节　中职教育质量监测主体联动的重要意义　　　/ 179
　　第二节　中职教育质量监测主体联动的现实困境　　　/ 182
　　第三节　中职教育质量监测主体联动的机制构建　　　/ 188
　　第四节　中职教育质量监测主体联动的实现路径　　　/ 212
　　小　结　　　/ 217

第六章　中等职业教育质量监测指标构建机制　　　/ 218
　　第一节　中职教育质量监测指标构建的理论基础　　　/ 219
　　第二节　中职教育质量监测指标构建的国际经验　　　/ 223
　　第三节　中职教育质量监测指标构建的方式方法　　　/ 252
　　第四节　中职教育质量监测指标体系的基本框架　　　/ 261
　　第五节　中职教育质量监测指标合理使用的建议　　　/ 269
　　小　结　　　/ 272

第七章　中等职业教育质量监测过程管控机制　　　/ 274
　　第一节　加强中职教育质量监测过程管控的意义　　　/ 274
　　第二节　中职教育质量监测过程管控的内部路径　　　/ 276
　　第三节　中职教育质量监测过程管控的外部渠道　　　/ 293
　　第四节　中职教育质量监测过程管控的政府保障　　　/ 302
　　小　结　　　/ 315

第八章　中等职业教育质量监测结果应用机制　　/ 316
　　第一节　中职教育质量监测结果应用的重要意义　　/ 317
　　第二节　中职教育质量监测结果应用的现实困境　　/ 320
　　第三节　中职教育质量监测结果应用的工作机制　　/ 324
　　第四节　加强中职教育质量监测结果应用的建议　　/ 334
　　小　结　　/ 346

第九章　中等职业教育质量监测相关专题研究　　/ 347
　　第一节　党的十八大以来职业教育质量评估政策述评　　/ 347
　　第二节　中等职业学校标准化建设的基础与战略选择　　/ 367
　　第三节　中职教育就读质量的抽样评估与启示和建议　　/ 388
　　第四节　中职教育就业质量的实证考察与启示和建议　　/ 412
　　小　结　　/ 434

参考文献　　/ 436

第一章

中等职业教育质量监测宏观背景

第一节　中职教育发展的时代之境

一　智能社会与职业教育现代化：中职教育发展的新愿景

伴随着第四次产业革命即"工业4.0"的深入推进，人工智能成为国际竞争新焦点。《国务院关于印发新一代人工智能发展规划的通知》(2017)明确提出"建设智能社会"的新发展目标[1]。展望未来，智能技术正成为引领中国经济、科技发展的关键技术[2]，极大地催生和扩大了消费需求，直接带动了就业和经济增长，也对人类生产生活、学习和教育方式等产生深刻影响。在这样的背景下，以信息化、网络化、数字化建设推动职业教育转型优化，成为推进职业教育现代化建设、培养高素质技能型人才的必然路径。随着"推进教育数字化"被写进党的二十大报告，职业教育信息化建设被提到了国家重要战略高度，成为推进职业教育改革发展的重要动力[3]。

---

[1]《国务院关于印发新一代人工智能发展规划的通知》，https：//www.gov.cn/gongbao/content/2017/content_ 5216427.htm，2017年7月8日。

[2] 肖啸等：《面向2035的中职学校治理：图景与路径——基于"P-E-S-T模型"的分析》，《中国职业技术教育》2018年第36期。

[3] 本刊编辑部：《数字化赋能职业教育新生态——世界数字教育大会职业教育平行论坛综述》，《中国教育信息化》2023年第29期。

>>> 中等职业教育质量监测机制研究

职业教育是国民教育体系和人力资源开发的重要组成部分，肩负着培养多样化人才、传承技术技能、促进就业创业的职责①。中职教育的现代化内在地需要中职教育数字化支撑，而我国也在积极行动，以数字化转型升级重塑中职教育生态系统。一方面，以项目建设为依托，夯实职业教育基础建设。我国积极推进职业教育信息化建设，形成"国家职业教育智慧教育平台"、职业院校数字化校园建设、虚拟仿真实验实训和信息化教学技能大赛等系列项目活动，不仅能够引导数字技术与中职教育人才培养、教学过程的深度融合，也能在一定程度上弥补中职教育资源分配不均、教育模式僵化和技能培养滞后等不足。另一方面，以产教融合为抓手，健全职教资源共建共享。职业教育与行业、企业的联系具有天然的紧密性，以产教融合、校企合作为契机，依据大数据技术充分分析产业发展需求，也借此形成以学习者为中心，学校、企业、政府等多元合作的职业教育资源共享平台，助力职业教育在数字化转型中实现人才精准化供给，进而更好地服务经济社会发展。

二 包容型经济与教育公平导向：中职教育发展的新挑战

当今中国已经是世界上第一贸易大国和仅次于美国的世界第二大经济体，不仅在国际政治经济格局中占据着举足轻重的地位，而且与世界上各个国家、地区都有着紧密联系和频繁交流，已逐步形成交互性共建共享的职业教育对外交流格局。一是积极搭建世界职业教育交流平台，比如承担世界职业技术教育大会、推动形成世界和区域性职业教育发展联盟、联合会和共同体等，为实现国家职业教育合作、优势互补开辟新的机遇。二是积极推动"一带一路"职业教育共建行动，充分发挥职业教育在服务世界"一带一路"中的作用，深化职业教育在区域性建设中的影响力。据《2023 上海职业教育事业蓝皮书》可知，上海自 2012 年起已开发完成汽车运用与维修、护理、制药技术等近 100 个专业的国际

---

① 中共中央办公厅、国务院办公厅：《关于推动现代职业教育高质量发展的意见》，https://www.gov.cn/gongbao/content/2021/content_5647348.htm，2021 年 10 月 12 日。

水平专业教学标准。2022年，上海中职学校开发并被国（境）外采用的专业教学标准数有14个，开发并被国（境）外采用的课程标准有17个。三是积极寻求职业教育合作办学的国际模式，以中文和职业技能融合为切入点，采取线上和线下相结合的方式，推动中国职业教育走出国门、形成特色化海外职业培训中心和合作办学机构、项目。

除了为世界职业教育发展积极贡献中国力量外，职业教育不仅是推进经济发展的"加速器"、科技进步的"孵化器"，也是落实"稳就业"、提升弱势群体可行能力和实现教育实质性公平的重要部署，发挥着"稳就业、促发展、惠民生"的"兜底"功能。当前，我国中职教育通过推行以免学费、提供国家助学金为主，以校内奖学金、工学结合、顶岗实习、社会捐助等为辅的资助政策，将教育公平融入中职教育人才培养观念并以之为实施方式等方面，实现了我国中等教育结构历史性的变化，有效拓宽了青年求学成才的道路，为社会输送了大批高素质劳动者和技术技能型人才，并通过确保每一个中职学生获得一技之长，使得社会公平正义得到充分彰显。面向乡村振兴战略，中职教育仍亟待大力培养有文化、懂技术、会经营的新型中职农民。未来，随着我国向"新常态"经济发展阶段转型升级，职业教育仍需主动回应乡村振兴、发展实体经济的战略目标，中职教育仍需密切关注经济发展与市场动态，以需求为导向扩大技能培训规模，提升教育与技能培训质量，为2035年我国基本实现社会主义现代化提供一支"高素质技能型劳动者大军"。

三 全面改革与国家治理现代化：中职教育发展的新机遇

我国正处于全面深化改革、推进社会主义现代化的攻坚期。早在2013年，党的十八届三中全会就提出："全面深化改革的总目标是完善和发展中国特色社会主义制度，推进国家治理体系和治理能力现代化。"[①] 党的十九大报告在此基础上强调要"坚决破除一切不合时宜的思

---

① 《中国共产党第十八届中央委员会第三次全体会议公报》，https://www.gov.cn/hudong/2015-06/09/content_ 2875841.htm，2013年11月12日。

想观念和体制机制弊端,突破利益固化的藩篱,吸收人类文明有益成果,构建系统完备、科学规范、运行有效的制度体系,充分发挥我国社会主义制度优越性"[1]。这种国家治理的现代化内在地涵盖着教育治理的现代化,尤其是职业教育的跨界属性,更需要整合多元主体的利益、打造协同参与治理机制,形成新时期我国特色职业教育提质培优、赋权增能的着力点。

处于治理现代化转型的重要关口,全面推进依法治校与职业院校治理转型是创新中职教育、建立完善现代中职学校制度的双轮驱动。一方面,强化中职教育制度体系设计。中职教育的利益相关主体包括职业院校、行业企业和师生,而实现职业教育现代化转型的前提是优化多元利益相关者的关系,让法治成为中职学校治理的基本方式。据此,中职学校需要按照相关教育法律法规等要求组织和实施办学活动,以章程为统领规范中职学校权力运行,增强多元主体法治思维意识和水平,为形成法治校园文化、中职学校法治化奠定基础[2]。另一方面,健全中职学校内部治理结构和运行机制。中职学校要积极贯彻民主治理理念,以共同利益为纽带,以治理效率为抓手,形成多主体各司其职、协商共治的良性治理结构,探索多向度、多渠道、多举措实现中职学校的治理创新,有力调动多元力量的主观能动性,切实实现社会共享中职学校改革发展成果。在法制化与治理现代化的双重趋向下,中职教育领域仍需持续以强有力的内部变革回应国家治理的外部驱动,不断以法治文化引领中职学校治理现代化的价值追求和精神追求,以治理现代化助推法治文化的高质量建设,增强教育发展的活力和动力。

四 高质量发展与教育强国战略:中职教育发展的新要求

党的二十大报告指出,"高质量发展是全面建设社会主义现代化国家

---

[1] 习近平:《决胜全面建成小康社会　夺取新时代中国特色社会主义伟大胜利——在中国共产党第十九次全国代表大会上的报告》,人民出版社2017年版,第21页。
[2] 肖啸等:《面向2035的中职学校治理:图景与路径——基于"P-E-S-T模型"的分析》,《中国职业技术教育》2018年第36期。

的首要任务"①,教育是民族振兴和国家发展的战略先导,习近平总书记在中央政治局第五次集体学习时曾提及"建设教育强国、科技强国、人才强国具有内在一致性和相互支撑性,要把三者有机结合起来、一体统筹推进,形成推动高质量发展的倍增效应"。职业教育是国民教育体系和人力资源开发的重要组成部分②,服务高质量发展、发展高质量职业教育也是我国新时代职业教育发展、实现职业教育强国的核心主题。中共中央办公厅、国务院办公厅《关于深化现代职业教育体系建设改革的意见》(2022)明确提出要"把推动现代职业教育高质量发展摆在更为突出的位置"③,以形成同市场需求相适应、同产业结构相匹配的现代职业教育结构和区域布局。

中职教育是职业教育的基础阶段,是坚持高中阶段多样化发展、推进现代职业教育改革、办好人民满意职业教育的重要依托。实现好、维护好、发展好中职教育,是保障人才质量、促进职业教育发展、提升民生福祉的重要基础。近年来,中职教育培养能力和质量显著提升。根据2022年全国教育事业发展统计公报,全国共有中等职业学校7201所,中等职业教育招生484.78万人,在校生1339.29万人,毕业生399.27万人④。这些毕业生除部分继续升学外,其余进入工作领域。而且,自2019年启动"职业技能提升行动计划"以来,各省区市全面开展各种短期、专门、补贴类的职业技能培训,让更多的社会生源通过接受职业教育走上工作岗位,对提高劳动生产率起到了重要作用。然而,我国现如今经济下行压力依然很大,中等职业教育高质量发展还面临诸多挑战,十分突出的包括中职教育的自我认知和社会评价的差异、办学定位的迷

---

① 习近平:《高举中国特色社会主义伟大旗帜 为全面建设社会主义现代化国家而团结奋斗——在中国共产党第二十次全国代表大会上的报告》,人民出版社2022年版,第28页。
② 中共中央办公厅、国务院办公厅:《关于推动现代职业教育高质量发展的意见》,http://www.moe.gov.cnjyb_ xxgk/moe_ 1777/moe_ 1778/202110/t20211012_ 571737.html,2021年10月12日。
③ 中共中央办公厅、国务院办公厅:《关于深化现代职业教育体系建设改革的意见》,https://www.gov.cn/gongbao/content/2023/content_ 5736711.htm,2022年12月21日。
④ 教育部:《2022年全国教育事业发展统计公报》,http://wap.moe.gov.cn/jyb_ sjzl/sjzl_ fztjgb/202307/t20230705_ 1067278.html,2013年7月5日。

茫、专业设置与产业结构的耦合度不高等问题，如何精准研判中职教育发展困境，找到深化中职教育改革和高质量发展的着力点，以此作为稳定、扩大就业的动力，回应社会需求和职业教育功能，仍是疏解中职教育高质量发展困境的必由之路。

第二节 中职教育发展的战略目标

一 基本实现中职教育现代化

（一）实现中职教育能力建设的现代化，建设现代中等职业学校

1. 中职教师队伍建设目标

教师队伍是提高职业教育发展水平、促进职业教育现代化、建设现代职业院校的人力资源保障。现代教育要培养现代人、服务现代社会、服务社会现代化，教育工作者首先应该是"现代人"，具有现代精神，具备专业精神、知识与能力[1]。与其他教育类型相比，职业教育教师不仅被期望是掌握专业理论知识的教育教学专家，也被期望是具备实践操作能力的行业专家，所以教师的现代化成为职业教育现代化的重要部分。为全面建设高素质职业教育教师队伍，《中共中央 国务院关于全面深化新时代教师队伍建设改革的意见》（2018）、《国家职业教育改革实施方案》（2019）和《深化新时代职业教育"双师型"教师队伍建设改革实施方案》（2019）先后不同程度地强调要"全面提高职业院校教师质量，建设一支高素质'双师型'教师队伍""多措并举打造'双师型'教师队伍""大力提升职业院校'双师型'教师队伍建设水平"。

有好的教师才能有好的中职教育和中职学校。教师职业作为社会分工不断演进的产物，其内在的社会属性规定了在专业发展过程中，教师需履行满足新时代经济社会产业结构变革所呈现出的客观现实要

---

[1] 褚宏启：《教育现代化的路径——现代教育导论》，教育科学出版社 2013 年版，第 329 页。

求的职责①，所以其内在地决定中职教师的发展目标为培养技术技能型人才且具备过硬的技能操作和理论实践化能力。面对《中国教育现代化 2035》对职业教育的期待，现代职业教育教师的专业发展不是教师个人或教师群体的自然成长过程，而是依赖于教师专业发展制度和基本条件的保障②。所以，本课题组以《中等职业学校教师专业标准（试行）》《职业教育"双师型"教师基本标准》为基础，参考《关于深化技工院校教师职称制度改革的指导意见》，以《中国中等职业教育质量年度报告》为基准，围绕国家关于职业教育的政策导向和教师队伍建设的现实诉求，以《中国教育现代化 2035》为引领，拟定建设现代中职学校教师队伍目标。

（1）整体目标

具有与中职教育相适应的高素质、专业化、创新型中职教师队伍，符合职业教育的专业性诉求，适合中职教育的层次需要。教师资格和准入制度完善，专兼职教师、理论与实践教师结构合理，"双师型"教师队伍优势明显。教师教育（培训）体系开放、协同、高效，形成基于能力标准的教师职称、岗位和考核评价制度，健全符合职业教育特点的教师管理制度。

（2）具体目标

①教师数量充足

与办学规模、专业类别和办学特色相适应，体现出职业性和行业性，畅通中职教师引进渠道，强化编制灵活性，师生比不低于 1∶13。

②教师素质过硬

中职教师具有坚定的职教信念、良好的师德和过硬的专业素质。中职学校教师分为文化课教师、专业理论课教师和专业实践课教师三大类③，

---

① 和震等：《高职院校教师专业发展逻辑结构完整性及其支持环境》，《现代远程教育研究》2018 年第 5 期。
② 张桂春：《发达国家职业教育教师专业发展的规制及经验》，《教育科学》2013 年第 5 期。
③ 人力资源和社会保障部：《关于深化技工院校教师职称制度改革的指导意见》，http://www.mohrss.gov.cn/zyjsrygls/ZYJSRYGLSgongzuodongtai/201712/t20171212_283798.html，2017 年 12 月 6 日。

前两类要求具有硕士及以上学历，最后一类要求具有三年以上企业工作经历且具有本科以上学历，或具有中级以上技能水平。

③教师结构合理

在专任教师中，本科及以上学历的教师数不低于95%，具有高级专业技术职务的教师数不低于25%，"双师型"教师数不低于75%，聘请有实践经验的专兼职教师（企业技术骨干、技能大师、劳动模范等）数不低于25%。一般来说，30岁及以下教师占20%，31—50岁教师占60%，50岁以上教师占20%。

（3）个体目标

①严格的教师准入制度

入职标准既是职业门槛也是发展路径①。从师资来源渠道来看，我国职业教育教师来源主要有以下方面②：来自普通高校和师范院校的毕业生；来自企业的工程师或高级工程师；留校从教的职业院校优秀毕业生；从其他行业调入从教的人员。对此应尽快研制适合职业教育的教师资格标准，在持续强化专业教学和实践能力要求的基础上，对照不同类别教师的不同要求严格中职教师入口关，以专业标准体系引导中职教师成长，实现教师资格、教师标准、职称考核与中职教育现代化的有效对接。

②完善的"双师"资格认证

《中等职业学校教师专业标准（试行）》（2013）③首次将中职教师专业标准划分为专业理念与师德、专业知识和专业能力三个维度，共15个领域、60项具体要求。教育部办公厅发布的《关于做好职业教育"双师型"教师认定工作的通知》（2022）从认定范围、标准要求、组织实施等六个方面规范认定工作。中职教师培养也应以"双师型"教师基本

---

① 施晶晖：《高职院校教师专业发展的问题与对策研究》，《黑龙江高教研究》2018年第5期。
② 袁南辉、杨改学：《构建网络环境下教师远程培训平台的关键技术研究——以职业教育教师培训网络平台开发为例》，《中国远程教育》2014年第7期。
③ 教育部：《中等职业学校教师专业标准（试行）》，http：//www.moe.gov.cn/srcsite/A10/s6991/201309/t20130924_157939.html，2013年9月20日。

标准为参考，构建和完善各维度水平等级标准和动态调整机制，完善基于能力标准的教师评价、晋升和考核等制度，促进中职教师专业发展的可持续性，提高中职学校教学管理和教学实践能力。

③系统的教师教育制度

从教师培养模式来看，我国目前主要有全国重点建设师资培养基地、教师素质提高计划、教师实践能力提升方案、教师学位教育四种培养模式，虽然这四种中职教师培养模式对中职教育的发展贡献重大，但是至今仍未上升至制度化阶段，中职教育师资仍存在数量、质量和区域失衡等问题。为此，中职教育应以"双师型"教师队伍建设为抓手，以职业技术师范教育、在职教师"双师"素质培训为依托，更注重构建"双师型"教师共同体，采取分工协作式的培养模式①，按照职业教育规律和"双师型"教师的成长规律，形成一体化、分段式、有机衔接的教师教育（培训）模式。

2. 中职教育设施和经费投入目标

办学条件是实现中职教育现代化的物质基础，经费投入则是实现中职教育现代化的财力资源，而物质基础的强弱直接取决于财力资源的投入状况。一般来说，评价教育资源配置的标准有三个②：充足、效率、公平，其中充足不是多多益善，而是足够且适当；效率是指通过提高可得资源的预期产出或者通过使用较少的资源维持既定的产出水平；公平不是平等，更强调因地制宜、因人而异的差别性对待。当然，这三个标准之间并不冲突，根据经济学中资源稀缺性理论，在由当前经济发展水平所决定的教育经费总量配置③的基础上，国家和政府理应围绕"加快发展现代职业教育"④的目标，继续提高中职教育经费支出比例，注重

---

① 胡重庆：《供给侧改革下职业教育要素配置的优化》，《江西社会科学》2018年第6期。
② 褚宏启：《教育现代化的路径——现代教育导论》，教育科学出版社2013年版，第337—339页。
③ 胡玉玲、申福广：《国际视野中的我国教育经费层级配置结构》，《教育发展研究》2013年第5期。
④ 中共中央、国务院：《中国教育现代化2035》，https：//www.gov.cn/xinwen/2019-02/23/content_5367987.htm，2019年2月23日。

教育设施的"硬件"建设和教育经费的投入，为显著提升职业教育服务能力提供坚实的资源支撑。

职业教育是面向就业的教育，旨在培养高素质技术技能型人才。技术技能型人才需要较强的动手操作和应用实践能力，而必要的实践教学基地与实训设备正是中职教育培养人才的物质基础，但是我国目前中职教育办学条件总体较弱，且表现出明显的区域、校际差异。《中国教育现代化 2035》明确提出要"把教育投入作为支撑国家长远发展的基础性、战略性投资"①。所以本课题组以《中等职业学校设置标准》（2010）、《职业学校办学条件重点监测指标》（2022）为蓝本，以《中国中等职业教育质量年度报告》为基准，围绕国家关于职业教育的政策导向和经济社会发展的现实诉求，以《中国教育现代化 2035》为引领，拟定建设现代中职学校教育设施和经费目标。

（1）教育设施目标

①总体目标

中职教育设施基本实现优质均衡化配置，中职学校标准化建设成绩显著，具有与办学规模、专业设置和特色发展相适应的校园、校舍和设施，区域、城乡和校际差距明显缩小，为中职教育现代化提供有力的支撑。

②具体目标

办学规模：根据产业结构和人口变化对中职学校进行布局调整，全国中职学校的校均规模趋于稳定，保持在 1600 人左右。各个省域均可在不低于规定要求的基础上根据区域化情况进行调整。

校园建设：校舍建筑面积是中职学校开展教育活动的基本载体，包括教学及辅助用房、生活用房、行政办公用房和其他用房②，生均校舍建筑面积不少于 30 平方米。而且校园建筑设施均需达到规定的抗震防洪设防标准，严格禁止危房。

---

① 中共中央、国务院：《中国教育现代化 2035》，https：//www. gov. cn/xinwen/2019 - 02/23/content_ 5367987. htm，2019 年 2 月 23 日。

② 宋乃庆等：《改革开放以来义务教育办学条件建设：成就、反思与建议》，《教育学报》2019 年第 1 期。

体育用地：环形跑道田径场需在200米以上，其他的硬件设施和活动场地能够符合教学和体育类活动的需要，严格遵循《学校体育工作条例》规定要求。教学类、生活类设施设备至少符合《学校卫生工作条例》基本要求，校园安全有充分保障。图书馆及其阅览室能够满足在校师生学习需要，适用的印刷类图书生均至少是80册。

实训条件：有与专业教学相适应的实习实训设备和场地，仪器设备总值不低于500万元，工医农林等特殊性专业的生均仪器设备值至少是10000元，其他普通类专业的生均仪器设备值不低于8000元。校内实训基地与学校开设专业相互契合，校外实践基地相对稳定，且上述两类实践基地均切实开展实践教学工作。

信息化建设：根据国家"三通两平台"的总体布局，以建设智能化校园为抓手，全国中职学校均建立校园网和局域网，互联网接入率为100%，形成一体化智能化教学、管理与服务平台，不断深化教育信息化应用，全面提升师生信息化应用能力。学生计算机拥有数量不少于每百生50台。

（2）教育经费目标

①经费目标

保持中职教育的基础地位不动摇，形成与社会主义市场经济相适应、较好满足中职教育发展的多元经费投入体系及长效机制，继续推行免学费政策，加大中央财政资金支持力度，完善精准化学生资助政策，实现生均拨款制度与绩效管理有效配合，经费绩效管理制度科学，确保经费利用效应最大化。按照"必要、高效、精减"[①]原则，健全差异化拨款机制，区域、校际和群体间经费资源差距明显缩小，办学水平实现整体提高和内涵式发展。

②具体目标

生均拨款标准：贯彻落实《关于建立完善中等职业学校生均拨款制

---

① 胡斌武等：《中等职业教育发展的均衡性与效率性实证检验——基于省际面板数据的分析》，《教育研究》2017年第3期。

度的指导意见》（2015）、新《职业教育法》（2022），严格落实省、自治区和直辖市政府作为承担中职教育财政的主体责任，以健全省域中职学校生均拨款标准及其动态调整机制为目标，发挥市场机制以拓展经费来源。以"标准""奖惩"和"补助"①为着力点，积极探索和优化中职学校精细化差异生均拨款制度，确保中职生的生均拨款标准不低于普通高中生的1.5倍。不得以学费、社会服务收入冲抵生均拨款。

学生资助政策：继续完善以免学费、国家提供奖学金和助学金为主，地方、学校、社会和顶岗实习为辅的学生资助政策体系。继续推行免学费政策，强化免学费政策的目标性，注重政策推进的协同性，努力实现免学费政策促进中职教育发展的政策目标。同时，面向农村学生、家庭经济困难和涉农专业学生等弱势群体，根据《中等职业学校学生资助工作指南》（2020）要求，以学生能力发展为要，健全奖、助、贷、补等多种方式相结合的资助体系②。

教育是为未来培养人才，而培养人才具有一定的周期，这就决定了教育必须适度超前于经济社会发展，在资源分配上需要得到优先发展。③当然，以上只是关于中职学校的基本标准，中职教育发展不仅需要人、财、物力的资源配置，而且需要以提高教育质量为导向的中职教育体制机制优化，以"放管服"改革为依托，充分发挥中职学校办学自主权，以内涵式发展和质量提高为核心，深化校企合作，充分发挥多元参与的中职教育质量监测、评估、督导作用，做好资源利用监管工作，多管齐下形成合力，早日实现中职教育现代化。

3. 中职教育课程现代化建设目标

课程是教育实践与人才培养的基础性保障，课程现代化建设是实现教育内涵式发展、高质量人才培养目标的过程。中职教育的定位是职业

---

① 李振宇、王骏：《中央与地方教育财政事权与支出责任的划分研究》，《清华大学教育研究》2017年第5期。

② 王继平、尉淑敏：《新世纪以来我国中职学生资助体系建设的回顾与反思——兼谈德国经验的借鉴》，《职业技术教育》2021年第42期。

③ 佘宇、单大圣：《中国教育体制改革及其未来发展趋势》，《管理世界》2018年第10期。

基础教育，肩负着高中阶段教育和职业发展教育双重使命，其课程改革也应兼顾立德树人和可持续发展。《教育部关于职业院校专业人才培养方案制订与实施工作的指导意见》（2019）提出："鼓励学校积极参与实施1+X证书制度试点，将职业技能等级标准有关内容及要求有机融入专业课程教学，优化专业人才培养方案。"[①] 因此，中职教育课程现代化建设目标是构建基于技能型人才成长与劳动力市场供给的课程体系，实现中职教育的课程内容与结构、实施与评价的现代性不断提高。

（1）整体目标

聚焦中职教育人才培养目标，以落实好立德树人为根本任务，以全面提升中职学生综合素养为目标，以中职教育课程适应性、科学性和先进性为指导，以中等职业教育课程标准为基本准则，将职业岗位能力和核心素养、基础知识融入中职教育课程标准，统筹文化基础、职业基础和校企合作课程，形成涵盖课程目标、内容及其编排、实施和评价的系统化、引领性课程体系。

（2）具体目标

课程内容。中等职业教育是现代职业教育体系的重要组成部分，具有基础性地位，中等职业教育的课程内容要关照职业基础素质教育与职业技能培训内容的融合，设置职业道德、职业规范、工匠精神、质量意识、法律意识和相关法律法规、安全环保等方面的内容，提升学生的通用职业素质和求职能力等综合性素质。课程内容顺应经济社会发展趋势，结合技术变革特征，以市场需求为导向，融合行业发展的新知识、新技术、新工艺、新方法，开展主流生产技术[②]，努力探索专业与课程建设与职业需求的衔接和匹配，构建具有复合型技术技能人才培养取向的专业课程体系，促使课程生产性的提高，课程内容应与行业广泛交流和有效对接，推进人才培养模式的改革创新。

---

① 《教育部关于职业院校专业人才培养方案制订与实施工作的指导意见》，http：//www.moe.gov.cn/srcsite/A07/moe_953/201906/t20190618_386287.html，2019年6月5日。

② 教育部等：《职业教育提质培优行动计划（2020—2023年）》，http：//www.moe.gov.cn/srcsite/A07/zcs_zhgg/202009/t20200929_492299.html，2020年9月16日。

课程结构。中等职业教育的课程结构设置分为公共基础课程、专业技术课、专业理论课等。公共基础课程包括必修和选修课程，必修课程为国家规定的课程，选修课程为充分考虑学生职业、个性和生涯规划等的学校自主课程。专业课程具有很强的职业能力和素养导向，综合考虑学生发展和社会需求，建设基于项目课程、学习领域课程、理实一体化课程等多种形式的专业课程体系。现代职业教育课程体系的构建应综合考虑类型教育特点、职业能力提升逻辑、学生生涯规划和可持续发展等，结合职业岗位能力标准，将职业技能发展、工作过程分析系统和可行能力提升进行系统构建，并结合"信息技术＋""互联网＋"等现代信息技术人才培养模式，建立网络教育在线课程，开发虚拟仿真实训基地，拓展网上课程资源，补充职业教育课程结构与资源体系。

课程实施。进行教育教学方式变革创新，采用"教、学、研、做、产"有机融合的课程实施模式。以工作过程为导向设计教学活动，以项目教学、任务驱动为载体，将课程内容融入真实的情境中，理论与实践相结合，实现"学中做，做中学"的统一。运用认知实习、跟岗实习、顶岗实习等多种实习方式，有序推进并加强实践性教学，提升中职生的职业技能、职业能力和职业素养等。

课程评价。采用以学习者为中心的专业化课程教学评价体系，基于发展性评价方式，对学生职业能力的形成进行评价，强化实习实训考核评价[1]。根据《中等职业学校公共基础课课程标准》要求，文化素质考试由省级教育行政部门统一组织。职业技能测试分值不低于总分值的50％，考试形式以操作考试为主，须充分体现岗位技能、通用技术等内容。省级教育行政部门按照专业大类统一制定职业适应性测试标准、规定测试方式。支持有条件的省份建立中职学生学业水平测试制度。[2]

---

[1] 教育部等：《职业教育提质培优行动计划（2020—2023年）》，http：//www.moe.gov.cn/srcsite/A07/zcs_zhgg/202009/t20200929_492299.html，2020年9月16日。

[2] 教育部等：《职业教育提质培优行动计划（2020—2023年）》，http：//www.moe.gov.cn/srcsite/A07/zcs_zhgg/202009/t20200929_492299.html，2020年9月16日。

4. 中职教育治理现代化目标

党的十九大在涉及"教育"的内容中，明确指出要"完善职业教育和培训体系"[①]。之后，党的十九届五中全会通过的《中共中央关于制定国民经济和社会发展第十四个五年规划和二〇三五年远景目标的建议》强调，要"建设高质量教育体系""增强职业技术教育适应性……大力培养技术技能人才"；到2035年，"基本实现国家治理体系和治理能力现代化"[②]。中职教育治理现代化是中职教育走向"善治"的过程，中职教育治理现代化的核心内容就是实现中职教育治理主体的多元化，通过多元共治的方式实现中职教育治理创新。因此，中职教育治理的现代化目标主要表现在以下几个方面。

（1）整体目标

中职教育新秩序是指对中职教育管理活动和运作模式进行科学规划所达到的一种有序化状态。一方面，在基本实现教育现代化战略进程中，国家对中职教育体系和发展的定位为：既承担培养现代化人才、促进国家经济社会发展的重要职责，又承担持续发展、促进公平的责任。在这样的定位下，中职教育的利益相关者之间权责清晰、职责明确又相互制衡、共同合作，在中职教育发展的资源供给、过程运行、质量保障和考核监督等各环节形成相互支持、制衡的良性关系，从而避免权力在任何一方过度膨胀而导致治理失衡、失效等问题。另一方面，国家也承担着实现教育公平正义的终极治理目标，即加强关注农村偏远地区贫困人口的职业技能教育，完善中职培训，构建职业资格框架。注重中职生涯发展，加强信息建设，激发办学活力。坚持服务国家战略，加强国际交流等。[③] 通过顶层设计，使中职教育具备全纳性、终身性、多样性、易获得性、开放性、灵活性、信息化等特征，是国家大力发展推进中职教育

---

① 习近平：《决胜全面建成小康社会 夺取新时代中国特色社会主义伟大胜利——在中国共产党第十九次全国代表大会上的报告》，人民出版社2017年版，第46页。
② 《中共中央关于制定国民经济和社会发展第十四个五年规划和二〇三五年远景目标的建议》，https://www.gov.cn/zhengce/2020-11/03/content_5556991.htm，2020年11月3日。
③ 柯婧秋、高红梅、石伟平：《面向2035：中职教育现代化探析》，《职业技术教育》2018年第7期。

（2）具体目标

为国家经济社会发展培养高质量的技术技能型人才是中职教育的重要使命，也是时代发展赋予中职教育的义不容辞的责任。中职教育在学校层面治理现代化的目标主要体现为提高人才培养质量，即通过积极搭建培养平台，加强专业建设和课程建设，推进产教融合、校企合作、工学结合，加快"双师型"教师队伍建设，推进中职终身技能培训制度，培养数以亿计的高素质劳动者和技术技能型人才。在借鉴西方教育治理模式基础上，结合我国中职教育的发展特点，培育与中职教育体系相适应的信息平台与体制机制，通过多元民主参与的方式探索具有中国特色的中职教育人才培养模式，以本辖区的市场经济需求为人才培养导向，实现中职教育与产业的对接①。此外，中职学生应具备较强的学习能力，因此，中职学校还要特别关注培养学生的可持续发展能力，让学生学会学习、学会合作、学会创造、学会生存。而实现中职学校人才培养和技术创新的使命主要依靠教师，提高教师的教育教学技能和职业教育情怀是提升人力资本的首要途径。

（3）个人目标

尊重学生主体性、服务学生职业成长和全面发展是中职教育治理现代化的个人目标。职业的育人功能源于职业背后的社会分工机制、职业蕴含的技术原理，以及从事职业过程中的劳动价值②。中职教育立足职业教育及其基础阶段，以类型发展服务学生成长，着力建设"终身学习型社会"、教育人、培养人，专注培养技术过硬、品德高尚的专业技能人才，给广大青年打开通往成才的大门。关心每一个学生的终身成长，培养学生坚定的理想信念、坚守社会道德等品质。着力定位于培养出契合区域经济转型发展的技术技能型人才和具有创新精神的应用型人才，积累匹配现代中职教育内涵的人力资本，进行"知行合一"的实训

---

① 廖洪清：《中职教育治理的多维价值、原则与发展路向》，《职业技术教育》2015 年第 34 期。

② 庄西真：《中国式职业教育现代化：内涵、图景与路径》，《中国高教研究》2023 年第 2 期。

实践[1]，真正实现面向社会、面向人人、面向新时代的技能型人才的稳定培养，实现中职教育治理现代化的总体目标[2]。

（二）推动职业教育体制机制的现代化，完善现代职业教育体系

1. 体系的贯通性

职业教育体系的贯通性是指形成职业教育内部纵向衔接及职业教育与普通教育之间横向融通的"立交桥"式的类型教育体系，其中纵向为职业启蒙教育、中职教育、高职教育、职业本科教育、专业研究生教育和职业教育培训等，横向为职业教育与普通教育和继续教育的相互融通。从整体上看，立足于学习型社会的职业教育发展应着力于个体的个性需要、终身学习和全面发展。目前，我国已初步完成服务需求、开放融合、纵向流动、双向沟通的现代职业教育的体系框架和总体布局。

职业教育体系的贯通性表现在中职教育领域，即为立足现代职业教育体系，打造普通高中与中职教育相互沟通、中高职相互衔接的人才培养"立交桥"。普通高中与中职教育同属高中阶段教育，加强两者之间沟通有利于满足个体差异性、主动性发展需要，优化高中阶段教育结构，实现在既有规模又有质量的普及基础上充分发挥高中教育承上启下的作用。中职教育与高职教育属于不同层次的同源教育，更为顺畅的中高职衔接有利于充分发挥中职教育的基础性地位，满足中职生提升发展的需要，也符合产业结构转型对高素质技能型人才的要求。截至2021年底，全国技能人才总量已超过2亿人，技能人才占就业人员总量的比例超过26%，但是高技能人才仅仅超过6000万人[3]。同年，《"十四五"职业技能培训规划》也提出，"十四五"期间职业技能培训新增高技能人才的预期性目标超过800万人[4]。2022年，《中华人民共和国职业教育法》修

---

[1] 胡茂波、王运转：《面向2035年的高职创新创业教育发展的目标与策略》，《职教论坛》2018年第1期。
[2] 徐飞：《中职教育治理体系现代化：构成框架与实现路径》，《职教论坛》2018年第4期。
[3] 《"产业工人队伍建设改革五周年"新闻发布会》，中华全国总工会网站（https://www.acftu.org/xwdt/xwfbh/xwdtfbxc/202206/t20220602_810426.html），2022年6月2日。
[4] 人力资源和社会保障部、教育部、发展改革委、财政部：《"十四五"职业技能培训规划》，http://www.mohrss.gov.cn/xxgk2020/fdzdgknr/ghtj/fzgh/202201/t20220104_432182.html，2022年1月4日。

订，为职业教育人才培养提供了强有力的法律支持。然而，"立交桥"政策在执行基础、执行过程和预期执行结果等方面却依旧存在着一定的梗阻现象。现代化本身就是一个历时性范畴，离开了历史，"现代"和"现代性"都不可能说清①，所以必须在"立交桥"依托的职业教育体系的基础上开展中职教育横剖面路径探析，顺利推行"立交桥"建设，真正培养具备 21 世纪核心素养的职业人，实现"使无业者有业，使有业者乐业"的美好愿景。

2. 体系的跨界性

职业教育体系的跨界性是指职业教育系统与产业系统有机衔接、深度融合发展，突出表现为校企合作、产教融合与工学结合。教育与生产劳动和社会生活相结合是现代教育的普遍规律②，保障职业教育质量既需要学校的主动作为，也需要企业的过程参与，以有效解决职业教育人才培养的针对性问题，增强其社会服务能力。国务院《国家职业教育改革实施方案》（2019）明确要求"推动校企全面加强深度合作"，并提出"开展国家产教融合建设试点""建立产教融合型企业认证制度""金融＋财政＋土地＋信用"的组合式激励"抵免应缴教育费附加和地方教育附加"等具体措施③。中共中央办公厅、国务院办公厅《关于深化现代职业教育体系建设改革的意见》（2022）进一步提出"打造市域产教联合体""打造行业产教融合共同体""建设开放型区域产教融合实践中心"④，以期形成央地互动、区域联动、多元协同的发展机制，实现产教的深度融合。

产教融合、校企合作符合产业系统和教育系统共同的利益诉求，但是职业院校作为实施职业教育的重要载体，负有重要的社会公益特性；行业、企业作为经济利益的集合体，具有典型的"趋利性"特征，最大

---

① 罗荣渠：《现代化新论》，华东师范大学出版社 2013 年版，第 88 页。
② 顾明远：《试论教育现代化的基本特征》，《教育研究》2012 年第 9 期。
③ 国务院：《国家职业教育改革实施方案》，https：//www.gov.cn/gongbao/content/2019/content_ 5368517.htm，2019 年 1 月 24 日。
④ 中共中央办公厅、国务院办公厅：《关于深化现代职业教育体系建设改革的意见》，https：//www.gov.cn/gongbao/content/2023/content_ 5736711.htm，2022 年 12 月 21 日。

限度地满足自身的利益诉求是推动其参与职业教育办学的重要前提①。目前,我国已经正式确立形成了普通教育与职业教育双轨并行、独立发展的教育机制,中职教育在普及高中阶段教育、培训职业技能人才方面所发挥的作用不可替代,但是用工荒与就业难现象尴尬并存,中职教育阶段的校企合作仍相对薄弱,究其原因是中职学校多作为政府的下属部门,自主办学主体未落实,而中职学生多处于15—18岁,侧重强调职业基础性学习、操作型技术工作,就业的内驱力不够强、可持续发展能力不足,与企业追逐的高技能人才、高效校企合作的诉求错位,基于自发行为的合作很难成为长效机制。所以,中职教育体系的跨界性仍需要以政府为主导、以产教联合体为依托加大校企合作的耦合性、互动性,才能实现中职教育的良性发展。

3. **体系的开放性**

职业教育体系的开放性表现为职业教育入口、过程和出口的开放性,"确保全纳、公平的优质教育,使人人可以获得终身学习的机会"②。职业教育是面向人人的教育,它满足每一个有职业需求的劳动者,并为其提供多样化、个性化的服务。职业教育是面向就业的教育,作为与经济发展联动效应最强的教育类型,它不仅侧重以培养职业人为己任,更侧重以技能为依托的综合素质教育。职业教育是面向未来的教育,其培养的人才不仅能适应当今经济发展的需要,更是面向未来的可持续、可迁移、复合型高素质技能型人才。职业教育是面向世界的教育,通过与世界交流、互通,推动本土化与国际化有机融合,形成我们自己的职业教育特色,培养具有国际竞争力的技能型人才,提升中国职业教育的国际影响力。

中职教育是普及高中阶段教育、建设中国特色职业教育体系、全面推进中国教育现代化的重要基础。职业教育体系的重点领域和薄弱环节是中职教育,这主要是因为从外延上看,中职教育看似与经济发展、转

---

① 闫广芬、石慧:《改革开放40年来职业教育"中国模式"的内生重构》,《西南大学学报》(社会科学版)2019年第1期。

② United Nations, "Transforming Our World: The 2030 Agenda for Sustainable Development", https://sustainabledevelopment.un.org/post2015/transformingourworld/publication, 2015.

型升级密切相关，但仍然局限在教育系统的高中阶段定位，中职人才培养的质量不够高、适应性不够强，社会公共服务能力有限，有待于向全员培训、多类型领域大力拓展；从内涵上看，中职教育的定位是培养一线的操作型技能人才，其作为职业和人生发展的基础性不够牢固，中职教育的行业、企业和社会参与性不足，仍需以"功能定位"与"分类发展"为重点①强化标准建设、服务能效。职业教育现代化的实现并不是一蹴而就的事情，这种全方位的教育变革不仅需要国家主导，还需要全社会的共同推动。从职业教育多元主体共治的角度来看，维系这种共同体建构的连接点有两个方面：一是利益，二是情感或共识②。所以，实现中职教育的开放性需要优化政策协同推进、提升中职教育服务能力和营造良好的职业教育发展环境，只有这样，才能真正实现习近平总书记所说的："职业教育是国民教育体系和人力资源开发的重要组成部分，是广大青年打开通往成功成才大门的重要途径。"③

4. 体系的生长性

职业教育体系的生长性是指职业教育紧紧围绕职业教育特点和规律，在与经济社会发展互动中发挥主动性和创造性，扎根中国办教育，借助系统性、协同性的改革实现其内涵式持续发展。职业教育体系的生长性主要表现为：职业教育者的生长性，即教育者接受职业教育，具有工作需要的关键能力，能够彰显其价值、实现出彩人生；职业教育体系的生长性，即职业教育基于持续的改革创新而焕发出强劲的内生动力、张扬的外显吸引力。

职业教育体系的生长性内在地包括中职教育的生长性。国家近年来大力的财政扶持和政策支持，虽然保证了高中阶段普职比大体相当，却难以回避普强职弱的结构性失衡，中职教育和中职学校依然是学生的无

---

① 李嘉、唐湘宁：《中等职业教育高质量发展的障碍、机遇与实践路向——以新修订的〈中华人民共和国职业教育法〉为指引》，《职教通讯》2023年第7期。
② 韩一松：《教育现代化视域下职业教育治理共同体：特征、问题及路径》，《继续教育研究》2017年第6期。
③ 中共中央文献研究室编：《习近平关于社会主义社会建设论述摘编》，中央文献出版社2017年版，第48页。

奈之选。教育作为一种培养人的活动，促进人的发展既是教育存在的价值，也是教育的根本追求①。中职教育亦是如此，其内涵式发展在于质量，核心在于人才培养质量，尤其是我国现阶段正处于经济结构优化升级阶段，对高素质技术技能人才的需求持续加大。要提高中职教育的生长性，必须从提高职业教育质量入手，必须进行更深层次的系统改革，让中职教育焕发出其作为类型教育的勃勃生机，而这也是实现职业教育现代化的关键所在。

对此，中职教育要强化人才培养质量标准建设，政府、行业、企业、学校等利益相关者协同努力，以多样化办学定位为切入点，立足现代职业教育体系，着力中职学校分类特色发展，狠抓中职教育的过程性管理。同时，我国是一个以政府政策为中心运转的社会，未来的关键是在现有政策的基础上，从我国经济社会发展、现代化建设实践及个人全面发展的需求角度，进一步落实保障和促进职业教育发展的创新性制度②，不只是政策制定，更重要的是落实，重点在政策执行、监管和问责。

5. 体系的优质性

职业教育体系的优质性是指职业教育质量的优越性，能充分满足个体发展和社会发展的需要，其内涵是多方面的。从目标来看，职业教育现代性的价值取向包含优质性、人道性，致力于人的全面发展，服务于社会进步、社会现代化③；从过程来看，职业教育围绕个体和社会需求，开展科学、合理、有质量的运作，能实现良好的管理和监督，学生能习得高质量的职业能力、关键能力；从效果来看，有效实现对个体需求和社会需求的达成，助力学生主体的个性化、可持续发展和国际竞争力增强，同时对经济社会发展具有良好的贡献度，实现职业教育个体功能和社会功能的有机统一。

---

① 全国十二所重点师范大学联合编写：《教育学基础》，教育科学出版社2014年版，第33页。
② 李玉静：《职业教育现代化必须坚持中国特色的制度创新》，《职业技术教育》2016年第10期。
③ 高文杰：《"教育2030行动框架"旨归及其对我国职业教育现代化的战略启迪》，《职业技术教育》2017年第36期。

职业教育体系优质性的落脚点是职业人的现代化。现代化理论认为，人的现代化处于核心地位。但人的现代化比制度现代化和器物现代化要困难得多，不是仅靠增加经费投入就能实现的，需要经由艰难的观念改变、文化认同、精神认同，以及心理上的转化①。中职教育作为现代职业教育体系的基础，更应以每个学生接受高质量的中职教育为目标，为职业教育人的现代化提供坚实支撑。然而，中职教育内涵式发展水平不高，仍然存在简单依据入学率和就业率衡量职业教育质量的现象。而且政府对中职教育的投入远不如普通高中。《2022年全国教育事业发展统计公报》显示，全国高中阶段教育经费总投入为9556亿元，其中中等职业教育经费总投入占比不足35%；全国中等职业学校生均教育经费支出为23470元，比上年增长1.2%，低于普通高中的生均教育经费支出和增长速度②。面向"职业教育2035"，在有效的市场驱动引领下的高质量发展是中职教育转型的重要任务之一，中职教育应以服务企业和学习者为核心，围绕未来企业、产业和经济发展需要，更符合受教育者的未来需要和长远利益，使其有尊严地学习、体面地就业、享有优质生活，表现在教育过程中即为多主体共同负责培养方案制订、课程设置、过程实施和考试考核等环节，具有良好的跟踪、传导、适应和引导性，体现在教育质量的优质性及持续提升的动力上。

二 显著提升中职教育的服务能力

（一）增强中职教育的本体价值，更好地服务人的发展

高中阶段教育是学生从未成年走向成年、个性形成、自主发展的关键时期。培养德智体美劳全面发展的社会主义建设者和接班人是我国新时代的教育目标。现行的教育体系是为教育目标服务的，教育的价值最终都体现在人的培养上，教育的其他价值也都是基于对人的培养这一价

---

① 杨小微：《找到教育与社会的"共振频率"》，https：//epaper.gmw.cn/gmrb/html/2017-07/15/nw.D110000gmrb_20170715_2-07.htm，2017年7月15日。

② 教育部：《2022年全国教育事业发展统计公报》，http：//wap.moe.gov.cn/jyb_sjzl/sjzl_fztjgb/202307/t20230705_1067278.html，2013年7月5日。

值上的①。迈向"教育现代化 2035",必须将中职教育发展为人民满意的教育,充分发挥其本体价值,较好地满足特定群体(中职生、受训者)的发展需要。

1. 提高中职教育吸引力,使学习者拥有更强的主动性

主动性是指学生和社会公众从心理上认可中职教育,能够基于个体兴趣和发展需要主动选择中职教育。只有这样,中职教育生源质量才能得到极大改善,中职毕业生的社会地位也才能显著提高。这一切的前提是,中职教育实现规模上的高质量发展,成功实现从大到强的跨越。这要求,首先,中职教育与普通教育各具类型优势。根据人力资本理论的划分,普通教育侧重培养通用性人力资本,职业教育侧重培养专用性人力资本,两者都能为学习者发展提供良好的教育资源和服务,都是国民教育和终身教育体系的重要环节,而个体可依据自我智能特点和职业生涯规划自主选择教育类型。其次,中职教育实现内涵式发展,学生获得感显著增强。中职教育面向初中毕业生既能培养其工作岗位所需的职业能力和适应劳动力市场多变的能力,实现个体体面就业;又能为其提供多元的学业上升渠道,满足个体可持续职业发展需要。并且,中职教育也可以面向有职业培训需要的社会群体,体现教育的普及性和机会的公平性。最后,中职教育能够帮助个体实现阶层流动。中职教育成功打破"教育天花板"的限制,扭转其被认为是较差学生或者农村学生教育类型的刻板印象,职教人不再被贴上"腰包已丰满、地位仍骨感"的标签,而是可以通过畅通的渠道实现合理的阶层流动,而全社会也形成了尊重劳动和尊重技术的良好氛围。不过,规模上大体相当的中职教育始终存在着上升渠道单一、人才适应性不强、培养质量不高等争议,公众选择中职教育的内驱力始终不足,所以,职业教育要想实现与普通教育等值等价的社会认可度,需要中央和各地政府在政策上落实技术技能人才成长渠道和待遇政策,更需要将中职教育融入应用型人才培养和现代职业教育体系中,夯实中职教育的基础性功能。

---

① 杨志成、柏维春:《教育价值分类研究》,《教育研究》2013 年第 10 期。

2. 提高中职学校教学质量，使学习者拥有更充分的获得感

获得感是指中职教育能够满足个体社会化、个性化发展的需要。一方面，中职教育显著提升个体适应社会的能力，实现其社会价值。马克思曾说："现在的社会不是坚实的结晶体，而是一个能够变化并且经常处于变化过程中的有机体。"[1]对于生活在社会中的个体来说，人的价值总是体现在与他人、他事的关系中，在人类社会中孤立的自我价值是不存在的[2]。从培养目标的定位来看，中职教育具有就业教育和升学教育双重导向。作为就业教育，学习者在中职学校学习期间能获得赖以谋生的技能和手段，成为技术技能型劳动者，积累助推经济成功转型的人力资本。作为升学教育，学习者能通过中职教育满足其更高层次教育的需求，不仅能实现他们的个人理想，也能为社会发展做出更大贡献。另一方面，中职教育充分满足个体发展个性的需要，实现其个人价值。《中共中央关于制定国民经济和社会发展第十四个五年规划和二〇三五年远景目标的建议》明确提出要"提升人力资本水平和人的全面发展能力"[3]，此目标的实现内在地需要以生为本，尊重个体的差异性、独特性，促进个体的个性化发展。职业教育是一种以水平维度的社会分工为参照系划分出来的教育类型，与普通教育是并列关系，各自培养着不同类型的社会人才[4]。中职教育是职业教育体系的基础，中职学生一般处于15—18岁，文化基础薄弱但具象思维能力较强，中职教育要根据职业教育特点和个体身心发展规律，真诚地关照每一名学生，为其提供高质量技能教育（培训），引导学生健康、生动地成长、成才。

3. 控制中职学生流失率，提高中职毕业生的达标率

达标率得益于中职教育所表现出的明显的类型优势，人才培养质量

---

[1] 中共中央马克思恩格斯列宁斯大林著作编译局编译：《马克思恩格斯全集》（第四十三卷），人民出版社2016年版，第20页。

[2] 顾明远：《再论教育本质和教育价值观——纪念改革开放40周年》，《教育研究》2018年第5期。

[3] 《中共中央关于制定国民经济和社会发展第十四个五年规划和二〇三五年远景目标的建议》，https://www.gov.cn/zhengce/2020-11/03/content_5556991.htm，2020年11月3日。

[4] 胡重庆：《供给侧改革下职业教育要素配置的优化》，《江西社会科学》2018年第6期。

过硬，因此学生流失率大幅下降，同时，让中职毕业生拥有广阔的职业前景和美好的生活前景。一方面，面向就业，中职毕业生合格率显著提高。处于"变换的世界"里，中职教育要充分发挥自身的类型、特色优势，培养适应当今和未来需要的具有可迁移性、创造性的技术技能型人才，正如马克思所说："不应培养青年人从事一种特定的终身不变的职业，而应培养他有能力在各种职业中尽可能多地流动。"[1] 中职教育要立足职业教育而又超越职业教育，以职教人的技能养成为着力点，关注其"精神成人""使无业者有业，有业者乐业"，既会"拧螺丝"又能"从拧螺丝中找到自我"，实现个体全面、和谐、健康发展。另一方面，面向升学，中职毕业生优生率显著提高。从某种程度上讲，未来中国经济继续增长更多依靠的是结构性改革所带来的全要素生产效率的优化升级，进而实现质量效率型集约增长，这一目标的实现需要高职教育承担起培养大批创新型高素质技能型人才的重任。高职教育的高质量发展首先需要保障的是生源质量，作为高职生源的供给主体，中职毕业生能有效适应高职创新提质的需要，有利于培养完满的职业人，以发挥技术技能型人才优势，有效满足经济转型和技术创新的需要。目前，有研究证明，学生对中职学校专业与教学的满意度对于农村中职学生就读高职教育的意愿有显著影响[2]。

（二）提升中职教育的工具价值，更好地服务社会发展

作为经济发展联动性最强的教育类型，职业教育始终坚持社会本位，培养高素质劳动者和技能型人才，为经济和社会发展提供有力的人才和智力支撑，服务经济社会发展能力和社会吸引力不断增强。《国家职业教育改革实施方案》（2019）明确要求，"把发展中等职业教育作为普及高中阶段教育和建设中国特色职业教育体系的重要基础"[3]。马克思主义

---

[1] 白玲、张桂春：《人文主义教育：我国职业教育之魂的丢失与重拾——基于联合国教科文组织对人文主义教育的重申》，《职教论坛》2017年第10期。
[2] 黄斌、徐彩群：《我国农村中等职业学校学生接受高等职业教育意愿的影响因素分析》，《高等教育研究》2012年第12期。
[3] 国务院：《国家职业教育改革实施方案》，http://www.moe.gov.cn/jyb_xwfb/gzdt_gzdt/s5987/201902/t20190213_369226.html，2019年2月13日。

教育观也认为，教育是使人自由而全面发展的根本途径，是提高社会生产力的重要手段①。所以迈向"教育现代化2035"，中职教育要发展为社会满意的教育，需更好地发挥其工具价值，满足企业发展的需要，促进国民素质的提升。

1. 进一步提高中职学生的职业能力与精神

职业教育发源于企业，服务于企业。处于产业结构转型的关键期，转型的基础和主体正是企业。从企业所处的产业类型来看，现代产业需要培养新型职业劳动者，而全面建设社会主义现代化国家也亟待调动和激发技能型、应用型人才的主动性和创造性。从长远来看，劳动者通过接受职业教育、提升自身技能才是其实现技能型社会、制造强国、质量强国的重要渠道。从市场供需来看，以中职教育为典型的职业技能培训体系与高质量发展依然有较大差距。技能人才的求人倍率一直保持在1.5以上，高技能人才的求人倍率甚至达到2.5以上，部分劳动者的知识技能不能适应现代产业发展变化的要求，求职和就业难度加大②。职业教育正是培育技术技能型人才的摇篮。现代化产业体系是实现新发展格局、高质量发展的重要战略选择，现代化产业体系亟待复合型创新人才，需要职业教育提供相匹配的人力资源。

具体来说，一方面，中职教育作为技能教育，要能够为不同类型企业的发展培养多样的技能人才。面向制造业和服务业实现现代化的需要，中职教育能够有效应对人才需求结构性变革，提高学生的职业能力，强化其实践创新能力和综合发展能力，有效缓解"就业难"和"用工荒"的结构性矛盾，将服务业转型升级落到实处；面向现代农业的需要，中职教育充分发挥补偿性和发展性功能，可结合"三农"的具体需求，灵活开展多种形式的教育（培训），强化针对性和适切性，

---

① 张鹏超：《在工具理性与价值理性的融合中推进高职院校素质教育》，《中国高教研究》2014年第5期。

② 中共人力资源和社会保障部党组：《坚持就业优先 推动实现更加充分更高质量就业》，http://www.mohrss.gov.cn/SYrlzyhshbzb/dongtaixinwen/buneiyaowen/rsxw/202206/t20220617_454034.html，2022年6月17日。

提高学习者的技术技能；面向中小企业仍占较大比例的客观现实，中职教育能够立足具体的岗位需求为企业提供多层次、多类型的技术技能培训服务。另一方面，中职教育蕴含着人文教育，致力于培育和弘扬工匠精神。"大国工匠"是壮大实体企业和经济的厚重底蕴，一个国家产品的质量往往被视为一国之文明程度，一国产品之信誉往往是一国之国民尊严[①]。过硬的产品质量不仅需要先进的装备，而且需要劳动者的匠人精神。所谓工匠精神，在思想层面，就是爱岗敬业、无私奉献；在行为层面，就是开拓创新、持续专注；在目标层面，就是精益求精、追求极致[②]。中职教育以培养大国工匠为己任，将匠人精神内化到人才培养的全过程中，不仅能培养个体的职业能力，而且能塑造个体的职业素养和职业精神。

2. 大幅度提升中职学生的现代化国民素养

国家现代化的基础和前提是人的现代化。现代化学者英克尔斯和史密斯指出："在发展过程中一个基本的因素是个人，除非国民是现代的，否则一个国家就不是现代的。"[③] 人的现代化意味着素质的现代化，"现代人素质在国民之中的广为散布，不是发展过程的附带产物，而是国家发展本身的基本因素"[④]。习近平总书记也曾指出："面对日趋激烈的国际竞争，一个国家发展能否抢占先机、赢得主动，越来越取决于国民素质特别是广大劳动者素质。"[⑤] 所以，提升国民素质是教育现代化的主旨要求，也是职业教育现代化的重要使命。

中职教育作为教育体系的重要环节，是提升国民素质的中坚力量。一方面，中职教育可以显著提高个体国民素质，促进个体的现代化。教

---

① 刘占山：《把工匠精神刻入职校学生的心中》，http：//www.jyb.cn/zgjyb/201806/t20180619_1117487.html，2018年6月19日。
② 刘占山：《把工匠精神刻入职校学生的心中》，http：//www.jyb.cn/zgjyb/201806/t20180619_1117487.html，2018年6月19日。
③ ［美］阿列克斯·英克尔斯、戴维·H.史密斯：《从传统人到现代人——六个发展中国家中的个人变化》，中国人民大学出版社1992年版，第10页。
④ 褚宏启：《教育现代化的路径——现代教育导论》，教育科学出版社2013年版，第149页。
⑤ 《习近平在庆祝"五一"国际劳动节大会上的讲话》，人民网，pc.people.com.cn/n/2015/0428/c64094-26919561.html，2015年4月28日。

育，尤其是学校教育，作为一种活动，首先面对的是个体人[1]，中职教育的定位是培养在生产和服务一线岗位从事基础技术性操作工作、具有中等技术水平的技术技能人才[2]，但中职教育同时具有教育的基本属性，即促进人的发展，只有在职业生活中培育与人格形成相关的自觉追求，才是对人尊重的职业教育[3]。对于个体而言，中职教育既能通过为其提供优质的职业教育资源，帮助个体获得适应性和前瞻性的专业技能，更可以帮助其实现从自然人到职业人的转变，促进劳动者职业发展和人格养成，实现个人效能感、成就感的持续提升。另一方面，中职教育可以显著提高整体国民素质，促进国家的现代化。人的素质要实现从差异性到发展平等的目标，有赖于先进社会制度的建立，实现尊重人的发展权利，即人在社会关系中所处的平等地位[4]，而实现人的素质公平发展、国民素质均衡发展也是中职教育现代化的重要目标。在我国，农村、农民和农业的落后长期影响着中国的政治基础、文化基础和经济基础[5]。据国家统计局最新统计数据，2022年，全国农民工总量为29562万人，但初中及以下学历占比高达69.3%，大专及以上学历仅仅占13.7%。农村学生是中职学校生源的主体，中职教育是培养具有良好职业素养和专业技能劳动者的主要阵地，促进农村劳动力转移就业，在增加农民收入的同时形成带动效应，促进形成自强自立、争先脱贫的良性循环，是最有效的"造血式"扶贫方式，既能从根本上实现乡村振兴，同时也能弥补国民素质的短板，实现国民素质的均衡化发展与整体提升。

---

[1] 全国十二所重点师范大学联合编写：《教育学基础》，教育科学出版社2014年版，第12页。

[2] 杨进：《把中职摆在普及高中阶段教育的突出位置》，《中国教育报》2017年4月12日第3版。

[3] 陆素菊、[日]寺田盛纪：《在经济性与教育性之间：职业教育的基本定位与未来走向——陆素菊与寺田盛纪关于职业教育发展中日比较的对话》，《华东师范大学学报》（教育科学版）2019年第2期。

[4] 单培勇：《国民素质文化学：国民素质均衡发展需要的学理建构》，《上海师范大学学报》（哲学社会科学版）2014年第2期。

[5] 张国有：《将发展教育作为第一国策》，《人民论坛》2017年第18期。

第三节　中职教育发展的现实困境

一　中职教育与时俱进的适应性挑战

近年来，国家产业结构转型和教育改革的深入推进，给社会生产、民众生活、社会结构带来巨大变化，在为中职教育带来广阔发展空间的同时，也考验着中职教育的适应性与灵活性，对我国中职教育提出了新的要求。其挑战主要表现在以下方面。

（一）经济发展要求中职教育衔接市场需求

我国的经济发展正处于高质量发展时期，转变经济增长方式、优化产业内部结构仍是经济持续性发展、实现动能稳步提升、化解国内外风险挑战的主要方式。

高素质技能型劳动力不足是我国经济可持续增长和产业结构升级所面临的突出瓶颈。一方面，中职教育担负着为就业市场输送高质量技术技能型人才的重担，但随着高等教育普及化，我国现阶段存在着"重普高轻中职"的现象。中职教育面临着被边缘化的危机，折射出现阶段中职教育没有适应经济社会快速发展的需要。另一方面，中职学生就业去向以属地为主，但由于我国地域情况复杂，各区域发展中职教育的客观条件、本区域人民群众选择中职教育的意愿与目的，以及对中职教育的诉求也不尽相同。因此，中职教育在各个地区的经济社会发展中有着不同的教学任务要求，扮演着不同的角色。中职学校培养专业人才应适应当地产业需要，培养与属地相衔接的创新型人才，应有所偏重，因地施教。另外，我国经济转型发展必然会对中职教育发展产生新的需求，这就要求中职学校能够培养大批适应经济社会发展的技术技能型人才，这也对中职教育的生源和规模发展，以及培养劳动者的类型带来巨大挑战。

（二）科技创新要求中职教育紧跟时代变革

以大数据、人工智能和 ChatGPT 为代表的创新技术，正在颠覆性地改变着我们人类社会的发展模式。科技发展的核心就是经济转型升级的革命，意味着为经济社会高质量发展注入源源不断的动能。诚然，科学的进步不仅是其自身的发展，也需要科技、经济、社会和教育的相互关联式强化。中职教育需要转变单一传授职业知识和能力的固有教育秩序，在科学创新引领中通过育人履行其自身的经济功能。一方面，工业机器人的迅速推广，对中职毕业生的需求将快速减少。一般而言，对技术要求不高的劳动密集型行业企业是中职学生就业的主要领域。但由于工业机器人的冲击，势必会给中职学生就业带来挑战。另一方面，随着我国科技的飞速发展，代表第四次工业革命的大数据、人工智能的时代已经到来。国家的经济资产越来越依赖科技、知识，而不是麦田和金矿。人类特有的独立思考、自主创造和适应变化能力等越来越成为现代社会和时代发展的渴求，教育作为培养人的活动，势必会越来越开放、具有终身性和可持续性。在这样的时代场域下，中职教育亟须做出重大调整和更新，重视培养学生的问题解决技能、批判思维、创造力、团队工作技能、沟通技能以及冲突解决技能等核心能力，促进个体能够较好地适应无边界职业生涯。

（三）产业升级要求中职教育调整人才培养结构

工业化是我国社会发展面临的长期任务，面对全球新型工业化浪潮，各国纷纷采取了"再工业化"战略，以在全球高端制造业中抢占先机。我国产业转型升级势在必行，必然对中职教育的发展产生重大影响，要求配备与其相适应的高素质技能型人才。产业升级并非一蹴而就，而是呈现出从低端向高端梯级进阶的态势。我国产业结构正在从劳动密集型转向技术密集型、知识密集型，决定了劳动力结构需要由初级人才转向中、高级人才，进而决定了需要由"中等职业教育—高等职业教育"构成的职业教育体系。因此，从层次结构上讲，中职教育发挥着承上启下的作用，也决定着中职教育的人才培养在产业升级劳动力结构中占据着较大比例，这对中职教育的人才培养规格和办学层次提出了巨大挑战。我国中职教育起步较晚，适应我国产业升级的人才培养结构尚未形成，如何打通中职技能人才的发展通道，从而走出一条科技含量高、经济效益好、资源消耗低、环境污染少、人力资源优势得到充分发挥的新型工业化路子，满足产业升级所需的高技术技能人才的供给，是中职教育在人才培养方面亟须突破的困境。

二 中职教育产出与民众需求之间的矛盾

（一）中职教育与人民满意度存在偏差，人民满意度不高

人才培养水平永远是衡量教育质量的第一标准。教育是发展人自身，实现人自身再生产、再发展的一个途径[①]。中职教育作为回应社会需求、以促进就业为导向的教育类型，技术技能型人才质量是中职教育最有力的产出，是反映中职教育质量的标杆。但事实上，中职教育培养技术技能型人才的优势却并未凸显出来，而且从判断教育公共服务的重要主观指标——满意度来看，人民对中职教育的满意度不高，主要表现在以下方面。

1. 中职学校生源陷入持续危机，学生选择度不够高

普职比大体相当是我国高中阶段政策长期的指导方针。《国务院关于大力推进职业教育改革与发展的决定》明确提出："要以中等职业教育为重点，保持中等职业教育与普通高中教育的比例大体相当。"随后出台的《关于大力发展职业教育的决定》《国家中长期教育改革和发展规划纲要（2010—2020年）》《关于加快发展现代职业教育的决定》和《国家职业教育改革实施方案》等政策文件都强调要保持中职学校和普通高中招生规模"大体相当"。但是《全国教育事业发展统计公报》显示，自2011年迄今中职教育规模持续缩小，其在高中阶段占比不断下降，本意利好的免学费政策从全国层面上看未能有效吸引学生就读[②]，而现实中个别地方为了满足中职招生指标要求，虚报中职人数，甚至实施强行分流，引起学生和家长的强烈不满。

以多元发展渠道满足不同发展需求的分流政策并未达到预期效果，民众倾向普通高中的心理仍占主流。大量研究发现，接受普通高中教育

---

① 石中英：《回到教育的本体——顾明远先生对于教育本质和教育价值的论述》，《清华大学教育研究》2018年第5期。

② 刘彦林、哈巍：《中职免学费政策实施效果评估》，《教育发展研究》2017年第21期。

是初中毕业生的首要选择。根据理性人基本假设，在一切社会活动中，个体会自发向收益大、成本小的行为收敛，以实现自身利益的最大化①，表现在初中毕业生就业选择上，个体认为，与中职教育相比，接受普高教育可能会得到更大的收益，而且有研究证实，对农村学生来说，即使是学习成绩差的学生，在几乎没有希望进入普通高中的情况下，也不想接受职业教育②。另外，从教育公平的视角来看，教育公平是保障每个人公平的发展权，是改变社会分层、促进社会流动、实现社会公平的手段。③ 教育公平首先体现在教育选择的公平上，即高中阶段的教育选择应是自主的、灵活的，学生有权利自由选择升学路径。试想，如果不再强调普职比问题，那么中职的生源又将下降到什么程度？总之，中职学校生源问题已经成为制约中职教育发展的首要难题。

2. 中职学生流失现象不容忽视，学生满意度不够好

中职学生的流失现象是难以回避的痛处，严重影响着中职学校的声誉和中职教育的可持续发展。根据《全国教育事业发展统计公报》，2022年，中职教育毕业生为399.27万人，但是2019年中职教育招生为600.37万人，由此可以得出，有201.1万中职学生没有顺利毕业，占比为33.5%。当然，鉴于无公开的中职学生流失率统计数据，我们很难测算出各省份中职学生的具体流失数量。

中职学生流失的根源在于人们对中职教育质量的担忧和失望。从期望价值理论视角来看，个体选择主要受价值和预期的影响。个人投资教育的根本目的是期望通过教育使自己在今后的职场中获得一个最佳的位置④，中职学生从理论上讲可通过职业教育的学习以技能安身立命。但现实是，初中毕业生走进中职学校却又中途退出，或者身在学校心却不在学习，这种现象的根源在于人们对中职教育质量及其对个人职业发展

---

① 赖德胜、石丹淅：《我国就业质量状况研究：基于问卷数据的分析》，《中国经济问题》2013年第5期。
② 张济洲、黄书光：《谁读职校——基于社会分层视角》，《全球教育展望》2015年第9期。
③ 杨银付：《深化教育领域综合改革的若干思考》，《教育研究》2014年第1期。
④ 蒋春洋、柳海民：《提升职业教育吸引力对策研究——基于福斯特职业学校谬误论的思考》，《现代教育管理》2012年第9期。

意义的信心不足，而中职学校囿于生源危机，为了减少学生流失而降低课程难度，这进一步影响了中职教育的声誉。以《全国中等职业教育满意度调查报告》（2018）为例，在校二年级学生对中职教育表示基本满意。其实，随着部分中职生在一年级的流失，从理论上讲二年级的学生应该对中职学校是认可的。由此充分说明，质量问题是制约中职教育发展的关键。

3. 中职毕业生质量达标水分大，学生获得感不够强

"以促进就业为导向"是我国职业教育的基本办学方针。中职毕业学生就业率多年连续保持在95%以上。教育部"教育这十年""1+1"系列新闻发布会（2022）指出，近十年来，中职就业率（含升学）持续在96%以上，高职在91%以上，高于普通高校的平均值。《2016年全国中等职业学校办学能力评估报告》也显示，全国中等职业学校在校生规模居世界首位，为千万名学生职业发展奠定了重要基础，其中，2012—2016年，中等教育培训结业生数达4亿人[1]。从某种程度上讲，职业教育特色逐渐明显，中职教育所培养的技术技能型人才为我国经济发展提供了有力的人力资源支撑。

中职毕业生就业质量是反映中职人才培养质量的重要指标。中职教育让广大学生有机会接受高中阶段教育并掌握一技之长，但是，喜人就业率的背后是中职生就业质量堪忧，学生接受中职教育后难以突破固有阶层。根据二元劳动力市场理论的划分，中职毕业生几乎都处于次要劳动力市场，就业稳定性差，"短工化"现象普遍；对口就业率不高，中职教育的专业设置和市场需求存在较大差距[2]；工作辛苦，就业环境差，保障机制不够好；薪酬福利不高，且可持续发展能力不足，晋升机会有限，难以向上流动至主要劳动力市场。有研究表明，与普高教育收入回报相比，改革开放早期接受职业教育者拥有较高的回报，1990年后这种

---

[1] 中国教育科学研究院：《提高国民素质 建设人力资源强国》，《教育研究》2017年第5期。

[2] 曾湘泉、王辉：《个人效用、教育因素和岗位特征——基于我国中职毕业生就业质量指标体系的研究》，《学术研究》2018年第3期。

优势逐渐消失[①]。另外，项目组调查发现，将近30%的中职生对中职学习成绩不满，而高职院校对中职学生也不满意。究其原因，中职教育的工具主义或工具理性仍占支配地位。职业教育的终极属性为教育，意味着其应首要、本位地强调教育属性，而非"工具性""职业性"和"训练性"[②]，但在现实中，不少中职学校却把就业导向误读为就业教育，过于强调技能学习，不同程度地忽视文化基础知识对中职学生成长成才的价值[③]。

(二) 中职教育产出与社会满意度存在偏差，社会满意度不高

据我国人社部负责人介绍，我国是世界人口第一大国，2016年底，人口总量约13.8亿人，劳动年龄人口为9.07亿人，预计到2030年之前，劳动力规模都将保持在8亿人以上，劳动力供大于求的就业总量压力将长期存在[④]。与此同时，高素质技能人才紧缺现象将成为全国性常态化难题，劳动技能水平跟不上岗位需求的就业结构性矛盾越来越突出。根据教育适度超前发展理论，中职教育既要能适应当前经济转型升级对高素质技能型人才的需要，更要着力提高技术技能型人才面向社会主义现代化建设的需要。当前，中职教育的产出与经济社会发展的需求之间还存在一定偏差。在就业方面，企业对中职教育的满意度不高，继续招聘中职毕业生的意愿不强。在升学方面，高职院校对中职生源学生的满意度亦不高，中职生源并没有比普高生源表现出明显的优势。

1. 企业对中职教育不够满意，参与校企合作积极性不高

企业是基本的经济单元，受制于产业结构和经济发展。目前我国正

---

① 陈伟、乌尼日其其格：《职业教育与普通高中教育收入回报之差异》，《社会》2016年第2期。
② 俞步松：《刍议高职院校培养现代"和谐职业人"》，《中国高教研究》2013年第12期。
③ 李向辉、易红梅：《中职教育对"以就业为导向"的误读、危害与治理》，《教育发展研究》2016年第6期。
④ 《人社部：就〈技能人才队伍建设工作实施方案（2018—2020年）〉答问》，人力资源和社会保障部网站，http://www.gov.cn/zhengce/2018-10/29/content_5335465.htm，2018年10月29日。

处于产业转型升级的攻坚期，产业结构升级有两大关键因素：一是新技术的推广和应用；二是企业和产业的创新①。企业的创新取决于从业人员的创新水平，企业的发展离不开技术技能型人才。尽管我国技能劳动者数量已超过1.7亿人，约占就业人员总量的22%，劳动力市场对具有技术等级和专业技术职称的劳动者用人需求均大于供给，我国依然存在较大的技能型人力资本缺口②。所以，从理论上讲，面临"技工荒"的企业急需职业教育包括中职教育培养专门性技术技能型人才。

从目前发展来看，企业对技术技能型人才的主要供给方——职业教育尤其是中职教育并不满意。作为中职毕业生就业的终端流向，企业既是职业教育的受益方，也是检验中职教育质量的试金石。随着产业结构的转型升级和技术革新带来的变化，企业更看重的是人才适应无边界职业的学习能力和转换能力，希望中职教育能从培养"经济人"转向培养"社会人"。现实情况是，中职教育面向企业培养一线的初、中级技术技能型人才，其根本优势在于毕业生与特定职业或岗位的高匹配度③，适应不同岗位的关键能力有限，多数企业负责人强调，中职教育具有培养周期较短、企业用人成本较低等优势，但其未来的发展优势将逐渐弱化，并随着产业的转型升级而逐步消失④。

《全国中等职业教育满意度调查报告》（2020）显示，简版问卷的雇主对中职教育满意度指数为62.8分。详版问卷的雇主满意度指数为76.9分，虽然超过2017年雇主满意度（53.4分），但分数并不算高，而且中职教育的校企合作仍以直接接收学生实习为主。职业教育是跨界教育，需要"以工作过程为逻辑主线，以工作任务为中心，让学生在完

---

① 苏丽锋：《职业教育发展对产业结构升级的支撑作用分析》，《高等工程教育研究》2017年第3期。
② 张车伟主编：《中国人口与劳动问题报告 No.22——迈向现代化的中国城镇化》，社会科学文献出版社2021年版。
③ 刘丽群：《"高中普职规模大体相当"政策的现实之困与长远之策——基于近40年来高中教育政策的分析》，《河北师范大学学报》（教育科学版）2018年第6期。
④ 刘晓、徐珍珍：《"机器换人"与职业教育发展：挑战与应对》，《教育发展研究》2015年第21期。

成工作任务的过程中建构知识"①,技能型人才的培养需要学校和企业双方共同参与,但当前中职教育层面的校企合作还以表面化、形式化为主,直接接收学生实习的校企合作很难保障产教融合效果。企业不是我国职教体系中法定的办学主体,这固然是造成这种结果的主要原因之一,但企业对中职教育的不满也是其重要因素。值得高兴的是,《国家职业教育改革实施方案》(2019)已提出要"建立产教融合型企业认证制度"②,唯有制度上的健全才能从根本上调动企业的积极性,也才能从源头上提高技术技能型人才的培养质量,提高企业对中职教育的信心和满意度。

2. 高职院校对中职教育不甚满意,中高职衔接效果欠佳

与中职学校定位于培养操作型技能人才不同的是,高职院校旨在培养全面发展的高素质应用型技能型人才,兼顾普通教育和职业教育特性,更注重人才的独立性、复合性和创新能力。《2022年全国教育事业发展统计公报》显示,全国共有高等高校3013所,其中,普通本科学校1239所(含独立学院164所),招生规模为16793人;本科层次职业学校32所,职业本科招生7.63万人;高职(专科)学校1489所,占总数的59.42%,高职(专科)招生538.98万人(不含五年制高职转入专科招生54.29万人)。与2018年相比,高等学校数量增长13.14%,但高职(专科)学校数量仅仅增长0.05%,职业本科和高职(专科)仍然远远落后于普通本科学生规模。所以,面对持续的生源危机,高职院校和职业本科院校都亟待扩大招生规模,也相应地需要从中职教育领域补充生源。中职教育兼顾升学,中高职衔接是实现中职教育质量提升和层次上移的重要途径,是实现职业教育体系现代化的重要环节。但是,在升学方面,中职教育的优势并不明显。目前,高职院校的生源主要有普通高中和中职学校,其中,中职学生可以通过"3+2"、对口升学和单招升入高职院校。从对口升学来看,高职院校对中职生源的评价并不及普

---

① 徐国庆:《职业教育课程论》,华东师范大学出版社2015年版,第69页。
② 国务院:《国家职业教育改革实施方案》,http://www.moe.gov.cn/jyb_xwfb/gzdt_gzdt/s5987/201902/t20190213_369226.html,2019年2月13日。

高生源，中职生源学生总体素质处于一般水平[1]。有研究表明，就整体素质而言，中职生源大部分指标平均分数均显著低于普高生源，占整体调查项目总量的85.71%，这些弱项指标在中职学生智育、能力和其他素质方面均有体现[2]。各高校不同专业领域的教师认为，中职生源学生全部指标均处于"一般"水平[3]。从"3+2"来看，学生在入学时已清楚学制模式，部分中职学校的过程评价和管理不到位，学生学习的动力不足，中职教育质量难以保障，有研究者基于北京市试点将"3+2"学生与普高学生对比发现，在学业表现方面二者并不存在显著差异；在就业期望方面，试点学生明显弱于普高学生，对未来学习深造的预期也较低；二者在综合能力方面虽并无显著差异，但试点学生的专业知识与能力显著低于普高学生[4]。另外，中高职衔接的关键问题可概括为衔接模式、资源共享平台和质量保障体系三个层面[5]，但目前中高职教育系统各自为政，两者衔接缺乏层次性和系统性，更注重以技术技能为核心的操作层面衔接，对学生综合素质培养的衔接、生涯发展能力的衔接、个体兴趣与选择等关注较少[6]。单从中职角度来看，很多中职学校的升学班应试教育现象明显，简单地把中职学习等同于高职学习的"预科"阶段，教学模式与普通高中基本相同，学生只学习升学考试科目，不学就业导向理念下开设的专业与课程体系，难以体现出职业教育的职业性特色。

---

[1] 付陈辉：《河北省对口招生高校不同专业领域教师对中职生源学生素质的评价》，《河北科技师范学院学报》（社会科学版）2014年第4期。

[2] 闫志利等：《对口招生高校中职生源与普高生源学生素质状况比较研究》，《职业教育研究》2014年第1期。

[3] 岳鹍等：《不同专业中职生源与普高生源的学习状况比较研究》，《教育教学论坛》2017年第7期。

[4] 刘云波：《中高职衔接模式下学生发展差异研究——基于北京市试点的实证分析》，《北京社会科学》2018年第10期。

[5] 刘志国、刘志峰：《中高职衔接人才培养质量保障体系构建研究》，《中国高教研究》2014年第7期。

[6] 李守可：《美国CTE中高职衔接的应然向度、实然困境与现实启示》，《教育评论》2016年第1期。

三 中职教育自身发展的痛点与关键问题

（一）教育定位问题

1. 人才培养目标定位不准

中职教育作为一种培养人的活动，职业人的职业性教育是中职教育的核心，而职业性教育不仅包含"技能和技术"等作为物质生产的经济行为，还包括人格发展等丰富的精神性追求。普通教育界虽然很早就提出反对"物化"的教育，但源于实用主义的职业教育建立在"物本主义"基础之上，主张追求工具主义价值理性。虽然职业教育界已经开始探讨从经济性取向转向追寻人的长远发展①，但这并非一蹴而就的，况且还有部分人支持"经济决定论"。这导致了实践中的中职教育依然将人才培养目标定位在专门人才上，将职业教育理解为手工操作的心智训练。在就业导向的政策框架下，中职教育强调专业要对接职业岗位，重视"技术与技能"无可厚非。但是，经济社会飞速发展，职业岗位所需要的技术、技能不是一成不变的，而是不断变化的。并且，教育相较于经济发展本身存在一定程度的滞后性，即使是与经济发展密切相连的职业教育也不例外。在这种情况下，如果过分强调对接职业岗位，只看重初次就业率，那么，学生将难以适应未来社会的变化，其职业发展也将难以持续。

职业教育的办学定位要分清目的和手段，教育活动的最终目的还是培养人，例如，日本的职业培训即便定位于工具性也十分注重劳动者非认知技能的培养②。我国的中职教育作为一种类型教育，不仅要教会学生技术和技能，为学生的初次就业做准备，而且要注重培养学生的非认知技能，为职业发展做准备。当前的中职教育受职业教育工具理性的影

---

① 张弛：《关注人的生存、生长与生成：现代职业教育目的解析》，《中国职业技术教育》2012年第36期。
② 陆素菊、寺田盛纪：《在经济性与教育性之间：职业教育的基本定位与未来走向——陆素菊与寺田盛纪关于职业教育发展中日比较的对话》，《华东师范大学学报》（教育科学版）2019年第2期。

响，过于强调经济价值导向，难以顾及学生全面发展需要。

2. 人才规格导向存在偏差

职业教育与职业有着天然的联系，职业性是职业教育的本质属性，中职教育应该以职业为基础，以行业、企业需求为导向，培养具有基本职业能力和素养的一线技能型人才。用人单位对毕业生满意度的评价是评判中职教育的重要指标。根据中国教育科学研究院 2019 年对用人单位开展的中职教育满意度调查，用人单位对中职毕业生的满意度总体上处于"基本满意"状态，但是毕业生离职率高，其专业理论素养、IT 能力、学习能力和创新能力等欠缺仍是中职教育发展不得不面对的问题，也制约着单位满意度的提升。在中职教育的发展实践中，部分中职学校克隆普通高中的做法，把职业高中办成了普通高中，片面追求升学率，中职升高职考什么就教什么，有"去职业化"之虞；还有一部分学校把中职教育的就业导向解读成就业教育，甚至将"就业为本"作为办学目标，只追求高就业率。现代职业教育既需要学生掌握一技之长，也需要学生掌握基本的科学文化知识，平衡技能学习和文化知识学习是提升中职人才培养质量的关键。中职教育在人才培养定位上，如果不能妥善处理技术技能教育和文化素质培养的关系，势必会制约人才培养质量提升。

（二）质量标准问题

1. 重视投入性质量标准，忽视内涵化质量标准

从我国中职教育质量评价标准与指标体系构成上看，注重资源条件性评价，呈现出外在资源投入性评价标准导向。投入性评价是在中职教育的起步阶段，在长期投入不足所造成的中职教育教学基础设施薄弱的情况下采取的行为，评价目的是促进国家或地方政府对中职教育的基本教学设施、师资力量等不断完善提升，保障中职学校达到基本办学条件，直至优化办学条件。但是，在国家和地方政府持续投入的大背景下，仍然固守外在投入性质量评价模式，势必造成中职教育质量评价目标不适应教育发展的阶段性和现实性要求，使其发展方向出现偏离，即将基础设施建设等作为学校发展质量的首位标志，而学生发展却退居次位，发展重点错位。较少关注学校的内涵式发展，中职教育质量评价指标系

重心的偏颇，导致实践中中职学校教育追求的偏离。

中职教育质量评价前期和中期侧重于外在资源性投入，评价政策制定倾向于投入性办学条件，以办学条件评价代替办学结果评价。教育资源性投入是中职教育发展的前提和基础，注重条件性建设并不等于内涵式发展。外在资源性为主的中职教育质量评价倾向，造成了替代性评价异化现象，中职学校把质量建设集中在如何获得更多来自政府的资源和政策支持方面，消极应付和应对政府的教育质量评价，没有从根本上重视人才培养质量建设，忽视了学生学习与发展的教育价值目标。从实质上讲，外在条件性资源倾向的质量评价模式缺失了对人才供给质量的评价，这与教育发展价值目标之间存在一定的冲突，影响了职业教育价值目标的实现。

2. 重视规模性质量标准，忽视发展性质量标准

纵观改革开放以来中职教育40多年的发展历程，规模始终是发展的着力点，规模驱动的教育供给战略能够推进中职教育规模的快速扩张，为提升中职教育质量奠定量的基础，但这种供给模式所固有的不足与缺陷也带来了突出的问题[①]。中职教育发展受到数量与规模的瓶颈制约，规模发展效应评价模式产生了路径锁定效应，在扩张中职教育规模的同时也产生了一定的负面影响，主要表现在学校为追求学生数量增长而忽视教育质量问题，造成学校教育功能的缺失，效率优先与教育发展公平目标出现冲突现象，产生了规模评价的"替代"效应。

在质量评价过程中，真正反映教育质量高低的学生发展没有得到应有的关注，还有一些隐性质量驱动手段，就像一只看不见的手，以隐性激励制度渗透进去，从政府绩效、学校经费等方面渗透进教育质量评价导向中，通过生均经费、问责制度等形式影响经费投入、政府绩效，从而达到促进教育规模扩张的政策目标。但是对于学校而言，学生数量的多少直接影响着办学经费的多寡，即学生规模越大，学校所获得的经济

---

① 李桂荣、姚松、李向辉：《中职教育供给侧存在的问题及改革思路》，《教育发展研究》2017年第3期。

收益就越多。这种以办学规模作为衡量质量的隐性标准，导致学校间竞争的内容不是职业教育服务质量的高低，而是生源的竞争。为了获取生源，有的学校甚至将招生计划分配给教师，招生与教师的奖金挂钩，"中职学校人人都有任务，个个都是招生人员"①，中职教师在强大的招生压力驱使下往往无法把精力专注于课堂教学和学生培养上，致使中职学生的学习风气较为涣散，"学生感"不强②。"职业学校招生任务完成情况与申报上级财政支持的中职学校建设项目挂钩。市教育局对超额完成招生任务的中职学校、县（市、区）教体局给予表彰。"③"不管是公办中职还是民办中职，都会很在意生源的问题，因为很多人都认为生源就是财源。"④ 有些中职学校通过虚假宣传、提高招生回扣等方法获得生源，还出现了招生掮客的现象，招生掮客帮着学校招生而以此作为谋生之路⑤。这就导致职业学校重规模轻培养状况的发生。对于生源困境，一些地方政府为完成中职招生指标，采取行政强制方式，诸如禁止当地学生流出，搞招生"地方保护主义"，在限制了学生教育选择权的同时，也将中职教育陷于"廉价""劣质"供给的尴尬境地。

3. 重视教育教学质量标准，忽视毕业生质量标准

中职学校教学质量标准是编写与选用专业教材、规范教学行为、开展教学活动、评价教学质量的规范性依据，是提升中职学校育人质量的指导性文件。2012 年，教育部办公厅发布《关于制订中等职业学校专业教学标准的意见》，启动中职学校专业教学标准的制订工作。2014 年，教育部办公厅公布了首批 95 个和第二批 135 个中职学校专业教学标准。2019 年，《国家职业教育改革实施方案》中又强调提出要"建成覆盖大

---

① 何文明：《规范中职招生还须强化政府统筹》，《教育与职业》2014 年第 12 期。
② 李桂荣、姚松、李向辉：《中职教育供给侧存在的问题及改革思路》，《教育发展研究》2017 年第 3 期。
③ 平顶山市教育局：《平顶山市教育局关于做好 2013 年中等职业学校招生工作的通知》，http://www.pdsedu.gov.cn/index/show.asp? xs_ id =10021108，2020 年 12 月 18 日。
④ 李芳：《中职代理招生模式的问题反思与矫正策略》，《长沙铁道学院学报》（社会科学版）2011 年第 6 期。
⑤ 朱蓬蓬：《从"招生掮客"说开去》，《中国职工教育》1998 年第 9 期。

部分行业领域、具有国家先进水平的中国职业教育标准体系",并强调要"发挥标准在职业教育质量提升中的基础性作用"。

(三) 资源约束问题①

1. 资源投入增加,但不充分问题明显

近年来,国家始终坚持"普职比大体相当"的政策,中职教育资源投入持续增加。2010年6月,《关于实施国家中等职业教育改革示范学校建设计划的意见》提出,"中央财政投入100亿元"实施中职示范性学校项目。2012年10月,《关于扩大中等职业教育免学费政策范围 进一步完善国家助学金制度的意见》强调要加大中职教育支出②。2014年5月,《国务院关于加快发展现代职业教育的决定》提出,"地方教育附加费用于职业教育的比例不低于30%"③。2015年11月,《关于建立完善中等职业学校生均拨款制度的指导意见》明确要求,"到2016年底,各地应当建立完善中职学校生均拨款制度"④。截至2017年⑤,全国已建成1000所国家中职教育改革发展示范学校,2000所中职学校达到省级重点学校建设标准,覆盖中职学校2/3的在读学生;34个省区市均已建立中职学校生均拨款制度,中职生均教育经费总支出为18364元,中职免学费、助学金分别覆盖超过90%和40%的学生。但是,从回应中职教育的定位和经济社会发展需求来看,中职教育不充分问题仍然明显。

中职教育投入相对短缺。与普通教育相比,中职教育在办学模式、培养人才等方面因其自身"实践性"特征,更需要为其提供充足的经费

---

① 本小节关于资源问题及对策的研究借鉴了《中等职业教育发展评价研究》(李桂荣等,科学出版社2018年版)的部分内容,其成果源于河南大学教育行动国际研究中心与中国科学院、陕西师范大学、斯坦福大学联合组成的农村教育行动研究项目(Rural Education Program,REAP)团队于2013年和2014年针对中职教育质量及其评价开展的持续研究。

② 财政部等:《关于扩大中等职业教育免学费政策范围 进一步完善国家助学金制度的意见》,https://www.gov.cn/zwgk/2012-10/31/content_2254405.htm,2012年10月31日。

③ 《国务院关于加快发展现代职业教育的决定》,https://www.gov.cn/gongbao/content/2014/content_2711415.htm,2014年5月2日。

④ 财政部等:《关于建立完善中等职业学校生均拨款制度的指导意见》,http://www.moe.gov.cn/jyb_xxgk/moe_1777/moe_1779/201512/t20151225_226020.html,2015年11月9日。

⑤ 王扬南、刘宝民主编:《中国中等职业教育质量年度报告(2018)》,高等教育出版社2018年版,第14页。

保障、过硬的"双师型"教师队伍和较高的办学条件。但实际上，受限于有限的教育资源，资源短缺现象仍比较明显，主要表现在以下三个方面：首先，财力资源不足。尽管我国普通高中与中职教育已实现规模大体相当，但中职教育经费总投入明显低于普通高中，投入增长幅度小于高中阶段平均水平，且中职学校生均教育经费总支出低于同层次的普通高中学生。根据《2022年全国教育经费执行情况统计快报》，全国高中阶段教育经费总投入为9556亿元，其中，普通高中经费总投入为6318亿元，中等职业教育经费总投入仅为3238亿元，仅为普通高中经费投入的51.25%，占高中阶段经费总投入的33.88%[①]。而且，根据每年31省区市的GDP排名情况可以直观看出，我国区域经济发展差距很大，而这种差距必然导致对中职教育投入参差不齐。其次，人力资源短缺，"双师型"教师不足。职业教育最大的特点是职业性，更重视专业教师的实践能力，需要借助行业、企业之力组建更为优质的高水平师资队伍，突出职业教育的特色和优势。但是本课题组调查发现，中职教师来源仍较为单一，理论教师与实践指导类教师结构不合理，教师继续教育成长机制不适合。以"双师型"教师为例，根据教育部官方数据，全国职业学校专任教师规模2021年达到129万人，但"双师型"教师在中职专业课教师中的占比为56%，低于高职专科的59%、高职本科的59%。最后，物力资源不足。办学条件普遍不达标是制约中职学校发展的重要方面。全国近一半中等职业学校占地面积、校舍建筑面积、学历教育在校生规模等关键指标不达标，在很大程度上影响了中等职业教育的人才培养质量和办学吸引力[②]。教育部等五部委出台的《职业学校办学条件达标工程实施方案》（2022）也明确提出："硬件建设与内涵建设并重，聚焦土地、校舍、教师、设备等关键要素，优先补齐短板，提高资源投入产出效益。"[③]

---

① 教育部：《2022年全国教育经费执行情况统计快报》，http://www.moe.gov.cn/jyb_xwfb/gzdt_gzdt/s5987/202306/t20230630_1066490.html，2013年6月30日。
② 中华职业教育社编著：《中华职业教育发展评价报告（2022）》，中共中央党校出版社2022年版。
③ 教育部等五部委：《职业学校办学条件达标工程实施方案》，http://www.moe.gov.cn/srcsite/A07/s7055/202211/t20221116_993393.html，2022年11月2日。

多元化投资机制不健全。从投资主体来看，国家投入比例非常大，而其他渠道的投入比例较小。《中华人民共和国职业教育法》（1996）首次以法律的形式提出："国家鼓励通过多种渠道依法筹集发展职业教育的资金"①，随后发布的《关于进一步加强职业教育工作的若干意见》《国务院关于加快发展现代职业教育的决定》《现代职业教育体系建设规划（2014—2020年）》和《国家职业教育改革实施方案》（2019）等一系列文件，逐步加大倡导职业教育多元投资机制的力度，但由于政策性宣传、引导和激励措施不够，企业整体上仍表现出成本偏好为主的培训策略②，支持中职教育发展的内生动力不足，其中从2012年到2014年，企业办中职教育的经费总收入递减，企业办中职的拨款也连年递减③。

2. 资源配置改善，但不均衡问题严重

教育资源作为教育的核心要素，其配置方式与结构日益成为影响教育事业发展的重要前提。从政策上讲，教育部等九部门《职业教育提质培优行动计划（2020—2023年）》提出"职业学校教学条件基本达标"的目标，并将"中职学校教学条件基本达标"设为重点任务。中共中央办公厅、国务院办公厅《关于推动现代职业教育高质量发展的意见》（2021）提出到2025年职业教育"办学条件大幅改善"的目标。教育部等五部委出台的《职业学校办学条件达标工程实施方案》（2022）进一步对中职学校办学条件提出具体要求。这些政策均为新时代中职教育办学条件的改善奠定了强有力的政策基础。从实践来看，随着各级政府尤其是中央政府对中职教育投入的增加，教师结构、办学条件和区域性资源培训不断优化。根据《中国教育概况——2018年全国教育事业发展情况》，中职学校的生师比呈现出明显改善趋势：从2012年的24.7：1降

---

① 《中华人民共和国职业教育法》，http：//www.moe.gov.cn/jyb_sjzl/sjzl_zcfg/zcfg_jyfl/202204/t20220421_620064.html，1996年5月15日。
② 潘海生、常家水：《企业参与职业教育策略变迁机理及政策启示》，《教育研究》2016年第8期。
③ 刘红：《经费投入视角下企业举办职业教育发展研究》，《教育学术月刊》2017年第4期。

至2017年的19.59：1；本科及以上学历专任教师、高级职称专任教师、"双师型"教师占比逐渐升高①。但是，资源配置结构性矛盾还是比较突出。

在资源配置结构方面，东部地区资源最为充足；中部地区资源面临塌陷困局，资源有限但任务重；西部地区办学条件改善得益于政策倾斜，但专任教师队伍有待加强。具体来说，东、中、西部省份之间在师资力量指数上存在极其显著的差异，东部省份显著优于中西部省份②。中职教育经费供给不均衡，省域之间在中职教育经费供给上呈现出"中部塌陷"的困局，经费投入地区不平衡问题还比较突出，许多省份尤其是中西部省份中职学校基本办学条件尚处于国家规定的标准水平之下，严重制约着教育教学质量的提高③。而且，全面的免学费制度与差异化的区域发展存在矛盾。我国幅员辽阔，中职教育区域差异明显，整体划一的免学费看似公平实则不公平，部分地区仍面临中职教育经费短缺的问题。在资源配置效率方面，东部地区中职教育资源配置总体技术效率低于中西部地区④，固定资产使用浪费的省份多出现在东部沿海地区，而学校占地面积投入过多的省份多分布在西部地区⑤。

省域资源配置不合理，统筹能力有待提高。目前，关于职业教育管理体制的主要法律依据为《中华人民共和国职业教育法》，中职教育管理仍为政府统筹、分级管理，地方为主、社会参与，受制于教育部门、人社部门和其他部门的多元管理。从某种程度上说，正是这种多元管理体制形成了中职教育的"条块分割"格局，而在这种格局下省级政府自

---

① 教育部：《中国教育概况——2018年全国教育事业发展情况》，http://www.moe.gov.cn/jyb_sjzl/s5990/201909/t20190929_401639.html，2019年9月29日。

② 林克松：《我国省际中等职业教育发展水平的测度与比较》，《西南大学学报》（社会科学版）2018年第1期。

③ 林克松：《我国省际中等职业教育发展水平的测度与比较》，《西南大学学报》（社会科学版）2018年第1期。

④ 陶蕾、杨欣：《我国中等职业教育资源配置效率评价及分析——基于DEA-Malmquist指数模型》，《教育科学》2015年第8期。

⑤ 胡斌武等：《中等职业教育发展的均衡性与效率性实证检验——基于省际面板数据的分析》，《教育研究》2017年第3期。

然很难加大省级统筹力度,制约了中职教育资源省域层面的优化配置,中职学校办学也因此不容易形成规模化优势,加之一些地方和部门没有把职业教育摆在应有地位,对中职教育资源配置不够重视。2017年,时任国务院副总理刘延东在推进职业教育现代化座谈会上直言:"当前职业教育仍存在管理分散、职责交叉情况,资源分散、重复建设、学校无序竞争等问题还很突出,省级政府统筹力度有待进一步增强。"

校际资源配置不平衡,部分学校办学条件不达标。职业学校基本办学条件达到国家规定标准,是检验职业教育改革发展成果的底线要求[①],中职学校间办学条件悬殊。在课题组于2013年调研的河南省样本学校中,学校教师总数,最多的为774人,最少的为7人;年教育经费总投入,最多的是7586万元,最少的是18万元;教学仪器设备总价值,最多的是12000万元,最少的是3万元;实训设备总价值,最多的是18800万元,最少的是1.8万元。可见,部分中职学校的基本办学条件仍需改善。《2016年全国中等职业学校办学能力评估报告》显示,对照教育部中职学校设置标准,中职学校办学基本条件整体达标率依然较低[②]。

3. 资源利用优化,但不合理问题突出

教育资源制约教育质量,但教育资源利用不等于教育质量提升。中职教育的现代化落脚在人才培养的优质性上,对学习者个体来说,是指其通过职业教育获得基本生存生活的知识能力、从事工作的职业能力,以及可持续发展的素质和完善的心智结构等,倾向于个体的全面发展[③]。伴随着对中职教育的重视和资源投入,中职教育为我国人力资本积累和经济增长做出很大贡献,但其质量短板亦不容忽视。有研究发现,中职教育存在效率低下的问题,导致从教育投入角度分析其对经济增长影响

---

① 张晨、马树超:《我国职业学校办学条件评价和预警机制研究》,《中国高教研究》2011年第8期。

② 教育部:《2016年全国中等职业学校办学能力评估报告》,http://www.moe.gov.cn/jyb_xwfb/gzdt_gzdt/s5987/201712/t20171207_320820.html,2017年12月7日。

③ 高文杰:《"教育2030行动框架"旨归及其对我国职业教育现代化的战略启迪》,《职业技术教育》2017年第36期。

时得到的产出弹性为负[①]。

中职教育经费使用效益不高。从经费支出来看，我国现行中职教育财政投入机制主要有两大类：一是参照同级全供事业单位核定预算拨款；二是根据在校生人数实行生均财政拨款[②]。就生均拨款制度而言，中职学生招生灵活性强，可春秋两季招生，但部分学校为了争取更多生均拨款过于追求外延规模扩张，而忽视质量内涵发展。另外，根据世界银行近30年的研究[③]，一方面，中国存在着教育投入不足的问题；另一方面，又同时存在着教育经费使用效率不高的问题，如部分学校过分追求硬件设施的更新，忽略软件指标的完善，经费的有效利用率不高，自然会影响教育质量的提高。本课题组研究也发现：生均经费高的学校，所育学生在专业技能方面突出，在心理品质、行为表现方面没有突出优势，在文化知识、专业知识、教育期望方面存在相对弱势。生均经费与学生的专业技能呈显著的正相关，但与学生的文化知识、专业知识呈显著的负相关。

办学条件与中职育人质量有错位。关于高职的研究结果显示，办学条件与人才培养质量成正比，但是本课题组对中职示范校的研究没有发现两者间有正比关系。通过对河南省118所中职学校12081名学生的追踪调研发现，尽管中职示范校相对于非示范校拥有显著的资源优势和更强势的发展信心，却没有表现出明显的人才培养质量优势。而国家级示范校的遴选标准大多数是办学规模和办学条件，建设和验收大多数也仍是建筑面积、设备总值、实训室数等资源投入性指标，均缺少面向全体学生发展的严格质量要求，不利于引导中职学校注重内涵式发展和教育质量的提升。

"双师型"教师队伍建设与政策预期、中职教育质量间存在偏差。

---

① 方颖等：《分层级教育投入的国民经济产出效果研究——基于教育投入的时间滞后效应》，《大连理工大学学报》（社会科学版）2018年第1期。

② 付铮：《财政管理视角下中等职业教育投入机制的优化》，《河南师范大学学报》（哲学社会科学版）2014年第41期。

③ 闵维方：《当前中国教育经济学研究面临的若干重大问题》，《教育与经济》2013年第1期。

尽管"双师型"教师比例从 2015 年的 28.7% 上升至 2017 年的 30.6%，但政策界、理论界和实践者至今仍未对"双师型"的内涵理解达成一个统一的操作层面的判断标准。《国家职业教育改革实施方案》（2019）将"双师型"教师界定为，同时具备理论教学和实践教学能力的教师[①]，但在操作层面仍多以"双证"（教师资格证＋职业资格证）进行评定。实际上，拥有职业资格证不等于真实的企业工作经历和实践经验，而教师的企业工作经历无疑对中职学生学业发展有着显著的积极影响。所以，提高中职教育质量，还需要以《教育部办公厅关于做好职业教育"双师型"教师认定工作的通知》（2022）为契机，持续优化"双师型"教师建设。

（四）办学活力问题

1. 行业企业参与办学程度低

《国务院办公厅关于深化产教融合的若干意见》明确提出，"鼓励有条件的地区探索推进职业学校股份制、混合所有制改革""鼓励企业以独资、合资、合作等方式依法参与举办职业教育"[②]。职业教育系统与产业系统紧密联系一直是职业教育改革发展的战略要求，并且，早在 2014 年国务院就提出探索混合所有制办学模式，混合所有制改革的宏观目标是激发职业教育办学活力。但是，受体制机制等多种因素的影响，职业教育混合所有制办学改革呈现出"雷声大，雨点小"的现象，改革成效不佳。混合所有制改革的实质是由多元办学主体代替单一办学主体，要求政府、行业企业、职业学校等作为主要办学主体参与办学，但从现实情况来看，混合所有制改革的理论愿景并未完全实现，各办学主体利益存在冲突，行业企业参与职业教育办学程度较低。当前中职教育还是"公办制"办学占据主导地位，学校产权归国家，行政上隶属于地方政府，由地方政府相关部门负责具体的指导、监督和评价，学校行政管理

---

① 国务院：《国家职业教育改革实施方案》，http：//www.moe.gov.cn/jyb_xwfb/gzdt_gzdt/s5987/201902/t20190213_369226.html，2019 年 2 月 13 日。

② 《国务院办公厅关于深化产教融合的若干意见》，https：//www.gov.cn/gongbao/content/2018/content_5254308.htm，2017 年 12 月 5 日。

层负责学校的运行。对于公办学校来说，政府既是举办者又是评价者，学校办学自主权有限，行业企业作为一个主要办学主体，更是被搁置一边，导致中职学校普遍缺乏办学活力。

2. 校际协同发展机制不完善

首先，中职学校办学机制改革不充分。民办教育与公办教育之间、民办学校与公办学校之间仅限于表面上的沟通，在办学理念、办学活动等方面的交流并不深入，甚至存在抹黑对方等不良竞争问题。其次，示范学校建设计划并没有得到有效利用。从2010年起，为提升中职教育质量，国家启动了中等职业教育改革发展示范学校建设计划，通过加大投入、重点扶持的方式，从2011年到2013年分三批遴选出1000所中职学校进行重点建设，在提高示范学校人才培养质量的同时，也期望通过示范引领和辐射带动作用，带动区域薄弱学校在专业、课程、教材、教师与管理队伍建设等方面的发展。但实际上，根据调查研究结果，示范校的办学条件显著优越于非示范校，但反映学生群体发展质量的指标并没有出现明显优势[①]。这表明示范学校在国家人、财、物的大力支持下，其自身并没有得到有效发展，对周围学校的示范辐射作用更是无从谈起。最后，对于优质学校的支持、奖励力度有待提升，部分示范学校在区域内的示范辐射作用较好，带动了区域内中职教育水平的整体提升，有效地帮扶了薄弱学校，但是这些优质学校并没有享受到更大力度的精神和物质奖励，降低了这些学校发挥示范辐射作用的积极性。

3. 校企合作育人机制不完善

校企合作是办好职业教育的关键，而校企合作的人才培养模式需要企业与中职学校在资源上实现流通和整合，充分发挥双方在人才培养中的双主体地位。但在我国校企合作育人的过程中，学校一直是主动的一方，企业往往比较被动，在教育和培训方面的参与权、获得感较低。在现阶段，多数中职学校的校企合作停留在初级阶段，即企业接收学生顶岗实习，很

---

① 李桂荣、李向辉、易红梅：《中职示范学校育人质量的抽样调查与试点评估》，《教育与经济》2016年第1期。

少有企业参与学校人才培养计划的制订、人才培养质量的评价等环节。企业虽然是产教融合的重要主体,但是其主体作用尚未得到充分发挥,参与职业教育的内驱力不够,动力不足,大多囿于经济利益,社会责任意识不够,校企合作呈现出"剃头挑子一头热"的情况,中职学校比较积极,企业对此却并不热衷。中职学校将学生送到企业之后,企业对中职学生的管理完全与对正式员工的管理一样。另外,在经济不发达的地方,企业的员工以体力劳动者为主,饱尝廉价劳动力带来的好处,对通过职业教育培养技术工人并不热心,缺乏参加校企合作的动力源。

校企合作是职业教育与企业"无缝对接"的最有效方式。实际上职业教育校企合作有多种模式,国内有共建实训基地、现代学徒制、企业订单式、产学研式、顶岗实习等。国外有双元制、合作教育、工读交替、技术与继续教育、产学合作、教学工厂等。然而,时至今日,我国的中职学校和企业缺乏实质性合作,校企合作模式单一,企业在中职学校的专业设置、课程开发等环节多处于被动状态,企业感受不到它们的主体地位,协同育人机制缺失。

(五)治理能力问题

1. 中职学校质量治理主观化明显

教育质量监测能够帮助教育行政部门了解本国教育质量的现状,并通过探求学业表现与教学、家庭、社区等背景变量之间的关系,指导、引导整个教育体系向着提高教育质量的方向迈进[1]。当前,进行规范、系统、科学的中职教育学业质量监测研究已经成为中职教育转向内涵式发展的必然要求[2]。但我国现阶段中职教育质量监测体系还不成熟,在实施过程中主要存在以下问题:其一,关于中职教育的测试范围狭窄,测试学科较少且学业质量监测的测试范围不广,测量形式单一,试题命制缺少学业质量标准,应试现象普遍,排名现象严重。其二,我国现阶段具有教学质量监测与评估资格的机构建设不健全,社会认可度普遍较

---

[1] 辛涛、李峰、李凌艳:《基础教育质量监测的国际比较》,《北京师范大学学报》(社会科学版)2007年第6期。

[2] 龚国胜:《义务教育学业质量监测:问题与思考》,《教育理论与实践》2012年第20期。

低，而且该类机构的定位尚不明确，职责划分不清晰，在进行教育监测的过程中常常以单打独斗的形式作战，缺乏目标监测院校与有关部门的协同参与①，监测效果不理想。其三，在中职教育治理过程中，缺乏循证依据，"拍脑袋"决策等现象时有发生，未能在科学、合理、有效的证据基础上给予理性化判断。这些使得教育监测在实际应用的过程中缺乏规范性与实用性，政策性与科学性明显不足。

2. 中职学校治理权力结构失衡

随着治理现代化的推进，教育治理逐渐成为我国教育改革发展的重要议题，从我国中职学校内部治理现状来看，中职学校还存在着治理"泛行政化"问题，其内部治理权力结构陷于失衡的困境。具体来看，其一，中职学校"泛行政化"现象比较严重，学校内部行政权力主导着学校的运行，在办学理念、职能配置、组织构建、运转机制和决策管理等方面依旧实行"上行下令"的行政管理模式。在实际运行过程中，中职学校往往作为政府的下属机构而存在，在招生规模、师资引进、人事任免等诸多方面无一例外都存在政府"大包大揽"的现象，使得决策主体过于单一。其二，中职教育各治理主体角色定位不明确、权责不清晰，实际治理效率滞后。长期以来的"官本位"思想，使得学校内部的权力，尤其是行政权力具有绝对的主导权，这对学校内部的教育教学权力产生了很大的干预作用，使得本应该独立存在的教学权力自主性严重不足，阻碍了中职学校教学工作的向前推进，使得学校内部的治理制度重程序、轻实践，教学治理与民主治理流于形式，治理权力结构失衡。其三，从中职学校教育治理的主体构成来看，以政府为主导的"一元化"治理倾向比较显著，中职学校按照政府的意愿办学和管理，导致办学主体性缺失，难以形成科学的治理体系。

3. 中职学校内部制度建设落后，治理能力不强

相比西方发达国家，我国中职教育起步较晚，学校内部的制度建设仍

---

① 周启良、邓玉梅：《普通高校成人教育教学质量监控的现状分析与对策》，《教育教学论坛》2013年第49期。

需要完善，以奠定中职教育治理优化的坚实基石。从实地调研来看，中职学校治理能力的不足主要表现在以下方面：首先，学校法人制度不健全。中职学校作为独立的法人机构，在办学的过程中为向政府争取到更多的教育资源而过度依赖政府部门，因而在学校教学事务与实际办学方面受到政府较多的干预，中职学校在学校内部事务管理、自主招生及人事管理等方面的实际办学自主权相对弱化。其次，内部组织制度不健全。中职学校校长承担着决策者与执行者的双重身份，使得决策主体过于单一，尤其是在校企合作、多元治理等事务上，多以行政权力行使为主，行业参与话语权缺失，中职学校内部的党代会及学术委员会在行使监督权方面多为摆设，实际效率低下。最后，管理制度不科学。中职学校采取从上至下的管理制度，权力过于集中于上层领导部门，民主化机制在运行时常受阻，教职工委员会未能真正参与到决策与管理中来，民主管理机制形同虚设。由于我国中职学校正在进行转型改革，各项与之配套的章程建设才刚刚起步，各种解决机制尚未建立，大大削减了制度体系对中职学校治理现代化的引领作用，导致中职学校在参与实际治理过程中能力不足。

4. 中职学校利益相关者治理缺位

中职学校治理现代化的突出特征是多主体参与的民主化管理，核心是社会参与。但现阶段中职学校仍然存在治理法制不健全，利益相关者治理缺位的现象，治理效果不理想。首先，健全的法律体系是治理现代化的前提，但政府对社会各界特别是与中职学校治理利益直接相关的企业、行业等参与治理的相关法律体系不健全，尚未形成配套政策和具体的实施细则，导致其在参与中职学校治理的过程中权责划分不明确，角色定位不明晰，行动目标有偏差，从而未能达到应有的治理效果。其次，行业、企业参与中职学校治理的模式以校企合作为主，模式比较单一且合作范围较窄，多停留在与中职学校合作能够为企业带来效益阶段，还未具备与中职学校共同培养我国经济发展所需要人才的公德情感，后续产学研一体的深度培养模式发展动力不足，造成在合作培养的过程中校企资源浪费，人才培养效率低下。最后，政府部门在"校企合作""双师型"建设过程中缺乏对行业、企业参与中职教育治理能力的培育与规范的引导，导致在实施过程中，社会公众对其参与模式认可度不高，在开展工作时的权威性不足，在中职教育治理中所发挥的作用十分有限，制约了更多利益相关者充分参与到治理中来，无法形成多元化治理主体。

第四节 中职教育质量监测的意义

中职教育是普及高中阶段教育、建设中国特色职业教育体系、全面推进中国教育现代化的重要基础。在《现代职业教育体系建设规划（2014—2020年）》中，有28处提到质量问题，把提高职业教育质量摆在了突出位置。《国家职业教育改革实施方案》（2019）再次强调指出：职业教育要从追求规模扩张向提高质量转变[①]。质量始终是中职教育内涵式发展的核心，也是当前能否进一步提高中职教育吸引力和满意度的关键。

为提高中职教育质量，国家先后出台《教育部关于加快发展中等职业教育的意见》（2005）、《国务院关于大力发展职业教育的决定》（2005）、《中等职业教育改革创新行动计划（2010—2012年）》《国务院关于加快发展现代职业教育的决定》（2014）、《教育部关于深化职业教育教学改革全面提高人才培养质量的若干意见》（2015）、《职业院校管理水平提升行动计划（2015—2018年）》《教育部办公厅关于开展中等职业教育质量年度报告工作的通知》（2016）和《关于做好中等职业学校教学诊断与改进工作的通知》（2016）等一系列文件，推出国家级重点中等职业学校、国家中等职业教育改革发展示范学校建设，完善职业教育质量评价和督导评估制度，实施现代职业教育质量提升计划、职业教育质量年度报告制度，推进中职学校教学工作诊断与改进等，成立全国中等职业教育教学改革专家咨询委员会、教学改革创新指导委员会、校企合作指导委员会和教学工作诊断与改进专家委员会等。但从《全国中等职业教育满意度

---

① 国务院：《国家职业教育改革实施方案》，https://www.gov.cn/gongbao/content/2019/content_5368517.htm，2019年2月13日。

>>> 中等职业教育质量监测机制研究

调查报告》《中国中等职业教育质量年度报告》和《中国教育改进报告》（2011—2018）来看，中职教育的质量画面是多彩的，也是模糊的，这透射出尽快加强中职教育质量监测具有准确把脉中职教育质量状况，并有针对性地提升质量的战略意义。

一 从监测的特征看加强中职教育质量监测的必要性

监测，即监视、测量，目前多见于环境监测、工程监测和医疗监测等。监测关注正在发生的事，是对项目全程进行常规的（routine）、连续的（continuous）、同步的（daily）、微观的（micro）评价（assessment）[1]。监测与评估不同，监测多指对状态的详细记录与描述，侧重诊断、指导和完善，而评价多涉及价值意蕴、因果分析，侧重鉴定、导向和调控。关于中职教育质量、满意度和改进的几份权威报告都是基于不同价值取向的评估性报告，给出的中职教育质量信息具有明显的倾向性，容易让读者形成"瞎子摸象"的判断，或者形成"谁都不可信"的执念。面向2035年总体实现教育现代化的战略任务[2]，中职教育作为整个教育体系的质量短板，有必要尽快建立质量监测体系，以利于真实有效地把脉中职教育质量状况。

（一）监测的客观性有利于理性看待中职教育质量

客观性即监测立足项目本身，力求准确反映其真实现状。监测最大的优势是基于客观事实的信息采集，而立足中职教育现状，真实反馈中职教育质量信息，便于利益相关者及时掌握中职教育的宏观状况和中职学校微观信息，唯有明晰中职教育发展现状及其影响因素，才能精准诊断中职教育现状与目标的距离、与标准的偏差，进而通过对结果和背景因素的关系分析和价值判断剖析中职教育质量偏低的深层次缘由，寻找更有效的应对策略，避免评价标准的单一化、评价目的

---

[1] 杜育红主编：《教育政策的监测与评价研究——以"西部地区基础教育发展"项目影响力评价为例》，人民教育出版社2010年版，第23页。

[2] 中共中央、国务院：《中国教育现代化2035》，https://www.gov.cn/xinwen/2019-02/23/content_5367987.htm，2019年2月23日。

的狭隘化。在现实中,《国家职业教育改革实施方案》(2019)明确指出:"职业教育与普通教育是两种不同教育类型,具有同等重要地位。"① 而从政府的宏观投入来看,尽管我国在促进职业教育发展上投入很大,但中职教育依旧是我国教育事业的软肋,所以我们需要客观地监测了解、分析和监督政策实施的过程,借助不断优化的政策过程管理,确保中职教育发展的政策理想走进现实、变成现实。另外,与关于教育满意度、质量和改进的上述三个报告相比,监测因为其客观性也显得更为真实、理性。首先满意度是一种主观的心理感受,主要源于预先期望与现实感受的相对关系,因此中职教育满意度的客观性势必会打折扣。其次,《中国中等职业教育质量年度报告》是教育行政部门和中职学校在自我评价基础上的第三方解读,是经过人为加工的中职教育信息,其反映质量的真实性需要深入研判。另外,《中国教育改进报告》重在回应大众的教育呼声,而非扎根田野的实证调研。

(二)监测的全面性有利于系统把握中职教育质量

全面性即监测可提供多类型、多层次和多视角信息,便于精确找准着力点和生长点。对教育行政部门而言,有利于其掌握中职教育发展纵向变化及不同阶段的比较信息,也有利于明确不同区域、城乡、校际和群体间的发展状况。精准把脉才能精准下药、干出成效,纵向追踪有助于改进中职教育的过程管理,实现对教育质量黑箱的突破;横向比较如对"东高西低"的区域差距关注,有利于形成更为合理、科学的资源配置,缩小中职教育发展区域差距,促进中职教育的均衡发展。对于学校而言,便于学校清楚其自身的教育教学情况及其影响因素,为学校工作改进提供数据参考、改进意见及进一步努力的目标,也可通过与国家整体情况对比,找到其自身所处的相对位置,明晰差距及成长空间。另外,监测还可以满足不同类型利益相关者的不同需求,因为不同的教育主体可以基于数据进行独立分析和意义解读,从而使学生能够选择更为合适

---

① 国务院:《国家职业教育改革实施方案》,http://www.moe.gov.cn/jyb_xwfb/gzdt_gzdt/s5987/201902/t20190213_369226.html,2019年2月13日。

的中职学校，也增进利益相关者对中职教育的理解和支持。而且，与关于质量、满意度和教育改进的三个报告相比，由监测所知的信息更具体系性，因为满意度报告只是借助顾客满意度测量理论和模型，且只是对二年级中职生、教师和用人单位的调查，未涵盖所有的中职学生，也未包括中职学校校长、家长和相关教育行政部门等。质量报告是基于参考大纲编写的，而且对挑战及对策部分的论述少而表面化，对质量状况的准确把握有待加强。而教育改进报告多是关注教育热点，对中职教育的论述较少，不足为据。

（三）监测的实时性有利于及时反馈中职教育质量

实时性即监测可提供实时信息，便于及时了解情况。教育质量的出发点与归宿应立足于学习者的发展，持一种学习者的立场[①]。中职教育也不例外，而监测可借助现代信息技术手段，开展中职教育的年度、季度、月度甚至实时信息采集，便于及时获取、整理与分析质量信息，在最短的时间内了解目标的达成情况，识别可能会引起不同于原定目标实现的不良因素，进而帮助决策者精准把握问题，持续获得改进措施的可行性信息，不断提高中职教育质量，因为每一次改进都意味着中职教育水平的一次提升，螺旋式地优化以确保教育活动始终沿着预期目标更好、更快发展，同时以自身过硬的教育质量吸引企业的关注、参与，唤醒企业合作的内生动力，深化校企合作、产教融合。另外，基于事实的实时反馈也有利于公众享有对中职教育的知情权。当前，社会分层现象客观存在，在如此社会机制中，若想实现公众基于其兴趣选择中职教育，就需要建立及时、公开的中职教育质量监测报告机制，对各级政府和中职学校进行督促的同时起到宣传职业教育理念的良好效应，引导民众树立和践行科学的职业教育质量观，营造政府、学校、企业和社会各方面积极参与的发展环境。其实，关于中职教育满意度、质量和改进的三个报告也是很好的例证，虽然基于不同的机构、不同角度来看待中职教育，

---

① 王伟、李静：《全球视野下教育质量概念的认识视角与分析架构》，《外国中小学教育》2015年第3期。

但其公开发布让我们对中职教育有了进一步深入了解,而其反映的矛盾也促使我们需要借助监测获取及时、真实的中职教育信息。

(四) 监测的持续性有利于中职教育质量持续提升

持续性即监测实质上是一个收集和分析信息的动态的持续发展过程[①]。监测需要常态化、周期性的长时间测定,连续不断地提供有益信息。一方面,中职教育质量的根本性改变是个持久战,绝不可能毕其功于一役,所以需要借助连续性的、关键性指标对中职教育开展持续监测和信息汇总,不断对比其实际产出和预期产出考察中职教育发展变化,在保证中职教育稳步提升质量的同时,也能很好地实现对中职教育精准化、规范化管理。另一方面,我国中职教育在纵向运行上存在"上热下冷"的"温差",在横向发展中存在校企合作"一头热"现象,而中职教育满意度报告和质量年度报告都提及,中职教育存在多重不均衡发展问题,而扎根中职教育发展实际的长期性监测,有利于监测主体兼顾追本溯源、立足当下和面向未来,形成对中职教育发展及其政策有效性的理性解读,进而推动中职教育改革的深化。而且,与其他两个报告相比,满意度报告的时效只有1年,而且学生和教师只是表示基本满意,雇主更是表示不满意,那么不满意的背后又反映了哪些亟待解决的教育问题呢? 2018年的教育质量年度报告是我国首份关于中职教育的报告,它多论述中职教育高歌猛进的大好形势,因此,它对中职教育发展的意义究竟有多大,恐怕还要继续关注。只有关于中职教育改进的报告持续8年予以发布,虽然它每年都提及提升教育质量问题,但并未对类型教育予以持续关注,更是几乎未提中职教育的质量问题。当"公平而有质量的教育"成为新时代教育发展的要求时,唯有对中职教育质量进行持续监测,坚持问题导向和目标导向,才能通过机制创新牵住中职教育综合改革的牛鼻子,争取借质量一子落而实现中职教育甚至是职业教育满盘活。

(五) 监测的中介性有利于中职教育主体的自主发展

中介性即监测本身只是对事实的直观呈现,不对结果进行评判。监测

---

① 李桂荣等:《县域义务教育均衡发展监测机制研究》,科学出版社2016年版,第18页。

是手段而非目的，中职教育质量监测的初心也不是进行事实或价值评判，而是通过"找状态""摸情况"服务于中职教育质量发展。监测体系体现出国家的中职教育理念，基于此建立的全国性中职教育质量监测平台更多的是提供一个相互比较、借鉴和学习的平台，不同主体可基于数据分析形成它们自己的主观判断和决策，所以通过监测既可以对中职教育体系的运行和中职学校的发展起到有力的引领和规范作用，又能通过提供质量数据和信息，更好地服务于教育管理决策、教育教学改进，激发中职教育内在的办学压力和动力，弥合发展质量与民众需求的差距，将中职教育质量落到实处，在增强学生获得感的同时，也能在一定程度上吸引企业的主动性和积极性，形成中职教育发展的良好氛围。另外，关于教育质量、满意度和改进的三个报告均为对教育发展状况的解读式呈现，虽然不同程度地阐述了中职教育的发展现实，但对中职教育的矛盾性论述让人忍不住去想中职教育的真实情况又是如何？以《中国中等职业教育质量年度报告（2018）》为例，从表1-1可以明显看出，质量报告所展现的成绩让人兴奋也使人困惑，而其背后的缘由又不得而知，监测不作价值解释地提供信息，则让我们解码中职教育质量黑洞成为可能，所以质量监测是非常必要的，而且可以与中职学校办学能力评价、教学诊断和中职教育督导评估、年度报告制度结合起来，多措并举地呈现职业教育的现实状态，更好地服务于中职教育决策，真正使中职教育走向内涵式发展之路。

表1-1　　用监测视角重读《中国中等职业教育质量年度报告（2018）》

节选	内容	基于质量报告的反思	监测视角的解读
规模结构	该报告的图1-1 2012—2017年全国中等职业学校变化趋势	基于质量报告在开篇概括的"总体协调发展"，加上"全国重点职业学校总量超过1万所"的标题，感受到可喜的成绩，很难产生奋进的动力。据悉，河南省最近已整合为414所，比2017年锐减226所，仅以河南省的状况预估全国2018年学校数将缩减至1万所以下。这样看来，1万所是不是成绩？	针对学校数减少的事实，各办学主体产生： 1. 规模滑坡的危机感 2. 规模质量结构效益整合的紧迫感

续表

节选	内容	基于质量报告的反思	监测视角的解读
结构情况	该报告的表1-1 2015—2017年全国高中阶段教育普职比	四成以上高中阶段学生在中等职业学校学习。中职教育在加快普及高中阶段教育方面发挥了关键作用,但选择中职背后的原因又是什么?	结合大体相当的政策目标,理应关注: 1. 规模滑坡现象 2. 普职比大体相当政策的调整问题 3. 中职招生与在校生差额的背后,中职生严重的流失率问题
	该报告的图1-7 2017年中职教育毕业生专业分布	服务于中国制造重点领域专业的毕业生最多。那么就职于这些领域的哪些具体工作呢?能用"重点领域"表明中职学生质量吗?	覆盖面如此广泛的专业,为什么就业领域如此先进?
师资情况	该报告的表1-2 全国中职教育师资队伍建设情况	生师比呈现明显改善趋势	这是主动改善的结果,还是规模滑坡的自然结果?
总体发展	该报告的"问题与挑战"	对于四个问题的泛泛定位。如中职投入保障能力的不平衡问题仅仅是因为区域间发展水平差异?	问题背后的原因究竟是什么?又如何精准把控所面临的挑战?

资料来源:《中国中等职业教育质量年度报告(2018)》第一部分。

二 从三份权威报告看开展中职教育质量监测的紧迫性

(一)《全国中等职业教育满意度调查报告》

2013年,经教育部批准,中国教育科学研究院协同各省(自治区、直辖市)教育科学研究院(所)构建覆盖全国的教育调研网络,即"全国教育调研联盟"。该联盟于2016年5—6月开展了全国中职教育满意度调查,调查区域包括国内31个省(自治区、直辖市)、349个市(区)的576所中职学校,调查对象包括中职学校学生、教师以及社会用人单位(雇主)。2017年5月16日,中国教育科学研究院在《中国教育报》上公开发布《全国中等职业教育满意度调查报告》。

该报告从中职教育内部的学生、教师和外部的用人单位视角出发,展现了我国中职教育的满意度状况。该报告主要分为三部分。第一部分为调查的基本情况，简要介绍调查范围与内容、理论来源、问卷数据与分析、结果呈现方式等。第二部分为主要结论，分别从学生、教师和用人单位方面阐明对中职教育满意度的具体情况。第三部分为对策建议。基于调查结果，该报告从教育公平、办学条件及资源、教师发展、办学模式、治理体系和学生发展五方面提出中职教育发展建议。

担忧是读完该报告最大的感受。虽然中职教育在调整教育结构、培养技能型人才和服务经济发展等方面做出了巨大贡献，尤其是随着近年来国家对职业教育发展持续的政策经济扶持，中职学生对学校管理、实习实训条件、专业教学等方面的满意度指数较高[①]，但是正如该报告所言，"中职教育满意度尚有较大提升空间"。一方面，就学生的总体满意度来说，由于调研样本为二年级在校生，已剔除了一年级流失生的不满意率，也只是达到了基本满意的状况；另一方面，就企业满意度来说，总体评价不及格。职业教育是面向就业的教育，而作为"客户"的用人单位对中职教育的满意度只有53.4分。因此，从满意度调查结果来看，中职教育的满意度不容乐观，中职教育质量应引起足够关注。

（二）《中国中等职业教育质量年度报告》

2016年，《教育部办公厅关于开展中等职业教育质量年度报告工作的通知》要求，各中等职业学校和省级、地市级教育行政部门开展两层级的教育质量年度报告编写工作。2018年，教育部职业技术教育中心研究所受教育部职成司委托以第三方身份编制全国中职教育质量发展年度报告，并于2019年1月出版《中国中等职业教育质量年度报告》，这是我国改革开放以来首个中职教育质量年度报告。

该报告以翔实的数据、丰富的案例和图文并茂的形式，展开了一幅精彩纷呈的中职教育的质量画卷。该报告分为七个部分。第一部分是总体情况，包括规模情况、结构情况、师资情况、办学条件以及总体发展。第二—六部分分别从学生发展、教育教学、产教融合、服务贡献和政府

[①] 中国教育科学研究院：《全国中职教育满意度调查报告》，http://paper.jyb.cn/zgjyb../html/2017-05/16/content_ 478583.htm，2017年7月13日。

履责等方面论述了中职教育发展情况；第七部分是中职教育面临的挑战及对策建议。① 通读完这份报告，深受鼓舞，从规模、结构和办学条件等基础方面来看，中职教育保持着总体协调发展；从学生发展、教育教学和产教融合等重点方面来看，中职教育内涵式发展形势良好。但是，当这份报告以一种积极的视角和重在肯定成绩的叙述方式展现出一幅中职教育质量不断提升的画面时，却仅用很小的篇幅（实际上只有四句话）叙述了中职教育面临的发展问题和挑战，很难不引起读者对中职教育质量问题的反思和重视。

（三）《中国教育改进报告》（2011—2018）

1921年，中华教育改进社由陶行知、蔡元培、黄炎培等代表牵头成立，曾是当时中国最大的教育救国社团。2011年，恢复重建的中华教育改进社致力于打造有志改进教育者相互切磋和激励的社群，服务于推动中国教育专业化、科学化、世界化进程。作为第三方智库，该社自2012年起已连续8年发布《中国教育改进报告》。

该报告围绕《国家中长期教育改革和发展规划纲要（2010—2020年）》，重在反映民众教育期待与教育改进现状偏差，聚焦每年的教育热点、难点和亮点。每年的报告内容均为中国教育的年度改进状况、亟待改进之处和改进期望三部分。细读这八份改进报告，笔者最深的感触是困惑。职业教育从未作为年度改进状况、亟待改进之处和改进期望的标题语出现（八期共144个标题语），只是在2011年、2013年、2015年和2016年的报告里散在地出现了个别论述，分别为"在职业教育上政府的过度和不恰当参与以及企业的缺位成为职业教育健康发展的桎梏""学生学籍号统一，普通教育与职业教育、成人教育有机衔接""中职教育免学费政策""教育部完成《职业教育法修正案（草案）》送审工作"②，而且三处均为改进成绩，只有一处是改进期望。另外，在八份报告中，只有在2015年的报告谈及免学费政策时，涉及了中职教育质量，

---

① 王扬南、刘宝民主编：《中国中等职业教育质量年度报告（2018）》，高等教育出版社2018年版。

② 中华教育改进社：《中国教育改进报告》，http：//www.ceiiedu.org/，2019年3月15日。

而且其着力点在于对免学费政策的落实。可见，尽管中职教育几乎占据了我国高中教育学段的半壁江山，分量不可谓不重，但从改进报告的关注点来看，中职教育质量并不是值得特别关注的问题。

显然，从上述三份权威报告来看，不同渠道获得的中职教育的质量信息，以及由此形成的对于中职教育质量状况的认识全然不同。从《全国中等职业教育满意度调查报告》来看，满意度不高，令人担忧；从《中国中等职业教育质量年度报告》来看，发展形势一派大好，催人奋进；从《中国教育改进报告》来看，中职教育没有什么特别值得关注的重大问题，使人困惑。那么，中职教育的质量状况到底怎样？为什么多年来中职教育始终吸引不到优质生源？赞歌与诟病，哪一方更接近事实判断？谁能说清中职教育质量的真实状况？要解决这些困惑，中国迫切需要加快建立能够客观、全面、实时、持续追踪中职教育质量状态的监测体系。

三 从现有的体系基础看实施中职教育质量监测的可行性

（一）理论支撑

我国对中职教育质量监测的研究目前仍处于发展阶段，但国外已经有许多成熟的教育评价、质量管理和风险管理等理论，随着欧盟、UNESCO和澳大利亚等对职业教育质量监测领域展开的探索，这些理论也逐渐发展成为职业教育质量保障的理论基础，为我国开展中职教育质量监测工作提供了有力的理论依据。其中，新公共管理理论将政府掌舵、企业管理、市场机制、分层分权、绩效引领和服务意识等融会贯通，倡导基于平等、协作的治理模式，而中职教育本身具有学校、政府、企业和社会等多元利益主体，而且各主体能够围绕职业教育形成职能定位各异但互相补充的良性关系。具体至质量监测方面，政府牵头引领、规划中职教育质量目标，学校以人才培养实现质量目标，多元主体共同形成监测指标，而质量实现的程度可以借助第三方机构的支持理性监测评估。利益相关者理论注重关注与中职教育质量相关的利益主体，从不同主体出发以学生为中心均可以提出关于质量监测的思考，从而甄别出代表中职教育质量的监测指标。注重多层次、多形态、多节点的四螺旋理论，契合国家关于现代化职业教育体系的构建要求，注重将社会支持作为补充政府、企业和中职学校的重要力量，尽可能覆盖与中职教育质量监测相关的所有主体。以 CIPP 模式为代表的教育评价理论基于决策和过程导向，将教育评价与教育过程融为一体，反映质量监测的目标、过程与行动的结果，尤其注重产出和结果。ISO 31000：2009 标准借鉴企业视域，为职业教育监测提供风险管理原则和通用指南，旨在提供一个通用方法用于组织的整个生命周期及各种活动，可用于任何类型的风险预警但并不促进组织之间风险管理的统一性。

（二）经验参照

自 20 世纪 60 年代末期以来，世界进入了高度重视教育质量的时代。具体至职业教育领域，1996 年，欧洲职业培训发展中心发布的《欧洲职业教育与培训中的质量问题和趋势》，开启了世界范围内的职业教育质量运动。联合国教科文组织的职业教育质量评价指标体系与欧盟的职业教育质量评价指标体系给世界各国树立了典范，德国的职业教育发展成就及其完备的质量评价体系、美国联邦政府对职业教育的问责制度、澳大利亚以行业为主体的职业教育评估制度和多种非政府性质的职业教育行业认证机构为把握、引领职业教育发展做出了有益贡献。具体到质量监测方面，欧盟的多元监测主体、"质量环"监测模式、监测指标体系和监测信息分析反馈机制，为我国中职教育提供了框架性指导。联合国教科文组织的职业教育以衡量职业教育政策的有效性为支点，以各种职业教育水平提升为目标，通过对质量监测的形成过程、指标构建、概念框架、指标内容以及指标使用的分析，为我国开发中职教育的指标体系提供了有益借鉴。澳大利亚的质量监测机制是以 ISO 31000：2009 为理论基础，以《风险监管框架》为蓝本，旨在通过对职业教育注册机构和认证课程的监测与管理，始终维持职业教育的高质量产出。这些都为我国开展职业教育评估监测提供了有价值的参照。

（三）现实基础

与国际社会相比，我国教育质量的监测与评估起步较晚但发展迅速。《国家教育事业发展第十二个五年规划》（2012）明确要求"开展全国义务教育阶段学生学习质量监测以及学前教育、高中阶段教育质量监测，对高等教育、职业教育依法办学、教育质量及资源配置的情况进行监测"。现在，我国基础教育领域已经建立起国家、省、市、县四级联动的质量监测体系。高等教育（包括高职）也正在进入质量监测的操作层面。2015年，教育部委托中山大学建设国家高等教育质量常态监测数据中心，并已开展2017年和2018年全国性高等教育质量数据采集工作，逐渐形成"以数据和事实说话"的中国高等教育质量常态监测框架体系。质量监测已经成为国际国内提高教育质量的重要手段，对中职教育也是如此。中职教育担负着为生产、建设、管理、服务一线培养技术人才和劳动者的重任。但是诸多研究表明，中职教育的质量仍是短板，而且中职生源绝大多数为农村地区、基础较差的学生，若如将此现象与满意度调查情况、国家对中职教育的期待结合来看，中职教育的发展亟待开展质量监测工作，并借此实现对中职教育的质量攻坚的重大突破。

小　结

中等职业教育作为国民教育体系的重要组成部分，肩负着培养多样化人才、传承技术技能、促进就业创业的神圣职责。面对工业革命及现代化进程的深入推进，中等职业教育所处的社会环境发生了翻天覆地的变化，中等职业教育不仅面临着提高人才培养质量、适应经济社会发展的新挑战，而且迎来了快速发展、提质培优的新机遇。面对新的形势和要求，中等职业教育亟须树立实现教育现代化并提升社会服务能力的教育发展目标，以有效解决在经济发展及产业结构转型升级过程中面临的质量低下及社会认同度不高的困境和问题。教育质量监测作为提高教育质量的方式和手段，在中等职业教育领域得到了广泛运用。通过建立系统的质量监测机制，对于及时发现中等职业教育在发展过程中存在的问题、提高教育质量，进而形成科学的中等职业教育高质量发展模式具有重要意义。

第二章

中等职业教育质量监测研究综述

为加强对中等职业学校的宏观管理，促进学校建设，保证教育质量，提高办学效益，国家及教育行政部门相继出台相关政策以保障中等职业教育质量的良好发展。2014年国务院印发《关于加快发展现代职业教育的决定》、2015年教育部印发《职业院校管理水平提升行动计划（2015—2018年）》，这两部文件都提到"建立中职学校质量年度报告制度"；2021年，中共中央办公厅、国务院办公厅印发《关于推动现代职业教育高质量发展的意见》，提到"大力提升中等职业教育办学质量，优化布局结构，实施中等职业学校办学条件达标工程"[1]。国家颁布的多项政策文件屡次提及提高中职教育发展质量，可见，中职教育发展质量受到越来越多的重视，特别是在中职教育质量监测方面，建立多方参与的教育评估监测机制，对改善教育管理、优化教育决策、指导教育工作提供科学依据具有重要意义[2]。中职教育是我国学校教育制度的重要组成部分，为我国国民经济和社会各行各业培养了成千上万的初级、中级专门技术人才。尽管各级政府努力推进中职学校教育发展和质量提升，支持、扶持中职学校进行教育教学改革，但是中职教育质量监测工作并

---

[1] 中共中央办公厅、国务院办公厅：《关于推动现代职业教育高质量发展的意见》，https://www.gov.cn/zhengce/2021-10/12/content_5642120.htm，2021年10月12日。

[2] 中共中央办公厅、国务院办公厅：《关于深化新时代教育督导体制机制改革的意见》，https://www.gov.cn/gongbao/content/2020/content_5488909.htm，2020年2月19日。

没有按照国家政策要求加以落实，致使中职教育质量不高、吸引力不大。教育管理者和学者更多地关注大学和普通中小学的教育质量，而很少关注中职学校的教育质量，也甚少会对多所中职学校进行短期或长期的大规模监测评估。

有关中职教育质量监测的研究备受我国学界的关注，为明晰该领域的研究现状，本书采用文献计量分析方法，对中职教育质量监测研究的相关文献进行整理和分析。在梳理该领域的发文作者、研究机构以及期刊来源等外部特征的基础上，结合关键词图谱和重要文献，深入剖析中职教育质量监测研究的演进轨迹、研究热点和研究前沿，结合全国教育科学规划课题在此领域的研究特征，以期通过分析寻求中职教育质量监测研究的未来发展方向。

第一节　中职教育质量监测研究概况

以中国知网（CNKI）文献为数据来源，检索时间为 2023 年 4 月 22 日。在检索过程中选择高级检索模式，以"（监测＋监控＋评估＋评价＋诊断＋诊改）*（中职＋中等职业）"为检索主题，发现第一篇论文出现于 1991 年，故将年限设定为"1991—2022"进行二次检索。其中，学术期刊的来源类别选择北大核心和 CSSCI，学位论文选择"硕博士"，得到期刊论文 1399 篇，硕博士学位论文 311 篇，总共 1710 篇文献作为本书研究分析的初步数据源。在 CNKI 数据库检索的结果中可能包含期刊导读、学术前沿、征稿启事、会议通知、学者风采等与中职教育质量监测研究无关的文献，因此在数据下载的时候需要进行逐页检查，手工删减不符合要求的文献条目。本书主要采用计量统计以及 Citespace 6.2.R4 可视化软件进行分析。CiteSpace 是由陈超美教授开发的可视化文献分析软件，该软件能够挖掘出抽象数据的潜在联系，并能够以视觉交互的方式进行可视化，从而帮助科研人员准确、科学和快速地把握研究领域的特征。在研究过程中以发文量、作者、机构、关键词共现、关键词聚类、关键词突变等为基点,揭示国内中职教育质量监测研究的现状、研究热点以及研究前沿。

基于资助项目对特定领域进行分析,也是揭示并解读该领域研究特征及热点的重要方式。回顾中职教育质量监测研究领域,鲜有从资助项目分析的视角透视中职教育质量监测研究动态的文献。全国教育科学规划课题作为教育领域最高研究层次和水平的研究课题,引领着我国教育科学研究的发展方向,凝聚高水平科研力量,致力于解决教育发展中所遇到的重大理论和实践问题,推进理论创新,其研究成果具有前瞻性、高水平和创新性。鉴于此,本书也尝试对全国教育科学规划立项课题进行分析,获悉国家在该领域的战略规划,从多个维度考察与中职教育质量监测相关课题的立项现状。通过统计分析"十五"规划到"十四五"规划即2001—2022年期间中职教育课题的立项数量、立项类别、立项单位、立项地域等,总体上可以呈现近二十年中职教育质量监测评估发展的主要特征,对于把握中职教育质量监测评估研究的基本情况具有重要的参考意义,以期为未来中职教育质量监测研究资助立项、学者选题及项目申报等提供参考建议,亦对中职教育质量监测活动的改革和实践起到借鉴作用。

一 发文情况分析

这一部分主要针对 CNKI 数据库中的文献,通过绘制相关的图表对 1991—2022 年间的中职教育质量监测研究文献数量、期刊分布和高被引文献进行统计和分析。

(一) 文献数量分析

按照论文发表的年份进行频次统计,将纵坐标设置为文献发文量(篇),横坐标设置为年份,得到我国中职教育质量监测研究文献发文量折线图 (见图 2-1),可形成对中职教育质量监测研究的初步认识。

由图 2-1 可知,1991 年中职教育质量监测研究领域的发文量为 3 篇,其中期刊论文有 3 篇,硕博士学位论文为 0。在此后的 30 多年里,中职教育质量监测研究论文发文量总体上呈现逐年增长的趋势。

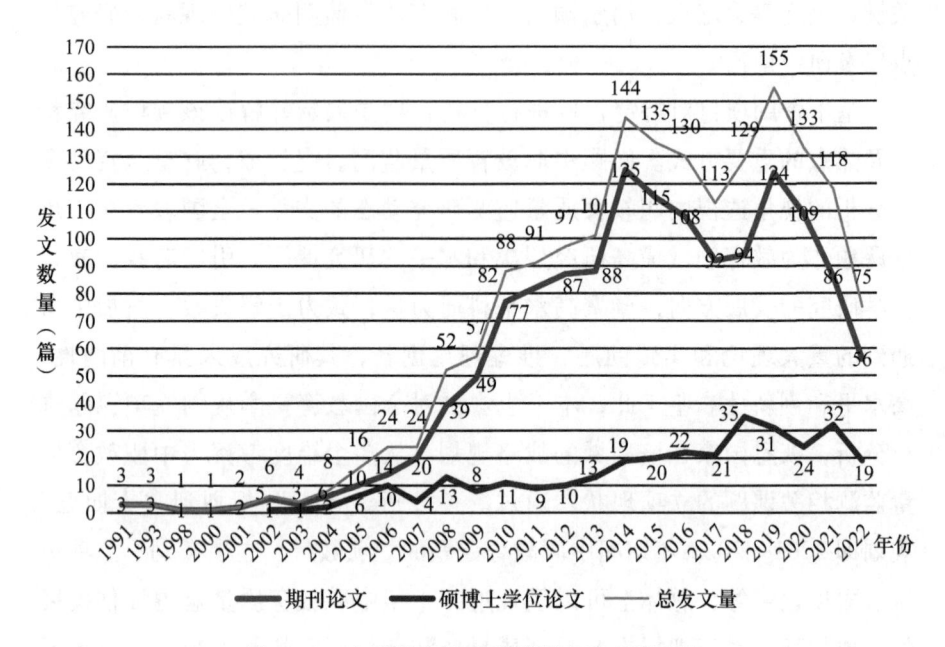

图 2-1 中职教育质量监测研究文献发文量

1991—2004 年论文发文量的增长幅度不大，自 1991 年的 3 篇到 2004 年的 8 篇，共计发文量为 28 篇，通过计算可知平均每年的发文量约为 2 篇。从 2005 年开始，中职教育质量监测研究论文发文量呈现出快速增长趋势，其中，2005—2010 年呈现出爆发式增长，2011—2014 年论文发文量的增长幅度有所缓和，2014 年期刊论文发文量达到顶峰，为 125 篇，2018 年硕博士学位论文发文量达到顶峰，为 35 篇。2015—2022 年发文量呈现出波浪式增长趋势，2015 年先是下降，2017 年后上升，2019 年论文总发文量达到峰值，为 155 篇，包含期刊论文 124 篇，硕博士学位论文 31 篇，2019 年之后呈现出下降趋势。此外，通过观察和比较期刊论文和硕博士学位论文发文量可知：期刊论文数量增长的趋势比硕博士学位论文数量要明显，硕博士学位论文发文量呈平稳增长。最后，根据 1991—2022 年论文发文量的趋势，2020—2022 年由于受到疫情的影响，中职教育质量监测研究的发文量有一定回落的现象，但是可以初步预测，随着人们对高质量中职教育的需求越来越大，办好人们满意的中职教育势必离不开教育质量监测活动的保障，学者将会对此领域进行更加深入的研究和思考，中职教育质量监测评估研究的热潮将会持续下去。

此外，根据图2-1可知，2005年、2014年是中职教育质量监测研究发文量变化的两个关键转折点。2005年《国务院关于大力发展职业教育的决定》《教育部关于加快发展中等职业教育的意见》这两项政策文件都提到，要加快中等职业教育发展，扩大中等职业学校招生人数。国内越来越多的研究者开始投入中职教育质量的研究之中，掀起了中职教育质量评估和监测研究的热潮。直至2014年之后，总发文量和期刊论文发文量第一次出现明显下降的趋势，硕博士学位论文还是呈平稳增长。这一时期，中职教育主要存在办学定位不适配、办学规模大而不强、办学条件多半不达标等问题，这些现象吸引了诸多学者开展研究。2016年国家有关部门相继出台了《中等职业学校办学能力评估暂行办法》（以下简称《暂行办法》）、《教育部关于做好中等职业学校教学诊断与改进工作的通知》《教育部办公厅关于开展中等职业教育质量年度报告工作的通知》等文件，这三项政策提供了开展中职教育质量监测与评估的方案和思路，因此2017年发文量呈现出明显的上升趋势。

基于以上的分析，可以将中职教育质量监测研究大致分为三个阶段。第一阶段：1991—2002年。此阶段研究成果较少，平均每年发文量不到5篇。第二阶段：2003—2013年。在该阶段文献数量呈现明显的增长趋势，文献累计数量达562篇，占总发文量的32.87%，这一时期大部分研究者关注到中职教育质量监测研究的重要性。第三阶段：2014—2022年。在该阶段文献数量呈现出波动增长趋势，总体的增长速度加快，但是不够稳定。文献累计数量高达1132篇，占总发文量的66.19%，平均每年增加约125篇。更加详细的解析见下一节"中职教育质量监测研究轨迹"。

（二）期刊分布情况

通过分析中职教育质量监测研究文献的期刊分布，可以了解中职教育质量监测研究文献发表的层次和文献的质量。因为硕博士学位论文不涉及期刊分布问题，因此在该部分研究中仅对收集到的1399篇期刊论文进行分析，得到载文量排名前20的期刊（见表2-1）。

表 2-1　　　　　　　中职教育质量监测研究期刊分布

序号	期刊名称	载文量（篇）	序号	期刊名称	载文量（篇）
1	中国职业技术教育	275	11	教育评论	5
2	职业技术教育	173	12	黑龙江高教研究	5
3	职教论坛	120	13	中国高教研究	5
4	教育与职业	75	14	中国教育学刊	5
5	教育发展研究	19	15	中国考试	4
6	成人教育	13	16	教育与经济	4
7	教育理论与实践	12	17	中国人民大学教育学刊	4
8	教育导刊	10	18	继续教育研究	3
9	教育探索	8	19	教育学术月刊	3
10	中国成人教育	8	20	现代教育管理	3

据统计，本书下载的样本期刊文献分布在 104 种期刊上，其中，载文量排前四名的期刊分别是《中国职业技术教育》《职业技术教育》《职教论坛》《教育与职业》，这是研究者交流的主要平台。这四本期刊的载文量均在 50 篇以上，分别为 275 篇、173 篇、120 篇、75 篇，分别占总发文量的 19.66%、12.37%、8.58%、5.36%，载文量共计 643 篇，占总发文量的 45.96%。由此表明，中职教育质量监测的研究主要阵地在职业教育类期刊，并没有进入综合类教育期刊的核心圈，尤其是在 CSSCI 期刊上发文的比例偏低。

（三）高被引文献分析

高被引文献主要是指某一个领域的相关研究文献在发表后被作为参考文献引用，被引频次越高，其学术影响力就越大。通过分析中职教育质量监测研究文献中的高被引文献，可以掌握中职教育质量监测研究的内容和特点。本书统计了 1991—2022 年中职教育质量监测研究中被引次数较多的文献，分别绘制了前 10 篇高被引硕博士学位论文信息表（见表 2-2）、前 10 篇高被引期刊论文信息表（见表 2-3）。

表2-2　前10篇中职教育质量监测研究高被引硕博士学位论文信息

序号	题目	作者	数据库	来源	发表时间（年）	被引次数（次）
1	中职学生职业核心素养评价及其标准体系建构研究	方健华	博士	南京师范大学	2014	299
2	中等职业学校德育课程评价研究	高臣	博士	西南大学	2016	51
3	中等职业学校教师培训质量评价指标体系研究	任举	硕士	西北农林科技大学	2010	30
4	中等职业学校教学质量监控与保障研究	秦书雅	硕士	河北师范大学	2012	29
5	促进中职教师专业发展的教学评价研究	李旭	硕士	华东师范大学	2006	28
6	以就业为导向的中等职业教育教学质量评价体系研究	刘阳	硕士	湖南师范大学	2013	22
7	中职学校教师教学质量监控与评价研究	张学芹	硕士	苏州大学	2010	14
8	中职学校实践教学质量监控与评价研究——以烟台市某中职学校为例	赵丽丽	硕士	鲁东大学	2014	12
9	中职学校教学质量内部监测与评价体系研究——以重庆市某中职学校为例	吴霞	硕士	重庆师范大学	2017	11
10	中职学校"理实一体化"教学质量监控研究	金玉清	硕士	福建师范大学	2017	11

由表2-2可知，在前10篇高被引硕博士学位论文中，博士学位论文有两篇，硕士学位论文有8篇，发表时间主要集中在2006—2017年。首先，从被引文献的题名来看，《中职学生职业核心素养评价及其标准体系建构研究》的被引次数最多，高达299次，居于首位；《中等职业学校德育课程评价研究》次之，被引次数为51次。纵观这10篇高被引硕博士学位论文，其中"教学质量"一词出现最多，共计6次，关于中职学校教学质量监控与评价的硕士学位论文占了绝大多数，可见，关于教学质量监控的研究是中职教育质量监测研究的重点。研读文献可知，中职学校教学质量受到越来越多的关注，建立健全的教育质量监测体系是提高教育教学质量的重要保证。在传统的中职学校教学质量监控与评价体系中，存在着单一、片面的缺陷。在新形

势下，为了全面保证人才培养质量，要切实增强教学质量的全面管理意识，建立规范化、科学化的中职教育质量监测评估体系，逐步增强中职教育的适应性，以此保证中职学校教学质量的稳步提升。

其次，从被引文献的作者来看，被引次数位居前三名的分别是方健华、高臣、任举，来自的高校分别是南京师范大学、西南大学、西北农林科技大学，这三所学校都是"211 工程"院校。他们的导师分别是冯建军、谢长法、张景书，这三位导师是国内教育科学领域声望较高的学者，具有极大的学术影响力。

表 2-3　前 10 篇中职教育质量监测研究高被引期刊论文信息

序号	题目	作者	数据库	刊名	发表时间（年）	被引次数（次）
1	我国中等职业教育资源配置效率评价及分析——基于 DEA-Malmquist 指数模型	陶蕾 杨欣	期刊	教育科学	2015	49
2	中等职业教育教学质量评估体系的研究	孙志河 刁哲军	期刊	中国职业技术教育	2008	38
3	中等职业学校专业教师培训评价体系建构研究	赵宝柱 曹晔 刘永军	期刊	职业技术教育	2010	35
4	中等职业学校教育教学质量监控与教学评价机制的研究	谢树方 唐以志	期刊	中国职业技术教育	2016	33
5	中等职业教育财政支出绩效评价指标设计与应用——基于上海 A 区案例分析	任晓辉	期刊	华中师范大学学报（人文社会科学版）	2010	29
6	基于平衡计分卡的中等职业学校绩效评估指标体系研究	周明	期刊	中国职业技术教育	2015	21
7	我国中等职业学校课堂教学诊断与改进研究现状分析	李玉明	期刊	中国职业技术教育	2019	11
8	中等职业学校实现有效教学诊断与改进需要处理好的关系	王云珠	期刊	中国职业技术教育	2018	10
9	实然与应然错位：中职学校顶岗实习对学生发展的影响评估	许佳佳 李桂荣	期刊	河南大学学报（社会科学版）	2020	9
10	中职学校质量监控保障体系构建的现实探讨——基于监控保障视角的中职学校质量内部管理分析	肖建军 骆习群 彭建成	期刊	职教论坛	2013	8

由表 2-3 可知，在前 10 篇高被引期刊论文中，发表时间主要集中在 2008—2020 年。首先，从被引文献的题名来看，《我国中等职业教育资源配置效率评价及分析——基于 DEA-Malmquist 指数模型》的被引次数最多，为 49 次；《中等职业教育教学质量评估体系的研究》次之，被引次数为 38 次。此外，在这 10 篇高被引期刊论文中，中职教育质量监测研究主要关注的内容是教学质量、绩效评估、教学诊断与改进等，多样化的研究视角拓展了中职教育质量监测研究。

其次，从被引文献的来源刊物来看，一共有 6 本期刊，其中 CSSCI 期刊有 3 本，有 5 篇期刊文献发表在《中国职业技术教育》上，该期刊是学者青睐的交流平台。由此可知，这 10 篇被引文献的质量和水平是相对较高的，具有很大的参考价值。

最后，从被引文献发表的时间来看，有 1 篇期刊文献发表于 2008 年，其余 9 篇发表于 2010—2020 年，2010 年和 2015 年发文量较大，都有两篇论文发表。2010 年教育部发布《中等职业教育改革创新行动计划（2010—2012 年）》，对健全学校建设标准、中职学校合格评估等内容作了说明。2015 年《教育部办公厅关于建立职业院校教学工作诊断与改进制度的通知》发布，进一步推动了中职教育质量监测和评估研究工作的逐步开展。

二 研究作者分布情况

核心作者是推动中职教育质量监测研究领域学术发展的中心力量。根据普赖斯定律，$M = 0.749 \times \sqrt{N_{max}}$，是核心作者的计算公式，其中 N_{max} 代表统计时段内最高产作者的发文量，M 代表核心作者的最低发文量[1]。当某个领域的核心作者发文量达到 50% 以上时，则表明该领域的核心作者群形成[2]。由表 2-4 可知，最高产作者是闫志利，发文量是 9

---

[1] 姚雪等：《基于普赖斯定律和二八定律及在线投稿系统构建某科技期刊核心作者用户库》，《编辑学报》2007 年第 1 期。

[2] 冯利伟：《国外工作家庭冲突研究态势——基于文献计量的分析》，《经济管理》2018 年第 4 期。

篇，计算出 $M \approx 2$，即核心作者的最低发文量为两篇。有 158 位作者发文量在两篇以上，总共有 353 篇文章，占总文献量的 17.76%，说明该领域并未形成核心作者群。其次，发文量排前三位的作者是闫志利 9 篇、林安全 6 篇、何应森 5 篇，他们的单位分别是河北科技师范学院、重庆市北碚职业教育中心、成都师范学院，他们三者之间没有合作发文。陈明玉、丁建庆、梁成艾、李玉明、张曙辉发文量皆为 4 篇。其中闫志利于 2011 年主持项目"中职教育质量评价体系及保障机制研究"，并且围绕此项目不断开展研究，丰富了中职教育质量监测与评价领域的研究内容。

表 2-4　中职教育质量监测研究作者发文量统计（发文量≥3 篇）

序号	作者	发文量（篇）	序号	作者	发文量（篇）
1	闫志利	9	12	戴智敏	3
2	林安全	6	13	刘玉玲	3
3	何应森	5	14	魏娜	3
4	陈明玉	4	15	周彬	3
5	丁建庆	4	16	刘静	3
6	梁成艾	4	17	徐晓燕	3
7	李玉明	4	18	刘宪宇	3
8	张曙辉	4	19	韩冬霞	3
9	丁颂	3	20	陈艳	3
10	张扬群	3	21	申伟君	3
11	张杨	3	22	黄小璇	3

对研究作者进行可视化分析，得到作者合作图谱（见图 2-2）。图谱中圆形节点代表作者，节点的大小表示发文量的多少，连线表示合作关系。

第二章 中等职业教育质量监测研究综述

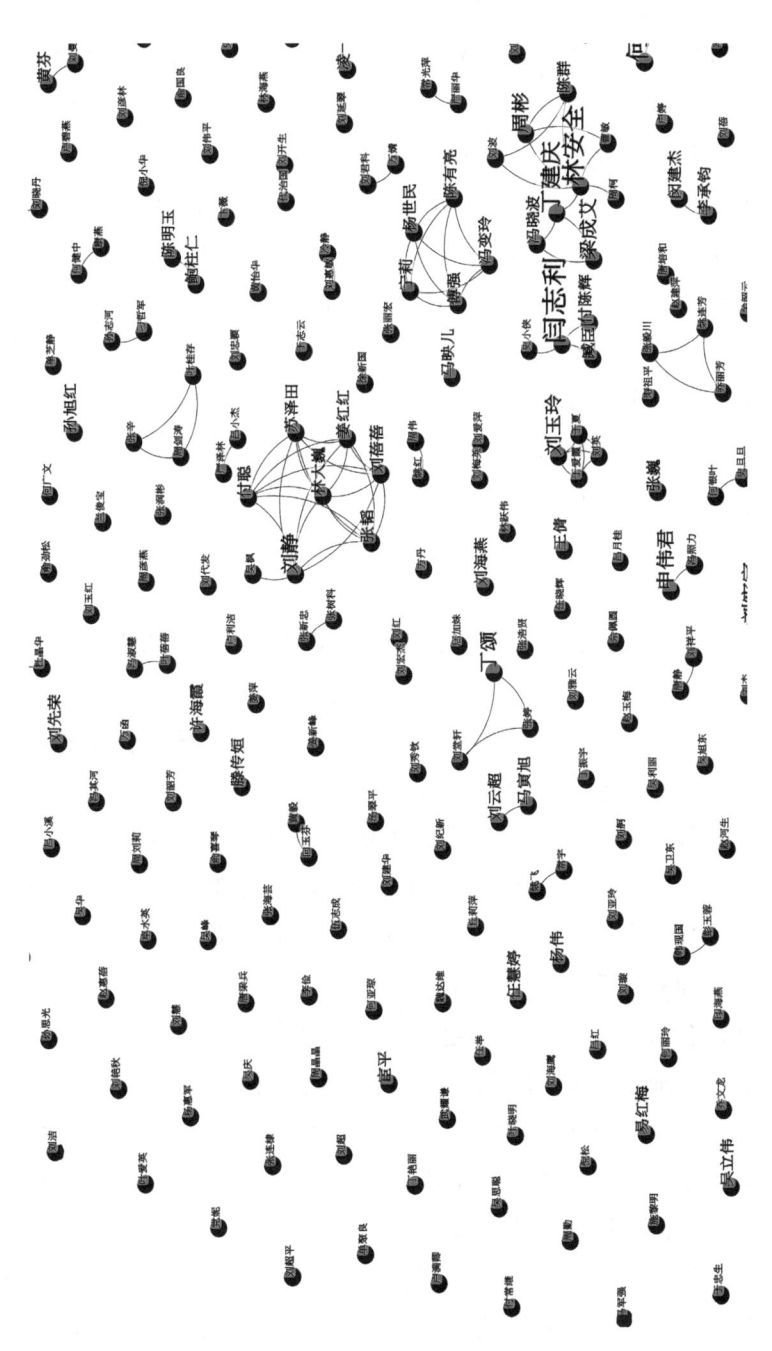

图 2-2 中职教育质量监测研究作者共现图谱

由图2-2可知，首先，作者节点数 N 为485，连接数 E 为111，整体网络密度为0.0009，部分作者节点之间连线较多，存在着合作研究的关系，但也有一部分节点无连线，将其判定为独立研究的作者，整体上呈现出研究者以合作研究为主，独立研究为辅的态势。其次，以刘玉玲、闫志利、林安全、宁莉、刘静等研究作者为中心展开的合作研究网络十分紧密，形成了五个研究团体；有三组三人合作的小团队，如丁颂、张婷与刘堂轩等，多为同一学校的同事或师生合作研究撰写文章；也有部分双人关联的小团体，多数为单独的节点，即独立研究者。最后，从连线粗细来看，主要连线细且疏，研究者之间合作发文频次较少，合作强度较弱，表明我国从事中职教育质量监测研究的人员虽多，但大部分是瞬时性研究者，没有形成一支联系紧密的核心团队。

三 研究机构分布情况

研究机构表现了研究力量的空间分布。根据表2-5所展示的，发文量篇数≥5的机构分布情况分析可知，一是在一级机构中河北科技师范学院是发文量最多的机构，为13篇，接着是重庆市轻工业学校、广州市交通运输职业学校、重庆市北碚职业教育中心，这些机构是中职教育质量监测研究的重地。二是进行中职教育质量监测研究的机构大多为中等职业学校，有13所，只有4所大学、1所高职，往往只有中职学校的教育管理者和研究人员关注到中职教育质量监测与评估的问题，其他高校和科研院所甚少关注这个领域。三是从空间分布来看，这些机构分布在河北、重庆、福建、广东、江苏、天津等11个省市，主要集中于东部地区，有12所，发文机构存在地域差异。但是研究力量集中于西部地区的重庆，西南大学教育学部、重庆市轻工业学校、重庆市北碚职业教育中心均位于重庆，发文共计20篇，说明重庆市对于中职教育质量监测研究非常重视。

对中职教育质量监测的研究机构进行分析，得到研究机构合作图谱（见图2-3），节点大小与该机构发文量呈正相关，节点间的连线粗细表示研究机构之间的合作强度。

表2-5 中职教育质量监测研究机构发文量统计（发文量≥5篇）

序号	研究机构	地区	发文量（篇）	序号	研究机构	地区	发文量（篇）
1	河北科技师范学院	河北	13	10	山东省临沂卫生学校	山东	5
2	重庆市轻工业学校	重庆	7	11	广州市医药职业学校	广东	5
3	广州市交通运输职业学校	广东	7	12	福州建筑工程职业中专学校	福建	5
4	重庆市北碚职业教育中心	重庆	7	13	北部湾职业技术学校	广西	5
5	江苏省淮阴商业学校	江苏	6	14	福建理工学校	福建	5
6	西南大学教育学部	重庆	6	15	天津市经济贸易学校	天津	5
7	黄石职业技术学院	湖北	6	16	江苏省高邮中等专业学校	江苏	5
8	天津职业技术师范大学	天津	6	17	江苏省赣榆中等专业学校	江苏	5
9	大连铁路卫生学校	辽宁	5	18	成都师范学院	四川	5

由图2-3可知，中职教育质量监测研究机构共形成469个节点，42条连线，整体网络密度为0.0004。关注中职教育质量监测研究的机构较多，但是研究机构相互间的合作关系较为松散，仅形成了一个机构团体。其中，西南大学教育学部、重庆市北碚职业教育中心、贵州铜仁学院是我国中职教育质量监测研究成果产出的核心主力，它们组成的合作机构网络十分显著；其次是西南大学教育学部与重庆市轻工业学校、哈尔滨师范大学教育管理学院与哈尔滨工业美术设计学校、沈阳理工大学与沈阳市现代科技学校等两两机构形成的密切合作关系，一般是大学与中职学校的联合发文。从节点连线可以看出，同一地域范围内的研究机构合作联系较为紧密，如江苏省教育评估院与南京信息职业技术学院、沈阳理工大学与沈阳市现代科技学校。整体来看，中职教育质量监测的研究团队之间联系相对松散、强度较弱，个别机构之间存在合作关系但合作

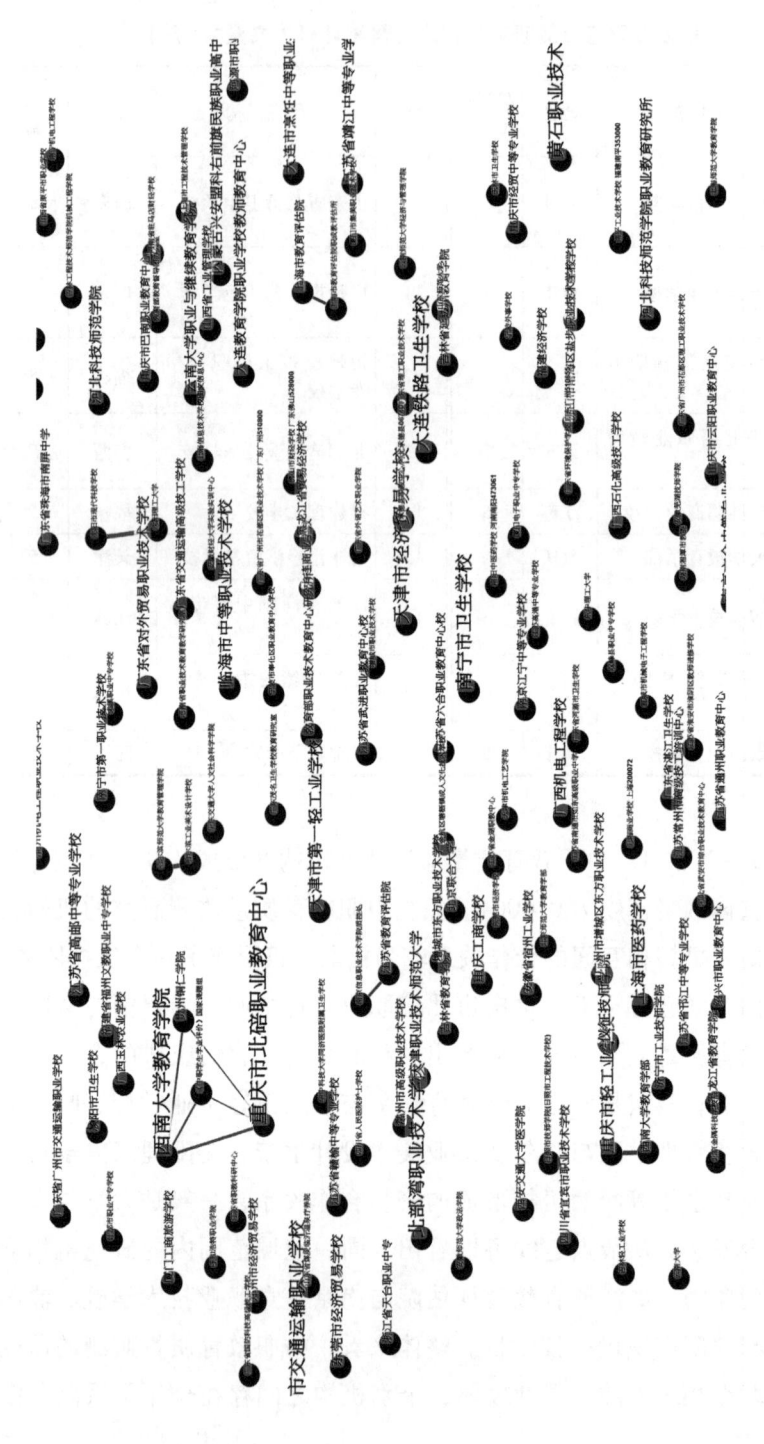

图 2-3 中职教育质量监测研究机构合作图谱

规模较小，没有形成具有影响力的核心研究机构群，且已有合作集中于同一地域范围内，跨区域合作较少。

四　全国教育科学规划课题立项情况

通过统计分析2001—2022年中职教育质量监测和评估相关课题的立项数量、立项类别、立项单位等（见表2-6），总体上可以呈现近二十多年来中职教育质量监测评估发展的主要特征，对于把握中职教育质量监测评估研究的基本情况具有重要的参考意义。

表2-6　　2001—2022年与中职教育质量监测和评估相关的课题

序号	课题批准号	课题类别	课题名称	课题负责人	工作单位	年份
1	BHA220270	国家一般	乡村振兴背景下县域中等职业教育高质量发展的路径与对策研究	朱风彬	平度市职业教育中心学校	2022
2	DHA200380	教育部重点	新时代民族地区中职学校"五育"融合实践路径与评价改革研究	龙陵英	柳州市第二职业技术学校	2020
3	BJA180103	国家一般	中等职业教育质量监测机制研究	李桂荣	河南大学	2018
4	EJA160424	教育部青年	基于新疆民族地区特有文化与经济特点的中职教学质量诊断体系建设的研究	杨晶	乌鲁木齐市体育运动学校	2016
5	DJA150255	教育部重点	中等职业学校学生学业水平与综合素质评价策略研究	龚双江	安徽省教育科学研究院	2015
6	DJA120292	教育部重点	中等职业学校教学质量内部保障体系研究与实践	张扬群	重庆市渝北职业教育中心	2012
7	EFA120355	教育部青年	中等职业学校"五模块四星级"阶梯式德育评价体系的实践与研究	谢爱明	江苏省射阳职业高级中学	2012
8	DJA010339	教育部重点	应对WTO挑战，中等职业学校实施ISO 9001国际质量体系认证研究	迟铭	北京市外事服务职业高中	2001

>>> 中等职业教育质量监测机制研究

从数量来看，在2001—2022年全国教育科学规划课题中，中职教育共立项64项，其中与中职教育质量监测和评估相关的课题为8项，立项率占比为12.5%。从课题类别来看，国家一般、教育部重点、教育部青年项目分别是2项、4项、2项，教育部重点课题的占比最大。从项目立项单位来看，包含1所高等院校、1所科研机构、6所中职学校，由此可知，中职学校在中职教育质量监测评估研究的课题申报中的积极性颇高，是中职教育质量研究工作的核心力量。

第二节 中职教育质量监测研究轨迹

通过Citespace软件生成关键词的时区图谱，可以分析关键词在不同时间内的出现情况，探索中职教育质量监测研究演进变化。根据图2-1和图2-4可知，文献来源最早是1991年，结合具体的研究文献，将我国中职教育质量监测研究的发展脉络划分为三个阶段。

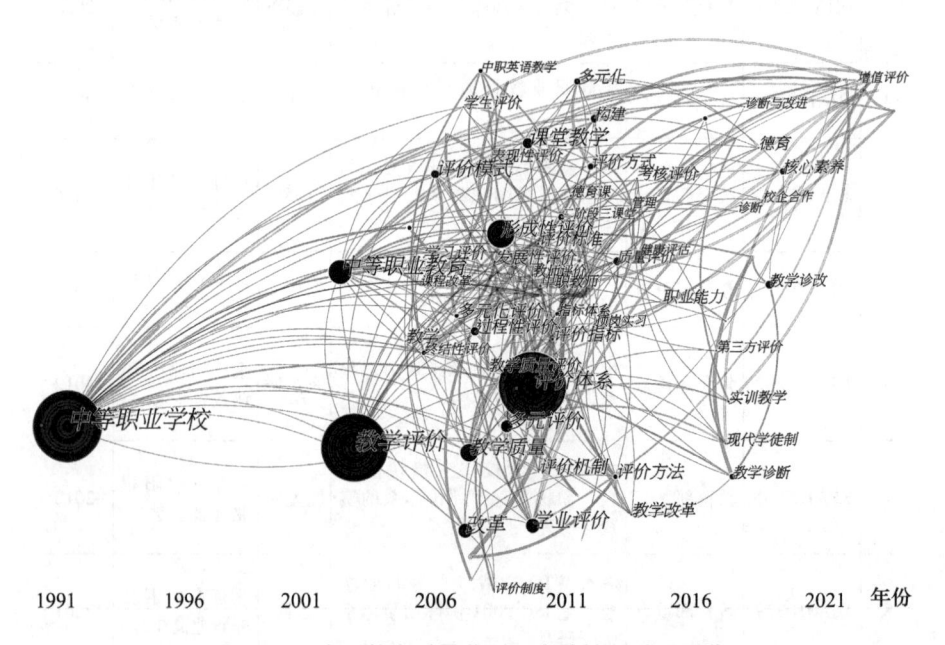

图2-4 中职教育质量监测研究关键词时区图谱

第二章 中等职业教育质量监测研究综述

改革开放之后，中等职业教育经历了从恢复到发展，再到深化改革的过程，作为教育质量保障的监测评估工作也随之开展并不断完善。我国中职教育质量监测研究经历了起步探索、逐步增长、稳步推进三个发展阶段，逐步建立起了中职教育质量监测和督导评估制度。

一 起步探索阶段：以经验总结为主（1991—2002 年）

1991—2002 年是中职教育质量监测研究的起步探索阶段，热点关键词主要有"中等职业学校、教学评价、教学"等，此阶段研究成果较少，平均每年发文量不到 5 篇。学者主要关注中职教育的教学评价，此阶段的研究成果是以实践经验总结为主。1991 年，国家教委发布《关于开展普通中等专业学校教育评估工作的通知》，明确阐述了评估的指导思想和目的、评估的形式、评估的内容和依据、评估的程序和若干评估标准。同年，《劳动部关于开展技工学校评估工作的通知》也阐述了评估目的、评估范围、评估办法和评估标准。截至 20 世纪 90 年代初，全国共有 18 个省、自治区、直辖市和 8 个部委对所属中等专业学校进行了评估。在这些评估的基础上，国家教委启动了全国范围内的中等专业学校评估工作。

二 逐步增长阶段：以督导评估为主（2003—2013 年）

2003—2013 年是中职教育质量监测研究的逐步增长阶段，自 2005 年起，关键词节点个数明显增加，线条密度明显提高，"评价体系、形成性评价、发展性评价、过程性评价、多元化评价、评价机制"等是主要的关键词。这一时期发文量和增长速度显著提高，主要集中于监测评价方式、监测评价主体、监测评价指标等方面的研究。这在很大程度上是由于中职招生规模的扩大而导致出现一系列问题，教育部文件提出要建立教学质量评价检查制度，保障中等职业教育教学质量和办学效益，改变评价方式成为关注焦点。

国家出台了多项政策，关注中职教育的发展问题，该阶段大部分研究者投入中职教育质量监测研究中。2005 年《国务院关于大力发展职业教育的决定》提出了中等职业教育的发展目标：到2010年，中等职业教育招生规模达到800万人，与普通高中招生规模大体相当[①]。2005年《教育部关于加快发展中等职业教育的意见》提到，要加快中等职业教育发展，力争2005年中等职业学校招生人数在2004年的基础上增加100万人，达到650万人；到2007年，中等职业教育和普通高中教育规模大体相当，实现中等职业教育快速健康持续发展[②]。随着规模的扩大，中职教育基础能力薄弱、办学能力不足等问题成为制约中职教育发展和提高质量的瓶颈因素，因此有关中职教育质量监测与评估的问题引起学界的诸多关注，激发了众多研究者的研究热情，使发文数量逐年递增，2013年总发文量达到101篇。

2008年《教育部关于进一步深化中等职业教育教学改革的若干意见》提到："提高中等职业教育教学质量和办学效益，加快建立就业导向的教学质量评价检查制度。坚持以就业为导向、以能力为本位的教学质量评价观，改进考试考核方法和手段，建立具有职业教育特点的人才培养与评价的标准和制度，建立和完善定期评价检查制度。"[③] 2010年11月，教育部印发《中等职业教育改革创新行动计划（2010—2012年）》，提出"到2012年，中等职业教育服务国计民生的能力显著增强，保障事业发展的政策、制度和重大机制基本健全，改革创新实现整体跨越，人才培养质量、社会吸引力大幅提升，就业贡献率、经济贡献率明显提高"的目标[④]，为中等职业教育的发展指明了方向。2011年，教育部印发了《中等职业教育督导评估办法》，就建立中等职业教育督导评估制度，开展中等职业教育督导评估，促进中

---

① 《国务院关于大力发展职业教育的决定》，http：//www.moe.gov.cn/jyb_xxgk/moe_1777/moe_1778/tnull_27730.html，2005年10月28日。

② 《教育部关于加快发展中等职业教育的意见》，http：//www.moe.gov.cn/srcsite/A07/s7055/200502/t20050228_181879.html，2005年2月28日。

③ 《教育部关于进一步深化中等职业教育教学改革的若干意见》，http：//www.moe.gov.cn/srcsite/A07/s7055/200812/t20081213_79148.html，2008年12月13日。

④ 教育部：《中等职业教育改革创新行动计划（2010—2012年）》，http：//www.gov.cn/gongbao/content/2011/content_1836364.htm，2010年11月27日。

等职业教育发展，进行了政策规定和设计。各地虽进行了切实可行的实践探索，但是中等职业教育仍然存在一些问题，如专业建设适应性不强；学校办学条件达标率普遍较低；行业企业参与中等职业学校的教育教学管理、专业设置和课程建设仍不充分，校企合作办学的长效机制尚未建立。这些问题的出现使中等职业教育改革发展面临着新的挑战。要克服这些困难解决问题，亟待通过一套设计科学、量度合理、符合中等职业人才发展需要和中等职业学校办学规律的标准，评估各地中等职业学校办学质量、监督中等职业学校办学行为、引导中等职业教育健康有序发展。督导评估办法正是在这一背景下应运而生的。这一时期有关中职教育质量监测和评估的研究逐步增多，体现出科研工作者对国内方针政策的积极回应。

三 稳步推进阶段：以制度建立为主（2014—2022年）

这一阶段是中职教育质量监测研究的稳步推进阶段，出现频次较高的关键词主要有"教学诊改、教学诊断、第三方评价、校企合作、实训教学、现代学徒制、增值评价"等。此阶段发文量呈现出波浪式增长的特点，2014年和2019年发文量分别达到144篇、155篇，以中等职业学校教学的合格评估、办学能力评估、教学诊断与改进、办学条件达标工程等监测评估工作为标志，主要集中于质量诊断与改进、完善监测评估制度等问题上。随着社会对高质量中等职业教育的诉求越来越大，为回应社会发展趋势，学者从多层面、多领域探索了有关中职教育质量监测的基本理论与实践问题，我国中职教育质量监测评估领域的研究范围更加广泛。2014年《国务院关于加快发展现代职业教育的决定》指出，要完善职业教育质量评价制度，定期开展职业院校办学水平、专业建设及教学情况评估，注重发挥行业、用人单位的作用，积极支持第三方机构开展评估。2014年，教育部发布《关于开展中等职业学校教学工作合格评估试点工作的通知》并开展了试点工作。2015年，教育部在《职业院校管理水平提升行动计划（2015—

2018年)》中要求"建立中职学校质量年度报告制度"。同年，教育部明文要求职业院校建立教学工作诊断与改进制度。之后《中等职业学校办学能力评估暂行办法》《中等职业学校教学工作诊断与改进指导方案（试行）》《职业学校办学条件达标工程实施方案》等一系列政策相继出台，这些文件从不同角度对中等职业教育质量发展提出了战略规划，内涵式发展、提质增效成为该阶段的主基调。一些地方教育主管部门也组织开展了中等职业学校办学水平评估以及学生职业技能、职业素养等方面的监测。可以说，从教育主管部门的重视程度来看，中职学校评估和质量监测处在历史上较好的发展阶段。

该阶段中职教育主要存在办学定位不适配、办学规模大而不强、办学条件多半不达标等问题，这些问题吸引了诸多学者开展研究。2016年，国务院教育督导委员会办公室印发的《中等职业学校办学能力评估暂行办法》《教育部关于做好中等职业学校教学诊断与改进工作的通知》和《教育部办公厅关于开展中等职业教育质量年度报告工作的通知》等政策提供了开展中职教育质量监测与评估的方案和思路。此外，党的二十大报告提出要推动高质量发展，以实现中国式现代化，中职教育在现代职业教育体系中具有重要的基础性地位，因此应建立完善中职教育质量监测与评估制度，不断提升办学水平和质量。2019年研究成果数量创新高，发文量达155篇，之后，学者们的研究热情有所退却，发文量呈现缓慢下滑的趋势，但是每年发文量还是维持在50篇以上，对于该领域的关注度依然维持在一个较高的态势。2020年，中共中央、国务院印发并开始实施《深化新时代教育评价改革总体方案》，要求全面推进教育评价改革。这是新中国第一个关于教育评价系统性改革的方案文件，随着该方案的深入落实和推进，将充分发挥其在职业教育评价中的指挥棒作用，以贯彻党的教育方针为基础，大力提高职业教育的治理水平，并且进一步带动中职教育质量监测与评价领域的研究，完善中职教育质量监测制度，以质量监测引领中职教育高质量发展。

第三节 中职教育质量监测研究热点

高频关键词是对论文主旨和核心内容的高度概括,对关键词进行分析能够反映一个研究领域的热点。为了解我国中职教育质量监测研究领域的热点分布情况,整理得到高频关键词表(见表2-7)。关于中职教育质量监测研究文献中的高频关键词有"中职学生""教学评价""评价体系""形成性评价""教学质量""学业评价""中职语文""中职英语""多元评价""课堂教学"等(见表2-7)。涉及以上关键词的研究比较活跃,体现了在党的教育方针引领下,中等职业教育质量监测与评估以老师教学、学生学业为主要对象,开展教学评价、学业评价和学校评价,推动人才培养质量和中等职业教育质量提升。前四个关键词出现的频次都在50次以上,为强势关键词,比其后的关键词频次——18次左右要高出许多。高频关键词所涉及的研究内容反映出中等职业教育质量监测领域的主题,构成了中职教育质量监测研究的知识网络。

表2-7　　　　　　中职教育质量监测研究的高频关键词

序号	关键词	频次	序号	关键词	频次
1	中职学生	115	11	评价模式	24
2	教学评价	95	12	中职数学	24
3	评价体系	93	13	过程性评价	23
4	形成性评价	51	14	评价方式	21
5	教学质量	43	15	评价方法	21
6	学业评价	33	16	多元化评价	21
7	中职语文	33	17	多元化	19
8	中职英语	33	18	质量评价	18
9	多元评价	31	19	教学诊改	18
10	课堂教学	30	20	评价指标	18

>>> 中等职业教育质量监测机制研究

高频关键词的排序能大致反映中职教育质量监测的主要研究内容，但还不足以准确呈现出研究热点。应用 citespace 软件中的 LLR 算法对关键词进行聚类分析，得到中职教育质量监测研究关键词聚类图谱（见图 2-5）。

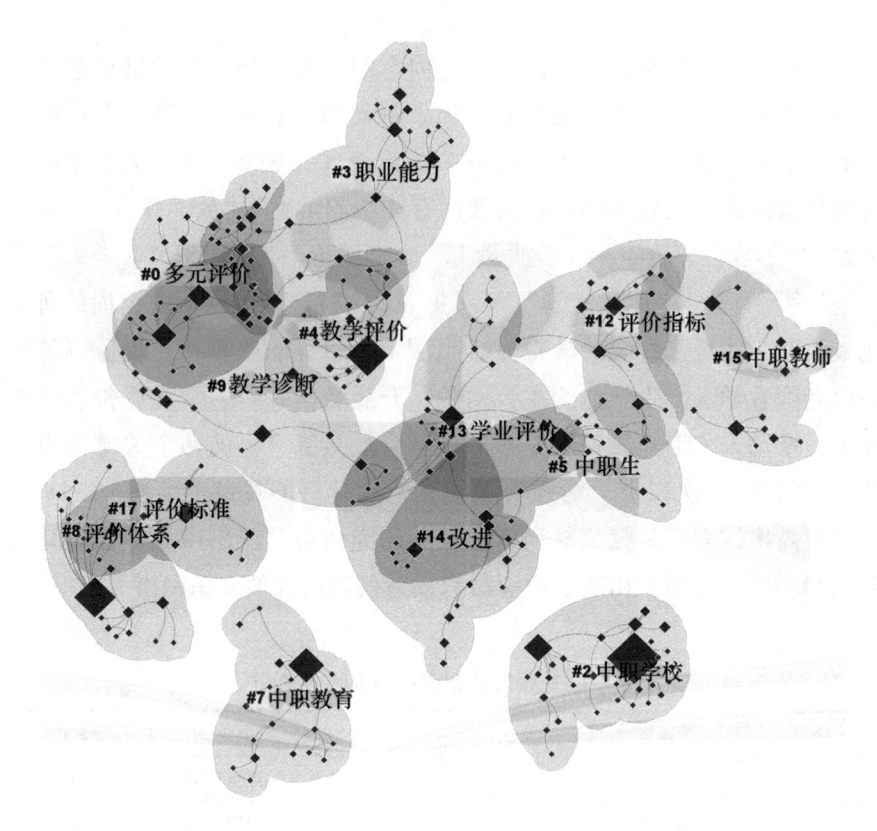

图 2-5 中职教育质量监测研究关键词聚类图谱

如图 2-5 所示，聚类图谱的模块值 $Q = 0.8752 > 0.3$，平均轮廓值 $S = 0.9692 > 0.5$，表明聚类结构显著且合理。根据聚类结果，将相同的聚类合并在一起，共有 12 个聚类：#0 多元评价、#2 中职学校、#4 教学评价、#5 中职生、#7 中职教育、#8 评价体系、#9 教学诊断、#12 评价指标、#13 学业评价、#14 改进、#15 中职教师、#17 评价标准。结合已有文献对这 12 个聚类进行筛选与合并，可以发现我国中职教育质量监测研究主要围绕五类主题展开："中职学校多元监测评价体系研究"（#0、

#8、#12)、"中职教师培训质量监测评价研究"(#15、#17)、"中职学校的教学诊断与改进研究"(#4、#9、#14)、"中职学生学业质量监测评价研究"(#5、#13)、"中职学校实习质量监控评价研究"(#1、#7)。由此整理得到关键词聚类分析表（见表2-8）。

表2-8　　中职教育质量监测研究关键词聚类分析

聚类主题	子聚类标签	包含的主要关键词
Ⅰ.中职学校多元监测评价体系研究	#0 多元评价 #8 评价体系 #12 评价指标	评价机制、优化策略 评价体系、课程评价 评价理念、评价模式
Ⅱ.中职教师培训质量监测评价研究	#15 中职教师 #17 评价标准	教师的专业发展、质量评价 真实性评价、即时反馈
Ⅲ.中职学校的教学诊断与改进研究	#4 教学评价 #9 教学诊断 #14 改进	现状与对策、困境因素 实训教学、德育评价 教学工作、职业院校
Ⅳ.中职学生学业质量监测评价研究	#5 中职生 #13 学业评价	技能评价、实操技能 信息化背景、评价改革
Ⅴ.中职学校实习质量监控评价研究	#2 中职学校 #7 中职教育	监控与评价、岗位能力、管理制度 多元化评价、实践方法、终结性评价、 效率评价

一　中职学校多元监测评价体系研究

这一聚类主题中包含"多元评价、评价体系、评价指标"三个子聚类，关键词主要有"评价机制、优化策略、评价体系、课程评价、评价理念、评价模式"。

李桂荣等建议从"评什么""谁来评""怎样评""如何实现以评促建"等问题着手，提高中职教育供给质量，其中，在"谁来评"的问题上，须打造"政府授权、行业认定、学者实施、学校改进"的多主体评估模式[①]。孙建通过师生、政府、行业企业、第三方四个主体构建中高

---

① 李桂荣、姚松、李向辉：《中职教育供给侧存在的问题及改革思路》，《教育发展研究》2017年第3期。

职衔接教学质量监控体系①。徐鸿洲建议在教育管办评分离背景下建立健全中职教育质量评价制度，然而，目前中职教育质量评估在政府、学校和社会层面都存在实然困境，突破这些困境需要政府推进简政放权，健全评估管理机制；中职学校要完善内部治理，健全质量内控制度；社会第三方评估组织要提升评估公信力，健全社会支持系统②。阎亚军介绍了上海市中职学校学前教育质量监测模式，该项工作由多个部门或主体参与，包括上海市人民政府教育督导室、上海师范大学学前教育系、上海市教育督导研究中心、中职校、保育机构等部门的专家或负责人，组成融"政府、研究机构、参评学校、行业单位"为一体的工作团队，研究中等职业教育质量监测问题③。余朝宽等建立由学习主体、教学主体、管理主体、监护主体、用人主体、认证主体共同参与的多方评价机制，实现评价主体多元化，形成全员参与、内外协调、多元共治的质量保证机制④。张婷等构建了现代学徒制背景下的中职学校考核评价体系，改变评价主体单一性问题，以企业师傅、学校教师、学生共同作为评价主体，构建多元化的评价主体，注重过程性评价、发展性评价与结果性评价相结合的有效评价方式，有利于促进教育教学质量的提高⑤。

二 中职教师培训质量监测评价研究

这一聚类主题中包含"中职教师、评价标准"两个子聚类，关键词主要有"教师的专业发展、质量评价、真实性评价、即时反馈"。

司淑梅等提出，为切实提高职教教师培训的质量，有效促进职教教师的专业发展，应建立并完善培训的督导和评估制度，提高培训的质量

---

① 孙建：《基于共同治理的中高职衔接教学质量监控体系》，《教育与职业》2017年第14期。
② 徐鸿洲：《教育管办评分离背景下中职教育质量评估的实然困境与应然路径思考》，《职业技术教育》2018年第33期。
③ 阎亚军：《上海市中职学校教育质量监测模式探究》，《上海教育评估研究》2020年第4期。
④ 余朝宽等：《中职学生综合素质"多元立体"评价模式研究——以重庆市渝北职业教育中心为例》，《中国职业技术教育》2021年第8期。
⑤ 张婷等：《中职学校学生考核评价体系构建研究》，《长春师范大学学报》2022年第8期。

和效果①。刘玉容等以培训的专业化和教师专业发展为前提，探讨了中职教师培训过程中的质量评价问题，以培训管理、培训中的"教"、培训中的"学"为核心构建培训过程质量评价体系②。赵博琼指出，现行农村中职学校教师考核评价体系对教师专业发展和成长的引导、激励欠佳，提出应建构符合农村中职教师专业发展的考核评价体系，切实提高农村中职教师的综合素质和教育教学能力，提升农村中职教育水平③。王德亮等以教师职业发展阶段理论、行为导向理论为指导，通过制定统一的中等职业学校教师分级培训标准与评价考核标准，建立分层次、逐级培训与多元评价机制，强化培训质量控制与过程监督，形成管—培—评协同实施的中等职业学校教师专业能力提升新体系，切实提高中等职业学校专业教师培训绩效水平④。杨锦钰建构中职教师职后培训的职业能力增值评价指标，以客观地评价教师职业能力的发展状态、精准地鉴定教师阶段性职业能力发展成效，建议建立健全跟踪调查的培训机制，保障教师职业能力的增值⑤。

三　中职学校的教学诊断与改进研究

这一聚类主题中包含"教学评价、教学诊断、改进"三个子聚类，关键词主要有"现状与对策、困境因素、实训教学、德育评价、教学工作、职业院校"。2016年教育部印发的《中等职业学校教学工作诊断与改进指导方案（试行）》提道，以促进学校自主发展、内涵式发展为宗旨，坚持"需求导向、自我保证，多元诊断、重在改进"的工作方针，

---

① 司淑梅、于京波：《基于教师专业发展的职教师资培训的调查研究》，《中国成人教育》2015年第20期。
② 刘玉容等：《中职教师培训过程质量的评价问题研究——以"国培计划"和"省培计划"为例》，《职业教育研究》2016年第5期。
③ 赵博琼：《农村中职学校教师考核评价体系建构与思考》，《中国职业技术教育》2018年第4期。
④ 王德亮等：《管培评协同的中等职业学校教师专业技能分级培训体系构建》，《职业技术教育》2020年第5期。
⑤ 杨锦钰：《中职教师培训后的职业能力：是否提高，怎样判断——基于雷达图的分析》，《中国职业技术教育》2022年第17期。

促进中等职业教育健康可持续发展。完善教学质量诊断与改进机制，动态监测诊断、及时发现问题、科学分析成因、寻找解决方法，提高人才培养质量。其后关于中职诊改的相关研究不断增多。

谢树方等从专业建设、课程开发、教学过程和资源管理四个方面建立中职学校教育教学质量监控与评价机制，通过质量诊断和预警，提高学校的自我调整和自我完善的能力[1]。苏寒秋建议完善机制、创新方式，建立联动保障机制，提高课堂教学质量监控与评价效果，是提高整个中职教育办学质量和内涵的关键[2]。刘慧提出教学诊断与改进工作面临诸多难点和问题，主要体现在中职学校教师的认知较难转变、中职学校的目标定位不清、中职学校难以长效推进三大方面，因此政府应提供强有力的政策支持，学界应提供先进的理论指导，学校应履行人才培养的主体责任[3]。王殿复等介绍了齐齐哈尔市职业教育中心学校的经验，这所学校从培养模式监控、课程开发监控、教学模式监控、教学过程监控和教学效果监控五个方面构建中职学校教学质量监控体系[4]。兰俊宝等认为，市域中职教学诊改工作要系统谋划，既要发挥学校的主体作用，又要建立外部促动机制，加强诊改过程性管理，充分发挥信息化技术的作用[5]。

四 中职学生学业质量监测评价研究

这一聚类主题中包含"中职生、学业评价"两个子聚类，关键词主要有"技能评价、实操技能、信息化背景、评价改革"。

李桂荣等依托河南省"中等职业教育质量评估与提升实验研究"项

---

[1] 谢树方、唐以志：《中等职业学校教育教学质量监控与教学评价机制的研究》，《中国职业技术教育》2016年第17期。

[2] 苏寒秋：《多途径、多方法提高课堂教学质量监控与评价效果》，《中国培训》2017年第9期。

[3] 刘慧：《学校教学工作诊断与改进的难点及对策研究》，《教育评论》2019年第6期。

[4] 王殿复、薛雯：《中职学校教学质量监控系统构建的实践与探索——以齐齐哈尔市职业教育中心学校为例》，《职业技术教育》2020年第23期。

[5] 兰俊宝等：《中职学校教学工作诊断与改进的市域推进策略》，《职业技术教育》2021年第23期。

目，通过基线调查和追踪评估调查，以中职学生学业成绩作为中职教育质量的重要测度指标，以此探讨影响中职教育质量的因素，并有针对性地探索提升中职教育质量的路径①。同一年，其项目组在河南省进行了抽样调查与试点评估，发现中职示范校相对于非示范校，拥有显著的办学条件，但反映学生群体发展质量的指标并没有体现出明显优势，因此建议，政府需建立以产出为核心指标的中职质量评价体系以及对示范校的长效质量监控机制，并鼓励研究机构帮助示范校进行系统诊断与发展设计②。傅宁等介绍了淄博市职业教育教学研究室的经验做法，他们建构了"学分细化、模块灵活、个性评价"的学生学业增值评价模式，建议创新学生评价内容，建立多元评价机制，客观地评价学生的综合素质③。赵莉香提到，打破传统终结性考核的单一评价模式，加强对学生学习过程的管理，构建多元化综合考核的评价体系，是新时期人才培养、检验学生学习效果的主要方法④。柳洁等基于 SOLO 理论，建构基础能力测评三维模型，作为学业质量监测的评价工具，基础能力测评三维模型为中等职业学校开展大规模质量监测活动奠定了基础⑤。朱山立等认为，新时代中职学生学业评价必须以类型教育为基点，突出类型价值、彰显类型特色、落实类型保障，从这三方面出发协同打开学业评价新格局，从而有效提升中职教育人才培养质量⑥。杨秀国等从思想道德、职业素养、态度习惯、行为表现、兴趣爱好等方面建构中职学校"五维"学生学业评价体系，有效改善了中职学校学生学习状态，提高了学

---

① 李桂荣、李向辉：《中职学生学业成绩影响因素分析——基于河南省的经验研究》，《教育经济评论》2016 年第 2 期。

② 李桂荣、李向辉、易红梅：《中职示范学校育人质量的抽样调查与试点评估》，《教育与经济》2016 年第 1 期。

③ 傅宁、司继明：《中等职业学校学生学业增值评价模式的建构》，《职业教育》（下旬刊）2019 年第 5 期。

④ 赵莉香：《中职学生学习效果评价方法研究》，《中国教育学刊》2020 年第 S1 期。

⑤ 柳洁、陈姗姗：《质量监测视角的中职基础能力测评有效性研究》，《教育导刊》2022 年第 5 期。

⑥ 朱山立、韩玺：《类型教育视野下中职学生学业评价的类型意蕴与革新路径》，《教育与职业》2022 年第 17 期。

生学业合格率；有效强化中职学校专业技能实训，提升了学生综合职业素养[1]。李明锐构建了"双元共育四位一体"的中职学生学业评价体系，该评价体系以学校、企业双元共育为前提，从学业过程、实践活动、行为素养、顶岗实习四方面展开评价，满足中职学生的全面性、个性化、终身化发展需要[2]。

五 中职学校实习质量监控评价研究

这一聚类主题中包含"中职学校、中职教育"两个子聚类，关键词主要有"监控与评价、岗位能力、管理制度、多元化评价、实践方法、终结性评价、效率评价"等。

王冰等建立了"平台支撑、三方互评、政府保障"的规范化顶岗实习质量评价体系，加强顶岗实习的全过程监控与考核评价，是提高顶岗实习质量的关键[3]。许佳佳等针对当前顶岗实习不能有效促进学生发展的问题，建议管理部门要加快建立科学的顶岗实习效果考核与鉴定标准，设立相关评价指标，严格评价程序，以此督促中职学校和企业完善顶岗实习安排，保障顶岗实习质量[4]。曾彩钰从实习前期的准备工作、实习过程中的实习管理和实习后的评价与反馈三个方面进行分析，对中等职业学校物流服务与管理专业学生的顶岗实习进行质量监控[5]。邵帅等结合"学—思—评—做"企业实习模式，建立企业实习绩效考核评价机制，有效地提升了企业实习教学效果[6]。何吉永以实习态度、课堂教学、

---

[1] 杨秀国等：《中职学校"五维"学生学业评价体系的建构实践》，《滁州职业技术学院学报》2022年第4期。

[2] 李明锐：《"双元共育四位一体"中职学生学业评价体系探索与实践》，《中国培训》2022年第3期。

[3] 王冰等：《建筑类中职学生顶岗实习质量评价存在的问题及改进策略》，《职业教育》（中旬刊）2019年第11期。

[4] 许佳佳、李桂荣：《实然与应然错位：中职学校顶岗实习对学生发展的影响评估》，《河南大学学报》（社会科学版）2020年第1期。

[5] 曾彩钰：《昆明市中职物流服务与管理专业学生顶岗实习质量监控研究——以四所学校为例》，硕士学位论文，云南大学，2020年。

[6] 邵帅等：《中职学校企业实习环节绩效考核评价方式研究与探索》，《长春师范大学学报》2021年第12期。

实习表现、职业素养和家校合作共育作为主要评价指标，设计并提出针对中等职业学前教育专业的教育实习实训质量评价体系[①]。

第四节 中职教育质量监测研究前沿

研究前沿指的是中职教育质量监测研究的动态发展和走向，表现为在某一时间段文献中突现主题的衰落和兴起，主要通过分析文献中的突现关键词来进行判断和预测。借助突变词探测功能绘制中职教育质量监测研究关键词突现图，预测中职教育质量监测研究的未来发展趋势。

一 突现词统计

研究前沿能够体现某领域当前的思想状态和研究趋势，通过对关键词的突变强度和持续时间研究可以探索一个领域的研究前沿（如图2-6所示）。从突变强度来看，前五个关键词是"教学诊改""核心素养""构建""综合素质""教学诊断"。从研究的持续时间来看，"教学诊改""核心素养""校企合作"突变的持续时间均到2022年。从综合突变强度和持续时间来看，关于核心素养、综合素质以及校企合作成效监测的研究最有可能成为中职教育质量监测研究前沿。

二 研究前沿

其中"核心素养""综合素质"的突现率较大，成为前沿主题的可能性最大。"核心素养"和"校企合作"突现的时间较近说明是近年来较受关注的主题。中职教育质量监测研究的趋势主要集中在以下三方面。

一是核心素养。学生核心素养的形成与提升是动态过程。因此，在中职专业课教学中需要对学生核心素养形成与提升的过程进行评价，以

---

① 何吉永：《中职学前教育专业实习、实训质量评价体系研究》，《成都师范学院学报》2021年第6期。

关键词	年份	强度	起始年	结束年	1991—2022
改革	2005	3.9	2005	2013	
中职语文	2007	4.36	2007	2009	
评价方法	2008	3.65	2008	2014	
学业评价	2009	3.33	2009	2011	
教学评价	2002	3.21	2010	2011	
构建	2011	4.76	2011	2014	
德育评价	2006	3.83	2012	2013	
评价标准	2004	3.13	2012	2014	
指标体系	2003	3.41	2014	2015	
综合素质	2015	4.7	2015	2018	
教学诊断	2017	4.53	2017	2020	
教学诊改	2018	6.16	2018	2022	
核心素养	2019	5.53	2019	2022	
校企合作	2019	3.22	2019	2022	

图2-6 中职教育质量监测研究前沿主题突现情况

促进学生学习，对学生学习过程中存在的问题进行及时反馈。过程性评价强调对学生学习过程的重视，对学生在学习过程中的学习动机、知识技能等进行全面性评价，意在优化学习过程、实现学生综合素质和能力的发展。收集学生专业课学习的信息，是保证过程性评价有效进行的重要方面，因此在中职专业课教学中实行质量监测和评估是今后的研究趋势之一。

二是综合素质。2022年4月20日修订的《中华人民共和国职业教育法》提到，职业教育是指为培养高素质技术技能人才，使受教育者具备从事某种职业或者实现职业发展所需要的职业道德、科学文化与专业知识、技术技能等职业综合素质和行动能力而实施的教育。通过中职学生综合素质监测和评价，引导中职学校不断提升办学水平和人才培养质量，将中职学生综合素质监测信息和纪实报告作为学校推荐就业、用人单位招聘和录用等环节的重要参考，提升中职教育人才培养与市场需求的匹配度。综合素质监测记录是优化教育管理、改进教学的重要依据。

随着大数据的不断发展，数据挖掘技术被广泛应用于教育领域中，但对于中职学生的综合素质监测记录不够重视，数据的采集和应用能力还远远不够，未来在中职学生综合素质监测和管理方面，仍需进行深入的研究和探索，以理论指导实践。

三是校企合作。监测中职院校校企合作开展成效，对改革人才培养体系有着举足轻重的意义。其中，让企业参与人才培养的监测和评价，重视并发挥企业的作用，赋予企业更大的话语权，也是校企合作的重要内容之一。一方面，校企共同开展人才需求监测评估工作，建立合理科学的监测评估机制。共设校企教学质量监测标准，以科学的监测指标、合理的监测方案及全面的监测过程，对特色专业学生进行独立质量监测，不仅有助于提升专业人才的技能培养水平，而且可以提升企业在人才培养中的积极性。也可以对专业进行相应调整，增设有发展前景的新专业或淘汰与行业发展不匹配的专业，同时优化课程设置，适应时代的发展需要，保障人才培养质量。另一方面，内外联动建立人才培养质量监测体系。校内外联动，企业与学校相结合，共同对中职学校教学模式的运作过程、兼职教师的选择与聘用、课程的进展与调整、学生实践教材的编写、实习实践的成效等进行监控，多维度动态监测人才培养质量。中职教育质量监测由校内向校外拓展，真正将中职学校教育与校外人才实训相结合，全方位将学生社会实践、就业咨询和企业实习等环节纳入监管，人才培养质量才能得到有效保障。

三 研究总结与展望

本书采用文献计量分析法，对有关中职教育质量监测的文献进行了研究，探索该领域的研究现状、演进阶段、热点主题以及前沿趋势，得出以下结论。

从研究作者来看，发文最多的作者是闫志利，发文量是9篇，作者之间形成小范围的合作网络，没有形成影响力较大的研究团队。从研究机构来看，河北科技师范学院是发文量最多的机构，进行中职教育质量监测研究的机构大多为中等职业学校，研究团队之间联系相对松散、强度较弱，个别机构之间存在合作关系但合作规模较小。

从文献数量和演进阶段来看，学者对中职教育质量监测的研究大致经历了起步探索（1991—2002年）、逐步增长（2003—2013年）、稳步推进（2014—2022年）三个阶段。每个阶段的发展特征分别是以实践经验总结为主、以规模扩大和督导评估为主、以制度建立为主。

从热点主题来看，中职教育质量监测的已有研究主要集中于中职学校多元监测评价体系、中职教师培训质量监测评价、中职学校教学诊断与改进、中职学生学业质量监测评价、中职学校实习质量监控评价五方面。

从研究前沿来看，相关前沿研究集中于中职学校的学生核心素养、综合素质、校企合作等方面，由主要关注教师教学质量转向学生培养质量，因此学生培养质量监测是持续关注的话题和重点。

2022年5月1日修订施行的《中华人民共和国职业教育法》正是从法律层面深入贯彻落实党中央关于我国职业教育高质量发展的重大决策。2022年10月，党的二十大报告指出"高质量发展是全面建设社会主义现代化国家的首要任务"，明晰了职业教育高质量发展与全面建设社会主义现代化国家的关联逻辑。中职教育在现代职业教育体系中具有基础性地位，面对高质量发展的时代要求，中职教育质量监测研究今后应在研究视野和研究内容两方面进一步加强。

进一步拓宽研究视野。国内已有研究在教师培训质量、学生学习质量、教学诊断与改进等方面取得了长足进展，对其热点关键词的研究仍在不断拓展，向交叉学科领域不断探索。但中职教育质量监测的研究本身涉及多学科、跨学科、多层次，由此决定了中职教育质量监测研究在理论构建、资料获取、研究方法等方面必须吸收、综合、借鉴相关学科的研究成果。例如，利用经济学、社会学、管理学相结合的理论和方法，可探究中职教育质量监测的社会价值、利益相关者的利益机制等。总之，应当用更加开阔的视野去开展中职教育质量监测的相关研究，灵活吸收、借鉴相关学科的研究成果，采用多学科、跨学科的研究思路，才能真正突破领域内的桎梏，走向多学科甚至跨学科的全新探索领域。

进一步拓展研究内容。虽然国内中职教育质量监测研究在研究内容上已经呈现出综合性研究趋势，研究团队、研究作者投入了极大的研究热情，但从整体来看，研究的广度有待扩展，研究的深度还有待加强。首先要拓展研究范围。教育质量监测是以政府为主体组织和实施的、利用教育系统日常运行状态数据或服务于特定目标的专门信息，对教育系统或教育项目以及学校等所做的测量、价值判断和监督等活动。然而，在实际研究中，基础教育质量监测研究在国内受到大部分学者的关注和重视，在中职教育阶段却不受重视。监测具有鉴定、诊断、问责和改进功能，其优于以往的以目标为导向的评价，因此中职教育质量监测更值得研究者们关注。有关中职教育质量监测的主体、客体、指标、方法、结果等方面缺乏相关机构和学者的关注，未来应鼓励更多机构和人员参与该领域的研究，丰富有关中职教育质量监测的研究内容。其次要加强研究的深度。目前，国内学术界关于中职教育质量监测的研究主要基于教师的教学、学生的学习等方面，有关中职教育质量监测的体制机制、理论基础等方面的研究略显薄弱，从宏观层面对中职教育质量监测的机制构建进行系统梳理和分析还需加强，以期形成系统的研究体系，为我国中职教育质量监测工作可持续发展提供有针对性的对策建议。

小　结

本章运用可视化图谱和文献计量分析法，对有关中等职业教育质量监测的研究文献进行综述，探索该领域的研究现状、演进阶段、热点主题以及前沿趋势，得出以下结论。自20世纪90年代初关于中等职业教育质量监测的研究进入学界视野以来，我国中等职业教育质量监测研究经历了起步探索、逐步增长、稳步推进三个阶段，逐步建立起了中等职业教育质量监测和督导评估制度。已有研究围绕中职学校多元监测评价体系、中职教师培训质量监测评价、中职学校教学诊断与改进、中职学生学业质量监测评价、中职学校实习质量监控评价等方面进行了深入探索，但研究视野的广度和研究内容的深度还有待加强，在新形势下，需要通过跨学科思维及学术机构的深入合作，围绕中等职业教育质量监测的体制机制和理论基础等内容，进行系统分析和深入探索，突破研究桎梏，形成系统的研究体系，为建立具有中国特色的中等职业教育质量监测体制提供理论支持和思想贡献。

第三章

中等职业教育质量监测政策演进

质量是中职教育改革发展的生命线,质量监测是推动新时代中职教育改革、实现高质量发展的关键举措,也是我国职业教育政策关注的重点之一。《国家中长期教育改革和发展规划纲要(2010—2020年)》将提高教育质量作为教育改革发展的核心任务,并对教育质量监测做了明确要求,希望通过教育质量监测,促使教育达到最佳状态。2019年,国务院印发的《国家职业教育改革实施方案》,从总体要求与目标、具体目标要求、制度体系、国家标准等方面提出职业教育改革的整体布局。2021年,中共中央办公厅、国务院办公厅印发的《关于推动现代职业教育高质量发展的意见》明确提出:到2025年,我国职业教育将实现格局优化、办学条件大幅改善、职业教育吸引力和人才培养质量显著提高;到2035年,我国职业教育整体水平进入世界前列,技能型社会基本建成。2022年,新修订的《中华人民共和国职业教育法》从法律层面提出"在中等职业教育后的不同阶段因地制宜、统筹推进职业教育与普通教育协调发展",体现中等职业教育后普职分类协调发展、各级各类教育优质均衡发展的理念。由此,中职教育也需要立足类型教育发展的视角,建立健全相应的中职教育监测体制,以监测推动中职教育质量全过程的管理优化,实现中职教育良性发展。是故,梳理和分析中等职业教育质量监测的政策与制度建设,分析政策工具的选择与优化措施,对保障监测效果、促进中职教育发展起着举足轻重的作用。

第一节　中职教育质量监测政策演进历程

纵观中等职业教育质量的评估、督导与监测政策的发展历程，中等职业教育评估与监测制度先后经历探索阶段、调整阶段、常态化发展阶段等。从政策类型的表现来看，以教育质量评估政策为主，真正意义上的中等职业教育质量监测目前仍处于探索与不断完善中。中等职业教育质量评估与督导政策对教育质量监测政策的完善提供了重要的政策经验与基础。职业教育的质量评估起初则效仿20世纪90年代的本科教学评估。随后，在各级政府推动、支持和大力发展下，中等职业教育及其质量受到越来越多的关注。目前，我国职业教育领域已经存在整体层面的教育质量年度报告、学校层面的办学能力评估、教学工作诊断与改进、学生层面的资格证考试和学业水平考试等多层次多类型评价项目，对提升中等职业教育质量具有重要而积极的推动效应。

一　探索阶段：以"水平评估"为主（1985—2002年）

（一）办学水平试点评估与监测（1985—1995年）

随着政策的调整，1985年颁布的《中共中央关于教育体制改革的决定》开始推进学校评估工作。在中等职业教育领域中，各部委、各省市教委等对本系统本行业的职业学校实施办学水平的试点评估。1985年10月上海市办学水平试点评估、1988年北京市中等专业学校的基本办学条件合格性评估、1988年河南省教委的职业学校办学条件评估等学校评估相继展开。截至1990年，全国已有18个省（自治区、直辖市）和8个部委开展了办学水平的试点评估工作。试点评估阶段的主要目的是对中等职业教育的办学条件进行评估，尤其是对由普通高中转制的职业高中的办学条件进行评估，促进转制后的职业高中尽快适应职业教育的基本要求。1990—2003年开始从国家层面全面关注中等职业教育评估，建立职业教育评估制度、完善评估标准。1991年《关于大力发展职业技术教育的决定》、1993年《中国教育改革和发展纲要》对职业教育质量评估提出了相应的要求。

(二) 办学水平分类评估（1996—2002年）

1996年，《中华人民共和国职业教育法》规定，县级以上地方各级人民政府应当加强对本行政区域内职业教育工作的领导、统筹协调和督导评估。随后，针对中等职业学校建立各级各类教育的质量标准和评估指标体系，强化各级政府对其管辖区域内职业教育评估的领导、统筹和管理，该时期评估主体是地方政府，同时鼓励专家与企业参与评估活动。本阶段强调办学水平的分类评估，主要从两条线进行：一是点面结合的分类评估——普适性评估与重点校评估；二是由不同部门实施的分类评估，教育部负责中等专业学校与职业高中教育评估，劳动部等各部门负责技工学校评估。

二 调整阶段：以"重点校调整与示范校认定"为主（2003—2013年）

(一) 重点校调整与质量监测（2003—2009年）

真正意义上的职业教育督导评估始于2003年的全国高职院校人才培养水平评估试点工作。重点校的认证与评估促进了中等职业教育的发展，但是，随着职业教育的布局调整，国家开始对重点校进行重新认定。2003年教育部开始展开此项工作，分两批对重点职业学校进行重新认定评估，并建立了专业学校与职业高中统一的评定条件。自此，教育部中职学校评估由分类评估转向统一评估。经过新一轮的国家级重点学校的认定评估，中职学校的新格局基本形成。为激励学校继续提升办学水平和教育质量，鞭策现有重点职业学校不断进步，教育部规定，从2005年始国家级重点职业学校监测工作成为常态，每年进行国家级重点职业学校的优选与认定工作，将优选与评估作为常规化的检查手段。2005—2010年，评估认定的国家级重点中等职业学校共计2246所。技工学校在管理体制上仍然隶属于劳动部门管理，也形成了相对独立的技工学校评估标准，以及重点技校、技师学院的评估标准。

2005年10月,《国务院关于大力发展职业教育的决定》提出要落实督导报告公布制度,将督导报告作为对被督导单位及其主要负责人考核奖惩的重要依据。2006年4月,《关于职业教育专项督导检查公报》为我国国家层面发布的第一个聚焦职业教育的督导报告。2011年12月,教育部颁发《中等职业教育督导评估办法》,这是新中国成立以来第一个专门针对中等职业教育督导的文件;2012年8月,国务院颁布的《教育督导条例》提出对法律、法规规定范围内的各级各类教育实施教育督导,这是我国第一部关于教育督导的行政法规,职业教育正式被纳入督导对象之中。

(二)示范校认定与质量监测(2010—2013年)

2010年,教育部联合人社部、财政部颁布《关于实施国家中等职业教育改革发展示范学校建设计划的意见》,决定在2010—2012年重点支持1000所中等职业学校进行改革创新,形成一批国家级示范学校。示范学校的认定方式发生了变化,采用"申报—评审"的项目招标形式分批遴选,各地根据《国家中等职业教育改革发展示范校建设计划项目学校遴选基本条件》推荐项目学校。2012年开展评估总结和成果展示活动。2013年,教育部办公厅、人力资源和社会保障部办公厅、财政部办公厅《关于做好"国家中等职业教育改革发展示范学校建设计划"检查验收工作的通知》等文件精神,在学校总结自查、省级验收检查的基础上,教育部、人力资源和社会保障部、财政部组织专家对首批项目学校进行了综合评议和现场抽查。随后,示范校建设政策继续执行,推动开展第二批、第三批示范校建设项目。

重点校调整与示范校认定工作的目的是通过调整与评估,提高职业学校的办学质量,引领职业学校健康发展。

三 常态化阶段:以"教学诊断与改进"为主(2014—2017年)

为了贯彻落实《国家中长期教育改革和发展规划纲要(2010—2020年)》《国务院关于加快发展现代职业教育的决定》(2014),促进职业教育的评估工作不断深化,2014年,教育部等部门发布《现代职业教育体系建设规划（2014—2020年)》，从评价核心、主体、内容、制度等方面规划"健全职业教育质量评价制度"的举措，自此形成了以教学诊改为代表的职业院校内部质量保障制度。

2015年，《教育部办公厅关于建立职业院校教学工作诊断与改进制度的通知》下发，职成教司公布"关于印发《高等职业院校内部质量保障体系诊断与改进指导方案（试行)》启动相关工作的通知"，职业教育督导监测制度建设和内涵建设趋于规范化和体系化。《关于建立职业院校教学工作诊断与改进制度的通知》以"需求导向、自我保证、多元诊断、重在改进"为工作方针，建立了职业院校教学工作诊断常态化改进机制。随后，出台了《高等职业院校内部质量保证体系诊断与改进指导方案（试行)》（2015）、《中等职业学校教学工作诊断与改进指导方案（试行)》（2015）、《关于全面推进职业院校教学工作诊断与改进制度建设的通知》（2017），学校常态化内部质量保障体系建设正式拉开序幕。从整体来看，以学校为主的教学工作诊改是以学生发展为核心，关注人才培养质量的自我保障、常态化分层面诊断和螺旋式质量改进过程。中职学校诊断与改进是一种学校层面常态化自主保证人才培养质量的形式，而监测则更注重对中职教育本身样态的展现，不仅包括学校层面，也包括教育行政部门层面的职业教育政策实施、质量保障和教育管理，可以与中职教学诊断与改进有机结合，共同助力中职教育人才培养质量的提升。

2015年，根据《国务院关于加快发展现代职业教育的决定》关于"实施职业教育质量年度报告制度"的要求，教育部印发《职业院校管理水平提升行动计划（2015—2018年)》，提出"建立中职学校质量年度报告制度"。同年，教育部办公厅《关于开展中等职业教育质量年度报告工作的通知》以《教育行政部门中等职业教育质量年度报告编制参考提纲》的形式对报告内容进行整体部署，其内容包括基本情况（规模和结构、设施设备、教师队伍）、学生发展（学生素质、就业质量）、质量保障措施（专业布局、质量保证、落实教师编制、教师培养培训情况）、校企合作（校企合作开展情况和效果、学生实习情况、集团化办学情况）、社会贡献（技术技能人才培养、社会服务、对口支援）、政府履责（经费、政策措施）、特色创新、学校党建工作情况、主要问题和改进措施。质量年度报告由各省级教育行政部门统筹组织、指导和推动，由各中职学校自行撰写。自 2018 年起，《中国中等职业教育质量年度报告》连续发布，已成为展示我国中等职业教育和学校办学情况的重要载体。然而，中等职业学校教育质量年度报告的内容、形式以及数据的解读、分析和挖掘还有待进一步深化。

2016 年，国务院教育督导委员会办公室出台《中等职业学校办学能力评估暂行办法》，建立了中等职业学校评估制度，重点考察中职学校基本办学条件、师资队伍、课程与教学、校企合作、学生发展和办学效益六个方面内容，包括 19 项指标。该评估暂行办法最大的特点是国家制定标准但由第三方机构组织开展评估工作，而且是面向所有的中职学校，较好地回应了《教育部关于深入推进教育管办评分离 促进政府职能转变的若干意见》（2015）对管办评分离的工作要求，有利于推动中职学校切实提高办学能力和水平。

四 高质量发展阶段：以"深化改革"为主（2018 年至今）

2018 年 9 月 10 日，习近平总书记在全国教育大会上指出："扭转不科学的教育评价导向，坚决克服唯分数、唯升学、唯文凭、唯论文、唯帽子的顽瘴痼疾，从根本上解决教育评价指挥棒问题。"围绕建立健全职业教育质量评价和督导评估制度，《国家职业教育改革实施方案》（2019）、《职业教育提质培优行动计划（2020—2023 年）》《深化新时代教育评价改革总体方案》（2020）先后提出"以学习者的职业道德、技术技能水平和就业质量，以及产教融合、校企合作水平为核心，建立职业教育质量评价体系""完善政府、行业企业、学校、社会等多方参与的质量监管评价机制""扩大行业企业参与评价""加大职业培训、服务区域和行业的评价权重"等。2019 年，国务院《国家职业教育改革实施方案》提出"建立健全职业教育质量评价和督导评估制度"，要求"建立职业教育质量评价体系""对培训评价组织行为和职业院校培训质量进行监测和评估"、多元主体参与质量评价等重要内容。[①] 2020年，中共中央、国务院印发《深化新时代教育评价改革总体方案》，为深化新时代教育评价改革指明了方向。

2021年，中共中央办公厅、国务院办公厅《关于推动现代职业教育高质量发展的意见》从总体要求、强化类型特色、完善产教融合、校企合作等六个方面推动职业教育发展，我国开始进入职业教育高质量发展阶段。在这样的背景下，中职教育评价与监测也亟待回应新时代职业教育高质量发展的诉求，进入深化改革的新阶段。中等职业教育评价同时展开教学工作诊断、质量年度报告和办学能力评估等，这些评价越来越重视"产出""结果导向"和"持续改进"，不同程度地对中职教育质量保障起到重要推动作用，但是至今还没有形成完整、统一的职业教育质量评价与监测体系，现有教育质量监测数据还不够系统，亦没有被充分利用。

2022年，全国人民代表大会通过新修订的《中华人民共和国职业教育法》，以法律法规的形式规定职业教育和普通教育是两种不同的教育类型，具有同等的重要地位。在这样的背景下，职业教育评价与监测更需要以系统、协同思维考虑职业教育内部人才供给和外部人才需求的关系。以"由参照普通教育办学模式向专业特色鲜明、企业社会参与的类型教育转变"，转向"职业学校、职业培训机构应当建立健全教育质量评价制度，吸纳行业组织、企业等参与评价，并及时公开相关信息，接受教育督导和社会监督"，这些法律规定势必对我国中等职业教育质量评价和监测制度的建立完善起到积极的推动作用。

同时，在数字经济社会迅猛发展的背景下，职业教育数字化转型发展节奏逐渐加快。2020年，教育部发布《职业院校数字校园规范》，从师生发展、数字资源、教育教学、管理服务、支撑条件和网络安全等方面对数字校园规范进行详细规定和说明。同时，充分考虑各级各类职业

---

① 《国务院关于印发国家职业教育改革实施方案的通知》，https://www.gov.cn/zhengce/content/2019-02/13/content_5365341.htm，2023年3月5日。

院校发展的差异性和不均衡性等特点，使数字校园评价指标体系的适应性和包容性更强，为基于大数据的学校发展监测、反馈提供有力的信息支持。2022 年，教育部提出实施教育数字化战略行动，建构完成以"1 个职教大脑·数字驾驶舱系统、2 个二级平台、4 个子系统和 4 个分中心"为主体的国家职业教育智慧教育平台，在实现了职业教育数字化全面推动的同时，也势必有助于增大用质量监测撬动中等职业教育改革和质量提升的动能。

第二节　中职教育质量监测政策演进逻辑

总结反思政策的演进逻辑是深刻认识既往经验和教训、优化中等职业教育质量监测的基础，也是构建新时代中国式中等职业教育质量监测理论的前提。研究者在梳理既往国家层面有关中等职业教育政策的基础上，分析中等职业教育质量评价制度的变迁逻辑，可以发现，政策理念与目的、制度产生的背景环境、运行环境各要素的互动关系、利益相关者之间的博弈影响了整个监测评价制度的变迁逻辑。

一　基于经济发展的"背景—制度"逻辑

随着社会的不断发展，政府部门做出了以经济建设为中心的重大决策。党的十一届三中全会确立的经济体制改革推动了我国经济的发展，确定人才发展是经济发展的基础，也就是说，经济发展中最为关键的就是人力资源的供给问题，其制度背景具体表现为：

第一，我国在改革开放后迎来了发展的黄金期。我国经济建设进入一个快速而高效的发展时期，人力资源需求呈现出技能型的特征，但是，"经济建设大量急需的职业和技术教育没有得到应有的发展"[①]，许多行

[①]《中共中央关于教育体制改革的决定》，http://www.moe.gov.cn/jyb_sjzl/moe_177/tnull_2482.html，2023 年 3 月 5 日。

业面临着人才缺乏问题，尤其是各类应用型人才严重缺乏，技能型人才总量严重不足。

第二，我国产业结构随着经济的迅速发展也在不断调整。随着先进设备技术从国外引进国内，行业、企业对技术型人才的需求越来越多，新的岗位需要匹配新的人才，企业对从业人员的素质要求不断提升，希冀教育能提供更多更高质量的应用型人才。随后，受到教育体制改革及金融危机等的影响，企业对人才素质的要求逐渐提高，中职教育也亟待改革以回应企业需求，面向生产第一线，以岗位职业能力为中心培养人才，以质量评价为重要抓手，引领中职教育高质量发展。

第三，我国"教育、科技和人才"三位一体强国建设格局正在形成。近些年来，我国非常重视职业教育，尤其是党的十九大后，党中央、国务院连续部署推进职业教育改革的政策文件。党的二十大更是提出一体化推进教育、科技和人才等强国建设的整体规划，并明确强调职业教育与高等教育、继续教育协同创新，将职业教育的战略地位提升至新的高度。在现代职业教育体系深化改革的新时代，作为职业教育重要基石的中等职业教育也亟待提质培优、增值赋能，以质量重塑职业教育的新样态，彻底消除职业教育矮化的错误认知。

二 基于效率优先的"理念—制度"逻辑

理念是"政策变革重要的推动力""有一定的行动者带入政治制度，然后通过政策的手段得到展现""影响着制度选择的方向、模式和结果"[1]，理念在我国中等职业教育质量评价政策的变迁中起着举足轻重的作用。党的十一届三中全会后，全国明确以经济建设为中心开展工作，效率优先和社会本位是整个社会和经济发展的重要理念，教育政策也受到此理念的强烈冲击，表现出"效率优先、非均衡发展、注重精英培养"，以及为经济发展服务的政策价值取向。中等职业教育质量评估制

---

[1] 刘圣中：《历史制度主义——制度变迁的比较历史研究》，上海人民出版社2010年版，第169—171页。

度逻辑同样包含"效率优先"的发展理念，主要表现在以下三方面。

第一，重点校或示范校建设与评估制度建设。与普通中小学教育一样，中等职业教育领域同样通过重点校制度实现"效率优先"原则，重点校或示范校建设与评估制度建设的理念是希望通过重点校或示范校建设，对其他学校起到引领作用，提升整个中等职业教育质量。如1990年的省级重点职业高中评估酝酿工作、1999年的国家级重点中等职业学校调整认定工作、2010年的国家中等职业教育改革发展示范学校建设与评估工作等，通过中等职业教育质量评估筛选出重点中等职业学校，并依据评估结果给予学校荣誉，即省级重点或国家级重点称号，同时基于政策倾斜，引导教育资金等办学资源投向重点学校。

第二，以"规模"与"数量"为主要指标的评估形式。中等职业教育质量评估指标是质量评价理念的具体表现，也是评估制度理念的具体体现。在中等职业学校遴选时，"规模"与"数量"指标是评估的主要指标，例如，国家教育委员会《关于对职业高级中学开展评估，认定"省级重点职业高级中学"的通知》（1990）在关于"省级重点职业高级中学的标准"方面要求"学历教育的在校学生规模，城市不少于600人，农村不少于500人"；国家教育委员会发布的《国家教委关于评选国家级、省部级重点普通中等专业学校的通知》（1993）要求国家级重点学校"现有学生（包括各种职业技术教育和短训班折合的年度在校生人数）1200人以上""能用5年左右时间将其建成效益规模达3000人以上、办学条件配套、水平较高的学校"；《国家级重点中等职业学校条件》（2003）要求，"全日制学历教育在校生人数达2000人以上，年培训人数达1000人以上"；教育部、人力资源和社会保障部、财政部《关于实施国家中等职业教育改革发展示范学校建设计划的意见》（2010）要求，国家中等职业教育改革发展示范学校建设计划项目学校遴选基本条件为"近三年来，年均学历教育在校生规模原则上达5000人以上（新疆、西藏除外）"。关于技工学校的遴选，主要表现为：劳动部《关于开展技工学校评估工作的通知》（1991）要求，技校建制"办学规模在400人以上"；《国家重点技工学校标准》（1997）要求，重点技校"办学规模达1000人以上，其中学制教育不少于

800 人";《国家重点技工学校标准》（2007）要求，"在校生达到 2000 人以上，开展就业前培训、在职培训和再就业培训等每年不少于 1000 人次"；2013 年出台的《国家级重点技工学校评估标准》要求，"培养规模应达到 3000 人以上，其中学制教育在校生规模不低于 1500 人，年职业培训规模 1500 人次以上"；《国家级重点高级技工学校评估标准》要求，"培养规模应达到 5000 人以上，其中学制教育在校生规模不低于 2500 人，年职业培训规模 2500 人次以上"；《国家级重点技师学院评估标准》要求，"培养规模达到 8000 人以上，其中学制教育在校生规模不低于 4000 人，年职业培训规模 4000 人次以上"。由此可见，无论是中等职业教育整体质量发展评估，还是重点校与示范校的遴选与评估，"规模"与"数量"都是重要的评估指标。中等职业教育质量评估制度的变迁路径沿袭了效率理念，以规模和数量为主的发展理念构成了效率优先的"理念—制度"逻辑。

第三，较多地参照基础教育的评估模式。中等职业教育质量评估仍较多地参照基础教育的评估模式，但是中等职业教育与普通教育不同，中等职业教育更应注重产教融合、服务经济发展新格局、三教协同创新和多元办学主体的特征。那么，职业教育的评估应坚持多类型利益者参与、注重学生实践能力和综合素质、采取多元化且能力导向的教师评价等方式。首先，学校评估的主体仍需多元化。以国家级重点中等职业学校评估为例。该评估主要围绕办学方向与质量效益、基础条件与合理利用、规范管理与改革创新三个方面，但是评价仍然局限在学校自身，以企业为代表的第三方并没有参与。职业教育教学诊改亦是如此，诊改的主体以学校为主，但是否真正服务教学改进却未可知，在某种程度上也易于引发质疑。其次，学生评价有待全面。中等职业学校对学生评价依然以传统的纸笔考试为主、分数取向仍占多数，"唯升学"现象越发凸显，而真正实现产教融合且注重学生在实践岗位中的技能提升的考评仍未成为主流，增值性评价亟待关注。最后，教师评价仍需优化。中等职业教育的教师评价仍然主要关注学历、科研成果，但对教师能力评价关注不足。中等职业学校的学习和普通高中学生并不相同，教师评价要求也会在一定程度上影响学生类型化发展。

三　基于利益博弈的"行动—制度"逻辑

依据道格拉斯·诺斯关于制度变迁的行动集团理论，推动制度变迁的主体有第一行动集团（初级集团）及第二行动集团（次级集团），第一行动集团提出制度变迁方案和选择，是制度变迁的创新者、策划者和推动者；第二行动集团是制度变迁的实施者[①]。这两个行动集团共同努力实现制度变迁，并就可能获得的创新收益进行分配[②]。制度与行为的互动推动着制度的变迁，包括国家、组织、个人等一切行动者在内的行为都是在一定的制度环境中展开的，影响着行动者的身份认同、自我印象和价值偏好。

中等职业教育质量评估制度变迁所关涉的对象是多元的，涉及中央政府、地方政府、家庭、学校、社区等。其中，中央政府作为第一行动集团，在评估制度供给中发挥着主导作用，肩负着制度创新的重任。新中国成立以来，国务院、教育部、人力资源和社会保障部等出台的各类关于教育、职业教育、中等职业教育质量监测、评估和督导等政策，自上而下地引领全国范围内中等职业教育的发展，以期健全职业教育人才培养体系，形成中等职业教育质量监测与评估持续优化的良好氛围，实现职业教育强国和人力资源强国等教育目标。省、县是第二行动集团，作为次级行动集团的地方政府是中等职业教育质量评估的主体，发挥着执行者与实施者的作用。为统筹国家整体职业教育布局、中等职业教育层次定位和区域经济社会发展实际，各省市县域政府积极回应人民对美好教育生活的期待，以打造区域性职业教育创新发展高地为依托，以中等职业教育质量监测和评估为抓手，积极推进质量监测的地方化探索。以上海市中职学校教育质量监测为例。上海市以中职学校专业建设为突破口，形成由工作团队、工作方式和工作职责组成的质量监测模式。其

---

① 李桂荣、李向辉：《中国义务教育均衡发展政策的演进历程及其制度逻辑》，《河南师范大学学报》（哲学社会科学版）2017年第5期。

② 丁冰、张连城主编：《现代西方经济学说》，中国经济出版社2002年版，第427—429页。

中，工作团队是质量监测的主体，包括上海市人民政府教育督导室、市教育督导研究中心、上海师范大学、中职学校和行业单位。它们各司其职，依托项目开展多渠道调研和多方沟通协调，在获取多类型数据的基础上重在探索数据背后的机制或原因，进而实现监测工作总体目标。当然，这两个行动集团也存在着不同程度的利益博弈，各方行动主体交互影响，但是由于采取自上而下的强制性制度变迁，这两个行动集团在利益博弈过程中，通过"行动—制度—行动"模式逐步推动中职教育质量评估的实施与变革。

第三节　中职教育质量监测政策演进趋势

我国中等职业教育质量评估制度经历了一系列制度变迁历程，各种评估制度的交错构成了一定时期的评估方向、重点、手段、措施及评估结果。在中等职业教育评估制度变迁过程中，政府通过教育主管部门颁布评估政策、规范等强制性措施，对各方的权利和利益进行调整，促成评估制度改革，引起了中等职业教育质量评估制度的变迁。在此变迁过程中，从评估政策与制度的制定以及改革的主体来看，主要表现为国家行政机关进行统筹，以各省、各部委等行政机构为主实施评估。政府是评估制度的变迁主体，国家层面的教育部门、各部委的中专教育主管部门、各省的教育主管部门是中等职业教育评估政策的制定者，在中等职业教育质量评估中起决定作用。从总体来看，国家与社会经济发展需求是评估制度变迁的重要动力，我国政府在各利益相关者的利益博弈中注重中等职业教育人力资源的市场供给数量，政府的利益需求成为制度变迁内部动力的重要组成部分。这种评估模式与我国教育管理制度发展模式基本趋于一致，我国的教育管理体制是以自上而下的集权管理模式为主，教育领域的制度安排主要由政府进行。中等职业教育主体大多数具有公立性质，基本上由政府主办，其发展过程带有浓厚的政府色彩，政府集管理者、投资者、评估者于一身，教育质量评估制度改革在很大程度上受到政府的指导与约束。总体来看，我国中等职业教育发展经历了从计划经济到市场经济、从规模扩张到质量提升的过程，教育质量评估制度改革呈现出自上而下的强制性变迁特征。

一　监测主体突显多元合作

中等职业教育质量涉及了诸多利益相关者：政府、学生及家长（顾客）、学校、企业等，质量评估主体亦由诸多利益群体构成。从教育质量评估政策实施过程来看，评估主体主要包括各级政府（教育行政部门、行业主管部门、教育管理部门）、中等职业学校、社会机构、行业及个人（学生、家长）等。在实施评估时，主要依靠政府部门推进，而社会团体、行业及个人的参与力量相对有限。比如，在试点探索阶段主要通过地方和部委进行试点评估；在发展阶段和动态调整阶段，职业教育质量评估仍以政府部门为主。直至《现代职业教育体系建设规划（2014—2020年）》（2014）、《中等职业学校办学能力评估暂行办法》（2016）明确提出支持第三方机构开展评估，委托第三方机构参与学校的数据处理、数据分析，形成省级评估报告或国家评估报告。同时要求评估程序透明，评估结果公开，接受社会监督。但是，纵观整个教育质量评估过程，中等职业教育管理主体和投资主体依然是政府机构，质量评估主体依然是政府，国家层面的教育部门、各部委的中专教育主管部门、各省的教育主管部门是中等职业教育在质量评估中重要的实施者，评估执行主体仍然以政府为主，单一化评估的主体特征明显。

多元协同的主体应成为教育质量监测的突出亮点，学生、教师、学校、各级党委、政府和社会等主体既可以是监测主体，也可以是被监测对象。比如，考察某个中职学校的发展，学生可以是评估对象，也可以从学校局内人的视角评估所在学校和他们自身的学习体验。同时，为确保多主体评估落实到位，中共中央、国务院《国家职业教育改革实施方案》（2019）、《深化新时代教育评价改革总体方案》（2020）提出"积极支持第三方机构开展评估"。《中华人民共和国职业教育法》（2022）将"组织或者委托行业组织、企业和第三方专业机构，对职业学校的办学质量进行评估"明确表述为法律条文。这就意味着多主体的参与可以对职业教育进行全方位、多角度、多元化的立体式监测，既扩大了各参与主体的话语权，也可以在协调中柔化主体间的博弈，进而服务于中等职业教育过程。

二 监测内容强调内涵发展

我国中等职业教育质量评估制度强调通过外在条件性评估来衡量中等职业教育质量，沿袭外在投入型为主的评价模式，具有典型的路径依赖特征。考察1985—2016年中等职业教育质量评估政策演变历程，评估政策侧重于关注投入性办学条件，具有典型的"投入性"办学条件评价特征，评估政策的制定具有一定的路径依赖性。比如，2010年《关于实施国家中等职业教育改革发展示范学校建设计划的意见》规定国家级示范学校的遴选指标包括学校管理、基础条件、校企合作、教育教学、办学效益五个层面和20个评价指标，评价指标大多涉及办学规模、办学条件，而涉及学生发展质量的评价指标仅包括毕业生"双证书"获得率、毕业生就业率、学生在相关专业领域技能大赛中获得的省级以上奖励三项。在国家级示范学校建设的70多个质量监测指标中，大多数指标仍然是建筑面积、设备总值、实训教室数量等资源投入性指标，涉及学生发展质量的评价指标仅有初次就业率、初次就业平均月薪、国家级技能大赛奖项三项，涉及学生学业发展的指标在评估体系中并未得到体现。2011年，教育部出台的《中等职业教育督导评估办法》列出了政策制度、经费投入、发展水平等四个层面30个评价指标，从政策建设、制度创新、总量投入、基础设施、教师队伍、发展规模、教育质量等维度进行评价指标设计，其中涉及教育质量的有三项，包括中职毕业生一次就业率、中等职业教育的社会满意度、中等职业教育发展特色，与学生发展直接相关的仅有"学生一次性就业率"这一项指标。同样，督导评估标准在整个指标体系变革的过程中，更多指标关注的仍是教育教学的保障条件，也是以投入性指标为主。

随着"把立德树人作为教育的根本任务"，中共中央、国务院《深化新时代教育评价改革总体方案》（2020）强调"重点评价职业学校（含技工院校）德技并修"，中等职业教育质量监测以学生发展为中心，注重德技兼修，从学生的综合素养、教师的综合能力、学校的整体水平等方面进行内涵式发展。在这样的整体背景下，质量监测因其着重客观性、科学性和实践性，在较大程度上成为反映中等职业教育增值性发展的检测仪和风向标，充分发挥撬动中等职业教育质量内涵式发展的强有力杠杆作用。

三 监测模式兼顾结果和过程

我国现行的中职教育评价主要是基于质量指标进行价值性判断，多体现为职业教育质量年度报告、教学工作诊断与改进、学校办学能力评估等。其中，职业教育质量年度报告始于《职业院校管理水平提升行动计划（2015—2018年）》，该行动计划提出"建立中职学校质量年度报告制度"，各省及其辖区内中等职业学校以年报形式编制并提交，第三方评价主体据此形成中等职业教育的发展报告。教学工作诊断与改进侧重中等职业学校本身的自主诊断、持续改进，依据的是《教育部关于做好全国中等职业学校管理信息系统建设工作的通知》，包括各级教育行政部门和学校的管理信息系统、人才培养工作状态数据。学校办学能力评估依据的是《国务院教育督导委员会办公室关于印发〈中等职业学校办学能力评估暂行办法〉的通知》（2016），主要采用网上评估形式、不进学校进行调查，评估资料进行调查包括学校填报的客观数据和校长、师生的问卷调查。虽然这类评价结果均对外发布，但仍以结果导向为主，而且部分学校的自主报告对问题的观照还有待提升，缺乏针对性的解决方案。从现行报告中难以判断过程性数据的变化情况，很难实现基于评价而助推自身质量提升的初衷。

相比较而言，质量监测最大的特点是过程性、动态性和实用性，可以有效弥补仅以结果性评价为主的单一性、滞后性。中职教育的质量监测模式也是立足于职业教育的发展现状，围绕培养高素质劳动者和技能人才的目标，重在打造"监测—问题—改进—再监测"的质量改进模式，以期在闭环式的质量数据链条中推动人才培养的持续化改进。全面监测学校的标准化建设、软硬件设施、教师队伍、课程教学、学生全面发展、就业和升学情况等，既保持了监测结果的运用，从学生质量出口把关促进中职教育发展，及时查漏补缺、持续优化升级，这也是贯彻中职教育过程性监测服务于发展的监测宗旨，为推动中职教育高质量发展赋能，推动中职教育治理水平的提升。

四 监测过程强化增量增值评估

我国中等职业教育评价多是评价对象自我报告、政府基于评价对象提交的报告进行实地或纸质材料评判。虽然评价目的是改进教育和人才培养质量，由于较多地基于评价对象上报的材料，以量化的教育成果为主要内容，缺乏过程性评价，对所取得的教学成果奖项与学校的整体质量是否有严格的对应关系，就很难进行精准判断。因此，单纯以是否取得教学成果为质量评估标准是一种草率的质量评估行为，在事实性资料不足的情况下存在着以教育"成果"替代教育"成效"的风险，无法真正激发质量监测和评估的激励价值和导向功能，使得评价结果无法在下一步教育改革中真正发挥作用[1]。

质量监测最大的特点是基于长线化的监测感知、反馈中职教育过程，虽然其本身不是目的，亦不做任何评价性预判，但不同层次的中职教育主体却可以依据监测结果看到学生学业发展的净效应，也可以开展注重学生能力提升的诊断、增值改进，兼顾总结提炼经验，发现问题，分析问题，从正反两个方面形成以增量增值为特色的数据化评估。以中职学校的教学诊断与改进为例。2006年，教育部职业教育与成人教育司发布《关于确定职业院校教学诊断与改进工作试点省份及试点院校的通知》，中职教育开始推进标准版数据管理系统，进行学校、地市、省和国家级四级信息采集工作。省级用户采用全国职业院校教学工作诊断与改进委

---

[1] 谭绍华、李同同：《大数据赋能职业教育质量监测：从局域到全局的系统嬗变》，《中国职业技术教育》2023年第4期。

员会开发的数据管理系统，校级用户根据《职业院校数字校园建设规范》（2015）部署安装校级数据管理系统，采用网络版或者单机版上传。数据管理系统为省级（地市）和学校提供统一的数据分析服务。数据管理系统采集信息具有一定的便捷性、客观性和可行性，为评估职业院校在一定时间内教育成效的"增值"提供了便利，各层级相关主体可以依据数据进行观测、解读和分析，还可以与年度质量报告、办学能力评估的数据有机结合起来，围绕中职教育的质量提升，持续开展数据动态比较、研究和反思，彰显质量监测回应中等职业教育实际需求与质量提升的价值定位。

五　监测结果重视实践影响效应

我国中等职业教育评价类型多样，包括自主上报、数据提交、人员调查和实地考察，而且大多数中职教育的评价是总结性、鉴定式评价，存在一定的"五唯"倾向，如部分中职学校为了证明办学质量而过于看重升学率、成绩和就业率，部分政策执行侧重直观教育评价目标的被完成程度，难以关注到评价对象的特殊性、发展性和个性化。同时，这些结果反馈并不及时，公众对中职教育质量的了解存在着一定的时间差，学校也无法及时全面地了解其自身的不足，这就制约了评价应发挥的积极价值。导致这种情况的根本原因是没有真正回应中等职业教育的内在需求。比如，对学校的评估总是和客观显性指标相挂钩，对学生的评价总是与升学率、就业率指标相挂钩，对一些内隐性指标关注不足，比如对学校的内涵式建设、学生职业素养和综合能力关注不足，很难回应中等职业教育重要利益主体的诉求。

我国中等职业教育质量监测活动将围绕学校的办学质量和学生发展质量展开，质量监测结果的使用呈现出多元性。不同的利益主体、不同发展阶段的学校、不同层面的监测、不同主题的内容都可以有不同程度的受益，真正让常态化的监测服务中等职业教育质量提升。比如，校级层面可以利用数据分析掌握学校的人才培养质量、优化学校建设与教学管理，也可以通过校际、层级间的数据比较明确学校自身的发展定位、阶段和目标。为确保质量监测的实效性，教育部、国家发展改革委、财政部、人力资源和社会保障部、住房和城乡建设部印发《职业学校办学条件达标工程实施方案》（2022）再次强调，"通过中等职业学校管理信息系统、全国技工院校信息管理系统、高职院校人才培养状态数据采集与管理平台和实地抽检定期调度"，与各级党委、政府及其主要负责人的考核、奖惩关联起来，从制度上确保数据采集与管理的规范性。

第四节　中职教育质量监测政策工具分析

一　质量监测政策工具的内涵与分类

（一）中职教育质量监测政策工具的内涵

1. 中等职业教育

中等职业教育主要指高中阶段的职业教育，属于职业教育中的基础教育，是面向初中毕业生开展的基础性知识、技能、技术教育，招收对象主要为初中学历水平的毕业生，学校类型包括普通中专教育、职业高中教育、技校教育和成人中等职业学校等。在我国，中等职业教育的办学目的主要是为生产、建设、管理、服务的一线培养技术人才和劳动者。2019年，国务院《国家职业教育改革实施方案》明确"把中等职业教育作为普及高中阶段教育和建设中国特色职业教育体系的重要基础"。2022年5月，中华人民共和国主席习近平签署主席令，公布《中华人民共和国职业教育法》修订版，从法律层面提出"建设技能型社会"愿景，再次明确职业教育与普通教育具有同等重要地位，是我国国民教育体系和人力资源开发的重要组成部分。处于职业教育基础阶段的中职教育，具有就业、升学两种上升路径。近年来，中职教育整体发展呈现出良好态势，但由于区域性经济、人口和教育发展差异较大，中职学校省际、校际差距明显，亟待通过教育质量监测推动其自身发展。

2. 质量监测

监测，即监视、测量，目前多见于环境监测、工程监测和医疗监测等。监测关注正在发生的事,是对项目全程进行常规的(routine)、连续的(continuous)、同步的(daily)、微观的(micro)评价(assessment)[①]。监测多指对状态的详细记录与描述,侧重诊断、指导和完善,而评价多涉及价值意蕴、因果分析,侧重鉴定、导向和调控。同时,这里"监测"的目的不在于简单地鉴别与评判中等职业教育质量的高与低,而是要通过全面、动态、定量、定期的多次测定,从整体上把握中等职业教育质量状况,深入了解在现行的专业教学标准实施背景下中职学生发展目标的达成度和总体发展状况,以及不同区域之间的发展差异,为教育决策提供数据支撑,提升国家基于证据的决策能力和教育治理能力,并且通过对监测数据的深度挖掘,了解影响中职教育质量的关键因素,为诊断、改进和提升中等职业教育发展状况提供依据。

3. 政策工具

政策工具通常又称政府工具、治理工具,目前学界尚未形成一致的定义。从常用相关名词来看,政策工具容易和行政工具、政策计划混用。事实上,虽然政府计划和政策工具都服务于政策目标的达成,但是相对于政府计划的特定性而言,政策工具更具有普适性,可适用于不同的政府计划。行政工具更多指的是政府机关内部,政府利用公共权力推动政策,而政策工具作用于目标团体与执行机构,以促进政策产出效应。

此外,对政策工具是目标还是手段也有一定的争议,以豪利特、艾莫尔和陈振明等为代表的学者,认为政策工具是达成政策目标的手段和方法。欧文·休斯、萨拉蒙和张成福等学者认为,政策工具是政府落实政策目标的具体行动路径和机制。所以,政策工具是政策目标和行动之间的联结,既包括政策的目标,又蕴含政策的行动过程。

4. 中等职业教育质量监测的政策工具

教育政策是政府设计、筛选、组织与使用多种政策工具而形成的制度文本,基于政策工具解读政策是厘清中职教育质量监测目的、逻辑与

[①] 杜育红主编:《教育政策的监测与评价研究——以"西部地区基础教育发展"项目影响力评价为例》,人民教育出版社2010年版,第23页。

机制的基础和前提。中职教育质量监测的政策工具是指政府为了监测中等职业教育质量而设计恰当而适切的政策工具组织，以实现中职质量提升的目的。

(二) 中职教育质量监测政策工具的分类

1. 政策工具的分类

关于政策工具的分类，目前学术界还没有形成一致的观点，不同的学者会基于不同的标准进行分类，每一种都有其自身的优点和不足之处。

按照政策目的，麦克唐奈（McDonnell）和埃尔莫尔（Elmore）将政策工具分为"命令""劝诫""能力建设"与"系统变化"四种类型，而施奈德（Schneider）和英格拉姆（Ingram）则类似地把政策工具划分为"激励""能力建设""符号和劝告"以及"学习"四种类型。但基于目的的政策工具分类之间也有一定的重叠性，比如"劝诫"在某些程度上也有"命令"的成分。

按照政府强制性程度，多恩和菲德将政策工具分为"自律"到"全民所有"，豪利特（Howlett）和拉米什（Ramesh）将政策工具分为自愿型、强制型和混合型三种类型，但也很难符合现实，毕竟完全自愿或绝对强制的政策工具很难存在。

按照政策作用的着力点不同，罗斯韦尔（Rothwell）和兹葛维克（Zegvelk）将政策工具分为供给型、需求型和环境型三种类型。还有学者按照政策所需的资源进行分类。克里斯托弗（Christopher）按照所使用的信息、权力、财富及组织四种管理资源对政策工具进行了不同的组合。

2. 中职教育质量监测的政策工具分类

政策工具的设计应符合政策工具特征、政策问题、环境因素和目标受众等条件[①]。借鉴 Rothwell 和 Zegveld 的政策工具分类方式，同时结合我国教育体制和中等职业教育特征，将中职教育质量监测的政策工具分为供给型、需求型和环境型。其中，供给型政策工具是指政府直接提供

---

① [美] B. 盖伊·彼得斯等编：《公共政策工具：对公共管理工具的评价》，顾建光译，中国人民大学出版社 2007 年版，第 55 页。

资金、信息、技术和人力等相关要素推动中职教育质量监测。需求型政策工具是指政府持续关注、支持和推动中职教育质量监测发展，在此基础上采用优先采购相关产品、减少相关管束和外包等措施扩大质量监测的社会需求，拉动中职教育质量监测的大力发展。环境型政策工具则是指政府通过优化中职教育质量环境如发布制度支持和规约为中职教育质量监测提供有利的政策环境，间接推进教育质量监测工作。总之，除了环境型政策工具是作为提供环境氛围而推出的间接工具外，供给型和需求型政策工具则是直接通过产生推动和拉动效果而作用于中职教育质量监测的。

二 质量监测政策工具的运用与分析

2005年10月，中共中央、国务院出台《关于大力发展职业教育的决定》，其后相继发布了《国务院关于加快发展现代职业教育的决定》（2014）、《关于深化产教融合的若干意见》（2017）、《国家职业教育改革实施方案》（2019）等一系列政策文件，为全面推进职业教育奠定了坚实的政策动力与理论框架。职业教育在加快规模发展的同时，其质量提升成为我国人力资源有效供给、促进社会现代化快速发展的重要战略举措，也是亟须解决的问题。2020年9月，教育部等九部门发布的《职业教育提质培优行动计划（2020—2023年）》成为职业教育质量规划行动纲要。2021年10月，中共中央、国务院《关于推动现代职业教育高质量发展的意见》确立了职业教育提质保优的系统性纲领。这是我国职业教育在国家层面颁布的关于职业教育提升的专门性政策文件，具有加快职业教育质量提升的开创性意义。为达成职业教育高质量发展目标，这些文件使用了多种政策工具。政策工具即政府和行政部门为推动政策目标达成而使用的手段和机制，是治理范式下政府公共管理的重要依托。[①] 以政策工具为视角对政策文本内容进行分析，有助于理解政府为实现政策目标采取了哪些手段和措施[②]。以政策工具视角构建政策分析

---

① 胡仲勋、俞可：《以政策工具创新推进公共教育改革——基于纽约市教育局的经验》，《全球教育展望》2016年第3期。
② 杨凯瑞等：《政府支持创新创业发展政策文本量化研究（2003—2017年）——来自国务院及16部委的数据分析》，《科技进步与对策》2019年第15期。

框架，剖析职业教育发展的政策体系，为未来的政策调整及优化提供有效方法和途径。本部分基于政策工具理论，对《职业教育提质培优行动计划（2020—2023年)》《关于推动现代职业教育高质量发展的意见》这两个政策文本的主体内容进行多维度分析，以期对未来职业教育质量改革的政策工具选用提出建议。

（一）政策样本、分析方法与框架

1. 政策文本选择与分析方法

这里选取近期政府部门专门针对职业教育质量提升发布的重大文件作为分析样本，重点选取《职业教育提质培优行动计划（2020—2023年)》《关于推动现代职业教育高质量发展的意见》两个文件，主要采取文本内容分析法，对政策文本进行编码、分类，并且在量化分析的基础上进行政策工具分析。

2. 分析框架

这里主要采用Rothwell与Zegveld关于政策工具分类理论（形成政策工具X维度），结合职业教育质量发展类别（形成质量建设Y维度），建构二维分析框架，深入分析推进职业教育质量的政策工具选择偏好与政策工具配置取向。

（1）X维度：政策工具类型维度

目前政策研究领域存在多种形式的政策工具的划分。其中，Rothwell与Zegveld根据政策的作用层次不同采用三分类法，将政策工具分为供给型政策工具、环境型政策工具和需求型政策工具三类（见图3-1）。供给型政策工具主要为政策项目推进过程提供发展基础要素的供给，推动项目的进行；环境型政策工具为政策项目实施提供良好的发展空间与环境条件，不断影响与作用于政策项目；需求型政策工具是通过拓展需求空间，增加政策项目吸引力，拉动政策项目发展。借鉴Rothwell和Zegveld的政策工具理论，结合职业教育质量发展的供给侧需求、产学用合作的过程、实践应用等特点，以及职业教育质量发展政策目标的针对性，将职业教育质量发展的政策工具分为供给、环境和需求三种类型，由此构成X维度上的政策工具。

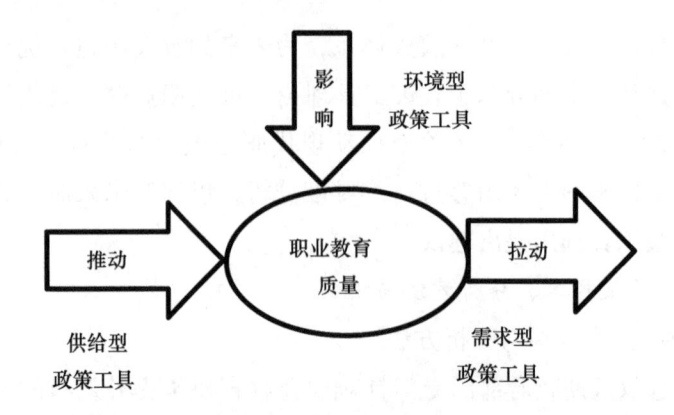

图 3-1 政策工具对职业教育质量发展的作用路线

如图 3-1 所示，供给型政策工具是政府通过一定措施对职业教育领域进行建设资源供给，包括人力资源、物力资源、财力资源、信息资源等的配置，具体表现为资金投入、人才培养、设施建设、教材建设、信息服务等手段，拓展职业教育发展与实施的基础性条件，推动职业教育质量发展。

环境型政策工具是职业教育发展的外部塑造因素，通过目标规划、制度建设、政策规划、标准制定、评估监测和策略性措施等一系列政策规划为职业教育提供和谐稳定的发展环境，营造职业教育发展的良好氛围，对职业教育质量提升产生影响。

需求型政策工具重在从需求出发，旨在通过扩大需求来拉动或引领职业教育质量提升，如示范校试点校的示范性、职业技能大赛的以赛促教学的引领性、依托职业院校等机构提供全产业链技术培训服务等，通过职业教育系统的知识服务及技术支持来拓展供需市场，拓展职业教育转化服务渠道，增强市场吸引力，提升职业教育的社会产出效益。需求型政策工具可以细分为协调多元主体参与、交流合作、示范试点项目、升学晋升渠道等措施，拉动职业教育质量发展。

（2）Y 维度：职业教育质量的构成维度

为了进一步探索职业教育政策工具与政策目标的适切性，从质量管理的角度设计 Y 维度。质量管理是"在质量方面指挥和控制组织的协调

表 3-1　　职业教育质量发展政策工具分类及内涵

工具类型	工具手段	工具内涵
供给型	资金投入	政府通过财政补贴、经费划拨、转移支付、经费增长等形式对职业教育质量发展提供财力支持
	设施建设	政府通过兴建或拓展职业教育教学设备、教学场所、实习基地等设施，为职业教育质量发展提供基础性条件
	人才培养	政府或学校制定教育教学、教育管理人力资源发展与培训规划，增强师资培训力度，加强职业教育人才队伍建设
	信息服务	建设职业教育信息共享平台，利用大数据、数据挖掘、信息发布等技术，政府公开发布信息，促进信息交流，宣传优秀教育经验等，为职业教育质量发展提供服务
环境型	目标设置	政府对职业教育发展制定总体目标和规划，促使职业教育长期向高质量高水平方向发展
	制度建设	为保障职业教育良性发展，制定具有约束力的法规性或指导性的相关规定
	政策规划	政策规划是对职业教育质量发展的政策问题提出相应的解决办法或方案的活动过程，形成政策或规划方案
	标准制定	制定标准指根据职业教育活动或相关行业生产发展的需要和科学技术发展的需要及其水平要求制定一项新标准
	评估评价	对职业教育活动成果与水平进行的评判与总结性活动
	监测监督	为了解职业教育活动实施与发展状况，对学生发展、政策执行等进行监管的过程
	策略性措施	政府为促进职业教育的发展而采取的一系列具体措施，包括方法指导、建立联合组织、给予奖励和报酬等
需求型	多元主体参与	指在职业教育质量发展中，为激发社会办学力量的积极性，采用协同管理、协同治理的模式，聚合政府、学校、市场、社会等力量，形成多元主体
	交流合作	指通过基础设施共享交流、知识技术共享交流、实训基地共享等进行，以拓展职业教育发展空间
	示范试点项目	通过示范性或试点性项目建设，形成职业教育领域的标杆性产品
	升学渠道	通过对口升学、专升本、硕博培养等机制构建，激发办学活力

的活动"①，美国 A. V. 费根鲍姆于 20 世纪 60 年代初提出全面质量管理的概念，确定组织的质量方针、目标和职责，在质量管理体系中通过一系列政策措施，达到策划目标的所有管理活动。20 世纪 60 年代，美国医疗质量管理之父多纳贝蒂安（A. Donabedian）提出将医疗服务的质量分为结构质量（structure）、过程质量（process）和结果质量（outcome）三个维度，结构质量提供产品或服务的基础，过程质量输入资源转化为输出结果的相互关联或相互作用，形成服务对象呈现的反应和结果，包括产出（output）、迁移与运用（transfer）、成果（outcome）和影响（impact）等成果质量。1996 年，瑞士西北部州教育部部长联席会在《高中阶段质量评价和发展》报告将质量分为四大领域：投入质量、学校层面的过程质量、教学层面过程质量、结果质量②。考虑到职业教育质量提升的专业性、实践性、系统性特点，涉及诸多主体以及要素的系统结合，职业教育质量管理体现在对职业教育发展的全流程、多方位进行管理、引导和监督，强调职业教育发展的资源供给、多元主体合作、资源共享等各要素之间相互作用和影响，本部分将职业教育质量分为输入质量、过程质量、成果质量三个层面并将这三个层面作为 Y 维度（见表 3-2），成为职业教育质量发展的构成成分。

表 3-2　　　　　　　　职业教育质量建设维度及内涵

质量维度	内涵
输入质量	职业教育输入质量是对职业教育过程与教育结果的条件性支持，包括制度保障输入、人财物的资源输入等
过程质量	职业教育实施过程是相互关联或相互作用的活动及其措施
成果质量	指职业教育活动的反应和结果，它反映的是提供职业教育服务后，对服务对象及社会产生的影响

---

① 《2000 版 GB/T19000—ISO 族标准小知识》，《电子质量》2004 年第 7 期。
② 唐以志：《关于以效果为导向构建职业教育质量评价标准的思考》，《中国职业技术教育》2016 年第 6 期。

结合对政策工具和职业教育质量管理体系两个维度特征的梳理，将X维度和Y维度相结合，形成职业教育质量发展政策文本分析二维框架（如图3-2所示）。利用分析框架探索以下问题：职业教育质量发展政策制定选择了哪些工具？这些政策工具是如何配置的？对职业教育质量发展的哪些环节起到了什么样的提质增效的作用？

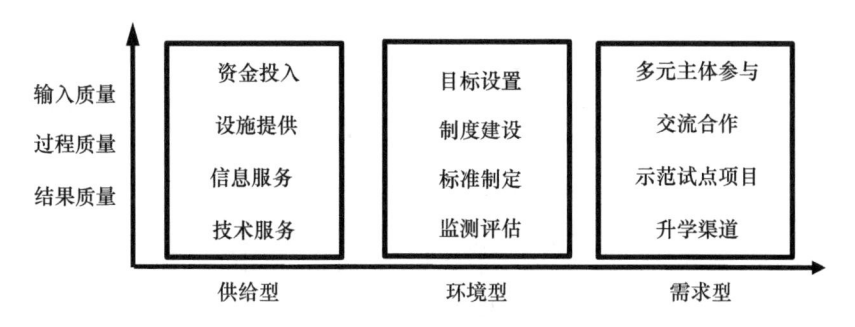

图3-2 职业教育质量发展政策文本二维分析框架

（二）文本编码与政策工具分析

1. 文本编码规则

依据"文件名——一级标题—政策文本条款—具体政策工具—政策工具类型—建设领域"的标准对《职业教育提质培优行动计划（2020—2023年)》《关于推动现代职业教育高质量发展的意见》进行编码，分析其政策工具使用情况。其中，具体政策工具依据其相应工具类型比如将资金投入、设施提供、信息服务、技术服务、人才培养分别编码为"1""2""3""4""5"，其他方法类似，不再赘述；政策工具类型涉及"供给型工具""环境型工具""需求型工具"，将其分别编码为"1""2""3"；建设领域维度涉及"输入质量""过程质量""成果质量"，将其分别编码为"A""B""C"，共得到271条编码（编码示例见表3-3）。

2. X轴：政策工具维度分析

将前述编码的文本归入政策工具的框架类别，共得到17种次级政策工具，据此可以清晰地看出各类别政策工具使用的数量及其占比，进而形成政策工具的整体情况（见表3-4）。总体来看，中国三类政策工具在职业教育质量发展政策中均有不同程度的运用，但是各类政策工具的占比并不相同，环境型工具使用最多（162 项，占比为 59.78%），其次是需求型政策工具（60 项，占比为 22.14%），供给型工具使用相对略少（49 项，占比为 18.08%）。由此可见，我国政府更倾向于环境型工具，而不是供给型工具和需求型工具。

表 3-3　　　　　政策文本内容分析单元编码示例

文件	一级标题	文本条款	工具	类型	领域	编码
关于推动现代职业教育高质量发展的意见	一、总体要求	以习近平新时代中国特色社会主义思想为指导……培养更多高素质技术技能人才、能工巧匠、大国工匠，为全面建设社会主义现代化国家提供有力人才和技能支撑	目标设置	环境型	成果质量	1-1-1-1-2-A
		坚持立德树人、德技并修，推动思想政治教育与技术技能培养融合统一……营造人人努力成才、人人皆可成才、人人尽展其才的良好环境			过程质量	1-1-2-1-2-B
		到 2025 年，职业教育类型特色更加鲜明……职业教育吸引力和培养质量显著提高			成果质量	1-1-3-1-2-A

表 3-4　　　　　职业教育质量发展政策工具分布

质量建设 政策工具	输入质量	过程质量	成果质量	总计	比例（%）
供给型	43	6		49	18.08
人才培养	28	1		29	10.70
设施建设	3			3	1.11
信息服务	3	4		7	2.58
资金投入	8			8	2.95

续表

质量建设 政策工具	输入质量	过程质量	成果质量	总计	比例（%）
资源配置	1	1		2	0.74
环境型	61	80	21	162	59.78
标准制定	5			5	1.85
策略性措施	8	65	11	84	31.00
监测监管	2	1		3	1.11
目标设置		1	10	11	4.06
评估评价		4		4	1.48
政策规划	41	3		44	16.24
政策宣传		6		6	2.21
制度建设	5			5	1.85
需求型	1	28	31	60	22.14
多元主体参与		4	1	5	1.85
合作交流	1	19	7	27	9.96
升学渠道			3	3	1.11
示范试点项目		5	20	25	9.23
总计	105	114	52	271	100

（1）供给型政策工具使用中资金投入、资源配置、信息服务相对较少。从三类政策工具使用的频率来看，供给型政策工具有49个条款（总占比仅为18.08%）。其中，人才培养为29个条款（总占比为10.7%），说明政府重视职业教育领域师资力量的供给问题；在资金投入、信息服务、设施建设、资源配置等方面占比较少，分别占2.95%、2.58%、1.11%、0.74%。资金投入、设施建设、资源配置是保障职业教育质量发展的物质基础，政策工具中资金投入主要涉及5个条款，涉及调整经费支出结构的有2个条款，涉及"提高职业教育在出国留学基金等项目中的占比"的有1个条款。在财政支持资金投入方面仍然存在较大的提升空间，设施建设、资源配置、信息服务也需要重点加强。

(2) 环境型政策工具主要集中于策略性措施。其中，策略性措施使用次数最多，高达 84 次，总占比为 31%；政策规划为 44 次（总占比为 16.24%），而监测监管、评估评价政策工具使用较少，分别为 3 次（总占比为 1.11%）与 4 次（总占比为 1.48%），具体的政策工具使用存在一定程度的不平衡，质量监管环节相对薄弱。标准制定、目标设置、政策宣传、制度建设等次级政策工具的运用相对较少。

(3) 需求型工具中主要使用合作交流与示范试点项目两种具体工具。其中，合作交流有 27 次，总占比为 9.96%；示范试点项目 25 次，总占比为 9.23%，说明在政府出台相关政策时，结合职业教育的特殊性，更多地考虑采用行政手段开发可利用的社会企业、高校等资源，与其他建设资源主体进行市场化合作，促进职业教育发展。在产教融合的宏观政策背景下，以需求为导向的政策工具对促进职业教育发展质量较环境型政策工具更为直接，需求型政策工具通过多元主体参与、示范试点项目推进、升学渠道等手段，增加了职业教育与企业需求、市场需求融合的机遇。

（三）Y 轴：职业教育质量的构成维度分析

如表 3-4 所示，职业教育质量发展政策提供了包括输入质量 105 次（38.75%）、过程质量 114 次（42.07%）、成果质量 52 次（19.19%）等管理要素质量治理建设体系。在强化职业教育的输入质量、过程质量的同时，对成果质量也予以了关注。从政策工具的具体分布状态来看，各类质量建设维度基本上都有相应政策工具的使用，组合成综合性政策工具以加强职业教育管理。

在输入质量管理环节，最多使用的是环境型政策工具（61 次，总占比为 22.51%），其次是供给型政策工具（43 次，总占比为 15.87%），使用最少的是需求型政策工具（1 次）；次级政策工具"人才培养"与"政策规划"的使用比例较高。这说明在职业教育质量的输入环节，政策制定主要围绕宏观层面的政策规划与微观层面的师资力量供给进行具体的制度设计和资源投入建设。与之相比，监测监管制度和合作交流机制建设的具体策略有待加强。

在过程质量管理环节，环境型政策供给使用最多，达到80个条款（总占比为29.53%），其次是需求型政策工具，达到28个条款（总占比为10.33%）。使用较多的次级政策工具为策略性措施与合作交流，这说明当前职业教育质量发展政策更多关注的是教育过程的行动性调整，以及在发展过程中注重职业教育院校以外资源积极性的调动，为激励和引导职业教育产教融合的赋权、赋能，打通通道提供了政策支持。

在成果质量管理环节，使用最多的是需求型政策工具（31次，总占比为11.44%），其次是环境型工具（21次，总占比为7.75%），使用最多的次级政策工具为示范试点项目。目前，职业教育质量整体水平比较低，希望通过示范试点项目，一方面打造职业教育行业标杆，另一方面为职业教育发展注入信心与动力。

三 质量监测政策工具的配置与优化

从上述两个政策文件的内容来看，政策工具在不同政策管理目标之间分布较为全面，但是在职业教育质量管理中某些次级政策工具使用得还不够均衡。政策工具服务于政策目标，是政府在部署和实施政策时拥有的实际方法和途径[1]，政策工具使用的差异性反映了政府对政策工具的偏好。供给型和需求型政策工具在各职业教育质量发展中的使用频率偏低，而环境型政策工具运用频率偏多，可能会影响职业教育的动力和教育质量提升的空间。我国职业教育质量改革已迫在眉睫，需要供给型政策工具提供动力支持，需求型政策工具提供吸引力来拉动职业教育发展，因此，供给型和需求型工具应成为政策改进的方向。基于以上结论，结合当前职业教育高质量发展的政策目标，为提升职业教育质量发展、促进政策工具配置优化，提出如下建议。

（一）发挥政策工具综合运用的合力效应

在 Rothwell 与 Zegveld 政策工具框架中，每一种政策工具并非单独发

---

[1] 张海水：《政策工具视角下我国中小学办学活力政策研究——基于〈关于进一步激发中小学办学活力的若干意见〉的文本分析》，《现代中小学教育》2021年第8期。

挥作用，而是作为一个政策系统生效①。政策工具在不同的职业教育质量建设要素上形成了综合性政策组合拳，注重各类政策工具的综合应用，易形成政策合力效应，快速、有效地实现政策目标。比如，在供给型政策组合中，政策工具集中于人才培养方面，有利于快速供应教师资源与管理人才。要培养"双师型"教师群体，同时协同各类政策工具，结合"双师型"教师标准、企业融合的交流合作政策，构建"双师型"教师培养体系；结合环境型政策工具中的策略性奖励措施，提高"双师型"职业教师待遇保障，激发"双师型"教师转型的积极性，扩大"双师型"教师的来源，形成政策工具的合力效应，提高师资的输入质量。

（二）注重输入端管理中的供给型政策工具的增加

目前职业教育质量发展的供给型政策工具结构失衡，人才培养政策工具运用较多，而资金投入、设施建设、资源配置、信息服务等政策工具相对不足。虽然我国目前倡导职业教育多元化投资渠道，但是社会力量的资金支持具有不稳定性。在多种多样的职业教育投资渠道中，政府投入、政府财政拨款仍是我国职业教育经费的主要来源，经费与教育设施短缺依旧是一个现实问题。要加强供给型政策工具的运用，加大资金投入，加强基础设施建设，扩大信息服务范围，保证职业教育发展的供给力度。

（三）注重过程管理中环境型与需求型工具的使用

在职业教育质量管理过程中适度加强环境型和需求型政策工具的运用，将环境型工具与需求型工具有效结合起来，有利于建立过程管理的思维模式，改变原来固有的管理模式。加强环境型政策工具策略性措施的应用，明确策略性措施的操作性，当然，在环境型政策工具中也需要加强职业教育质量监测评估等政策工具的应用。过程质量管理中有一个重要的次级政策工具运用得非常集中，即合作交流，这个具体政策措施从条款的表现上看主要体现在校企合作、社会组织融合等方面，在基础设施共享、知识技术共享、实训基地共享等方面进行合作交流，说明产

---

① 陈元龙：《政策工具视角下我国义务教育政策研究——以〈关于深化教育教学改革全面提高义务教育质量的意见〉为例》，《上海教育科研》2020年第5期。

教融合是职业教育质量发展的必要关键途径，也是在今后政策执行中需要加强落地行动的重要环节。

（四）注重成果管理中的示范试点政策工具的引导

在职业教育质量建设过程中，利用"效率原则"注重职业教育内涵发展的示范性与引领性作用，激发职业教育质量提升的内部动力。需求型政策工具通过多元主体合作、示范试点项目推进、升学渠道等手段，增加了职业教育与企业需求、市场需求融合的机遇。在职业教育成果质量管理过程中应加大对需求型政策工具的示范试点项目的应用与引导，提升示范试点项目的拉动能力。示范试点项目建设本质上是一个高质量职业教育资源供给与劳动力市场需求对接的过程与结果。示范试点项目建设既是一个实施"产学用"深度融合的过程，也是职业教育发展的质量要素市场化配置能力彰显的结果。建设"产学用"的高质量职业教育示范试点项目，促成职业教育生态系统的良性发展，可以极大地激发职业教育办学的积极性和主动性，保障职业教育提质增效。

小　结

纵观中等职业教育质量的评估、督导与监测政策的实践发展历程，中等职业教育质量监测政策先后经历探索发展、调整优化、常态稳定及高质量发展等阶段。从制度产生的背景环境、运行环境各要素的互动关系分析中等职业教育质量评价制度的变迁逻辑可以发现，政策理念与目的、制度产生的背景环境、运行环境各要素的互动关系、利益相关者之间的博弈影响了整个监测评价制度的变迁逻辑。基于对政策的梳理，中等职业教育质量监测政策呈现出监测主体突显多元合作、监测内容强调内涵发展、监测模式兼顾结果和过程、监测过程强化增量增值评估、监测结果重视实践影响效应等演进趋势。通过发挥政策工具的作用和效力，达到促进中等职业教育生态系统良性发展、激发办学积极性和主动性、提高教育质量的政策目的。

第四章

中等职业教育质量监测实践形态

第一节 中职教育质量监测现实状况

为提高中等职业教育质量,国家先后出台《教育部关于加快发展中等职业教育的意见》(2005)、《国务院关于大力发展职业教育的决定》(2005)、《中等职业教育改革创新行动计划(2010—2012年)》《国务院关于加快发展现代职业教育的决定》(2014)、《教育部关于深化职业教育教学改革 全面提高人才培养质量的若干意见》(2015)、《职业院校管理水平提升行动计划(2015—2018年)》《教育部办公厅关于开展中等职业教育质量年度报告工作的通知》(2016)和《关于做好中等职业学校教学诊断与改进工作的通知》(2016)等一系列文件,推出重点中职学校和示范学校建设、完善督导评估制度、实施现代职业教育质量提升计划、职业教育质量年度报告制度,并进行中职学校教学工作诊断与改进等,成立全国中等职业教育教学改革专家咨询委员会、教学改革创新指导委员会、校企合作指导委员会和教学工作诊断与改进专家委员会等。

一 中职教育督导评估监测

(一)督导评估主体

教育督导部门作为督政、督学的核心部门,是对中职教育质量进行评估的重要政府机构。目前我国教育督导部门主要设立在教育机关内部，由政府部门授予相关权限进行工作，是受政府与教育行政机关双重领导的一类机构。教育督导制度在20世纪80年代恢复重建后，经过30多年的发展，业已形成了完整的架构体系。目前我国教育督导机构主要分为四个层面：

1. 中央层面：国家教育督导团。
2. 省级层面：省督导室、督导团。
3. 地市层面：督导室。
4. 县级层面：督导室。

根据《教育督导暂行规定》等相关条文的规定，各级教育督导机构对下级人民政府的教育工作进行监督、检查、评估、指导，保证国家有关教育的方针、政策、法规的贯彻执行和教育目标的实现。在人员设置方面，国家教育督导团分设总督学、副总督学与督学三级，地方一般有督学主任、督学副主任、督学。对于督学，国家有着非常明确的任职资格规定。教育部在新修订的《督学聘任管理办法（暂行）》中对国家督学的资格做了具体规定。对于督学行为，国家《督学行为准则》也明确提出了督学人员应遵守的七条原则。

《督学行为准则》实际上对督学提出了全面的要求：

首先，督学应有较强的政策领悟和学习能力。督学应具有较高的政策水平，能正确掌握党和国家的方针、政策、法规以及上级有关规定精神；全面、客观地认识和概括事物，在工作中主动运用马克思列宁主义的立场、观点、方法，辩证地分析、解决问题，实事求是地对下级政府、教育行政部门、所属学校进行视察、监督、评价和指导。

其次，督学应掌握丰富、全面的教育基本理论知识。教育督导是一项复杂的工作，其业务范围几乎涉及教育事业的方方面面。督学必须熟悉和能够熟练运用教育科学的各种理论和方法进行观察、调查和考核，对相关政府、教育行政机关、学校的教育、教学、管理工作做出审慎的分析和评定，以达到提高教育质量的目的。

最后，督学应具备丰富的一线实践经验。督学既要为基层单位和学校提供指导性服务，又要为上级和同级领导机关提供参谋性服务，并要通过"督"和"评"的手段促进党和国家教育方针、政策和法规的贯彻落实。因此，一定的教育、教学和管理经验是必要条件。我国明确规定所聘任的督学要有10年以上的相关工作经验，而其他国家也要求3—5年不等的相关经验。

（二）督导评估内容

2011年，教育部颁布了《中等职业教育督导评估办法》。该评估办法明确要求各地区依据本地中职教育发展现状，因地制宜地制定实施办法。该评估办法围绕着中职教育发展的政策设计、制度创新、经济保障、办学条件、教学水平及特色等，给出了具体的指导要求，明确了中职教育督导评估标准和督导评估指标体系。

基于该评估办法中的督导标准和具体指标，可以看出政府督导评估主要包括政府办学质量评估，以及中职学校自身办学质量评估两方面内容。针对政府层面的质量评估，主要侧重于中职教育政策落实、制度创新以及经费保障这三方面的核心任务。中职教育质量的保障离不开政府层面的政策支持和经费支持，加强这方面的评估有助于监督地方政府落实中央关于中职教育发展的政策意图，督促其更好地履行管理和发展的责任。对于学校层面的评估，主要侧重于中职学校办学条件、师资队伍建设、中职教育发展规模、中职学校就业率及社会满意度等。从指标设计可以看出，以政府为主的中职教育质量评估，更多关注的是对于中职学校投入层面以及产出层面的评价。对于中职学校达标性办学条件、教师配置有着硬性要求，而对于学校办学质量，则主要从终结性评价层面，侧重于中职生毕业水平和质量方面的考察。

（三）督导评估效果

以政府为主导的中职教育质量评估模式的突出特点即是"官办""官管""官评"。这种评估模式具有较强的引导性和约束力，一旦与政府绩效、学校评优评先相关联，势必对中职学校及相关政府主管部门有着较大的影响。但这种主体模式亦存在明显的弊端与不足之处。

1. 政府意志过于明显

中职学校评估是政府部门对中职学校办学监督的重要形式,主要由各级政府及教育行政部门组织实施。政府部门及教育行政机构是中职教育质量评估的组织者、实施者、评价者、反馈者,通过制定中职教育评价标准对中职教育进行直接干预。同时,我国在法律法规及相关政策文件中确保了政府评估的主体地位。这种以政府为主的评估模式,将政府置于核心主导地位,掌控了中职教育评估的方方面面。政府意志逐渐渗透到中职学校的日常管理中,削弱了中职教育其他主体参与的积极性,降低了中职学校评估市场竞争的自由程度。

2. 质量评估主体唯一

在当前"官办、官管、官评"的模式下,政府对中职教育实施统一管理,制定中职教育质量保障的各类政策文件,严格明晰中职教育质量标准,全面掌控质量评估行为,并直接管理与监控中职学校的教学工作。企业、行业协会、学生家长等均处于质量监督和评估的从属地位,他们提出的意见和建议并不被中职学校重视和认同。随着当前"管办评分离"改革大幕的拉起,中职教育办学主体势必要走向多元化,评估主体也将走向多元化。在这种情况下,政府的唯一主体地位也会发生改变。

3. 过于侧重外部评估

教育质量评估分为外部评估和内部评估两方面,内部和外部评估相结合是保障中职教育质量评估工作有效开展的重要方面。然而,以政府为主导的中职教育质量评估主体模式,以政府控制为主导,通过外部干预的形式对中职教育质量进行监督与控制,形成了以外部监督评价主导的评估模式。这种模式虽然对中职学校有直接的影响效力,但易忽略中职学校内部自身主动性的调动,特别是容易忽视教师、学生等利益主体参与中职学校教育质量评估工作。这种重外不重内的评估模式不利于调动中职学校主体的内在积极性,对中职学校的持续发展产生了不利影响。

4. 忽视本原性问题

以政府为主导的中职教育质量评估模式,其评估的重点易集中于外显的办学条件、仪器设备、实习场地等外部投入性资源。对学校培养过程，特别是学生发展这一根本性问题则有所忽略。例如，2010年，《关于实施国家中等职业教育改革发展示范学校建设计划的意见》显示：在国家级示范学校的遴选指标中大多涉及的是办学规模、办学条件，涉及学生发展质量的只有三项。在对国家级示范学校建设的70多个质量监测指标中大多数仍然是建筑面积、设备总值、实训室数量等资源投入性指标，涉及教育质量的只有初次就业率、初次就业平均月薪、国家级技能大赛奖项三项，涉及学生发展尤其是学业发展的指标在评价体系中并未体现出来。再比如，2011年，教育部出台的《中等职业教育督导评估办法》列出了政策制度、经费投入、发展水平等四个层面30个评价指标，其中涉及教育质量的仅有三项，包括中职毕业生一次就业率、中职教育社会满意度和发展特色，与学生发展最直接相关的仅有"学生一次性就业率"这一项指标。根据当前规定，在现有中职教育质量发展评估体系中，更多地聚焦于条件性保障的外在资源投入，注重的是资金、设备、校园建设、"双师型"教师比例等，而真正反映教育质量高低的学生发展则没有得到应有的关注。如此导向的评估体系容易导致中职学校片面追逐资源投入，忽视人才培养质量。

二 中职学校教学诊断与改进监测

（一）实施背景

中职学校教学工作诊断与改进是深化职业教育教学改革的一项制度性安排，是实现中职教育高质量发展的创新性举措。2015年，《教育部办公厅关于建立职业院校教学工作诊断与改进制度的通知》是最早提及教学诊断与改进的重要文件，将职业院校教学工作诊断与改进确定为："学校根据自身办学理念、办学定位、人才培养目标，聚焦专业设置与条件、教师队伍与建设、课程体系与改革、课堂教学与实践、学校管理与制度、校企合作与创新、质量监控与成效等人才培养工作要素，查找不足与完善提高的工作过程。"[①] 该通知指出，教学诊断与改进工作对完

---

① 《教育部办公厅关于建立职业院校教学工作诊断与改进制度的通知》，http://www.moe.gov.cn/srcsite/A07/moe_737/s3876_zdgj/201507/t20150707_192813.html，2023年3月12日。

善职业教育内部质量保障体系，促进现代职业教育发展具有重要意义。根据教育部的这份文件，职业院校是此次诊断与改进的实施主体，学校自身的办学理念、办学定位、诊断与改进的目标和标准体系是诊断与改进的行动依据，聚焦人才培养全过程，全员参与，以查找和改进教学工作过程中的不足。

2016年，教育部印发《关于做好中等职业学校教学诊断与改进工作的通知》，制定了《中等职业学校教学工作诊断与改进指导方案（试行）》，就中职学校教学工作诊断与改进进行专项部署，明确了中职学校教学诊断与改进的目标、任务、原则、项目和程序。2017年，根据教育部的通知，河南省教育厅印发了《河南省中等职业学校教学诊断与改进工作实施方案》，明确了河南省中职学校教学诊断与改进的方案、路线和具体时间安排。2017年，教育部印发《关于全面推进职业院校教学工作诊断与改进制度建设的通知》，进一步强调教学诊断与改进的地位和作用，对职业学校教学诊断与改进工作做出了进一步要求。

（二）现实做法

中职学校教学诊断与改进是提高学校人才培养质量、提升学校办学层次和水平、顺应职业教育教学改革发展时代要求的有效措施。为将国家出台的中职学校教学诊断与改进任务落到实处，全国各地的中职学校纷纷结合本校教育教学工作实际情况，探索学校教学诊断与改进工作的推进策略。本部分通过梳理当前我国中职学校在教学诊断与改进方面的探索实践，总结卓有成效的探索模式，为中职学校的教学诊断与改进工作提供更多参考。

1. 树立问题导向意识，建立层级目标链

一切改革皆缘于问题。"问题导向"策略指向的是对各学校教学诊断与改进工作重点的挖掘与推动[1]。职业院校是实施教学诊断与改进工作的第一责任主体，中职学校教学诊断与改进工作的目标对象是学校在

---

[1] 兰俊宝等：《中职学校教学工作诊断与改进的市域推进策略》，《职业技术教育》2021年第23期。

发展过程中亟待解决的现实问题。遵循"发现问题—分析问题—解决问题"的基本逻辑,通过自我诊断,发现学校人才培养过程中存在的问题。当前,中职学校在教学诊断与改进工作中以问题为起点,以标准为底线,立足本校特色,结合目标导向,将分层次、依体系拆解学校发展目标,并对标问题建立教学诊断与改进层级目标链,制定问题解决方案,最终形成系统完整的制度体系。例如,济南市中职学校在推进教学诊断与改进工作中采取了"问题导向"策略,根据诊断与改进要求,从学校具体问题入手,对标目标找出深层次问题,最终建立起完整独立的自我质量保证机制。

2. 建立健全工作机制,推进教学诊断与改进制度化

中职学校教学诊断与改进工作的关键是形成制度化、常态化、校本化的工作机制。教学诊断与改进是一项复杂的系统性工程,生成于日常教育教学与学校管理工作,需要多主体共同参与、多层面协调推进。因此,建立一套健全高效的工作机制尤为重要。在进行教学诊断与改进的过程中,中职学校采取"先做后优"改革策略,根据其自身办学定位、办学理念、人才培养目标、师资队伍建设、教学资源建设、学校管理、校企合作、专业设置与课程改革、教学质量检测与改进等要素进行校本化探索。例如,江苏省宿豫中等专业学校在进行教学诊断与改进的过程中,聚焦办学内涵,坚持问题导向,诊专业优化设置,诊校企协同育人,诊师资建设策略,诊教育教学过程,诊融合发展路径,科学规划教学诊断与改进制度,确保诊断与改进制度化、常态化落实[1]。

3. 以数据为辅助,搭建数字化平台

我国教育数字化建设自党的十八大召开之后进入了加速发展的新征程。教育信息化时代以来,为积极推进教育数字化,我国建立了系统性的教育数字化治理体系,包括中央层面的综合性治理、部门层面的专门性治理及资源层面的应用性治理[2]。在教育数字化建设的新征程中,越来越多

---

[1] 马文振、于韶山:《发挥"教诊改"效力,促进高质量办学——以江苏省宿豫中等专业学校的实践为例》,《江苏教育》2021年第38期。

[2] 薛二勇等:《推进中国教育数字化的战略与政策》,《中国电化教育》2023年第1期。

的中职学校意识到数据在教学诊断与改进工作中的重要作用，纷纷加强学校的教学诊断与改进信息化平台建设。中职学校以大数据为基础，整合现有数据资源，开发数据管理系统，搭建大数据分析平台，动态化监督教育教学状态，监测教育教学质量，并提升师生的数据素养，更好地服务于学校教学诊断与改进工作。例如，南京市莫愁中等专业学校的智慧校园建设实现了课堂教学智能化管理，通过开发多个网络教学平台，及时地将学生的学习数据反馈给授课教师，为教师调整学生与课程关系、进行课堂教学的诊断与改进、提高课堂教学质量提供了可靠依据。

4. 以行动为导向，扎实做好教学诊断与改进顶层设计

在进行顶层设计中，中职学校完善教学诊断与改进制度建设和运行方案，建立诊断与改进组织机构，形成了完善的教育质量内部保障体系。重庆市渝北职教中心作为首批国家中职教育改革发展示范学校，在进行教学诊断与改进工作的校本化实践中，以行动和目标为导向，基本形成了健全的"四维一体"教学质量内部保障体系[①]。该体系从目标系统出发，根据资源系统和管理系统设计考核系统，目标系统控制且指导其余三个系统，考核系统为其余三个系统提供及时反馈，通过持续改进，不断接近预设目标（见图4-1）。

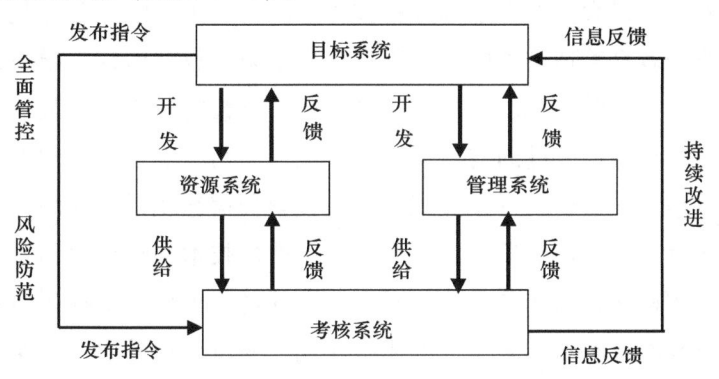

图4-1 中职学校教学质量"四维一体"内部保障体系模型

[①] 张扬群、吕红：《诊断与改进：中职学校的校本化实践——以重庆市渝北职业教育中心为例》，《中国职业技术教育》2019年第5期。

(三) 实施效果

1. 激发了学校发展的内生动力

关于中职学校教学诊断与改进工作，学校是第一实践主体和责任主体。此项工作极大地激发了学校高质量发展的内生动力，各职业院校纷纷强化教改的主体责任，明确学校的办学方向和办学理念，依照"制定目标—设计方案—自我监控—定期整改—逐步提高"的实施路径，聚焦专业、课程、教师、学生、管理等要素，专注办学内涵，挖掘自身特色，将教学诊断与改进工作校本化、常态化。发展是事物自身结构的有机组成部分，事物发展归根到底是自我发展[1]。为切实提高中职学校的教育质量，在教育行政部门的领导和教研机构的帮助下，按照"需求导向、自我保证、多元诊断、重在改进"的工作方针，立足学校本身进行实时性"问诊"，开取针对性"处方"，在这一"自我医治"的过程中，中职学校从被动调整转向主动修正，激发了办学的内生动力，加强了管理层和教学层的反思意识，提高了学校的教学整改、落实能力，进而使得中职学校建立起提升人才培养质量的内生机制。

2. 提升了学校教育教学管理信息化水平

职业院校教学诊断与改进工作的任务要求之一是提升教育教学管理信息化水平。以大数据为基础进行教学诊断与改进，既是职业院校提升教育教学与教育管理质量的发展需求，也是未来教学监督与质量监测的发展趋势[2]。为了更好地收集整合和管理分析数据，各中职院校依据符合自主教学诊断与改进的需求，以顶层设计为切入点，系统地对学校教育教学的信息化建设进行全面规划，推进学校信息化平台建设，实现学校教学与管理全方位信息化。建立在数据处理技术和现代化信息技术的基础上，中职学校在开展教学诊断与改进的过程中充分发挥了数据和信息化在学校教育教学和管理中的积极作用。通过数据的实时收集、现有资源的高效汇总和诊断与改进结果的及时反馈，保证了学校所做判断的

---

[1] 徐国庆：《职业教育原理》，上海教育出版社2007年版，第92页。
[2] 金怡、张文有：《中职学校协作共建教学诊改数据中心的研究与实践》，《职业技术教育》2020年第41期。

正确性和决策的科学性，实现了以动态数据和共享数据为依托的数据效益最大化，提升了学校教育教学管理信息化水平。

3. 基本树立了现代职业教育质量文化观念

教育质量是职业院校发展的生命线，树立现代职业教育质量文化同样是职业院校教学诊断与改进工作的任务要求之一。也可以说，教学工作诊断与改进的根本方向就是让中职学校树立起现代质量文化。职业教育质量文化，指的是在长期的职业教育过程中，所有参与主体自觉形成的关于提升职业教育质量的价值观、规章制度、道德规范及传统习惯等内容的总和①。现代职业教育质量文化包含物质层面、行为层面、制度层面和精神层面，"以人为本的教育观、追求职业教育发展的社会效益与个人效益"等是对精神层面的阐释。当前，许多中职学校在进行教学诊断与改进中不仅注重记录和反馈，而且对深层次的问题及原因也有关注，基本形成了现代职业教育质量文化，对于保证教学诊断与改进工作的长期性、规范性具有重要意义。

三 中职教育质量年度报告制度监测

职业教育人才培养质量年度报告是管窥职业教育人才培养业绩与状况的重要窗口，可以反映职业院校管理者对人才培养质量内涵的认识。2011年，《教育部关于推进高等职业教育改革创新引领职业教育科学发展的若干意见》要求各高职学校建立人才培养质量年度报告发布制度。2015年，《职业院校管理水平提升行动计划（2015—2018年）》又要求"建立中职学校质量年度报告制度"②。至2019年，质量年报制度已经推广到所有的职业院校，成为职业院校履行职责的一种重要途径和方式。

（一）基本原则

中职教育质量年度报告是对中职教育质量的全面评估和总结，是中

---

① 陈爱华、杨成明、张棉好：《现代职业教育质量文化：内涵、价值及构建》，《教育与职业》2015年第29期。

② 教育部：《职业院校管理水平提升行动计划（2015—2018年）》，http://www.moe.gov.cn/srcsite/A07/moe_950/201509/t20150917_208794.html，2023年3月12日。

职教育管理部门和学校对教育教学工作的自我检查和自我评价，是中职教育质量管理的重要部分。为了确保中职教育质量年度报告的准确性和可信度，需要遵循以下基本原则。

1. 客观性原则

中职教育质量年度报告应客观、公正地反映中职教育的实际情况，不应该受到任何政治、经济、地域、学校等方面的影响。同时，在编写中职教育质量年度报告时，应该采用科学、客观的方法收集、整理、分析数据，基于真实的数据和信息，通过科学的分析和评估，得出客观的结论和建议，从而确保数据的真实性和可靠性。另外，年度报告应避免主观臆断和个人偏见，不应受到编写者个人观点和偏见的影响，要尊重事实和真相，确保年度报告的可信度和权威性。这意味着年度报告应该是客观的，应该基于数据和事实，而不是基于编写者的主观判断；编写者不应该夸大或缩小事实，更不应该歪曲数据或信息。总之，客观性原则是中职教育质量年度报告编写中基本的原则之一。只有遵循客观性原则，才能确保年度报告的客观、准确、全面、科学。

2. 全面性原则

中职教育质量年度报告应该全面反映中职教育的各个方面和环节，揭示中职教育整体发展状况和问题，为中职教育的改进和提升提供全面的参考和指导，不应该遗漏任何重要信息。首先，要保证收集数据的全面性。在编写中职教育质量年度报告时，应该收集全面的数据，以反映中职教育的全貌，这意味着数据来源应该多样，多方取证，包括政府部门、学校、教育机构等。其次，要考虑到中职教育的各个方面，所公开的数据也应该涵盖不同的方面，根据教育部职成司对学校教育质量年报编制的参考提纲，所涉内容应包括但不限于学生发展、校企合作、特色创新、主要问题、改进措施等各方面，以确保年度报告的全面性。最后，应全面反映不同利益相关者的需求和关注，这在一定程度上更可以体现其全面性。

3. 可比性原则

中职教育质量年度报告制度是全面反映某一年度中职教育发展状况

的重要途径。为了直观判断出不同学校、不同年份以及不同地区中职教育质量发展状况，年报所反映的各项指标应该是横向、纵向可比较的。具体来说，一是可采用统一的指标和标准，以确保不同学校、不同地区、不同年份之间的数据可以比较。例如，可以采用国家教育部门制定的指标和标准，以确保数据的可比性。二是采用相同的数据收集方法，每部分所需数据都可采用相同的问卷调查、实地考察、统计分析等方法。三是可采用相同的数据处理方法。四是要考虑到不同的背景因素，学校规模、地理位置、学生数量等因素都是进行中职教育质量发展状况比较时的重要变量。

4. 可读性原则

中职教育质量年度报告面向社会公众，而非特定人员和特定部门。由于读者对学校和职业教育了解的程度不一，因此，中职学校在编制年报时，应使用平实的语言，少用专用术语，文字精练，图文并茂。文字多会导致可读性下降，文字少则可能导致表述不清楚，因此图片和图表非常重要。同时，年报可结合内容需要善用、巧用图片，如可多用列表、图示（柱状、雷达、散点）等方式展现，提升年报的可读性。值得说明的是，除了数字数据外，一些文本材料如名单、获奖项目等也可以列表形式加以呈现，从而进一步提高年报的可读性。

5. 实用性原则

中职教育质量年度报告应该具有实用性和指导性，为中职教育的改进和提升提供实用的建议和指导。年报应该注重问题的分析和解决，提出具体的改进措施和建议。同时，年报应该注重实践的可行性和可操作性，确保其实用性和指导性。具体来说，实用性原则包括以下几个方面：针对实际问题对中职教育的质量进行评估和分析，发现问题并提出改进建议；提供有益的参考，为中职教育管理者和教师提供改进的方向和思路；结合实践经验对中职教育的实际情况进行评估和分析，提出可行的改进措施；采用量化分析方法对中职教育的质量进行评估和分析，提供具体的数据和指标，为改进提供依据；具有可操作性，提供具体的改进措施和实施方案，为中职教育管理者和教师提供可操作的建议和指导。

综上所述,中职教育质量年度报告的基本原则是客观性、全面性、可比性、可读性和实用性。只有遵循这些原则,才能确保报告的准确性和可信度,为中职教育质量提升提供支持和指导。

(二) 报告内容

中职教育质量年报是中职学校向上级教育主管部门和社会公众汇报本单位一年来教育教学工作的重要文件,也是对外展示其自身教育教学质量的重要途径。就目前来看,报告的框架确定有两种模式:一是基于"提纲"的填空式,即依据教育部职成司"中等职业学校编制年度质量报告参考提纲"对学校情况等八个方面的23个小项逐一进行填写;二是突出办学成果的校本式,即结合学校办学特色,对提纲内容进行丰富完善,根据学校实际情况既可以增加涵盖学校特色的一级标题,以更好地突出学校的办学成果,也可以根据已取得的成果扩充报告的小项,如有的学校开展了家长满意度调查,这些都可以呈现在报告中,以展现中职学校办学成效。不论哪一种方式,都需要包含教育部职成司发布的"中等职业学校编制年度质量报告参考提纲"中的八大方面。

(三) 实施效果

中职教育质量年度报告工作的开展是贯彻落实《国务院关于加快发展现代职业教育的决定》精神的具体体现,也是继本科院校、高职院校之后,整体提升中职教育办学质量的重大制度创新,为促进中职学校内涵式发展、弘扬立德树人理念、强化教育供给侧改革、规范教育教学管理、履行好人才培养质量主体责任、回应社会关注的热点问题、增强职业教育吸引力创新了载体。实施中职教育质量年度报告制度,一方面可以促进中职教育质量提升;另一方面,可以发现办学过程中存在的问题和不足,提出改进和提升的措施与建议,为中职教育的改进和提升提供有力的支持和指导。

自2015年开始实施中职教育质量年报制度以来,各地教育部门和中职学校积极响应,认真履行评估和监测工作。据统计,截至2021年,全国共有31个省、自治区、直辖市和新疆生产建设兵团的中职学校实施了中职教育质量年报制度,涉及学校数量超过2万所。其中,2019年全国中职教育质量年报覆盖率达到了98.5%。中职教育质量年报制度的实施，对中职教育的发展和教育质量的提升起到了积极的推动作用。

一是提高了中职教育的社会认可度。中职教育质量年报制度要求各地教育部门和中职学校对教育教学质量、师资队伍建设、学生就业情况等进行评估和监测，并将评估结果予以公开，这有助于提高中职教育的办学透明度和社会认可度。同时，年报制度规定各中职学校每年需向上级教育主管部门和社会公众汇报本单位一年来教育教学工作的情况，展示本单位的教育教学质量和成果，这也促使了各中职学校管理逐渐走向规范化，并在此基础上推陈出新，挖掘新的生长点，以期更好地向公众展现不同于以往风貌的中职学校，反过来又更好地促进了办学质量。目前，部分中职学校的基础设施、教学水平、管理能力、学生风貌等都得到了相应程度的提升，社会对中职学校的认可度也逐渐在改变。

二是促进了中职学生就业。"就业是民生之本、稳定之基、发展之要。"学生就业是中职学校声誉的重要来源，实现高质量就业更是中职教育的重要目标。中职教育质量年报制度要求各地教育部门和中职学校对学生就业情况进行评估和监测。通过对学生就业情况的评估和监测，可以及时发现学生就业中存在的问题和不足，制定出相应的政策和措施，促进学生就业。例如，教育部门可以加强对中职学校的就业指导和培训，提高学生的就业能力和竞争力；加强与企业的合作，提高学生的就业率和就业质量。根据教育部统计数据，2021年，我国有中职学校7294所，招生488.99万人，在校生1311.81万人，毕业生375.37万人，为我国经济社会的发展输送了大批技术技能人才，在一定程度上改善了我国的劳动力结构。

三是推动了中职教育的改革和创新。中职教育质量年度报告制度的实施，促进了学校的自我评估和改进。学校通过对自身教育质量的评估和分析，发现存在的问题，提出相应的改进措施并落实，从而促进了学校的自我完善和发展。例如，某中职学校在实施中职教育质量年度报告制度后，发现学校的教育质量存在一些问题，如教学质量不稳定、学生就业率不高等。学校通过对自身的教育质量进行评估和分析，发现这些问题的原因是师资力量不足、教学设备陈旧等。据此，学校提出了相应的改进措施，如加强师资队伍建设、更新教学设备等。通过实施这些改进措施，学校教学质量得到提升，学生的就业率也发生了改变。通过一系列改革和创新，可以推动中职教育的发展和提升，适应社会和经济的发展需求，培养更多的高素质技能人才。

第二节 中职教育质量监测国际案例

一 欧盟职业教育质量监测实践机制

质量和质量管理是欧盟职业教育一体化的重要组成部分，2004年形成欧盟共同质量保障框架（CQAF）。2009年，CQAF被完善为欧盟职业教育与培训质量保障参考框架（EQARFVET），形成了完整的职业教育与培训质量保障体系。自此，欧盟的职业教育与培训质量监测机制走向成熟。

（一）监测主体

1. 组织架构——多层级治理

欧盟采取多层级治理的组织架构。根据欧盟宪法的规定，教育"只能提供支持、协调和辅助行动的权力，促进人们健康、工业、文化、旅游、教育、青年、体育、职业培训、公民保护、行政合作"。所以，职业教育和培训质量监测工作包括欧盟、国家、提供者、其他利益相关者四个层面，多元主体以平等、协商的身份参与其中。

欧盟层面。欧盟从区域层面制定职业教育与培训质量监测机制，在实施中辅助支持各成员国根据其自身情况发展职业教育与培训质量监测机制，通过为各成员国提供经验交流平台，实施职业教育与培训项目计划，协调解决共性问题，提供具体的职业教育与培训监测建议，以及评估各国的质量监测机制实施情况等确保欧盟层面制定的职业教育与培训监测机制顺利推行，从而实现欧盟职业教育与培训的总体质量目标。

国家层面。各成员国从国家层面自愿接受欧盟质量保障政策的影响，可根据本国情况和借鉴其他成员国最佳实践经验制定并实施适合于本国的职业教育与培训质量监测机制及方案，定期向欧盟汇报本国监测机制的实施情况，同时设立本国的质量保障专门机构及质量保障国家控制点，并与其他国家交流实践经验等。

提供者层面。主要包括职业教育与培训系统层面和机构层面两个方面。它们是欧盟职业教育与培训监测机制的实施主体，在良好的互动与合作中持续改进本国的职业教育与培训质量。其中职业教育与培训系统层面是指各成员国专门负责职业教育与培训的系统或部门；机构层面是指落实质量监测的基本主体，并依据监测结果不断改进从而形成职业教育与培训的质量文化。

其他利益相关者层面。企业和行业协会也会参与各层次、各阶段的质量监测工作。企业是职业教育与培训的用户，职业教育学习者的知识与技能通过企业工作得以展现，并对企业的发展和绩效产生决定性影响。因此，企业也是职业教育与培训质量监测的重要合作伙伴，全程参与质量监测工作。企业的参与不仅使职业教育与培训更为开放和透明，也有助于培养学生的实践技能，使职业教育的供给与劳动力市场的需求更加匹配。

2. 运作模式——开放式协调

"开放式协调"是欧盟管理职业教育与政策领域的重要运作工具。这是一种上下结合、平等合作、互利共赢的管理模式，其流程主要是"设立战略意义的普遍目标—建立指标和基准—科学地监测各项指标和基准—优秀案例的交流与学习"，进而促使欧盟职业教育质量的整体提升。这种协调主要体现在两个层面：欧盟层面，确保全面战略协调；国家和区域层面，确保业务协调[1]。在政策制定时，欧盟是主体，但这种政策是温和的，是建议性的而非强制性的。在实施过程中，欧盟主要起辅助和协调作用，各成员国可在它们自身需要的基础上参考欧盟维度标准，构建适合的职业教育与培训监测机制。

---

[1] The European Parliament and the Council of European Union, "Evaluation of Implementation of the European Quality Assurance Reference Framework for Vocational Education and Training (EQAVET) Final Report", http://www.cedefop.europa.eu/en/news-and-press/news, 2013.

欧盟职业教育与培训质量保障协会（European Network for Quality Assurance in Vocational Education and Training，ENQAVET）是成员国交流与合作平台的现实形式。ENQAVET 是欧盟议会和理事会的下设机构，是一个由欧盟成员国、候选国、欧洲经济区国家、社会伙伴、科学顾问和欧洲委员会的代表组成的实践社区。ENQAVET 的主要职能[①]是：协助成员国制定有效的方法来支持实施参考框架；在质量保障国家参考点和其他网络成员的帮助下培养质量文化以融入欧盟和其他地区；支持成员国和欧洲委员会在"2020 年教育和培训战略"范围内监测和实施参考框架；支持 EQF 和 ECVET 的质量保障工作。因此，ENQAVET 的主要工作[②]是交流公开讨论的信息和经验；启动相互学习和建立共识的过程，确保参考框架的实施；在质量保障准则和标准方面达成共享结果和解决方案；形成职业教育与培训的质量改进文化和所有权意识。

欧盟职业教育与培训质量保障协会的实践工作流程如图 4-2 所示[③]。质量保障网是 ENQAVET 开展活动的网络形式，各国在框架背景下，通过欧盟成员国、社会参与者和欧盟委员会的共同努力，发展和完善欧盟质量保障系统，进而保障欧盟职业教育质量相关数据信息的即时性、开放性，多元参与主体均能及时了解欧盟不同区域职业教育质量保障的现状与趋势。质量保障网的运行主要由其秘书处负责，通过组织工作小组、研讨会、提供专家咨询、开发交流工具等方式帮助成员国开展职业教育和培训质量保障的相关工作。

3. 主要特点

（1）多主体联合

"一体多元"是欧盟职业教育政策的基本特征。"一体"是指一体化

[①] The European Quality Assurance in Vocational Education and Training，"Misson"，https：//ec. europa. eu/social/main. jsp? catId =1536&langId =enAbout-Us.

[②] The European Quality Assurance in Vocational Education and Training，"How We Work"，https：//eqavet. eu/About-Us，2018.

[③] The European Quality Assurance in Vocational Education and Training，"EQAVET's Way of Working：Community of Practice"，https：//www. eqavet. eu/Eqavet2017/media/Documents/EQAVET-community-of-practice，2017.

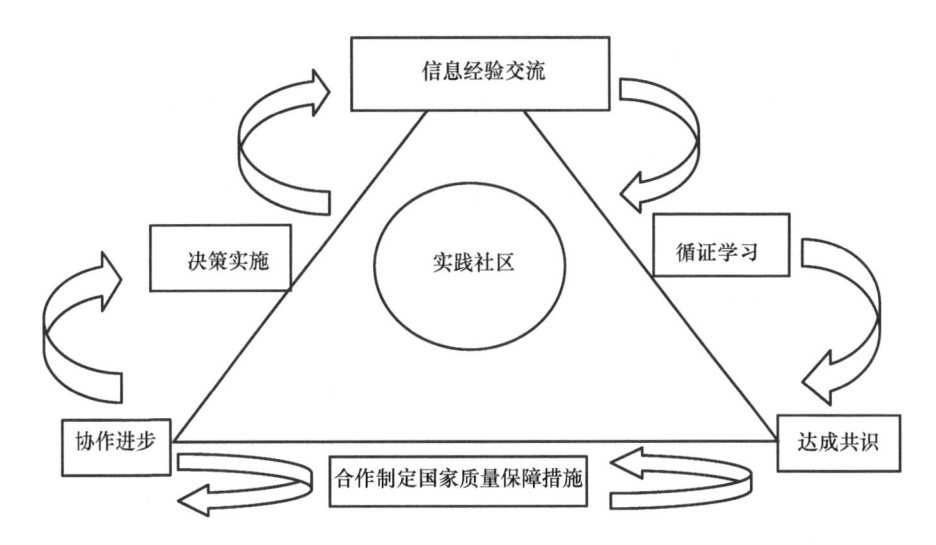

图 4-2 欧盟职业教育与培训质量保障协会的实践社区工作流程

的欧洲职业教育体系,"多元"是指各成员国多元化的职业教育模式,"一体多元"和而不同、并驾齐驱。欧盟作为职业教育与培训质量政策的统领者,在政策制定时充分吸纳各成员国、职业教育机构和行业协会等利益相关者的建议,又赋予各成员国实施的自主权和各成员国相关机构充分的职权,以促进工作的部署、实施、监督和反馈,同时对欧盟各国在执行职业教育与培训计划质量监测机制时存在的疑难给予积极帮助,为欧盟各国提供反馈建议和解决方案,有效调动欧盟各国及利益相关者参与的积极性和主动性,形成充分支持与互相信任的发展合力。

(2) 开放式协作

欧盟实施"开放式协作"的核心是建立可量化、可比较的指数体系[1],重在目标的趋同而非体系本身。这就使得欧盟与各成员国之间既有框架机制,又有一定的灵活性;既保持了各成员国的多样性,又使其认识到合作的必要性,从而在各成员国之间建立了良好的合作伙伴关系。按照"欧洲职业教育和培训质量保障体系"的要求,各成员国建立了国

---

[1] 姜大源等:《当代世界职业教育发展趋势研究——现象与规律(之一)——基于横向维度延伸发展的趋势:定界与跨界》,《中国职业技术教育》2012 年第 18 期。

家层面的质量保障体系，确保各级机构的准确执行，而欧盟主要负责协调各成员国间职业教育和培训的不同。这种模式能体现欧盟作为整体的战略方向性的把握，促进成员国对职业教育质量保障欧洲维度的认可，形成相互学习、共同进步的职业教育与培训发展氛围，有利于欧盟质量监测机制的顺利推行。

（3）注重公平性

质量监测机制力求多元主体间平等互信。各利益群体以派出代表的形式平等参与质量监测机制的制定，而且欧盟及各成员国致力于把公平性作为实施职业教育与培训质量监测的核心，充分吸收和借鉴成员国的实践经验，并且充分尊重成员国的国情和各国既有的政策体系，辅助、协调各成员国提出、制定并实施其自身的行动方案和目标。欧盟各成员国在欧盟质量监测框架的基础上有充分的自主权，可以自主选择适合本国情况的方式进行监测。这种政策的灵活性在体现出尊重平等、合作共赢的同时，也调动了各国参与的积极性、主动性，增加了欧盟职业教育的透明度，有利于各国职业教育与培训总体质量的持续提升。

（二）监测模式

1. 构建基础：戴明循环（PDCA）

戴明循环（PDCA）是由美国质量管理专家戴明博士首先提出的。PDCA遵循"Plan（计划）—Do（执行）—Check（检查）—Act（纠正）的质量管理循环过程。戴明循环的主要特点有[1]：（1）大环套小环，小环保大环，推动大循环。各级部门根据目标要求都有自己的PDCA循环，层层循环，形成大环套小环，小环里面又套更小的环，并通过循环把各项工作有机联系起来，彼此协同、互相促进。（2）不断前进、阶梯式上升。戴明循环就像爬楼梯一样，一个循环运转结束，质量就会提高一步，然后再进入下一个循环，再运转、再提高。（3）形象化。体现在其将以质量控制工具为主的统计处理方法和工业工程中工作研究的方法等作为分析、发现和解决问题的工具。欧盟质量监测模式的理论基础是

---

[1] 汪诗怀：《基于戴明循环理论的教学质量保障体系构建》，《大学教育》2013年第7期。

戴明循环（PDCA）。自 2004 年发布第一个欧盟层面的质量保障体系开始，欧盟以质量管理理论为基础，以 PDCA 为蓝本，建立并进一步完善"Purpose and Plan（计划）、Implementation（实施）、Assessment and Evaluation（评估）和 Review（审查）"质量监测模式，尤其注重质量监测周期循环的持续性。

2. 框架内容

质量监测模式是个系统的可持续周期循环，由计划—实施—评估—审查（见图 4-3）四个相互关联的阶段组成质量环（Quality Cycle，QC），阶段之间相互联系、影响，周而复始，旨在以螺旋式上升的方式推动欧盟职业教育与培训的质量稳步提升。每个阶段均在职业教育与培训系统层面（国家、区域/地方层面）和提供者层面（学校/培训机构层面）有相应的质量标准和描述。质量标准是对系统和机构层面提出的质量保障的总体要求和目标，而质量标准描述实际上是根据不同实施阶段的特点和任务对系统层面和职业教育与培训提供者分别提出的质量保障的具体要求和目标[1]。另外，质量标准描述只是为质量监测模式的每个阶段提供过程的指示，旨在使监测模式更为具体，具有可指导性，而不需要被采纳或直接转换为国家职业教育与培训质量监测体系。

2004 年，欧盟发布的共同质量保障框架（CQAF）对质量监测模式的描述是：每一个阶段要素均确定核心质量标准，鉴于各成员国职业教育与培训质量监测的差异性，在将核心质量标准作为横向审查各成员国职业教育与培训现有政策时，成员国需要提供职业教育与培训系统层面或提供者层面具体问题相关的可能答案。CQAF 一方面以文字形式说明监测模式的目的、内容和要求；另一方面针对核心质量标准以问答的形式就每个阶段的关键问题、系统层面和提供者层面的可能答案予以更进一步的说明，以帮助成员国更好地理解、使用质量监测模式。

2009 年，欧盟发布的 ENQAVET 对质量监测模式做出进一步概括，

---

[1] The European Parliament and the Council of European Union, "Recommendation on the Establishment of a European Quality Assurance Reference Framework for Vocational Education and Training", *Official Journal of the European Union*, 2009, pp. 1–10.

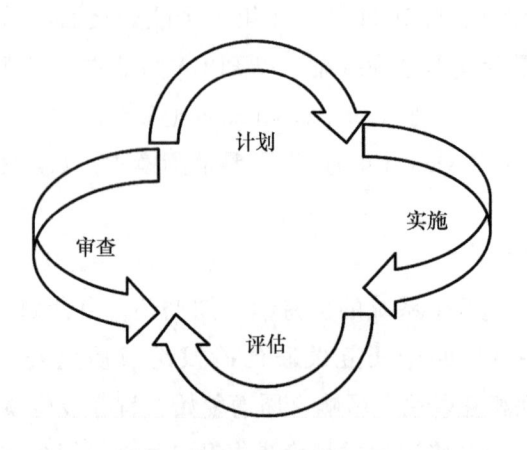

图 4-3 欧盟职业教育"质量环"监测模式

以质量环为核心（见图4-3），重点倾向质量监测模式的可推广性、适应性，从职业教育与培训系统层面和提供者层面对质量环四个阶段的质量标准及相应的质量标准描述做了详细的说明。第一部分是计划阶段：这一阶段要能反映与利益相关方共同达成的战略愿景，包括明确的目标、行动方案和指标。第二部分是实施阶段：这一阶段要同利益相关者共同制定实施方案，方案要包括明确的经费安排、实施标准和责任划分。第三部分是评估阶段：这一阶段要定期开展过程性评估和结果性评估，辅以质量测量，包括评估方法、评估过程、预警机制和设计数据采集方法等。第四部分是审查阶段，这一阶段要公开评估结果，并根据反馈意见提出和实施质量改进方案，促进职业教育与培训的持续完善等。

3. 特点

（1）周期化

注重监测模式的周期性与贯通性是质量监测模式的显著特色之一。质量监测模式分为四个阶段，每个阶段均有相应的质量标准及其标准描述，阶段之间环环相扣、互相照应，形成完整的质量监测循环，循环依次往复构成一个以持续的质量改进为核心的质量监测循环圈，真正将质量贯穿于职业教育与培训的整个实施过程中，便于各层面进行职业教育与培训的纵向比较，通过质量监测的周期循环不断吸取经验和教训，促进职业教育与培训的持续性整体改进，真正使得欧盟职业教育与培训体系的发展更具活力和生命力。

（2）全面化

质量监测模式分为系统层面和提供者层面，实现宏观和微观全方位的质量监测。提供者层面应采用内部自我评估和外部审查的监测方法，同时作为提供者层面内部质量保障的补充，由系统层面对其进行监测和评估。提供者层面通过它们自己评估、外部审查和同行评估等更好地取长补短，提供符合个体需要和社会需要的高质量职业教育与培训。系统层面的监测使各成员国了解国家、区域层面的职业教育与培训成效及不足，便于在结合欧盟总体政策的基础上，制定改进职业教育发展的整体性策略。系统层面和提供者层面互为补充，确保找到协调各自利益的平衡点，共建全方位的质量监测体系。

（3）网络化

以网络合作的形式打造开放性实践社区，质量环在线资源及时反映各成员国职业教育与培训体系的质量监测情况，提高各成员国职业教育与培训体系的透明度和信任度，为各成员国及利益相关者提供相互借鉴、交流的平台，提升质量监测的公平性、服务性，也很好地引起各利益相关群体参与的积极性，有利于形成比、学、赶、帮、超的质量监测合力，营造职业教育与培训的良好氛围。欧盟也能因此更有效地即时监控各成员国、各地区的职业教育与培训质量，对实现欧洲职业教育一体化和实施欧盟范围内无国界的终身学习战略具有重要意义。

（三）监测指标体系

欧盟职业教育与培训指标体系是在 CIPP 模式基础上改良而来的。2004 年，从总体指标、具体的指标指导和定性界定的指标体系等方面进行构建，其中具体的指标指导分为就业能力、匹配程度和机会三个维度。2009 年，根据各成员国的实施和反馈情况，欧盟在 2004 年指标体系的基础上进一步细化具体指标体系的内容，指标体系被分为 10 个一级指标和 14 个二级指标。监测指标体系说明详见第六章第二节。

(四) 监测信息反馈

1. 数据采集标准与方法

（1）数据采集标准

欧盟关于职业教育与培训的监测数据并非完全重新收集，主要是有效利用现有的各种数据资源，同时还注意确保数据的可比性，包括在欧盟系统内和国际范围内的可比性。所以对数据采集有严格的标准：一是使用现有可行的数据，但不得以牺牲数据的准确性和有效性为代价；二是应考虑管理成本，即数据收集所需的资源和时间因素，应经济、有效地收集和分析指标，及时、准确地提供最新信息；三是指标应保持一致性，便于国家依据监测体系建立持续的大数据；四是需要了解可能影响数据质量或导致意外状况的行为，比如教师和培训者的"反弹效应"；五是合理地权衡取舍，如协调调拨资金和毕业率、辍学率等。

（2）数据采集方法

欧盟关于初次职业教育与培训的数据来源于年度的教科文组织统计研究所、经济合作发展组织和欧盟统计局的数据集合。此外，欧盟对职业教育与培训劳动力市场结果报告的数据主要来自其"劳动力调查"系统（Labor Force Survey，LFS），欧盟还有专门针对企业继续职业培训的专项调查项目（Continuing Vocational Training，CVT）。各成员国的数据来源包括行政部门的直接数据来源和职业教育数据的间接数据来源。其中行政部门的直接数据收集方法主要是指职业教育与培训机构的年度普查；系统收集的需求数据和行政数据记录，如职教资金情况、教师和培训者情况、登记记录等；针对特定问题对特定目标人群的调查；考试结果与国家资格有关的成绩水平调查。间接的数据收集方法主要是一般人口普查、住户调查、劳动力调查。

2. 监测结果分析与呈现

职业教育提供者定期发布质量监测数据。提供者要在机构网站上以用户友好的方式呈现、发布质量监测报告，报告应包括文本和图表，图表是数据可视化的最好模式。鼓励教职工、利益相关者讨论质量监测信息，同时将监测得到的各项指标和同类实施较好的项目进行对比，结合讨论意见和项目比较进行整改，最大化地公开报告的效用。

建立质量保障的国家参考信息网站。人人都是参与者，人人都是受益者。开放的网络环境使得大量利益相关者便捷地获取充足的质量监测状况，推动各成员国利益相关者积极参与质量保障工作。信息网站提供有关政策实施、学校自评及工作改进方面的信息，成员国可以依据这些资料采取相关措施，推动本国职业教育和培训相关工作的开展，保障职业教育质量。

欧盟职业教育发展中心公开质量监测报告。根据"2010年教育与培训工作计划"的指导，各成员国每两年提交一次职业教育与培训发展报告和相关数据，报告需要包含为实现既定目标制定的政策、采取的措施和开展的相关活动等，其中数据准确度是最根本的要求。对于各国提交的报告，首先，欧洲统计局会专门对提交的资料进行考量和确认，然后将可以作为客观数据统计的实际数据提交给欧盟委员会和欧盟理事会。其次，欧盟委员会和欧盟理事会将数据汇总，并对数据进行分析和解读，最终形成阶段报告或联合报告公之于众。联合报告包括发展现状、取得的成绩、存在的问题与不足、下一步的改进建议。监测结果将公开发布，便于各国相互交流。这样的做法提高了职业教育与培训的透明度，也促使国家间的相互信任。

（五）对我国中职教育质量监测的启示

1. 多主体监测，提高监测透明度和公正性

欧盟职业教育与培训监测机制的形成得益于相关利益群体的良好协商合作，而在监测过程中多层面、多主体参与体现出职业教育监测的公开性、公正性，同时充分激发相关主体参与职业教育、发展职业教育的积极性、主动性。我国在建立和实施中职教育质量监测时也应扭转单一的政府主导的教育监测，真正坚持以人为本，注重利益相关者广泛参与职业教育监测，积极引入第三方参与质量监测全过程，形成职教为人人、人人为职教的良好发展氛围。

2. 建立系统的监测机制，发挥机制的整体性

欧盟的监测机制注重监测主体、监测模式、监测方法、指标体系、

监测数据收集与呈现的相互配合，同时注重采用推行的灵活性、科学的指导性和成果的分享性，各成员国、各层面也因此而乐于接受欧盟层面的质量监测机制。我国地域广阔，各地的职业教育状况不一，国家应尽快构建和落实针对中职教育的监测机制，各地、各机构可据此因地制宜地开展适合的监测机制，同时国家层面兼顾地区差异性，给予一定的灵活性和针对性指导，真正实现监测服务于中职教育发展，中职教育服务于经济和社会发展。

3. 重视监测的理论基础，强化监测的科学性

扎实的理论根基是欧盟职业教育与培训质量监测机制形成的基础，基于戴明循环、CIPP评估模式和变革理论的逻辑模型等严谨的理论支撑，使得监测机制真正助力于职业教育发展。《评估欧洲职业教育和培训质量保证参考框架（ENQAVET）的最终报告》（2014）显示，欧盟的质量监测机制是积极的，其目标适用于欧洲教育和培训领域的优先事项和政策，大多数欧盟国家因此采用了改进职业教育与培训质量的方法。所以我国也应该加强相关的理论研究，让中职教育发展状态在科学的理论支撑下得到科学监测。

4. 构建监测的动态机制，强调监测的可持续性

欧盟质量监测主张质量监测的目的不是比较而是完善，强调监测的周期循环，注重现行数据的使用，一体化的监测机制有利于提高欧盟整体的职业教育与培训水平。我国在构建职业教育质量监测机制方面绝不应另起炉灶，而应注意与现行的评估检查、教育督导和教学诊断制度有机结合起来，立足于职业教育与培训的全过程，把质量监测当作一项长期性、常态化工程来抓，在有效使用已收集的现有数据的基础上强化数据收集的科学性、有效性，将监测报告予以公布，让民众理解职业教育、参与中职教育监测，全员、全方位、全过程参与，实现中职教育的大发展。

二 澳大利亚职业教育质量监测实践机制

质量监测机制是职业教育人才培养质量反馈体系的重点。推进职业教育质量监测体系的现代化，实现职业教育管理精准化，对于职业教育

现代化尤为关键。《国家职业教育改革实施方案》（2019）提出要"建立健全职业教育质量评价和督导评估制度"。从整体来看，我国职业教育领域已经初步构成院校层面的诊断与改进和政府层面的督导相结合的质量保障体系，但中职教育的质量监测还相对滞后，对中职教育发展的引领性作用亟待发挥。然而，国际上职业教育发达国家质量监测机制大都相对成熟且蕴含各自的特色，对我们具有一定的经验价值。但是监测经验的横向比较却很难回避国别间差异的潜在影响。由此，研究者根据OECD《教育概览2014》的统计数据（见图4-4），选择与我国职业教育类型和规模较为相似的澳大利亚，围绕澳大利亚职业教育质量监测体系，解读其监测机构、模式、内容和结果呈现等，以期为我国中职教育质量监测机制的科学构建提供借鉴。

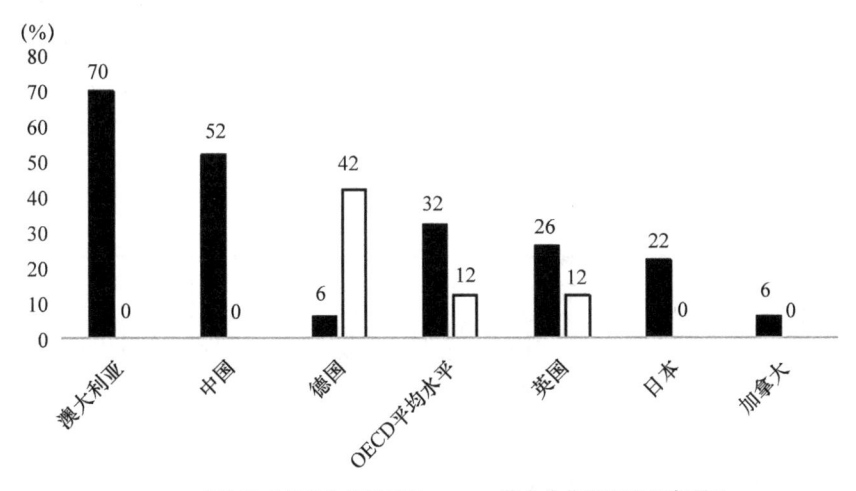

图 4-4 部分国家职业教育项目占比情况

资料来源：根据OECD《教育概览2014》中的统计数据进行节选整理得出。

（一）监测主体与模式

1. 监测主体

（1）国家层面主体：ASQA

2011年，澳大利亚政府颁布《国家职业教育与培训监管法案》《国家职业教育与培训监管法案（过渡条款）》和《国家职业教育与培训法案（重要修正案）》①，并于同年7月1日成立澳大利亚技能质量管理局（Australian Skills Quality Authority，ASQA）。ASQA 的宗旨是确保职业教育和培训的质量，使学生、雇主和政府对其满怀信心。

ASQA 是一个独立的全国性法定机构。根据《2020年国家职业教育和培训监管机构修正案（治理和其他事项）法案》的规定，该机构采用负责人制，主要领导有首席执行官、副首席执行官和四名执行董事（如图4-5所示）。其中，首席执行官由总督任命，任期最长为五年。副首席执行官兼质量与风险执行总经理。执行董事分别负责 ASQA 内部的人员、财务和管理，数据和信息分析，应用与影响，监督评估和合规职能的高效运作，确保与外部利益相关者、关键监管部门的合作。该机构每个部门附设4—6个不同的职能办公室。另外，ASQA 履行政府问责制，须采取积极主动的方式发布信息，每年向工业和技能理事会提交业绩报告两次，向国家议会提交 ASQA 活动和绩效的年度报告。议会在参议院评估委员会会议上对 ASQA 的表现进行三次审查。

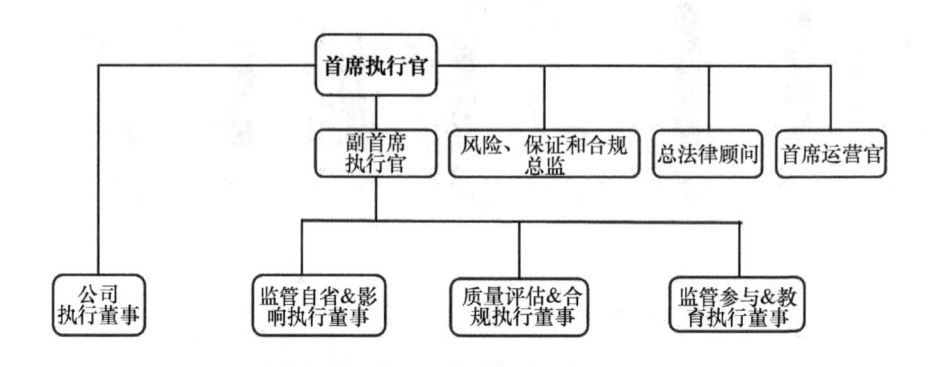

图4-5 澳大利亚技能质量管理局（ASQA）组织架构

资料来源：Australian Skills Quality Authority，"Organisation Structure"，https：//www.asqa.gov.au/sites/default/files/2021-09/ASQA_Org-Chart-2021_Sept_E.pdf，2021.

---

① Australian Government & Australian Skills Quality Authority，"Self-Assessment Tool"，https：//www.asqa.gov.au/standards/self-assessment-tool.

ASQA 的职责是根据《职业教育与培训质量框架》[①]和《职业教育与培训课程认证框架》的要求，依法监管职业教育与培训提供者及课程认证、面向海外学生的英语语言强化课程提供者，监测、识别、审计甚至制裁提供者任何不合规的情况，并支持其主动恢复合规。当然，ASQA 也承认，无法通过监管消除不符合规定和不履行职责的所有风险或因素，如果发现的问题超出其管辖范围，就会与其他监管资金和政策机构合作予以处理。除此之外，ASQA 通过调查、咨询及参与等方式，与包括相关政府机构、行业协会、技能服务机构和雇主等职业教育的利益相关者密切合作，与高等教育质量标准局及澳大利亚政府教育、技能和就业部合作，监管多部门提供者，切实提升监管的一致性和有效性。

风险管理是 ASQA 的主要监管方式。这里的风险主要是指职业教育和培训提供者（以下简称"提供者"）证明的学生能力不能反映其应有的技能、知识和态度，尤其是对职业教育造成重大伤害或者不利于 ASQA 有效履行职能。根据影响范围和程度，ASQA 将风险分为两个层面[②]：其一，系统性风险（systemic risk），是指存在于整个行业或大多数职业教育提供者的风险，可能对个人、行业和社区的培训和评估质量产生不利影响，并导致利益相关方对职业教育丧失信心。ASQA 通常会对此类风险进行战略审查，包括对现有文献和数据的研究和审查，与利益相关者团体（例如政府、行业、提供者、学生）协商，分析 ASQA 合规信息和其他内部数据，以及旨在应对特定系统性风险的其他活动，并发布最终报告。报告内容包括调查结果和可能的建议。其二，提供者风险（provider risk），是指机构不遵守监管要求或（和）培训、评估结果不达标且产生不利影响的风险。一旦发生提供者风险，ASQA 会采用不断升级的系列监管响应予以应对。

---

① 这里的框架是指 2015 年注册培训机构（RTO）标准、澳大利亚资格框架（AQF）、适当的人员要求、2011 年财务可行性风险评估要求和 2020 年数据提供要求。

② Australian Government & Australian Skills Quality Authority, "How We Regulate", https://www.a-sqa.gov.au/about/how-we-regulate.

(2) 提供者层面主体：RTO

提供者主要是指注册培训机构（Registered Training Organisation，RTO），由 ASQA（或州监管机构）批准的职业教育和培训机构提供国家认可的高质量培训及其资格证书。根据《国家职业教育与培训监管机构法》的要求，RTO 在任何时候都必须遵守《2015 年注册机构标准》，并需向 ASQA 提交遵守"标准"的年度报告。因 ASQA 以学生为中心的绩效评估导向，RTO 需根据其自身机构性质、大小和注册范围，重点应该放在 RTO 运行过程及其具体完成情况上，定期进行自我监测与评估，而不是仅仅收集教育过程中应有的信息，从而在组织内部构建一种自我保证文化，确保学生获得高质量的职业教育，也便于准备 RTO 年度报告和监管机构审查。

自我保证是指 RTO 以"注册机构标准"为基础，建立适当的机制和流程，持续地对其表现（符合"注册机构标准"）和结果（学生结果）进行严格监测，以确保其自身专注于质量、持续改进和合规的管理方式[1]。自我保证没有统一的模式，每个 RTO 都可以根据实际情况了解其对"注册机构标准"的遵守情况和学生质量。有效开展自我保证的 RTO 能够在持续监测中及时发现并解决机构运行中出现的风险和问题，满足 ASQA 的监管要求并始终如一地为学生和雇主提供高质量的教育。但是，自我保证文化需要政府的重视和引导、监管机构的鼓励和支持以及 RTO 的共同努力。比如，ASQA 通过制定评估工具开发指南、利用第三方收集评估证据和为残疾学生提供优质的培训服务等帮助 RTO 开发和选择评估方式。

(3) 特点

多元协作。以 ASQA 和 RTO 为主要代表，多元利益主体各司其职、共同担责，如此相互补充的角色定位是澳大利亚筑牢职业教育质量屏障的核心。ASQA 在提供国家层面监管的同时，与其他监管机构开展合作，积极收集学生、培训师和评估员等人的意见。提供者层面是指 RTO 的自

---

[1] Australian Government & Australian Skills Quality Authority, "Consultation Paper: Working together towards Effective Self-assurance (Version 1.0)", https://www.asqa.gov.au/sites/default/files/2020-08/consultation-paper-working-together-towards-self-assurance_0.pdf.

我监测。两个层面之间沟通机制顺畅，比如，RTO 既接受 ASQA 的合规性监管，也可以向 ASQA 提供补救措施，以纠正不合规的做法。这样的机制可有效实现监管机构、工业部门和雇主以及职业教育与培训部门之间的利益平衡。

标准明确。《职业教育与培训质量框架》和《职业教育与培训课程认证框架》是 ASQA 和提供者共同遵循的标准。ASQA 据此行使职业教育和培训机构的资格注册、评估、专业及课程认证等职能，有权监管、处罚甚至注销不合格机构和课程。RTO 和课程所有者据此开展自我监测和评估，重点关注学生的学习成果和自身的实践证据，而不仅仅是提供过程性信息。ASQA 和 RTO 在上述两个层面各司其职、相互补充，有效保障职业教育人才的高质量产出。

以人为本。ASQA 坚持以学生为中心，重在基于风险将资源用于对高质量职业教育成果构成最大威胁的领域，最大限度地减少监管对象的负担。比如，根据 ASQA 的规定，任何 RTO 都将受到最低限度的监管审查，被评定为风险较高的 RTO 将受到更多的定期监测。同时，鉴于职业教育与培训质量框架注重结果导向的特点，RTO 和课程所有者既须提供符合相关标准和法规的培训和课程，又可以有所创新，根据其自身情况采取适切的方式，灵活地将职业教育质量标准落实到过程管理之中。

2. 监测模式

理论基础。ISO 31000 开启人类标准化风险管理的新起点。国际标准化组织（The International Organization for Standards，ISO）是一个全球联合的非政府独立组织。ISO 31000 由 ISO 风险管理技术委员会开发，是一个开放、基于原则的风险管理系统，组织可以借助其将风险管理文化整合到其自身的架构、运行、规划和价值观之中，帮助组织有效识别和管理风险，进而改善治理效能和绩效。ISO 31000：2009 为该标准的第一版，时任委员会主席为澳大利亚的 Kevin W. Knight，澳大利亚—新西兰 AS/NZS 4360：2004 是其起草的基础和重要参考文本，ISO 31000：2018 为该标准的最新修订版，突出强调高层管理人员的领导职责、风险管理的反复优化特质,保持开放性系统模式以适应多种需求和环境要求。

根据 ISO 31000 标准,"风险"是"不确定性对目标的影响",具有未来性、两重性、不确定性、事件性。风险管理是组织对"不确定性对目标的影响"实施管理,"提高实现目标的可能性"[①]。ISO 31000 标准为风险管理提供原则和通用指南,由原则、框架和流程三部分组成(见图 4-6),这三部分之间互通有无、环环相扣,共同构成风险管理体系。其中,标准的基础是风险管理原则,共八条,旨在"价值创造与保护";主体是风险管理框架,由整合、设计、实施、评价和改进五部分组成,需要"领导力与承诺"的支持;流程是指组织系统地将政策、程序和实践应用于沟通和咨询活动,建立环境和评估、应对、监督、审查、记录和报告风险[②]。ISO 31000 标准提供一个通用方法,可用于组织的整个生命周期、各种活动及任何类型的风险,但并不促进组织之间风险管理的统一性。同时,该标准是指南,而不是认证标准或"管理体系"的标准或要求。

3. 监测框架

《风险监管框架》是 ASQA 根据 ISO 3100:2018 制定的有效管理职业教育风险的工具。该框架以嵌入式运行为基础,提供全国一致的、基于风险的职业教育监测与管理,旨在实现积极有效的风险管理(详见图 4-7),主要包括以下内容:(1)利用数据和情报了解风险和监管客体,获取、管理和使用数据和数据方法,加强监测信息分析和使用。(2)评估风险并采取相应的监管响应,ASQA 基于实际或潜在的风险危害加以评估,采取相应的监管响应及资源投入。(3)从战略上参与风险管理,ASQA 与利益相关者共享信息,向提供者提出明确反馈和建议。(4)监管主客体互动,ASQA 通过处理风险(教育、注册和批准、课程认证、监控和评估),采取与风险相称的应对措施(合规管理和内部审查决策),实现与监管客体有效互动,支持提供者自我保证并持续改进。

---

① 安泰环球技术委员会编著:《管理风险创造价值——深度解读 ISO 31000:2009 标准》,人民邮电出版社 2010 年版,第 10 页。
② ISO 31000, "2018 Risk Management—Guidelines", https://www.iso.org/obp/ui/#iso:std:iso:31000:-ed-2:v1:en.

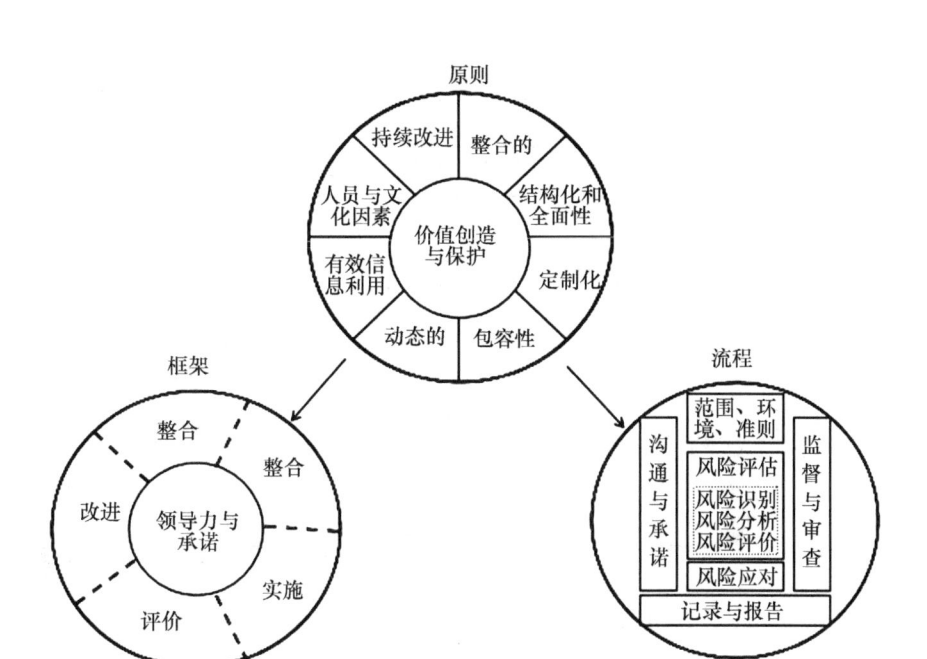

图 4-6　ISO 31000 风险管理原则、框架和流程的关系

（5）有效利用监管运营报告提供者绩效，了解监管活动的影响和有效性，持续改进监管设计。

4. 监测过程

（1）ASQA 的监测过程

根据风险监管框架，ASQA 及时监测、识别、评估和管理职业教育和培训的质量风险，具体的监测过程如下：首先，了解提供者风险。通过收集、研究数据，及时识别提供者风险，并根据风险级别采纳相应的监测数据和利益相关者反馈。其次，评估风险并确定响应级别。ASQA 基于实际或潜在的风险危害评估，包括未按照法规要求接受质量培训和评估的学生（结果）以及 RTO 未提供符合法规要求的高质量培训和评估的可能性（详见图 4-8），采取相应的响应及资源投入（详见图 4-9）。再次，与监管客体互动。ASQA 采取系列方式与监管客体互动，包括初始注册期、课程认证、教育和信息、变更注册范围或重新注册、合规和

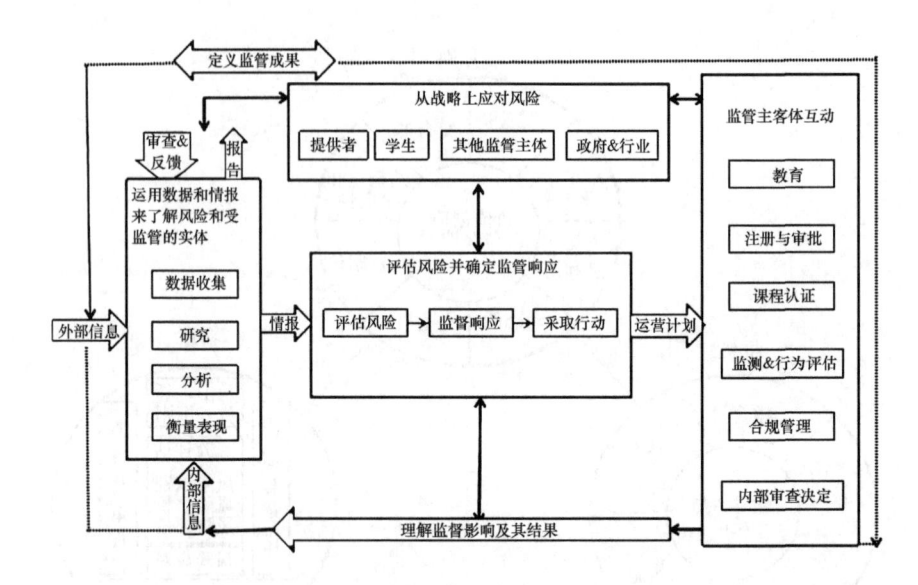

图 4-7 澳大利亚技能质量管理局（ASQA）的监管运行模式

风险监测、绩效评估、处理不合规问题和内部审查等。最后，发布监管结果。ASQA 通过公开自身的年度评估报告，与监管、合规和执法行动有关的结果，帮助学生或潜在学生选择 RTO，也为行业、政府和公众提供监管的准确信息。此外，ASQA 积极与利益相关者进行沟通，了解监管影响，不断提升监管的结构化和一致性。

（2）RTO 的自我监测过程

ASQA 的自我评估工具旨在支持培训提供者关于管理的自我保证和持续合规性。该工具是 RTO 标准用户指南（2015）的配套工具，遵循学生接受职业教育和培训的五个阶段，包括 RTO 情况、营销和招聘、入学、支持和进步、培训和评估，并根据每个阶段将"标准"的相关条款分组。每个部分都包括一组问题以帮助 RTO 确定与每个标准/条款有关的实践和结果（及相关的证据/数据）、任何改进的机会以及需要采取的行动。比如，关于审查 RTO 绩效的问题通常是：您的做法是否符合条款规定？您是否有合适的确保遵守条款的系统？您是否监测、审查并持续

第四章 中等职业教育质量监测实践形态

对RTO的信任程度	对学生的事实或潜在伤害 由于未按照法规要求接受质量评估和培训 （后果）			
RTO不承诺或未能按照法规要求提供质量培训和评估的可能性（可能性）	少数的	适中的	多数的	严重的
几乎肯定的	中等的	高的	严重的	严重的
可能的	中等的	中等的	高的	严重的
无把握的	低的	中等的	中等的	高的
不太可能发生的	低的	低的	中等的	中等的

图4-8 澳大利亚职业教育质量评估风险矩阵

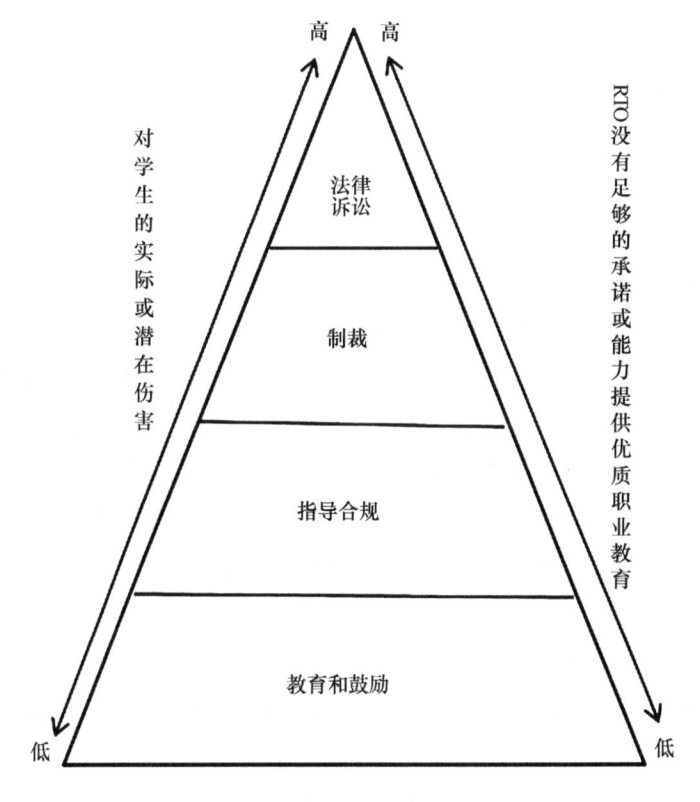

图4-9 澳大利亚技能质量管理局（ASQA）的监管工具

（金字塔自上而下：法律诉讼、制裁、指导合规、教育和鼓励；左侧：对学生的实际或潜在伤害，高到低；右侧：RTO没有足够的承诺或能力提供优质职业教育，高到低）

165

改进以符合条款规定?① 所以,使用此工具有助于 RTO 确定和评估学生在每个阶段体验的实践和结果,从而明确 RTO 在实践、系统和流程等方面是否符合标准,哪些需要改进等。当然,该工具不是"标准"的一部分,没有法律权威,也并未"一刀切"地规定 RTO 应该收集哪些证据来证明其符合"标准",但能给予 RTO 通过持续审查和改进提供优质职业教育的能力和承诺的证据。

5. 特点

(1) 理论坚实

ISO 31000 标准注重引导组织将风险管理框架和流程内化至运行体系的有机组成部分。ISO 31000:2018 标准不仅提供了组织管理风险的通用指南,而且更加强调风险管理的迭代性和开放性,能够有效帮助组织改进规划和决策。在该理论的指导下,澳大利亚将风险管理整合到职业教育和培训的战略、运营管理系统中,形成积极的风险治理文化。同时,该框架是开放、动态、可反复优化的。ASQA 支持各方形成对"质量"和"结果"的共同理解,并反映在其自身注重结果的标准和绩效监管之中,以此持续推进监管改革。

(2) 框架明晰

《风险监管框架》是全国统一的职业教育管理框架。据此,ASQA 在全国范围内使用系统化、结构化和一致的方法,采取循证的方式评估行业和单个 RTO 的风险,在此基础上对职业教育声誉进行可识别风险监测,并采取与之相称的监管响应。同时,ASQA 和 RTO 层面都促进自我保证和持续改进的文化和体系,前者在于不断自我审查和寻求利益相关者反馈,确保 ASQA 履行其监管职责和能力的不断提升;后者在于与 RTO 保持互动,帮助其了解法规和"标准"的要求,相信并促进其自我保证能力的提升。

(3) 运行高效

ASQA 层面以关注影响资格完整性和质量成果的关键风险为重点,

---

① Australian Government & Australian Skills Quality Authority, "Self-Assessment Tool", https://www.asqa.gov.au/standards/self-assessment-tool.

以响应性和教育性的方式侧重于对评定为较高风险的 RTO 的监管，较好地兼顾监控的效果和成本。同时，ASQA 积极与 RTO、利益相关者保持沟通，最大限度地实现在 RTO 所受的保护和来自外界干预的负担间取得合理的平衡，有力地确保职业教育的产出质量。RTO 层面可灵活地以适合其组织需求和目标的方式符合标准，职业教育利益相关者层面可以清楚地了解监管系统的运作。如此运行有利于各方将外在的行政管理内化为自觉的质量保障，从而构建一个良性的职业教育运行循环。

（二）监测内容与指标

根据前述关于 ASQA 的职能描述，澳大利亚职业教育与培训的监测内容及指标包括监管机构层面和提供者层面，前者主要是指监管机构标准，后者包括 RTO 机构、课程、人员和财务四个方面的标准。

（三）监测数据与结果

1. 数据机构

国家职业教育研究中心（National Centre for Vocational Education Research，NCVER）成立于 1981 年，是负责收集、管理、分析和交流全国职业教育和培训部门研究和统计数据的专业机构。该中心由拥有政府、行业、工会和培训机构经验的董事负责，下设行政和管理团队。具体的工作原则为透明和可复制的数据分析；遵循实践的适切统计方法，并能够接受审查；公布符合质量标准的统计和研究结果（不包括商业咨询）；提供涵盖发布日期和限制条件的出版物；提供不带特定立场的描述性或测试性统计和研究结果；平等地向个人和团体提供符合 NCVER 政策规定的数据和图书馆资源；存档研究和统计数据，以供研究人员、决策者和从业人员使用。

NCVER 旨在面向国内外利益相关者提供世界一流的研究、智能分析和高度可访问的数据来传播和影响国家的职业教育和培训政策与实践，进而促进形成技能型劳动力和建设经济强国。对此，该中心秉持信任、尊重、诚信、回应和创新的价值观，主要的活动领域如下：开展职业教育和培训研究的战略计划，包括收集和分析国家职业教育与培训统计和调查数据及青年纵向调查的分析计划;通过 VOCEDplus(NCVER 的免费国际研究数据库)收集和发布来自世界范围内职业教育和培训的相关研究成果;传播综合研究和数据分析结果;与类似的国际组织就共同利益进行战略分析合作,为本国职业教育和培训实践提供借鉴;面向国内外提供专业的研究、分析和评估服务[①]。

2. 数据政策

NCVER 数据政策包括数据隐私政策、数据质量政策、数据访问和收费、数据重新提交政策和数据质量原则。其中,隐私政策是指 NCVER 如何管理和保护被调查对象的个人信息。数据质量政策是指 NCVER 严格的质量保障程序,包括制定职业教育和培训信息统计标准(The Australian Vocational Education and Training Management Information Statistical Standard,AVETMISS)、数据验证、数据质量监测、管理收集数据的实践工作承包者、检查数据、数据输出自动化、交叉检查数据输出等。数据访问和收费政策是指 NCVER 可提供系列收费的定制数据或统计服务,涉及面向研究者的特定主题信息、文件传递服务和使用 VOCEDPlus 的小组培训课程。数据重新提交政策是指 NCVER 关于接受个别截止日期后或对统计输出和产品有重大影响的数据提交规定。数据质量原则是指 NCVER 的数据收集要体现制度环境、相关性、及时性和准时性、准确性、连贯性和可比性、可解释性、可访问性等。

3. 数据类型

根据《国家职业教育培训监管机构(数据提供要求)文书(2020)》[②]要求,RTO 必须在规定的时间内在 NCVER 网站提交符合 AVETMISS 标准的合规数据,包括应向国家职业教育与培训监管机构提供数据、与质量指标相关的年度报告。

---

① National Centre for Vocational Education Research,"What We Do",https://www.ncver.edu.au/about-ncver/about-us,2021.

② Australian Government,"National Vocational Education and Training Regulator (Data Provision Requirements) Instrument 2020",https://www.legislation.gov.au/F2020L01517/latest/text,2020.

（1）国家职业教育与培训提供者数据

RTO 须于每年 2 月底前提交符合要求的完整 AVETMISS 数据，即：机构的法律实体类型、注册证书副本、公司章程、当前财务可行性风险评估信息、企业登记名称证明，包括注册业务名称、公司编号、商号、培训组织的类型、地址、姓名及联系方式、以前的登记细节、申请人或高级管理人员等是否向任何其他注册机构提出其他注册申请、机构人员合适的个人资料、RTO 提供的职业资格证书、认证课程、单元或能力单位的清单、许可证/管理结果的详细情况，是否提供在线、州际或远距离的培训，是否提供境外培训，是否向国际学生提供培训，是否收到英联邦、州或地区政府的培训资金，是否合作/分包培训安排，是否收取预缴的培训费用，是否向未满 18 岁的学生提供培训、适当的财务和符合 AVETMISS 标准的职业教育、学生记录管理系统数据及公共责任保险的复印件。此外，ASQA 还可以要求 RTO 在注册期间随时提供数据。

（2）质量指标年度报告/调查

RTO 须于每年 6 月 30 日前向 ASQA 提供上一年度质量指标数据报告，说明其学习者的参与度和雇主满意度情况。调研工具为"学习者问卷"和"雇主问卷"，前者重点考查学习者在多大程度上参与可能促进其产生高质量技能成果的活动，包括学习者对自身能力发展质量的感知以及他们从 RTO 获得的支持；后者侧重雇主对学习者能力发展的评价、学习者能力与工作和进一步培训的相关性以及雇主对培训总质量的评估。

职业教育质量调查主要是由 NCVER 组织，针对学生、RTO、雇主和其他利益相关者进行的调查，旨在确保国家职业教育系统的持续有效。主要项目包括学生成绩调查，主要收集有关在上年成功完成职业教育 RTO 的学生信息，借以管理、规划和评估职业教育系统，帮助政府制定满足雇主和产业需要的政策，确保国家始终保持高质量的职业教育；雇主对职业教育系统使用情况的意见调查，收集有关雇主对职业教育系统投入和满意度信息，以及雇主使用职业教育制度以满足其技能需要的方法；全国雇主技能和培训调查，收集大量澳大利亚雇主、培训用户和有学徒或受训人员的企业信息，以了解雇主的技能需求以及对职业教育系

4. 结果呈现

ASQA 力求其所有业务都是高效、有效和负责任的。NCVER 每年都会在其网站上公布 ASQA 职业教育和培训的年度报告,并标注数据收集和发布日期。同时,ASQA 向利害关系方提供关于 RTO 遵守规定的准确、充分和最新的信息,在其网站和/或国家登记册上公布相关监管行动的详细信息,并将课程申请评审、RTO 注册申请、审计、有关 RTO 或 ASQA 的投诉、ASQA 决策"重构"等方面网络化,以便于 RTO 和利益相关者随时查询。

NCVER 还通过出版物、信息和数据可视化图表、VOCSTATS 定制数据服务等提供多种形式的职业教育和培训数据。其中,出版物包括研究或统计报告、研究总结、会议或技术论文等。信息和数据可视化图表涵盖职业教育和培训的最新统计数据,包括总图集、自定义表格、学徒和实习生情况、政府资助的职业教育和培训、面向 16—25 岁年轻人从学校到工作的路径、信息图表、关于技能分析的互联网职位发布、国际学生的职业教育和培训情况等。VOCSTATS 是一款允许用户使用包含来自各种 NCVER 集合的数据库的工具,是专门针对那些需要高度定制产出、理解 NCVER 馆藏的复杂性和局限性或者愿意设计和生成其统计产出的用户开发的。用户可通过交互式网络接口构建、打印或导出它们自己的表格。

5. 特点

信息集中。NCVER 是澳大利亚各地职业教育和培训信息的主要来源,AVETMISS 标准代表着国家职业教育和培训管理信息统计标准。NCVER 统一领导全国性的数据统计,既独立开展工作,又注重与国家职业教育的优先事项保持一致。AVETMISS 秉持"一次采集多次使用"的原则,适用于所有职业教育部门及机构,而每个 RTO 都必须执行相应的数据政策和程序,能够较好地保障职业教育和培训信息的一致性、准确性和可使用性。

内容全面。NCVER 信息采集内容既包括 RTO 的注册信息、质量指标数据、政府教育和培训部、NCVER 的系列调查等，也包括职业教育和培训结果数据，涉及学生成绩调查、雇主意见调查、学生及学员目的地调查，以及 RTO 数据完成情况等。全面而及时的职业教育数据既便于公众客观地了解职业教育状况，也有助于政府制定促进职业教育发展的政策，持续优化职业教育系统管理。

结果公开。国家职业教育和培训中心、ASQA 会及时公开相关调查和报告，公开国家职业教育运作情况，VOCSTATS 网络端口允许用户根据需要查询个性化定制数据，有效提高职业教育部门的透明度和效率，方便公众、利益相关者了解职业教育发展情况，也便于 ASQA 开展监管工作。同时，ASQA 公布其自身在规范职业教育和培训方面的年度报告，接受 COAG（the Council of Australian Governments）问责和职业教育利益相关者的监督，有利于 ASQA 将监管工作做实做好。

（四）对我国中等职业教育质量监测的启示

1. 健全层次化监测机制，形成明确的制度设计

澳大利亚职业教育质量监测分别由国家层面和机构层面实施。ASQA 为主要的国家监测执行机构，权力赋予以法律形式规定，既能保障确立 ASQA 的权威，又能确保全国的职业教育机构提供统一标准的服务。同时，ASQA 履行问责制，接受工业和技能理事会咨询委员会、澳大利亚议会问责，受其他利益相关者及监管机构等的监督，保证 ASQA 权力的正确行使，将权力关进制度的笼子里，形成有效制度保障机制。RTO 代表的是机构层面监测，体现的是职业教育和培训提供者在人才培养过程中落实职业教育和培训质量标准的过程，所有的 RTO 都必须始终符合法律要求和标准等规定，始终保障职业教育的高质量产出。在我国，中职教育隶属职业教育和成人教育部门管理，中职教育的督导评估工作由国家教育督导团组织实施，没有专门的职业教育监测机构，难以形成有效的制度约束。

2. 以 ISO 31000 为理念，构建严密的监测模式

澳大利亚实施的是以 ISO 31000 标准为理论基础、以标准为导向、基于风险的职业教育和培训监测。ISO 31000：2018 将风险管理嵌入组织

的运行实践和文化中，提出适合任何组织的风险管理途径、原则和框架。澳大利亚借鉴其理念形成职业教育和培训领域的《风险监管框架》。其中，ASQA 采用数据和信息、沟通和建议等多种方式，注重形成全面且结构化、动态且灵活化、包容且透明化的监测系统。RTO 在 ASQA 领导下采用自我保证工具进行机构层面的监测与优化，每个 RTO 都可以在保障质量的前提下定制其自身的监管方式。两个层面相互配合，力求在促进职业教育发展和实施外部干预之间实现合理平衡，较好地实现职业教育和培训监测的灵活性、管理的有效性，有力地保障了职业教育和培训质量。在我国，对中职教育的督导评估采取审核评估与实地督导相结合的形式，主要是外部施压，难以形成内驱力。中职教育管理存在着强动员、弱巩固现象，保障职业教育组织良好运行的全程监测与管理链条不完善，职业教育囿于质量困境而又难以超脱升级，严重影响了中职教育的健康发展。

3. 以监测主客体为对象，实现监测内容全面化

澳大利亚通过立法、标准和要求明确规定，监管机构、RTO 和课程负责人对其职责、资格和服务质量负有明确的责任。根据《职业教育和培训监管机构标准》《职业教育和培训课程认证标准》《职业教育和培训质量框架》等要求，职业教育和培训的监测内容包括监管机构、RTO 机构和课程标准、人员、财务及数据提供要求。由此，澳大利亚形成以资格认证框架为导向，以 RTO 为主要监测对象，以 RTO 运行为重点的常规化监测与管理机制，辅之以公开化的数据管理，促进职业教育和培训监测的透明度，确保职业教育质量。我国中职教育的评估主要围绕中职教育发展的宏观政策建设与制度创新、经费投入、办学条件保障及发展水平与特色等方面展开，内容还有待完善。而且监测信息并不公开。

4. 建立系统性数据机制，实现信息管理透明化

ASQA 推崇透明而严格的信息管理。国家职业教育研究中心是负责职业教育统计数据的独立机构。NCVER 通过收集 RTO 注册信息、质量指标数据和独立调查等，实现职业教育和培训的过程化管理及利益相关者的协同参与。AVETMISS 作为职业教育和培训数据的国家标准，推动

了所有 RTO 提交数据的统一性和可比较性。公开且多元的结果呈现，有利于增强职业教育和培训行业强化风险管理的积极性、主动性，也有助于公众走近、监督、理解和支持职业教育，真正实现用监测带动职业教育发展的效用。我国中职教育监测过程、结果不够公开化，质量监测的反向促进作用并未得到充分发挥，再加上个案的不良影响，易形成舆论再造现象，在某种程度上造成公众对中职教育的负向刻板印象难以扭转，不利于中职教育质量的提升。

第三节　中职教育质量监测突出问题

一　主体联动问题

在当前"官办、官管、官评"的模式下，政府对于中职教育实施统一管理，制定了中职教育质量保障的各类政策文件，严格明晰中职教育质量标准规模，全面规范质量评估行为，并直接管理与监控中职学校的教学工作。企业、行业协会、学生家长等只是处于从属的补充地位，对中职教育的评价难以得到真正重视与认同，政府成为保障的唯一主体。随着当前"管办评分离"改革大幕的拉起，中职教育办学主体势必要走向多元化，评估主体也将走向多元化。在这种情况下，政府的唯一主体地位就会发生相应改变。

二　指标设计问题

以政府为主导的中职教育质量评估模式，其评估的重点易集中于对外显的办学条件、仪器设备、实习场地等外部投入性资源的评估上，而对学校培养过程，特别是学生发展这一根本性问题则有所忽略。例如，2010 年，《关于实施国家中等职业教育改革发展示范学校建设计划的意见》显示，在国家级示范学校的遴选指标中大多涉及的是办学规模、办学条件，涉及学生发展质量的只有三项；2011 年，教育部出台的《中等职业教育督导评估办法》涉及教育质量的仅有三项，与学生发展最直接相关的仅有"学生一次性就业率"这一项指标。根据规定，现有中职教育质量发展评价体系，更多地聚焦于条件性保障的外在资源投入，注重的是资金、设备、校园建设、"双师型"教师比例等，而真正反映教育质量高低的学生发展并没有得到应有的关注。如此导向的评价体系容易导致中职学校片面追逐资源投入，忽视人才培养质量。

三 过程管控问题

中职教育质量评估分为外部评估和内部评估两部分。中职教育质量评估工作的有效开展，其主要方式应该是中职教育质量内外评估的有机结合。然而，以政府为主导的中职评估主体模式，以政府控制为主导，通过外部干预的形式对中职学校的教育质量进行监督与控制，形成以外部监督评价主导的评估模式。这种模式虽然对中职学校有直接的影响效力，但易忽略中职学校内部自身主动性的调动，特别是容易忽视教师、学生等利益主体参与中职学校教育质量评估工作。这种重外不重内的评估模式不利于调动中职学校主体的内在积极性，对中职学校的持续性发展易产生不利影响。

四 结果反馈与应用问题

质量监测结果如何科学合理地落地，运用的效果如何，直接影响着监测目的的达成。监测结果运用亦称监测结果应用，科学的监测结果和数据为中职教育在诊断问题、分析原因、调整政策等方面提供了依据。监测结果应用是中职教育质量提升的"解码器"，对提升中职学校的办学水平和教育质量起到了积极的作用。但是，从目前中职教育质量监测结果应用的现状来看，还存在诸多的问题，如监测结果应用的工作机制不健全、监测结果应用缺乏专业人才指导、监测结果呈现缺乏信息技术支撑、主体对监测结果应用的重视不够、监测结果的反馈存在一定局限性等。因此，要创新方式手段，强化分析，针对各级政府和中职学校做好结果应用指导，促进各地区中职教育水平和质量提升。

第四节　中职教育质量监测实践机制

综合上述国内外中职教育质量管理和监测实践的分析，从主体联动、指标构建、过程管控及结果应用等方面尽快建立系统完善的质量监测机制。

一　主体联动机制

本书通过审思政府、行业企业、学校、社会等不同的利益主体在中职教育高质量发展过程中所扮演的角色，构建基于四螺旋理论的中职教育高质量发展架构，提出"政府—行业企业—中职学校—社会机构"四螺旋协同联动模型。在模型中四个监测主体都有各自的作用，交织在一起相互作用、相互影响，形成四螺旋结构，共同推动中职教育质量监测的发展，从而形成中职教育改革创新的新动力。通过将四螺旋结构嵌入中职教育质量监测工作中，使政府、行业企业、中职学校以及社会机构等参与主体与中职教育质量监测的各项信息有效连接起来，实现各主体价值的最大化。

在"政府—行业企业—中职学校—社会机构"四主体框架下，这种中职教育质量监测主体协同参与的模式，在无形中对各参与主体起到一种凝聚作用，形成联结与合力，一方参与主体产生变化，其余参与主体也会及时更新。此模式既能发挥螺旋式上升的正向推力，也可催发循环式能量交换关系的演化升级，进而提高质量监测的效率，推进中职教育质量监测评估建设。

二　指标构建机制

以联合国教科文组织（United Nations Educational, Scientific, and Cultural Organization, UNESCO）、欧盟（European Union, EU）、德国等国际权威机构和发达国家的职业教育质量监测经验作为基础，借鉴国际

职业教育质量评价的经验，比较包括中职教育在内的职业教育质量评价指标，并在对指标属性进行分析的基础上，提取中职教育质量监测指标体系构建的参考要素。

首先，基于利益相关者的中职教育质量判断，探索中职教育质量表达的价值诉求，并以学生作为教育质量的重要利益相关者，从教育质量相关者视角寻找教育质量的证据。在利益相关者之间的关系方面，经征询职教专家的意见，以及通过对教育质量不同维度和利益相关者之间的关系分析发现，学生是中职教育质量最核心的利益相关者。在教育质量监测场域中，作为教育质量最重要的利益相关者，学生的成长和发展是教育质量监测的应有之义，也是教育质量的根本写照。因此，中职教育质量监测指标体系的构建始终离不开学生发展这一核心目标。在进行教育质量监测时，要关注他们的期望、需求与核心利益。其次，基于中职教育发展政策文本、中职学校专业教学标准与框架，对招生较多的20个专业的现行教学标准进行深入分析，旨在提取现行中职学校教学标准中所涉及的各项学生发展指标及其指标的分布与结构，同时根据这些指标在教学标准中提及的频率和分布，考察现行专业教学标准和学生发展之间的关系，以期为中职教育质量评价指标体系提供参照和基本依据。最后，由于不同利益相关者对同一类评价对象在利益诉求、认知需求、主动关心程度及感知程度等方面存在差异，因此，要充分考虑不同利益相关者的认知水平、需求和期望，并进行调查与访谈，确定访谈对象是职业教育研究专家、中职教育政府部门督导人员、中职学校校长及管理人员、中职学校教师、中职学生、家长、企业管理者等，进行开放式访谈，倾听各类人群对中职教育质量的认识，获取中职教育质量监测的初级指标，进而构建指标体系。

三 过程管控机制

全面的质量包括了全过程的质量，中职教育过程质量包含多个方面，而教育教学质量是其中的关键环节。中职学校教学诊断与改进以教学工作为核心，涉及学校专业设置、教师队伍、课程改革、课堂教学、学校管理等方方面面和所有部门，构建和完善校内全员、全过程、全方位、全要素、网络化的质量保证体系诊断与改进过程是保障中职教育质量的重中之重。从外部评估来说，现行的以政府为主导和中职学校自评为主的中职教育评估方式存在一定的弊端，以第三方为主体的评估模式在西方发达国家的教育系统中发挥着重要作用。我国以第三方为主体的评估起步较晚，从当前实践情况来看，第三方评估在高等教育领域已经取得较大进步，在中职教育质量监测中如何引入第三方还处于探索阶段。基于此，本书在中职教育质量监测政府保障的基础上，通过完善中职教育内部诊断与改进机制和外部评估机制，构建中职教育质量监测的过程管控机制，促进中职教育质量的提升。

四　结果应用机制

用好中职教育质量监测结果，是解决好质量提升"最后一公里"问题的关键。各地区应读懂监测报告，找准改革方向，促进问题的整改落实。中职教育质量监测结果应用工作机制和方案的制定是一个非常重要的手段，为改进中职教育发展问题提供依据。各地教育行政部门要将监测结果应用到实际工作中，找到不足，提出改进措施，为推行针对性的教育改革提供有力的支撑。

监测结果运用是一项综合工程，构建中职教育质量监测结果运用的工作体系，建立以协同善治为核心，教育督导部门、中职学校、行业企业、社会机构四位联动、协同推进，包括解读报告、合理归因、持续改进、跟踪评估四个关键环节的"一核四位四环"的结果运用工作机制。形成"问题诊断、协同合作、改进提升"的格局，基于监测结果真正形成干预、参与、指导、服务、提升的共同发展机制。

小　结

为提高中职教育质量，国家及其教育行政部门先后出台《中等职业教育改革创新行动计划（2010—2012 年）》等一系列政策文件，从国家层面推出重点中职学校和示范学校建设、完善督导评估制度、实施现代职业教育质量提升计划、职业教育质量年度报告制度和中职学校教学工作诊断与改进等制度措施，为形成系统完善的中职教育质量监测体制机制进行了深入探索。同时，质量和质量管理是国际社会职业教育发展的重要组成部分，其中，欧盟于 2004 年形成了欧盟共同质量保障框架（CQAF），并将其完善为欧盟职业教育与培训质量保障参考框架（EQARFVET），形成了完整的职业教育与培训质量保障体系，欧盟的职业教育与培训质量监测机制由此走向成熟。澳大利亚作为与我国职业教育规模较为相似的西方发达国家，于 1981 年成立负责收集、管理、分析和交流全国职业教育和培训部门研究与统计数据的专业机构——国家职业教育研究中心（NCVER），为澳大利亚职业教育的系统管理和质量提高提供了基础保障，并于 2011 年成立澳大利亚技能质量管理局（ASQA）。综观国内外中职教育质量管理和监测，均处于探索发展阶段，尽管取得了一定的成就，但是在监测主体作用发挥、指标设计、过程管控及结果应用等方面还存在一些问题。通过对相关问题的反思，我国中职教育的质量监测需要逐一解决谁可以负责和实施监测、如何筛选监测指标、怎么控制监测过程、如何妥善使用监测结果等问题，进而从主体联动、指标构建、过程管控及结果运用等方面建立系统完善的质量监测机制。

第五章

中等职业教育质量监测主体联动机制

党的二十大报告明确提出要"加快构建新发展格局，着力推动高质量发展"，强调高质量发展的重要性，并将其作为全面建设社会主义现代化国家的首要任务。在高质量发展的背景下，更加需要建立科学的中职教育质量监测体系。其中的关键问题是监测主体的确认，监测主体的构成状况会影响中职教育质量监测活动的成效，直接影响监测评估的准确性和客观性。本书探讨了中职教育质量监测多元化主体的甄别确认和建构思路，提出了以政府为主导，各利益相关者参与的多元化主体结构，以及主体联动机制的实现路径等。

第一节 中职教育质量监测主体联动的重要意义

随着新时代教育高质量发展和人才强国战略的实施，为推进现代职业教育体系构建，中等职业教育的发展面临着越来越复杂的挑战。在现阶段中职教育质量监测工作中，各方利益相关主体职责不明，严重影响了教育质量监测工作的质量和效率。中职教育质量监测是一项系统工程，需要统筹兼顾、多方参与才能有序推进，构建涵盖政府、中等职业学校、企业、教师、学生、第三方机构的中职教育质量监测主体协同联动机制，多元协同、多维联动、权责明晰，提高质量监测工作的实效性。

一 保障不同主体对中职教育治理的参与权和知情权

在中职教育办学中,随着政府、学校、行业企业、公众之间的联系日益紧密,以及当代社会管理民主化趋势的不断深化,吸收多元利益主体参与中职教育质量监测评估的诉求日益高涨,成为中职教育质量监测评估的发展趋势和重要方向。中职教育质量监测与评估通过建立科学的体制机制,客观全面、持续性地收集信息、分析数据和呈现监测结果,形成不同层面的质量监测报告并定期向有关部门和社会公布。在监测的实施方式上,广泛吸收中职教育系统内外部的利益相关者参与,形成多元化的监测主体模式,以此提高中职教育管理工作的透明度,这与民主管理的发展趋势相契合,保障了不同主体对中职教育治理的参与权和知情权。

二 有利于构造内外部协同的中职教育质量监测合力

通过整合中职教育内部和外部利益相关者的资源,破解单一力量薄弱、来源渠道狭窄、工作积极性不高等瓶颈。充分认识一元与多维、分工与合作的关系,推动多元化主体协同发力。实现优势互补和资源共享,发挥群体的互补效应,构造内外部协同的质量监测合力。充分调动政府、行业企业、学校、第三方机构等的资源,利用内外部条件促进中职教育质量监测工作的发展,全面提升质量监测的执行力、执行效率和执行关系。通过获得政府的支持和资源,为中职教育质量监测的开展提供一系列的保障,推动质量监测工作的合理化和规范化。政府主导中职教育质量监测的目标、内容和任务等,并由政府制定具有前瞻性和引领性的制度,保障中职教育质量监测的有序推进。引进行业企业和社会机构的资源与服务,在中职教育质量监测的人员配置、活动管理、实施过程等方面,邀请行业企业和社会机构的代表参与设计,丰富社会资源对中职教育质量监测工作的有效供给,使质量监测活动更加高效和客观。中等职业学校为教育质量监测工作的开展提供专业人才和基础数据,全力配合监测部门开展本地区的中职教育质量监测活动。

三 有助于兼顾中职教育质量监测多元主体利益诉求

职业教育是一种类型教育，高质量发展职业教育的时代已经来临，中职教育要改进质量问题，走内涵式发展道路，不仅需要集聚各方的资源，创造良好的发展条件，也要合力构建多元办学主体共建共享的新格局。中职学校教育质量监测的开展应遵循兼顾多元主体利益的原则，这是主动适应职业教育高质量发展的新要求，充分激发各利益相关方的积极性和主动性，形成推动中职教育高质量发展的合力，实现中职学校人才培养质量的稳步提升。

多元判断是动态监测的理念倡导。判断包含事实和价值两种判断行为，开展评价行为的主要目的就是为了做出判断。在传统的教育评价中，评价主体往往是唯一的，没有严格区分事实判断和价值判断，追求单一的价值尺度，得出的判断结果无法作为教育改进的依据。作为一种新的评价实践活动，教育监测与传统的教育评价不同，在信息技术的助力下，动态和实时的教育监测是对教育状态的直观呈现，它关注的是事物的实际情况，将事实判断和价值判断进行适当剥离，而且更加强调多元监测主体的通力合作，如此一来，监测活动才能高效地开展。在开展中职教育质量监测工作时，涉及到多个利益相关者，如政府、中职学校、合作企业、社会等，它们有不同的发展需求，通过发挥各自的职能优势，密切配合，相互支持，共同承担中职教育质量监测的职责。多元利益相关者共同参与中职教育质量监测，不再是由单一主体对中职教育实施事实和价值判断，进而得到更加准确和科学的监测结果，满足监测主体多样化的需求。这种多元监测主体共同主导的模式，能帮助各利益相关者全面地掌握监测对象的信息，从而使他们进行多元判断、全程参与，树立"多元主体、共同治理"的监测评估新理念。

综上所述，为涵盖所有利益主体，设计多元化监测主体的治理模式，让所有主体都能参与中职教育质量监测工作，使优势互补、互利共赢的价值诉求得以实现，从而适应中职学校教育质量监测的开展方式和发展要求。因此，由单一管理主体转向多元治理的监测主体设计是教育评价改革的呼唤，是发展优质的中等职业教育的必然选择。

第二节 中职教育质量监测主体联动的现实困境

虽然国家已密切关注职业教育质量监测评估的发展，更是从教育治理现代化的高度，着力推动此项工作的发展，但是中职教育质量监测工作还是没有受到重视，关于监测主体联动的问题层出不穷。现实问题的存在不仅表明了对监测实践进行修正的迫切性，还为中职教育质量监测主体在未来更好地实施联动提供了改进机会。因此，本书从主体的联动、设置、互动、参与动力等方面对其进行全面、深入的问题剖析，以期挖掘存在的核心问题和现实困境。

一 监测主体的联动性不强

主体之间合作意识不强。由于历来中职教育受关注较少，政府、中职学校、行业企业、社会机构之间的合作意识并不强，致使各参与主体之间的资源呈现出分散状态。政府具有政策制定权，但其颁布的规章制度并没有从根本上增强参与主体之间的联动性，其他参与主体之间的联动合作往往是借助外部力量的推动，其内生动力不足，多方之间的联动一般也是对政策的被动回应，因此在参与中职教育质量监测的过程中缺乏主人翁意识。

政府、中职学校、行业企业、社会机构之间缺少联动合作机制，中职教育质量监测的资源呈点状零星分布状态，即使有互动交流的机会，大多也是采取以参观学习、检查评优为主的方式，并未有持续、深度的相互合作项目。因此，优质资源难以共享并实现共同发展，以致各利益相关者的资源难以实现合理整合，影响中职教育质量监测工作的稳步发展。

二 监测主体的设置不合理

对中职教育质量进行监测评估是一个尤为烦琐的过程，需要多方监测评估主体参与其中，才能对中职教育质量进行全面了解和把握。但目前主要由教育行政部门、中职学校的主管部门对中职教育质量进行监测，监测主体设置不够合理，导致监测结果不够客观，较为局限。

要全面把握中职教育质量的整体情况，需要考虑很多方面的情况，如教育教学、专业设置、学生学业成绩、企业实践、实习培训、社会服务能力等，仅仅由教育行政部门、中职学校的主管部门通过主观臆断对中职教育质量进行监测评估，容易出现监测过程流于形式、态度敷衍等问题，从而导致监测结果失真。简而言之，当前中职教育质量监测，忽视教师、学生、行业企业、社会机构的监测评估作用，监测结果不够全面和翔实，中职学校的教育质量无法得到有效保障。

三 监测主体互动协作有限

在我国中职教育质量监测发展的现阶段，由于多元主体自身功能发挥不足以及彼此间互动协作程度有限，在监测主体构成人员、监测主体协同性上都存在诸多现实困境，尚未形成完善化的互动协作机制。

（一）监测人员单一、能力有限

中职教育作为教育的一种类型，既有教育的一般属性，又具有职业教育的特殊属性，由此决定了承担监测工作的主体应是多元化的，且专业性极强。但是，从整体上看，当前我国中职教育质量监测主体发育并不成熟。

首先，监测评估人员构成单一，来自行业企业的专家短缺。无论是从职业教育质量生成的理论逻辑上讲，还是从职业教育人才培养的实践需求上看，行业、企业在中职教育质量监测中发挥重要作用，理应成为中职教育质量监测不可或缺的参与人员。每当有中职教育质量监测任务时，监测人员多为政府机构、中职学校、职业教育研究机构的行政管理者或领导，较少有来自行业、企业的专家代表。这部分人员对监测理论与技能的学习系统性、深入性不够，他们的职业院校管理实践经验有余，而监测知识与技能不足。对于市场型监测机构而言，由于市场准入与机构管理制度的缺失，加之此类机构正处于起步阶段，往往规模较小、稳定性较差，在编制配备与薪酬待遇方面缺乏吸引与保障①。更是难以在短时期内吸纳有能力的监测人员参与，尤其是缺少行业企业界代表或是具有丰富监测和评估经验的专业人员，中职教育质量监测资质堪忧。此外，一部分机构的工作团队构成比较松散，往往以兼职人员为主，少部分专职岗位则是由教育行政部门的离退休人员来担任，监测机构和团队成员的专业性会影响质量监测的成效。

其次，质量监测主体的能力有限，尚未形成成熟的中职教育质量监测能力。中职教育教师不但向学生传授以知识逻辑为基础的理论内容，而且也要指导学生进行实践，为其传授以行动逻辑为基础的职业岗位技能，重点培养学生的数理智能和动作智能。这对中职教育质量监测人员提出了更高的专业能力要求，不仅需要其熟练掌握教育测量与评价、计算机软件与应用技术、数理统计等一般性的教育监测技术与方法，还需要关注到中职教育作为技能养成教育对监测评估技术与方法的特殊性要求。从现有实践来看，国家、区域层面尚未形成一套比较成熟的中职教育质量监测体系，也并未构建出具体可行的中职教育质量监测指标体系、操作程序与技术方法等。这一现象背后隐藏着一个更深层次的现实问题，即当前我国对中职教育质量监测人员开展教育培训制度的缺失。往往是在中职教育质量监测项目开展之前，举行几场针对监测项目的培训会，监测工作人员缺乏系统性、常态化的专业培训，他们一般是在实际工作中进行自我学习和经验积累，因此不可避免地导致中职教育质量监测人员能力的良莠不齐以及整体监测评估能力的有限性。

（二）监测主体协同不力

中职教育质量监测是一项复杂的系统工程，涉及政府的多个部门，需要有科学系统的制度进行协同监测。中职教育质量监测主体不应是政府单一主体，而应是政府、行业企业、中职学校、社会机构等多主体合作。当前，首先是统筹社会力量参与中职教育质量监测的制度仍然较为

---

① 王晶晶：《民间第三方教育评估机构公信力的构建》，《中国教育学刊》2016年第1期。

薄弱，资源整合度低，中职教育质量监测无法形成合力，这严重影响了中职教育质量监测的效能。其次是行政导向下多方参与监测不足。在中职教育质量监测的过程中，地方政策供给不到位，体制机制不灵活，社会力量参与的意识不强，积极性不高，行业企业、社会机构等未能真正成为中职教育质量监测主体，不同监测主体之间的长效联动机制并未健全。中职学校和政府部门结合得不紧密，中职学校在社会系统中层级较低，吸引资源的能力欠缺，与其他机构的互动关系较弱。中职教育质量监测主体协同不力，边际效益递减。

四 监测主体参与动力不足

政府、中职学校、行业企业、社会中介机构等多元主体在中职教育质量监测活动中都是有所追求与期待的，中职教育高质量发展是各主体参与监测的内在动力。虽然多元监测主体联动是中职教育质量监测活动健康发展的基石，但是参与"动力"转化为"行动"的过程受到诸多现实因素的制约，多元监测主体的参与动力明显不足。

（一）政府：放权意识不强，占据强势地位

虽然我国职业教育体制机制改革不断深化，政府、学校、企业、社会之间关系逐步理顺，但政府、学校、企业与社会的教育共治格局还未形成，在中职教育质量监测中政府仍然占据着强势地位。一方面，政府放权意识不强。在中职教育质量监测中，受到传统管理思维的影响，政府不愿意也不敢轻易放权，害怕会造成中职教育质量监测评估的混乱，影响教育质量监测的发展。同时，基于理性"经济人"的特性，政府出于自身利益的考量，在监测活动中对其他主体还表现出一定的排斥倾向，即便允许中职学校、行业企业、社会中介机构开展监测活动，也会在监测过程中对它们施加各种影响。

另一方面，政府对其他监测主体的扶持力度有限。制度变迁的路径依赖理论认为，在制度变迁的演变中，一种制度一旦形成，不管是否有效，都会在一定时期内持续影响未来的决策和制度选择，就好像进入一种特定的"路径"中一样，制度变迁只能按照这种路径走下去①。长期以来，我国政府一直沿袭着计划经济时期的管理方式，习惯于以全知全能角色包揽中职教育管、办、评的所有事务，而政府在中职教育领域这种大包大揽的传统职能定位在短时间内将难以彻底改变。这在监测评估实践中得到了清晰地印证。当前政府对行业企业、社会中介机构参与教育质量监测的扶持力度远远不够，缺乏激励性政策的扶持，由于国家力量扶持的缺失，导致难以有效和深入地开展中职教育质量监测实践。

（二）中职学校：监测态度淡漠，处于被动地位

基于对自主办学体制和提升人才培养质量的渴望和需求，在应然层面上中职学校对教育质量监测充满着期待与支持。然而，在长期的行政性监测评估环境下，中职学校养成被动地接受检查的习惯，逐渐丧失主动寻求监测评估的主体意识，这限制了学校自主监测制度的发展。这集中体现在部分中职学校缺乏主动适应社会经济需要的能力和机制方面，习惯于根据国家的计划和政府的指令开展监测工作，而不是根据社会需求和学校自身发展规律开展监测活动。中职学校自主监测是促进学校内涵式发展、提升教育质量的内驱动力，然而，在传统的教育评估价值取向下，中职教育质量监测基本上侧重于教育行政部门对学校的检查评估，学校本身的自主监测基本上被排斥在外。

在学校组织层面，大多数中职学校没有形成自主监测的理念和办学管理形态，没有充分调动学校教职工参与学校管理和发展的积极性和主动性，加之学校自主监测制度的缺失，在一定程度上制约了学校发展。目前中职学校还只是停留在学期末或年终的结果性评价上，缺乏自我动态监测的意识，加之缺少专业的人员和监测知识、技能，因此中职学校在推进自主监测过程中出现没有专业人士指导、缺少技术支持、被动保守、沟通不顺畅等问题。同时，中职学校管理制度也限制了学校自主监测的发展，学校若要实施自我监测，就要转变学校管理理念和相应的制

---

① 李子彦：《教育中介组织参与公共教育治理：功用、困境及路径》，《黑龙江高教研究》2017年第3期。

度安排。学校自主监测坚持"自我诊断、靶向改进"的工作方针，注重对教学质量、学生发展等与教育质量密切相关的要素进行监测与评估。此外，质量监测的重要性日渐凸显，这要求探索建立学校自主监测评估制度，建立外部督导评估与内部自主监测相结合的协同监测工作体系，为中职学校优质发展提供保障与服务。

（三）行业企业：参与意识淡薄，积极性不高

行业、企业作为重要的办学主体和监测主体，也面临着参与监测动力匮乏的问题。近年来，虽然政府有关部门开始重视行业企业在中职教育质量监测评估中的作用，也采取了多样化的途径吸引行业企业参与，但部分行业企业参与监测的积极性受限于诸多现实因素，仍待进一步加强。

一方面，行业企业主动参与中职教育质量监测的意识淡薄。当前我国行业企业普遍缺乏主体性办学理念，未能充分意识到其自身作为中职教育质量监测主体的重大责任和重要作用，甚至担忧参与监测活动会给企业带来额外的管理负担和运营成本等。因此部分行业企业在对待中职教育质量监测态度上略显消极。另一方面，参与监测评估是行业企业应当承担的社会责任。在现实中，行业企业或因参与意识不足，或因参与成本考量，最终参与中职教育质量监测的积极性不高。因此，要提升行业企业主动参与中职教育质量监测的社会责任感，并强化责任意识。企业作为用人单位，中职学校为其输送合格的技能人才，为了回馈教育，理应积极参与中职教育质量监测，加大中职教育投入。而且我国的技能考核和国家职业资格证书制度还有待进行严格、科学的评价和监测，这种考核制度和认证机制尚待行业企业参与和完善。

（四）社会机构：发展动力不足，参与动力受挫

由于缺乏历史传统及健全的教育政策法律双重保障，社会机构参与中职教育监测的市场还未真正形成。一是我国社会监测评估机构发育较晚，还缺乏成熟的社会监测评估机构，各地所引入的社会监测评估机构多数是在政府主导下培育发展起来的。二是政策文本中对社会机构如何参与中职教育质量监测缺乏配套政策规定和实施细则说明，包括社会机

构如何参与到具体的质量监测实践中、如何保障社会机构监测工作的专业性及监测结果的公正性等。在中职教育质量监测实践中，虽然部分社会机构和专家等已介入并发挥着一定的作用，但还存在如下两方面问题。

首先，从中职教育视角进行考察，由于受传统评估体制的影响，我国中职学校缺乏主动寻求社会机构监测的需求。加之，政府和中职学校对于社会机构的功能和作用不甚了解，在一定程度上导致了中职教育对于社会机构的需求有限，无法与这类社会机构形成常态化的交流与合作。社会机构往往是第三方中介监测组织，是监测活动的实施主体，而中职学校是监测活动的实施客体，若是客体需求不足，作为监测主体的社会机构也就丧失了积极性和主动性，失去了自我发展的强大动力。

其次，从政府视角来审视，当前我国政府在社会机构开展监测活动中存在着过多的行政干预。这直接引致社会机构寻求监测项目的内生性发展动力不足。当前我国各省级的教育评估院、教育评估中心主要以接受政府委托来开展一些职业教育质量监测评估活动，其实际组织功能的发挥主要体现在为政府提供政策咨询上，在一定程度上会受到政府目标的影响，而其自身主动寻求教育监测、自主开发的监测活动几乎没有。由于官方或者半官方性质的社会机构在市场上占有一定优势地位，市场型社会机构很难进入教育监测评估领域与其展开竞争，组织生长空间受到限制，参与中职教育质量监测的动力也因此受挫。

第三节 中职教育质量监测主体联动的机制构建

为形成一个统筹开放和立体高效的多维主体联动机制，本书基于新公共管理理论、利益相关者理论和四螺旋理论构建中职教育质量监测多元主体参与的关系模型，分析政府、企业、学校、社会之间的协同关系，并基于多维主体联动的关系模型提出中等职业教育质量监测主体框架，各个主体携手发力、紧密合作、耦合联动，才能确保监测工作扎实见效。

一 质量监测主体联动机制构建的理论基础

(一) 新公共管理理论

1. 新公共管理理论的基本内涵

从 20 世纪 70 年代开始,凯恩斯主义倡导的"全能政府"理论遭到了新自由主义的批判,随着管理主义和韦伯官僚制的持续争论,公共管理理论逐渐突破了公共行政理论的范式基础,以经济上的新自由主义思潮、政治上的公共选择理论和私营工商企业管理为理论的社会学基础,以新兴的信息技术为自然科学的依托,在西方公共管理学界逐渐形成了新公共管理理论。随着英、美、日等国家新公共管理运动的蓬勃发展,以经济学理论和管理学理论为基础理论范式的新公共管理模式逐渐取代了以官僚制为核心的老行政管理模式。与传统的公共管理模式不同,新公共管理理论以"理性经济人"为逻辑起点,强调经济、效率和效益,重视结果和产出,在管理方法上主张用市场经济的竞争理念和机制,以市场和顾客的需求为取向。新公共管理理论的基本内涵如下。

(1) 积极转变政府职能

公共组织可以分为四种类型,即政策组织、规制组织、服务提供组织和服从型组织。其中,政策组织应当完全属于政府意义上的组织,规制组织部分是政府的,也可能部分是政府外的组织,服务提供组织和服从型组织基本上是以独立于政府外的公共管理组织形式而存在的。政府严守公共政策制定的职能,运用公共政策的引导来保证政府外公共组织有效承担公共管理的职能就属于政府公共政策化,即将政策职能与管理职能分开。也就是说,政策组织与规制组织负责"掌舵",而服务提供组织和服从型组织负责"划桨"。掌舵的人应该看到一切问题和可能性的全貌,并且能对资源的竞争性需求加以平衡。划桨的人聚焦于一项使命,并将这件事做好。掌舵型组织需要发现达到目标的最佳途径,划桨型组织倾向于不计代价来做好这件事。政府的管理职能是掌舵而非划桨,分离政府的政策职能和管理职能可以减少开支,提高效率。

新公共管理认为,政府的社会职责是根据顾客的需求向顾客提供服务，这样才能满足多样化的社会需求并促进政府服务质量的提高。具体来说，通过调查、倾听顾客意见、建立明确的服务标准、向顾客做出承诺以及赋予顾客选择"卖主"的权利，才能实现改善公共服务质量的目的。新公共管理要求政府不再是凌驾于社会之上的、封闭的官僚机构，而是负有责任的企业家，公民是其"顾客"。政府要尽力满足公共需要、提供优质服务。

（2）采纳先进企业的管理经验

在传统官僚制组织结构中，权力高度集中，一线人员往往缺乏自主权，依令而行，往往难以适应复杂多变的外部环境。但是时代快速发展，技术日新月异，社会背景的快速变化要求政府迅速做出相应的反应。企业往往采取分权的方式，通过减少层级、授权和分散决策等方法来提高决策效率。新公共管理要求打破传统的科层制，提倡用授权、分权的方法应对外界变化，注重结果和产出。同时，在用人方面，要打破政府的"终身雇佣制"，借鉴企业的合同制、绩效奖励制度和退出机制，让政府工作人员"活"起来。政府通过下放权力，实行参与管理，简化内部结构等级，提高公共服务部门的效率，重视人力资源管理。

（3）利用市场优化资源配置

新公共管理强调政府应广泛采用企业成功经营的管理手段和经验，引入市场竞争机制，强调成本—收益分析，充分发挥市场作用。传统公共行政多关注投入，忽视产出，一些决策甚至不计结果。新公共管理允许企业或者公共组织参与公共服务的供给，把政府所从事的服务和业务推向市场，以减少投入，提高公共服务供给的质量和效率。同时，引入市场竞争机制，打破了政府一成不变的管理方式，对于推动政府部门的改革具有重要作用。此外，新公共管理采用全面的目标管理和质量管理，不仅注重工作过程，而且注重工作结果和产出，对超额完成目标的员工进行奖励，特别注重对政府工作人员的物质奖励等方面。

（4）重构绩效评估体系

新公共管理要求加强对公共服务部门的绩效评估。绩效评估是通过科学的方法、程序和标准，对公共服务部门的成就、业绩做出客观、准确的评价。公共服务部门的绩效评估内容包括效率和成本收益、顾客满意度、投入产出比率、服务质量等方面。在实践中，绩效评估主要以经济、效率、效益为标准。在具体操作中可以根据工作特点和组织性质设计一系列指标体系，进行量化分析，从而对公共服务部门的服务改进提出指导性建议。同时，也让政府对群众的需求更负责任。新公共管理要求政府工作人员坚持"民本位"，增强服务意识，以服务群众为目标。

2. 新公共管理理论对中职教育质量监测的启示

（1）树立人才培养的服务理念

政府对中职学校人才培养进行引导和管理是必要的。管理过严会导致学校缺乏自主权，学校缺乏特色和变化，对人才培养带来不利影响。管理过松则可能会让学校失去方向，走上错误的道路。政府应转变角色定位，从管理走向服务，做"有限政府"和"服务型政府"，以服务中职学校人才培养为基本前提，政策文本的制定要充分考虑到学校人才培养的实际情况，以及学生、家长和社会的教育诉求和需要。让政府从原来的举办者、管理者和评价者转变为政府管理、学校自主办学、社会广泛参与的格局。

（2）建立多主体协调参与机制

长期以来，中职学校和政府之间依附关系强烈，中职学校的办学经费多来源于财政拨款，政府对学校办学的管控比较严格，学校在人才培养、专业设置、课程教学、师资队伍招聘等方面缺乏自主权。政府和学校之间的强关联，在一定程度上造成了学校和企业之间的弱关联，行业企业参与中职学校办学、人才培养等方面的积极性不高。基于新公共管理理论，政府应该下放中职学校办学自主权，鼓励企业参与中职学校办学、人才培养、专业设置、课程建设、师资培养等方方面面。并且要创造条件，为企业参与中职学校办学提供政策便利和服务平台，建立企业与中职学校之间的利益合作关系，提高企业参与中职学校教育的积极性和主动性。

在新公共管理视角下，中职教育质量的监测主体应当来自不同利益集团，但是第三方专业机构应当直接参与对中职教育质量的绩效监测过程，政府则通过相关绩效标准，对中职教育质量实施间接监控。在监测内容上，由于强调结果与产出，因此必须制定相应的监测指标或评价标准。

(二) 利益相关者理论

1. 利益相关者定义

教育质量本身就是一种价值表达，教育质量价值表达的根本在于利益需求，从根本上讲，"利益"不外乎是指"一个主体对一个客体的享有"，或者是"主体及客体之间的关系"，利益与价值关系密切，利益实际上是主体对客体所期望或赋予的某种被主体所获得或肯定的积极价值，表达的是对具体存在者及其诉求的满足程度的质量评价。质量评价是利益相关者的价值表达，利益相关者理论可以有效说明基于利益主体需求的中等职业教育质量的重要利益主体。利益相关者理论是西方经济学家在20世纪60年代研究公司治理时提出的一种理论主张，后来发展成为一种管理理论。

20世纪80年代美国经济学家弗里曼在《战略管理：利益相关者管理的分析方法》一书中指出，所谓利益相关者的管理理论，就是管理者为平衡各利益相关人员的诉求而进行的管理工作。不同于股东至上的理念，利益相关者理论认为，企业利益追求应满足各相关者的诉求，而并非个别主体的利益，是对集体利益的诉求。所谓利益相关者是指"那些能够影响组织目标实现，或者被组织目标实现的过程所影响的任何个人或群体"。弗里曼定义了利益相关者理论，但是没有给出企业如何识别利益相关者的方法。

2. 利益相关者的识别与分类

根据美国学者米切尔等[①]于1997年提出的米切尔评分法，利益相关者具有三个属性：合法性、权力性以及紧迫性。合法性（legality）即某一群体在法律和道义上的权利，如该群体是否有权分配组织资源。权力性（power）则指某一群体拥有的影响组织决策的权力，如该群体能否凭借政策、地位或权威来影响组织发展。紧迫性（urgency）是指某一群体

[①] Mitchell, R. K., Agle, B. R., Wood, D. J., "Toward a Theory of Stakeholder Identification and Salience: Defining the Principle of Whom and What Really Counts", *Academy of Management Review*, Vol. 22, No. 4, 1997, pp. 853–886.

的要求能否立即引起组织管理层的关注,如该群体反映的意见能否迅速得到组织反馈。根据利益相关者的这三类属性,米切尔又把组织的利益相关者分为核心利益相关者、重要利益相关者和次要利益相关者,并指出管理者应该给予不同类型的利益相关者不同程度的关注度[1]。核心利益相关者与组织的关系最为紧密,多数关乎组织的核心发展,包含全部三种属性,对组织影响是最重要的,具有很高的确定性,管理者必须十分关注他们的意愿和要求,并设法加以满足;重要利益相关者与组织的关系比较紧密,与组织发展具有一定的联系和交叉,包含三种属性中的任意两种,对组织的影响比较重要;次要利益相关者与组织的关系不太紧密,一般处于组织的外部,只拥有三种属性中的一种,具有一定的潜在性[2]。他们认为,某个组织的利益相关者至少应符合以上属性中的一条,即对该组织拥有合法的索取权,或者可以施加压力于组织决策,或者受到组织管理层的关注,否则就不是该组织的利益相关者。胡赤弟运用米切尔提出的分析框架将利益相关者的界定与分类结合起来,依据利益相关者所得分值将利益相关者分为三种类型:确定型利益相关者,同时拥有合法性、权力性和紧迫性;预期型利益相关者,具备三种属性中的任意两种;潜在型利益相关者,只具备三种属性中的一种。利益相关者理论的提出给中职教育质量监测主体研究提供了良好的理论基础,充分了解各利益相关者的利益需求,以激发中职教育质量监测主体的联动效应。

1998 年,克拉克(Clarke)与克莱格(Clegg)在其著作《范式转换:21 世纪管理知识转型》中最早将利益相关者理论与质量管理活动结合在一起。随后,该理论在质量管理活动中得到进一步深入。在质量管理的语境中,利益相关者实际上是对教育质量提供以及产出标准有特别

---

[1] Mitchell, R. K., Agle, B. R., Wood, D. J., "Toward a Theory of Stakeholder Identification and Salience: Defining the Principle of Whom and What Really Counts", *Academy of Management Review*, Vol. 22, No. 4, 1997, pp. 853–886.

[2] 李桂荣、尤莉:《县域义务教育均衡发展指标的优先性鉴别——基于对不同类型利益相关者的调查》,《教育发展研究》2015 年第 18 期。

兴趣的群体，包括政府、雇主、学生、学术与行政人员、机构管理者、未来的学生及其父母、纳税人等。教育质量利益相关者参与教育的提供并从中受益，通过利益相关者分析和理解教育质量，这一视角生动地突出了质量背后的"主体形象"，通过各利益主体表达其自身的利益诉求，触及重要的质量利益相关者的价值观念和诉求，形成合适的教育质量的价值表达。教育质量与利益主体的相关程度的大小，可以借用费孝通先生提出的社会结构分析方法"差序格局"进行表述，旨在描述亲疏远近的人际格局，如同水面上泛开的涟晕，由中心向外一圈一圈延伸开，按照与中心距离的远近来划分亲疏关系，中等职业教育质量主体间的差序格局表现的主要利益相关者及其关系如图5-1所示。

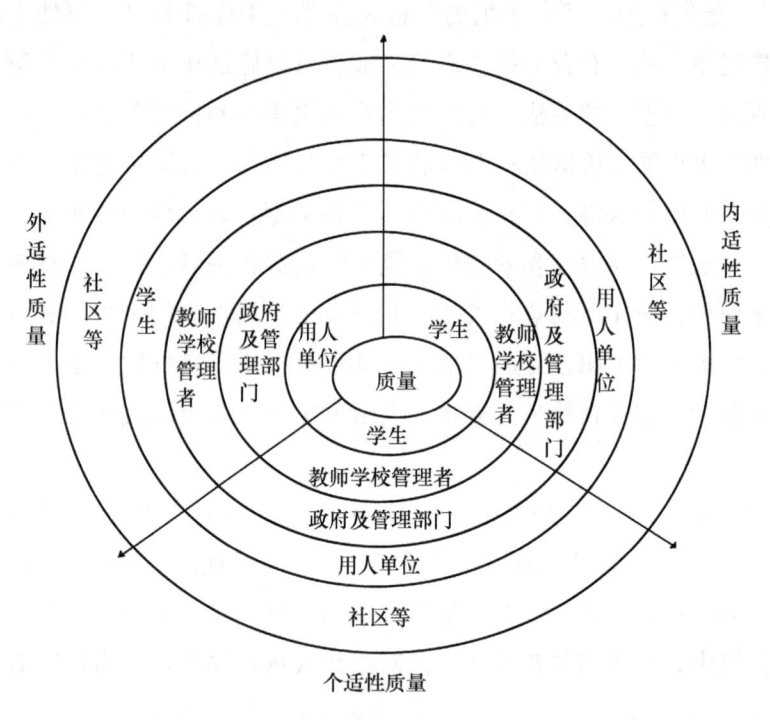

图5-1 中职教育质量利益相关者"差序格局"

中等职业学校的利益相关者广泛，如政府、管理机构、学校管理人员、教师、学生、家庭、社区、社会公众、企业都是中等职业教育的利益相关者。从与中等职业教育的关系上看，这些利益相关者可以划分为内部利益相关者和外部利益相关者两个层次：（1）内部利益相关者。中职学校的内部利益相关者主要包括学校领导者、管理者、学生、教师等。学校领导和相关管理人员是中职学校的关键利益相关者，其办学理念直接影响着学校的发展；学生是中职学校最为重要的直接利益相关者，他们的数量和质量直接关系着学校的发展；教师是学校教学活动的执行者和质量提升者，其个人素养和教学能力在很大程度上决定着教育质量的提高与否。（2）外部利益相关者。中职学校的外部利益相关者主要包括政府及其管理部门、企业事业单位、社区等。中职学校的生存和发展离不开政府的支持，政府既是中职学校发展的投资者，发展的受益者，同时又是中等职业教育的监管者。政府是中等职业教育质量保障的确定型利益相关者。企业事业单位属于社会公众，是用人单位，希望中等职业教育能培养出各类人才，满足其用人需求。第三方机构、社区也会受到中职学校的影响，这些外部利益群体属于潜在的、不可忽视的利益相关者。总之，中等职业教育质量的利益相关者构成了一个疏密有度的质量相关的利益群体，从图5-2可以看出师生也是中等职业教育质量非常重要的利益相关者。

3. 利益相关者的分析工具

利益相关者的识别是便于管理者根据不同的类型采取不同的措施，因此需要判断各利益相关者的利益诉求和维护自身利益的权力[1]。权力/利益矩阵[2]是Mendelow于1991年提出的，目的是便于分析利益相关者在管理影响上的差异性。权力/利益矩阵的横坐标代表利益相关者的利益需求程度，纵坐标代表利益相关者追求利益的权力大小。从这两个维度出发，可以将利益相关者划分为A、B、C、D四个模块（如图5-3所示）。

---

[1] Markwick, M. C., "Golf Tourism Development, Stakeholders, Differing Discourses and Alternative Agendas: the Case of Maita", *Tourism Management*, No. 21, 2000, pp. 515–524.
[2] 王兆华、许世建：《利益相关者视角下职业教育校企合作财税支持政策研究——基于NVivo的政策文本分析》，《职业技术教育》2019年第18期。

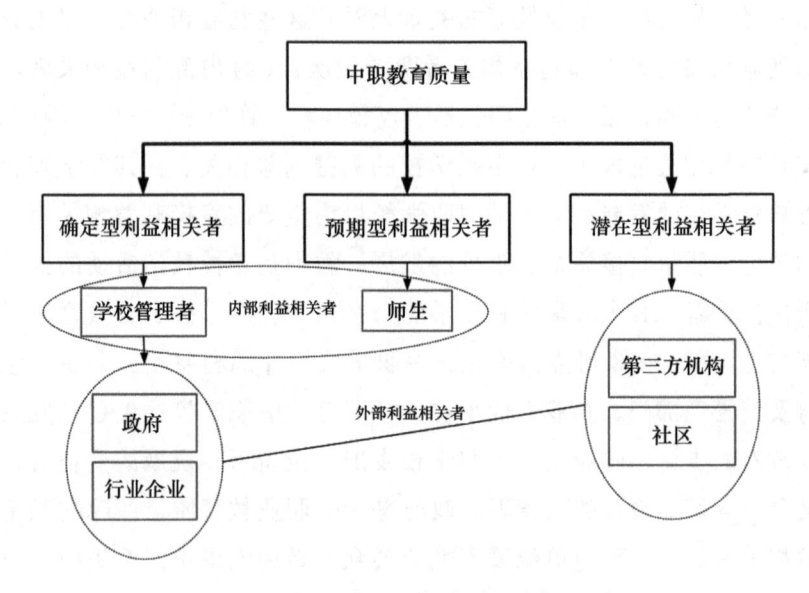

图 5-2　中职教育质量利益相关者构成

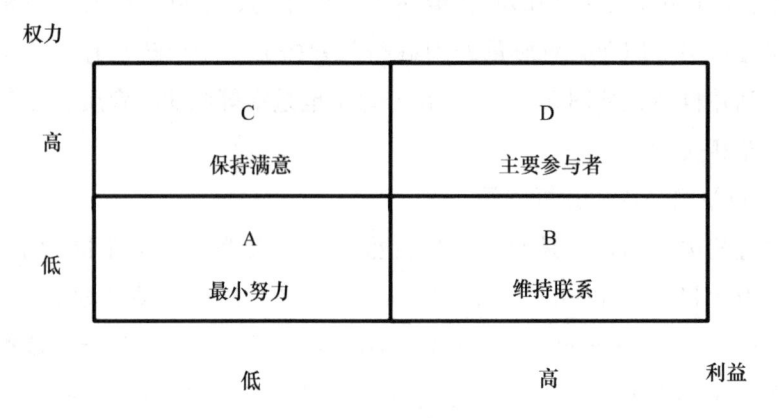

图 5-3　Mendelow 提出的权力/利益矩阵

权力/利益矩阵四个区域的含义如下：

区域 A：该区域的利益相关者具有低利益、低权力特征，即"最小努力"的利益相关者，容易被管理者忽视。他们很少表现出对组织的决策感兴趣，也没有权力影响管理者策略的实施。因此，管理者分配最少的精力和时间关注这类群体。

区域 B：该区域的利益相关者具有高利益、低权力特征，即"维持联系"的利益相关者，其本身没有足够的能力实施变革，通过与其他利益相关者结成联盟来增强其自身的整体影响力，给管理者施加更大的压力，维护其自身利益。管理者必须与之保持沟通，确保不会出现大问题。

区域 C：该区域的利益相关者具有低利益、高权力特征，即"保持满意"的利益相关者。该区域的群体一般不会行使其自己的权力。但是，在其利益无法得到满足时，该群体可能会行使其自身的权力，变成高需求、高权力的群体，将会严重影响管理者的利益水平。因此，管理者必须时刻保持该区域利益相关者的满意度。

区域 D：该区域的利益相关者具有高利益、高权力特征，即"主要参与者"。该区域的群体具有显著的影响力；他们有足够的能力阻止变革或策略的实施。管理者必须分配大量的时间和精力，满足该区域利益相关者的利益。

综上所述，利益相关者理论为中职教育质量监测评估提供了方向性的指引，在实践中，必须尊重多元化主体的协同性、差异性、多样性，建立多元主体良性互动、协同监测的制度、机制、平台以及提供机会，全面激发多元利益主体参与的主动性、积极性和专业性，促进中职教育质量监测评估水平的提高。

(三) 四螺旋理论

四螺旋理论是在三螺旋理论的基础上发展而来的。三螺旋概念源于生物学领域，20 世纪 90 年代以后，很多学者围绕"大学—产业—政府"（University-Industry-Government，UIG）三者展开研究，成果不断涌现出来。三螺旋理论是由美国社会学家埃茨科威兹等人于 1995 年提出来的，关注政府、大学、企业三者于知识经济时代中的互动关系[1]。三螺旋理论打破了政府、大学、企业之间传统的边界划分，更加强调三者之间耦合联动。自三螺旋理论提出后，在我国政产学研等相关研究中得到广泛

---

[1] Henry Etzkowitz and Loet Leydesdorff, "The Dynamics of Innovation: From National Systems and Mode 2 to a Triple Helix of University-industry-government Relations", *Research Policy*, Vol. 29, No. 2, 2000, pp. 109 – 123.

应用，从中衍生出了"产学研""官学研"等相关概念。周春彦等学者首次提出了包含社会公众在内的双三螺旋理论体系，指出双三螺旋互动自反的实质就是一种四螺旋①。在此基础上，随着 UIG 知识的不断市场化，美国学者 Carayannis 首次提及了知识生产模式三，在三螺旋模型的基础上增加了"社会公众"这一螺旋②。从"三螺旋"到"四螺旋"的转变主要是从利益相关者的角度出发的，更加关注社会公众的意愿，通过引入公众参与机制使中职教育高质量发展成了一种无边界的活动，凸显四螺旋理论多层次、多形态、多节点的特点。中职教育质量监测主体联动涉及了多方参与主体，与四螺旋理论的逻辑有着内在统一性，因此该理论为中职教育质量监测主体联动机制研究提供了新的理论视角。

2020 年，教育部等九部门印发《职业教育提质培优行动计划（2020—2023 年）》，该行动计划提到"完善政府、行业企业、学校、社会等多方参与的质量监管评价机制"。因此，基于四螺旋理论模型，将"社会机构"引入中职教育质量监测工作中，以建构"政府—行业企业—中职学校—社会机构"协同耦合的四螺旋质量监测主体联动机制。阐述这一机制下政府、行业企业、中职学校、社会机构等监测主体之间的契合、互动，为提高我国中职教育质量监测工作的成效提供理论支持与理路参考。在四螺旋理论中，四个监测主体之间协同合作，有助于构建一个相对稳定的中职教育高质量发展的运行体系。

二　质量监测多元化主体的甄别确认

根据利益相关者理论，组织本身是由各种拥有不同利益和不同期望的人组成的。从办学实践上看，中职教育质量监测评价的利益相关者是指所有对质量监测评价目标和执行感兴趣，并对其目标实现具有影响的

---

① 周春彦、亨利·埃茨科威兹：《双三螺旋：创新与可持续发展》，《东北大学学报》（社会科学版）2006 年第 3 期。

② Carayannis, E. G., Campbll, D. F. J., *Mode 3 Knowledge Production in Quadruple Helix Innovation System: 21st-century Democracy, Innovation, and Entrepreneurship for Development*, New York: Springer Science + Business Media, 2012, pp. 69–72.

群体和个人。本书依据四螺旋理论和利益相关者的分类法，结合相关法律法规等规范性文本，认为中职教育质量监测的多元化主体主要包括政府、学校、行业企业、社会机构，其中，中职学校的监测主体包含学校质量负责人、教师、学生，社会机构由监测评估机构、科研机构组成。

中职教育质量监测要充分吸取多元主体共同参与的改革思路，由政府、学校、行业企业、社会机构等多方力量共同参与，加强"放管服"改革，促进管办评分离。其中，政府是监管主体，学校是内部监测主体，行业企业、社会机构是外部监测主体。与此同时，围绕当前的中职教育质量观，学校整体水平、专业特色发展、日常教学状态、政策执行情况是质量监测的重点分析单位。

（一）政府：监管主体

政府承担着制定政策、转变职能、培育社会组织、监管评价工作等任务。一是顶层设计质量监测制度体系，政府通过制定中职教育质量监测的有关政策和制度、质量的参照标准、指导方案等，加强对中职教育质量监测工作的组织领导，在分层和分类监测上，统筹和监督有关部门有序开展质量监测工作。二是培育打造一批有效服务中职教育质量监测、能负责能问责的专业学会、行业协会、专业机构等各类社会组织，促进社会组织提高自身能力，建立自律机制，加强职业化建设，不断提高专业权威性、社会公信力和政府认可度。三是加快转变职能，进一步简政放权，推动社会广泛参与，形成中职教育质量接受社会评价、教育成果接受社会检验、教育决策接受社会监督的局面。

（二）学校：内部监测主体

中职学校是承担中职教育任务的机构，既是接受外部质量监测的基础单元，也是进行自我质量监测的组织机构。中职学校要建立教育质量自我保证制度，强化学校质量的主体意识，完善质量内控机制。根据学校确定的人才培养目标，围绕专业建设、课程开发、教学过程、资源管理等环节，对教育质量进行全面监测与改进。学校在自我监测的基础上形成中职教育质量监测报告，进而建立起有效的校内教育教学质量监测机制，建立健全学校内部质量监测体系，充分行使办学自主权，增强自主办学和自主发展能力。教师和学生作为中职教育直接的利益相关者之一，他们对学校的教育教学水平、教师发展与服务、教学质量、学生指导与服务、学生实习与就业等方面有着最直接的感受和最优先的发言权，理应成为监测主体并平等地参与到学校质量监测评估体系的建设中。

（三）行业企业：外部监测主体

行业企业既是校企合作人才培养中的教育方，也是学生毕业后的用人方，它们是质量监测参与主体中不可或缺的组成部分。同时，这也是市场对资源配置起决定性作用的必然要求。目前学校与企业合作的方式主要是，企业为学生提供就业与实习岗位、企业与学校联合实施订单式培养、企业参与学校专业教学等，显示出校企合作更多表现的是学校邀请企业参与的单向度驱动，还需要向校企双向互动与驱动转变。同时，在企业参与方面尤其需要加强的是质量评价、质量监测的参与，这是确保中职教育校企合作有效性的重要方式。行业企业在质量监测中的重点，是参与监测评价本行业中职教育的专业人才培养目标、教学基本要求、专业设置、教学计划制订、课程开发、教材建设，以及专业教学标准、实训教学仪器设备配备标准和教学评估标准等。为此，要加快建立行业企业参与质量监测的机制，吸收行业企业参加中职教育质量监测，把行业企业的监测评价作为衡量办学质量的一项重要指标。使得职业教育所提供的专业课程、所培养的人才、所创造的科研成果，都能接受市场和社会的检验。

（四）社会机构：外部监测主体

社会机构主要由监测评估机构、科研机构组成。首先，在理念上，社会机构开展监测评估始终秉持的是客观、中立的理念，其监测评估过程独立于政府与中职学校之外，不仅可以淡化传统评估模式的行政色彩和政府干预，还能实现监测评估与管理、办学的过程分离。其次，在方法上，社会机构注重发挥中介机构特别是来自于职业教育行业内的专家、学者的独立作用，推进中职教育质量监测评估从过去的行政权威主导向专业权威主导转移，实现监测评估方式的现代化转型。最后，社会机构参与中职教育质量监测，重点是发挥其专业性和独立性，以此使管理者、执行者和监督者相对分开。加强新型智库建设，促进研究手段和方法创新，不断提高其监测评价水平。

表 5－1　　　　　　　中职教育质量监测多元主体特征

利益相关者类型	主体	权力性	合法性	紧迫性	特征
确定型利益相关者	教育督导部门	最大	最大	最大	具有最大的合法性和权力性，是关键的利益相关者。事实上，预期型利益相关者可以授权而成为权威型利益相关者的利益代表
	中职学校管理层	较强	较强	较强	中职学校是监测主体，也是监测客体，学校管理层代表学校实施监测工作，具有权力性、合法性和紧迫性
	行业企业代表	较大	较大	较大	合法性、权力性和紧迫性都较大，常常在监测评价过程中，通过达成关键的联合来表达利益诉求和提出改进建议
预期型利益相关者	师生	较小	较强	较强	具有合法性和紧迫性，但影响力较弱，因此在评估过程中只能依赖于其他主体的影响力，或与其他利益相关者联合表达利益诉求和建议
潜在型利益相关者	监测评估机构、科研机构	较大	无	无	拥有一定的权力性，但由于缺乏政策支持与职责，不具有紧迫性和合法性，限制了该主体权力性的发挥

在中职教育质量监测的利益相关者中，政府、企业和学校能够对决策构成直接影响，拥有特定的索取权，且其要求会在较短的时间内引起关注，因此是确定型利益相关者。师生具有特定的索取权，但不具有影响决策的地位、能力及相应的手段，因而是预期型利益相关者。社会机构虽然也是利益相关者，能够影响决策，但不具有特定而直接的索取权，其意见也不能立即得到关注，因而是潜在型利益相关者。只有充分认识到各个利益相关者的特征，才能充分发挥各主体的作用，中职教育质量监测主体才能顺利开展相关工作。根据米切尔的管理策略，为了提高中职教育质量监测工作的成效，根据利益相关者的分类，满足不同主体的

利益要求，使他们愿意承担中职教育质量监测的相关责任。

因此，我们可以看出不同主体对于监测评估的合法性、权力性和紧迫性是不同的，基于利益相关性大小，其价值诉求也不同。从不同主体来看，政府注重中职教育与地方经济社会发展的契合度和贡献度；中职学校注重其自身的资源、条件以及政府所关注的质量指标；用人单位（企业）体现了"企业本位"的价值取向，企业关注受教育者的实用性，强调受教育者是否能尽快融入企业文化并能迅速为企业带来价值效益；教师则更倾向于办学条件和资源的获取，以及学校及学生的认同；学生则关注教育投入与回报以及个人能力素养的提升；第三方监测评价机构和科研机构是专业的评估组织，是与政府、学校相独立的第三方角色，它不受外在力量的左右，以中立的立场做深入、独到的评估，对于监测评价存在的问题能够提出合理的解决方案，是监测评价潜在的利益相关者。

教育督导部门、学校内部管理层、师生、行业企业、社会机构是主要的监测主体。教育部门是中职学校得以持续发展的保障，站在宏观的角度检验中职学校是否定位正确、是否对区域经济有贡献等，是学校发展的领航人；学校内部管理层作为中职学校的领导队伍，参与测评工作可以起到内省、自检作用，促使学校内部改正错误、发扬优点；教师一般通过自评、互评等评价方式促进教学水平的提高，从而提升中职教育质量；学生是教学活动的主体，也是学校主要的服务对象之一，学生的反馈对中职教育质量的提升具有一定的意义；行业企业、社会机构属于外部的监测主体，它们的反馈意见对中职教育的发展至关重要。行业企业、社会机构参与中职学校教育质量监测工作的覆盖率不大，还未真正融入中职教育发展当中。

三　质量监测主体联动机制模型构建

（一）模型建构及说明

本书通过审视政府、行业企业、学校、社会等不同的利益主体在中职教育高质量发展过程中所扮演的角色，构建基于四螺旋理论的中职教

第五章 中等职业教育质量监测主体联动机制

育高质量发展架构，提出"政府—行业企业—中职学校—社会机构"监测主体联动机制模型（见图5-4），以期为中职教育质量监测主体联动提供框架性参考。

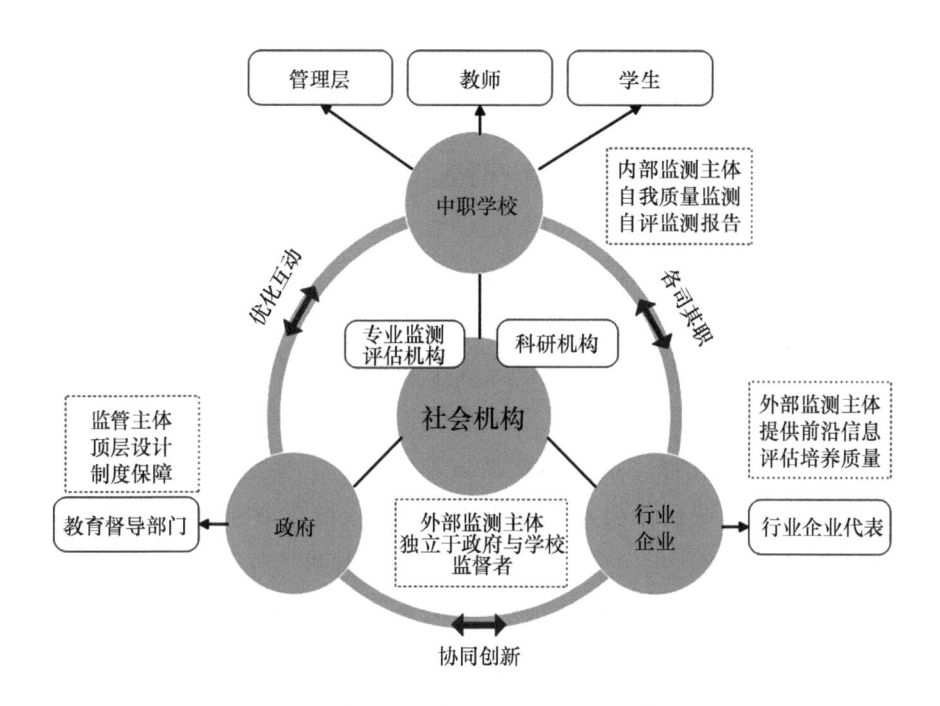

图5-4 中职教育质量监测主体联动机制模型

中职教育质量监测主体的四螺旋模型主要是由政府、行业企业、中职学校和社会机构四个组织单元构成。在这一模型中四个主体都有各自的作用，而且交织在一起相互作用、相互影响，形成四螺旋结构，共同推动中职教育质量监测的发展，从而形成中职教育改革创新的动力。通过将四螺旋嵌入中职教育质量监测工作中，使政府、行业企业、中职学校以及社会机构等参与主体与中职教育质量监测的各项信息有效连接起来，实现各主体价值的最大化。政府、中职学校、行业企业和社会机构之间的螺旋互动还体现在各个"螺旋"之间会适时拓宽其边界，调整其自身功能上，进而推动中职教育质量监测的发展。

在"政府—行业企业—中职学校—社会机构"四螺旋模型框架下，

各方主体能够在无形中汇聚其力量，形成强大合力。这种中职教育质量监测主体协同参与的模式，可以调动一切积极因素，明确各方主体的任务，当任意一方主体产生变化，其他主体也会跟着变动。此模型呈现出螺旋式上升的趋势，不仅会产生正向推力，也能促发循环式的能量交换，进而提高质量监测的效率，推进中职教育质量监测评估的建设。

（二）内在机理

运用四螺旋理论厘清"政府—行业企业—中职学校—社会机构"的分析框架，有助于中职教育高质量发展，构建一个多主体协同发展、相互适应的中职教育质量监测生态系统。

1. 功能定位

通过四螺旋理论，我们可以发现中职教育质量监测的运作并不是靠单一部门就能实现的，而是需要各个部门或群体各司其职、群策群力，共同为中职教育质量监测贡献力量，各主体相互合作，发挥其自己的独有功能。政府作为宏观设计者，主要承担政策制定、制度保障、资源分配等重要职责。我国的中职教育质量监测工作主要由教育督导部门统一管理，教育督导部门是中职教育质量监测的监管主体，其主要扮演着管理者和保障者的角色，往往是从行政层面来规范和引导学校的教育管理、办学行为等。整个质量监测工作是一个系统工程，首先需要进行监测的顶层设计，确定工作进度安排，明确各参与主体的工作职责，确立监测的质量标准，规范监测的各项具体工作，使监测有序化和规范化。顶层设计的依据或前提是政府以及职能部门制定的有关中职学校教育质量监测法律法规或条例。中职学校教育质量监测的领导机构是各级人民政府教育督导室，其主要职责是对中职教育质量监测工作进行顶层设计，往往发挥着领导协调作用，为中职学校开展教育质量监测提供政策支持和经费保障。

行业企业是中职教育高质量发展的关键抓手。在四螺旋理论中，行业企业作为外部监测主体为中职教育质量监测的发展提供前沿信息，参与人才培养质量监测评估。行业企业站在市场发展的前沿，积极为中职学校传递前沿信息，促进学校专业、课程建设及时更新，与此同时，企业对中职学校人才培养质量、办学成效等进行及时监督和反馈，积极参与中职学校教育质量监测。由此可见，行业企业从用户角度参与监测，并积极提出意见和建议，是中职学校高质量发展的关键抓手。

中职学校作为内部监测主体，由学校教育质量管理人员、教师、学生联合开展监测评估工作，开展自我监测，向上级主管部门呈交自评监测报告。中职学校在保持其自身独立性的同时，与政府、企业和社会保持着紧密联系。参评中职学校积极安排相关施测对象参与，提供场地场所、设备设施和工作人员，为监测提供组织保障。中职学校承担着育人功能，在政府和企业的配合下，明确其自身办学定位，培养符合社会发展的人才，这是中职学校办学的根本。学校专业设置主要服务于区域经济的发展，与企业用人需求息息相关，关乎着人才培养的质量。同时，中职学校通过不同主体的配合和反馈及时完善学校治理框架，加强对学校办学的监督，推动专业建设，促进中职学校教育高质量发展。

社会机构在中职教育发展中起着保障作用。社会机构作为监测的实施主体，独立运行并行使监测职能，形成监测报告并向各主体反馈，帮助学校和教师找准问题并进行改进，引导全社会树立正确的教育质量观，优化教育生态。在四螺旋模型中，社会机构由监测评估机构、科研机构组成，独立于政府与学校，作为外部监测主体，主要承担监督者的角色。一方面，社会机构对中职学校人才培养的质量和专业、课程建设等进行评价和监督，对中职学校的发展状况及时做出反馈，主要表现在中职学校培养的人才对社会岗位的适应程度、专业对口率、就业去向、用人单位对中职生的满意度等方面。另一方面，从校企合作的状况、政府投入力度、学校办学水平，包括师资水平、实训实习、制度建设、校园文化建设等各方面进行监测评估，为全面科学监测中职学校教育质量提供客观的建议。总而言之，中职学校高质量发展离不开第三方社会机构的参与和监督，社会功能的发挥能够推动中职教育人才培养的质量。社会机构作为中职学校治理的重要参与者和监督者，与政府、企业密切配合，为学校高质量发展提供保障。

2. 优化互动

在明确不同主体功能的基础上，中职教育发展过程中各主体之间的合作与隔阂会得到部分消解，但是中职教育要想高质量发展，仍需要提高各个主体之间的互动，提升资源之间的利用率，促进各要素之间有机结合，使不同监测主体实现高效联动和协调的状态。

首先，政府为中职学校、行业企业和社会机构的参与提供坚实的制度保障。政府作为中职学校发展的"定位器"，在相关政策颁布之前，必须对不同主体的情况以及需求进行全面了解，尤其是中职学校办学定位、专业标准等的制定必须与社会发展相适应，同时进一步加强第三方主体的合法性。其次，行业企业从用人单位的角度，参与中职教育质量监测，推动政府、学校和社会之间良性互动。企业参与质量监测需要政府政策的支持和保障，从而达到企业积极参与中职教育建设的效果。企业用人需求、反馈评价等会影响中职学校办学定位、专业设置等方面的建设。再次，中职学校是推进中职教育质量监测的核心主体，它对监测评估细则的制定、实施能力会直接影响监测的效果，但缺乏适当的教育监测技术。中职学校依据政府规划和政策要求开展自主监测，对专业、课程、实训以及教师队伍建设等情况进行客观呈现。中职学校的教育监测要契合企业岗位需求，也就是要根据行业企业的人才聘用和使用情况，将职业技能等级认定、职业资格等设为主要的监测内容。在政府和行业企业的支持下，不断明晰自身的办学定位，促进中职教育监测工作可持续性发展。中职学校办学基础薄弱，社会认可度较低，忽略了社会的发展需求，因此应鼓励社会公众以及第三方机构参与中职教育质量监测，监督和评估学校的办学水平以及人才培养质量，反馈给中职学校并督促其改进，从而推动中职学校高质量发展。最后，社会通过评价和反馈为政府、企业和学校提供保障机制。社会机构中的专业监测评估机构、研究机构通过社会调查、对学生进行毕业追踪等方式监测评估中职学校人才培养的质量、专业设置情况，同时对学校进行校内评估，突出学校特色，使学校真正做到错位发展。总之，政府、行业企业、学校和社会机构四者之间优化互动，最终形成良好的合作关系，提高质量监测工作的客观性和规范性。因此，四者之间具有强烈的资源依赖性，需要优化互动，形成良好的合作互补关系，共同促进中职教育质量监测主体四螺旋模式的有效运转。

3. 协同创新

在四螺旋模型中，政府、行业企业、学校和社会机构四个主体相互协调从而产生协同作用，也就意味着四个"螺旋"在发展过程中会适时调整其自身的功能、拓宽其自身的边界。在此过程中，每个"螺旋"都可能表现出其他三个"螺旋"的一些能力，每个"螺旋"的螺线彼此相连，推动其他主体不断创新。政府职能由直接管理不断转化为间接管理，不断向服务型政府转变，企业在参与中职教育质量监测过程中，充分考虑到双方利益，起到调节、引导的作用，同时公众容易受到主流价值的影响，政府应通过政策进行引导。企业作为中职教育办学的重要参与者，不再单纯地以营利为目的，而是通过与中职学校的合作提高学校的办学水平，在此过程中寻求政府政策的支持，增加公众对中职学校的认可度。中职学校作为人才培养的主阵地，将学生的创新理念和产品运用在政府、企业的发展上，同时提高了企业对中职学校办学的支持力度。社会机构独立于政府和学校，对其他不同主体之间的互动起到监督作用，从而使得不同主体参与中职教育质量监测工作。四个主体之间相互作用使得各主体之间的边界不断模糊，从而弥补了其他主体部分功能缺失的窘境，促进中职教育质量监测工作的发展。

四　质量监测主体"权力/利益"矩阵

中职教育质量监测多元化主体联动机制的构建不是一蹴而就的，需要实现真正意义上的多元利益相关者的共同治理。要通过政策导向和制度完善，健全多元化主体参与中职教育共治以及质量监测的法律法规及制度体系，明确不同主体的权力和责任，激发不同主体参与的内在需求和动力，引导多元主体积极参与质量监测。要将中职教育质量监测的对象、标准、专家、规则、程序、结果等进行全过程公开，并向多元化主体开放，使多元化主体能够从质量监测的方案、执行、结论中各取所需，进一步增强多元利益主体对中职教育质量的关注。中职教育质量监测涉及各级政府、中职学校、行业企业、社会机构等多个监测主体，明确各个监测主体的权力和利益诉求在监测网络结构中尤为重要，有助于建立既相互制约又相互合作的监测主体联动机制。但监测主体联动机制能否运转，能否有效发挥各个监测主体的作用，需要明确监测主体的权力和利益，并保障各主体行使权力有规可依、有章可循，并且使各主体利益得到有效满足。

埃莉诺·奥斯特罗姆[①]指出，在多中心的治理系统中，能够制定规则并进行决策的权力往往集中在本就拥有众多资源的强势主体之中，弱势主体常因权力的缺失而难以在多中心治理系统内发挥其自身的治理作用，从而使多中心治理在实践中难以达成。因此，奥氏指出，权力的获得，尤其是弱势主体行为权力的获得是多中心治理的前提。这在由政府、中职学校、行业企业、社会机构共同参与的中职教育质量监测活动中亦然。在我国的体制下，行业企业、社会机构等多样化组织和政府、中职学校在中职教育质量监测活动中的权力地位往往是不均衡的。一般来说，政府为强势权力主体，中职学校次之，而作为监测主体的行业企业、社会机构相对来说权力较弱。因此如何保障这些弱势主体平等地参与中职教育质量监测活动是实践探索中亟待解决的现实问题。而权力保障最根本的办法便是在制度体系内对其进行合法性认定。

建立由多元主体构成的监测联动机制，必然要审视各监测主体是如何使用其自身拥有的资源与权力，以及如何对这些资源和权力进行控制，使整个监测网络处于稳定的运行状态。在理想状态下，监测制度中的所有主体都拥有能够满足其开展监测活动的权力基础与物质条件。但事实上，由于每个主体权力分配不同，因而需要适时地根据监测任务目标，对权力结构进行合理调适和重新分配，提高监测效率和效益。对政府而言，它们在中职教育质量监测中拥有的权力应是制定规章制度，统筹规划中职教育质量监测工作，并制订科学的计划，对有关职能部门履行中

[①] 韩喜梅：《我国职业教育质量第三方评估机制研究》，博士学位论文，天津大学，2019年。

职教育质量监测职责进行督导评估。此外，在标准的制定、监测过程的监管、多主体间的协调、必要物质与技术支持、监测结果的审核以及对被评学校质量改进工作的追踪等方面拥有一定的权责。对中职学校而言，它们应拥有自主监测的权力与能力，开展对学校办学质量、教学质量与学生发展质量的自评诊断。对行业企业而言，它们应有权力参与从业标准的制定、专业课程和实践课程设计、实践课教学效果的评价与监控、监测学生实习实训质量、给予毕业生任用期间客观的考核评价。对社会机构而言，它们应具有独立决策权、财政权，提供咨询与监测评估服务，监督政府管理，帮助学校积极改进教育质量，并进行质量跟踪。对于社会机构中的专业监测评估机构和科研院所而言，其合法性和独立性较为薄弱，政府须赋予它们更大的合法与独立开展监测工作的权力，如此一来，才能通过专业的专家团队和过硬的监测技术来对中职教育进行质量监测活动。

利益需求是不同主体在采取特定行为前所考量和追求的价值利益，是行为产生的内在逻辑与动力源泉。聚焦于中职教育质量监测领域，政府、中职学校、行业企业、社会机构等多元化主体参与中职教育质量监测同样也是基于利益驱动。对于政府来讲，其主要利益诉求在于保障中职教育发展不偏离国家政策方向，服务于区域内中职学校发展，促进教育公平，提升中职教育质量，使中职教育能够适应技术进步和生产方式变革以及社会公共服务的需要，培养数以亿计的优质劳动者和技术技能人才[1]。对于中职学校来讲，它们应通过开展中职教育质量监测，及时发现学校发展中存在的突出问题和薄弱环节，进行科学改进，改善教育质量，提升其自主办学能力和人才培养质量，促进学校内涵式发展。对于行业企业而言，它们作为用人单位以及产业界的代表，参与中职教育质量监测的主要目的是希望中职学校人才培养的能力素养体现出当前产业、行业的技术技能需求，为企业发展提供与其需求相对接的技术技能人才，维持企业发展，提升企业竞争力和社会声誉，同时建立起良好的

---

[1] 周志刚：《职业教育质量评价体系研究》，经济科学出版社2018年版，第195页。

企业形象。对于多样化的社会机构，尤其是对于在市场上独立运作的市场型监测机构而言，其参与中职教育质量监测的利益诉求主要表现为获取一定的经济收益、市场声誉以及社会公信力等。正是由于各监测主体以自我需求为目标，追求自我利益的最大化，因此不同的主体才会跨越同质与异质的区别，在社会公共事务中形成自主治理网络，展开良好的合作。同样，中职教育质量监测中的各主体也正是基于上述不同的利益诉求，才有可能跨越同质与异质的区别而在中职教育质量监测场域中形成自主治理网络，推进中职教育质量监测的发展。

下文将以利益相关者分类为基础，结合新公共管理理论和四螺旋理论，对监测主体的权力与利益分别进行探讨和分析（见表5-2、图5-5）。

表5-2　　　　　　　　中职教育质量监测主体的权力和利益

区域	监测主体	权力	利益
D区域	政府	制定规章制度，统筹规划中职教育质量监测工作，并制订科学的计划，对有关职能部门履行中职教育质量监测职责进行督导评估	保障中职教育发展不偏离国家政策方向，服务区域内中职学校发展，促进教育公平，提升中职教育质量
D区域	中职学校	拥有自主监测的权力与能力，开展对学校办学质量、教学质量与学生发展质量的自评诊断	及时发现学校发展中存在的突出问题和薄弱环节，进行科学改进，改善教育质量，提升自主办学能力和人才培养质量，促进学校内涵发展
B区域	行业企业	有权力参与从业标准的制定、专业课程和实践课程设计、实践课教学效果的评价与监控、监测学生实习实训质量、给予毕业生任用期间客观的考核评价	获得符合企业需要的技能人才，维持企业发展，提升企业竞争力和社会声誉，同时建立良好的企业形象
A区域	社会机构	具有独立决策权、财政权，提供咨询与监测评估服务，监督政府管理，帮助学校积极改进教育质量，并进行质量跟踪	获取一定的经济收益、市场声誉以及社会公信力等

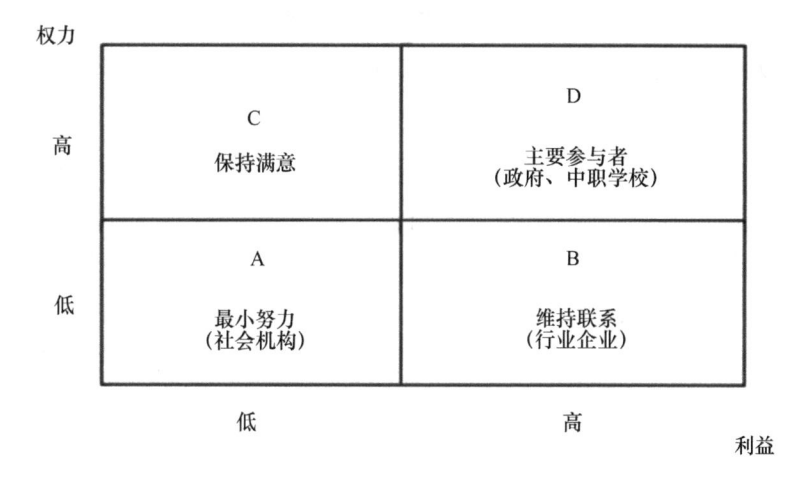

```
权力
            C                    D
          保持满意             主要参与者
高                            （政府、中职学校）

            A                    B
          最小努力              维持联系
低       （社会机构）          （行业企业）

            低                    高           利益
```

图 5-5 中职教育质量监测主体的权力/利益矩阵

（一）质量监测的"主要参与者"

由图 5-5 的权力/利益矩阵可知，政府和中职学校是"主要参与者"，持有最大的权力与利益需求，作为中职教育质量监测的核心主体，它们的利益诉求很高，对质量监测决策的影响、受决策实施的影响均很大。由于政府和中职学校对中职教育质量监测活动的支持或阻碍具有决定性的作用，需要重点考虑二者的权力和利益诉求。此外，对于政府和中职学校而言，二者权力大而且立场坚定，对推动中职教育质量监测工作将不遗余力。

（二）质量监测的"维持联系者"

行业企业是"维持联系者"的典型代表，其权力影响小，但利益需求水平高，是最直接的受益者，中职教育质量监测的发展与行业企业的利益密切相关，要正确对待它们的需求。行业企业会密切关注中职教育质量监测工作的发展动态，积极保持信息沟通与交流以维护其自身的利益。尽管行业企业权力影响小但利益需求水平比较高，因此要确保行业企业的诉求得到满足，以此激发它们参与中职教育质量监测工作的积极性。构建中职教育质量监测机制，给行业企业带来的直接收益就是优质的技能型人才，降低毕业生入职后的培训时间和成本。企业可持续发展、利益最大化与中职教育提供强有力的人才与智力支持密不可分,企业与中职教育在人才培养、实习实训、校企协同等方面的合作诉求越来越多。

(三)质量监测的"最小努力者"

"最小努力者"权力影响小及利益需求水平低,社会机构如科研机构、监测评估机构等是这类利益相关者的典型代表,是边缘化的角色,对中职教育质量监测所产生的决策影响相对最低。目前社会机构参与中职教育质量监测的积极性不高,但是它们的重要性正逐步凸显,社会机构在区域信息平台搭建、中职教育质量监测方面的作用有待发挥。

综上所述,在中职教育质量监测中,政府和中职学校的权力、利益表现明确,而且能有效表达和推行。行业企业的利益需求水平高,但权力影响小,需要处理企业利益和政府部门的关系,而且在参与监测时行动成本和代价较大,容易停留在浅层次的合作上。社会机构利益需求低、权力影响小,组织作用有时难以发挥,其行动摇摆不定。目前,中职教育质量监测活动的主要推动者依然是政府部门,中职学校的行动受制于政府,行业企业和社会机构的作用有待发挥。未来应给予中职学校更多的自我监测的权力,加大政策供给和资金支持,激发行业企业和社会机构参与中职教育质量监测的积极性和主动性。

第四节 中职教育质量监测主体联动的实现路径

联动原本属于数控机床领域的专业术语,指的是若干个相互关联的事物,其中一个事物发生运动或者变化时,其他的也会跟着运动或者发生变化,即联合行动。在群体心理学当中,两个或者以上的个体通过相互作用和相互影响进而联合起来产生增力的现象即为联动效应。在某一群体中,个体之间相互合作,联动越紧密,不仅个体获益,整体的效应也会越大,最终实现合作共赢的新局面。中职教育质量监测主体联动机制指由人民政府教育督导室牵头,组建以社会监测评估机构或科研机构专家为主,中职学校质量管理负责人、行业企业代表等为协同力量,形成"四位一体"的工作团队,即包含了政府、社会机构、参评学校、行业单位等,共同研究中职教育质量监测问题,开展教育质量保障工作,形成利益共享、责任共担的监测主体联动机制[①]。

提升教育质量是我国中职教育监测的价值意蕴,多方主体协同联动是质量监测的推进策略,开展监测的目的是提高中职教育发展水平,提升技术型人才培养质量,发展优质的中职教育。从这一目标出发,中职教育质量监测需要加强政府、中职学校、行业企业与社会机构的合作,致力于发展"伙伴关系",通过权力的让渡与再均衡构建起一个平衡与协调的治理体系,以便发挥不同主体的优势,提供具有灵活性和回应性的质量监测解决方案。在这一体系中,政府部门切实发挥引导作用,加大简政放权力度、加强服务机制建设,提升管理服务水平;中职学校发挥其自组织特性,健全内部质量监测体系,提升自主监测教育质量能力;有关部门应完善制度保障,确保行业企业单位监测行动的合法性,不断畅通行业企业的监测渠道;同时,发挥社会组织作用,逐步建立独立、科学、公正,且具有良好声誉的社会监测评估机制。在此基础上,推动相关各方形成彼此协商、共同合作、上下联动的关系,教育主管部门应营造质量文化氛围,不断激活监测主体意识,全面提升质量监测的自觉性和有效性。

一 前提:彰显各级政府的主导作用

在中职教育质量监测多元化主体结构中,政府处于主导地位,承担着主导作用。政府应加强对质量监测评估的宏观管理,进一步深化"放管服"改革和"管办评分离",这关系到中职学校能否办出更高水平和更高质量的教育。政府在中职教育质量监测各主体中是立法者和监管者,应该在质量标准、政策制度、经费投入及基础设施等方面着手推进工作,充分发挥政府的主导作用,为多元化主体参与中职教育监测评估提供合理的目标、要求、标准和条件。建立健全法律法规,厘清多元化主体的

[①] 阎亚军:《上海市中职学校教育质量监测模式探究》,《上海教育评估研究》2020年第4期。

权责边界，研究制定质量监测的规则标准。

首先，要加强政府制度保障。组织专家研制中职教育质量监测的实施方案或行动指南，明确质量监测的基本原则、主要内容、关键环节、报告研制等。此外，不断完善中职教育专业设置标准、专业目录等，突出中职教育的类型化特征。其次，要加强中职教育质量监测系列法规制度的制定与完善。以国家制定的相关法律法规为基础，省级教育行政部门要参照国家法规和政策要求，形成系列地方性规章制度，及时监测该地区中职教育办学情况，明确中职学校教育质量监测的标准、指标和内涵，对数据的采集统计、处理分析及结果使用等各项要求进行公示公开。最后，要建立健全中职教育质量监测数据的公开制度。详尽说明数据公开的形式、内容以及时限等要求，以提高中职教育质量监测的透明度和科学性。此外，在公开数据的过程中，如果出现不规范的行为，如诚信问题、数据结果真实性有待考证等，应配套相关问责制度，对以上行为进行问责和责罚。

中职教育质量监测体系应建立以政府为主体，其他利益相关者共同参与的多元化主体结构。政府作为中职教育的举办者和投入者，应保证其主导地位和作用，充分发挥政府在统筹规划、管理监督等方面的职能作用。因此，在强调政府主导地位的基础上，还应强化其他相关者的重要作用，才能使中职教育质量监测的结果更加合理和准确。如此这般，有助于修正政府在中职教育质量监测中的绝对控制模式，以及中职学校的完全自评模式。各级地方政府应树立现代教育治理的理念，推动中职教育质量管理中的"多元主体参与"向"多元主体共同治理"转变。

二 核心：完善中职学校的自我监测

学校自我监测的任务包括按照办学质量指标，搜集数据、分析数据、评价数据，检测学校目标的实现，确定学校教育质量现状，改进学校教育质量发展的条件、运行方法、途径和结果，保证学校行为持续的自我控制和有效性。中职学校要提升自我监测评估的能力和水平，完善自我监测评估机制，教师和学生作为教育与教学工作的核心元素，需要重视师生对中职教育质量的看法，充分调动师生参与质量监测的积极性，给予他们更大的自主权，切实考虑多元化主体的利益诉求，注重将这些诉求纳入中职教育质量监测评估体系之中。

首先，强调监测工作的常态化和动态性，建立包含集监测标准、监测方法、监测平台建设、监测结果应用等于一体的监测方案。构建学校质量信息数据库，充分利用现代监测工具和手段，实施数据的定期采集和管理，提高监测的效率。结合学校大数据平台反馈，对学校办学质量等进行实时监控。其次，围绕学校未来的发展规划及布局、人才培养目标，优化监测点设计，分类搜集监测数据。突出不同专业发展的差异性，设计相应的监测指标，使监测内容满足学校自我监测和自我评估的需要，全面提高学校内部管理效率。最后，要坚持学生、教师、学校领导共同参与质量监测的原则。重视不同主体的反馈，探索具有本校特色的监测评估文化，积极向教职工和学生渗透，提高他们参与教育监测的自觉性，使其都投入到教育监测中来。通过建立在校生和毕业生数据库，开展在校生培养质量监测与毕业生职业发展质量调查，实时掌握学生培养质量信息；中职学校可以定期开展学生监测教育质量活动，学生监测的教育质量内容包括教学质量、社团活动参与情况、企业实践感受和满意度、毕业生专业对口率等；通过开展用人单位调查，了解人才培养的社会契合度，为改进人才培养提供数据基础。自我监测不仅是为同行专家的外部评价提供参考依据，也是为了提高中职学校管理过程的透明度和规范化水平，明确其自身的优势和劣势，促进中职学校内部评价管理体制的改进，有助于激发师生表达其自身观点的主动性，多渠道、多角度地发现和探讨学校现存缺陷与不足，从主客观两方面进行问题归因，进而引发社会对中职教育质量改进措施的广泛关注和深刻讨论。

三　关键：畅通行业企业的监测渠道

目前国内对义务教育质量监测和高校学科评估都有了比较成熟的研究体系，各领域的专家对它们也投入了广泛的关注，但是在进行中职教育质量监测活动的顶层设计时，政府、职业学校、行业企业、社会机构等不能忽视的一个关键性问题就是中职教育质量监测不同于前面二者，这特别体现在对质量监测标准的内容确定上。中职教育的质量如何主要由市场和社会用人单位判断，因此监测标准的具体类目、内容的确定，就需要充分参考行业企业部门职业资格鉴定考试标准，听取用人单位的意见。行业企业单位参与中职教育质量监测的突出困境是，政府对行业企业参与中职教育监测评估的内容、方式等未做出明确的规定，同时行业企业自身也缺乏参与监测评估的经验，行业企业的参与流于形式，未起到实质作用，因此须不断畅通行业企业的监测渠道。

首先，有关部门须完善制度保障，让行业企业单位参与监测评估获得实践合法性。在具体的实施上，从数据采集、整理、分析到结果形成、反馈和公布，制度文件须明确企业行业组织参与中职教育监测的权力和责任，让行业企业单位了解如何参与其中。其次，构建校企联盟，共同实施质量监测。人们往往注重中职教育的文凭价值，而不是技术技能价值。行业企业参与中职教育质量监测评估，有利于破解这种体制性障碍。将行业企业岗位标准和用人标准引入中职教育质量监测评估方案，中职学校专业人才培养的方向要与行业企业对毕业生的需求相匹配，探索设计一套指标体系，不仅能体现专业办学核心要素，还能满足行业企业代表在参与中职教育质量监测评估时的认知需求。最后，保障监测信息渠道畅通。建立多样化的校企合作信息沟通制度和平台，汇集各方意见和声音。可以通过定期举行校企监测评估沟通会、座谈会了解双方各自的信息和要求。

四 保障：优化社会机构的监督功能

独立于政府组织与学校之外的监测评估机构、科研机构等都是代表公众利益、不以营利为目的的自治性合法组织。社会机构在实施监测评估时，可以更好地保持价值中立，较多地体现价值的多元取向。社会机构的监测评估在中职教育办学发展中的作用日益凸显，是中职学校高质量发展的重要保障，应不断提升社会机构的监督功能和作用。

首先，扶持社会机构的发展。省级政府要尽快出台相关政策制度，培育和扶持社会机构发展，明确资质要求，通过审核和鉴定为社会机构参与监测评估提供具体路径，在政策制度、资金和资源等方面为专业的社会机构提供支持，多措并举地促进这些机构的专业化发展。其次，引导社会机构加强自身建设，在参与监测评估公共服务时，要积极主动加强与政府以及其他主体的联系，减少因信息不对称、沟通不流畅而造成的误解、偏差以及结果失之公允。最后，优化社会机构服务教育机构的能力。科学有效的质量监测评估应该具有问题诊断、监督、导向和促进其发展的功能。社会机构主要是负责教育质量监测项目的设计、问卷调查、信息收集、数据分析和报告撰写等工作。一方面，社会机构要提高服务意识，通过构建信息化平台，以信息技术手段弥补传统教育监测和评估的技术缺陷，实现中职教育质量监测工作的自动化和常态化，提高质量监测结果的可信度，从而为教育机构提供科学高效的服务。另一方面，社会机构应当重视教师学生的信息反馈。采用调查、走访等多种形式收集师生的信息和想法，更全面真实地了解中职学校的实际发展状况。还要多听取一线教育工作者的反馈意见，优化监测评估机构、科研机构的工作方式，充分利用社会机构的专业优势，发挥机构的监督功能，为中职教育的高质量发展服务。

总之，政府、行业企业、中职学校和社会机构应不断耦合，充分发挥中职教育质量监测评估指挥棒的作用，推动中职教育高质量发展。

小　结

本章基于新公共管理理论、利益相关者理论和四螺旋理论构建中职教育质量监测多元主体参与的关系模型，通过审思政府、行业企业、学校、社会等不同利益主体在中职教育高质量发展过程中所扮演的角色，设计中职教育高质量发展架构，提出"政府—行业企业—中职学校—社会机构"监测主体联动机制模型，通过将四螺旋嵌入中职教育质量监测工作中，使政府、行业企业、中职学校以及社会机构等参与主体与中职教育质量监测的各项信息有效连接起来，实现各主体价值的最大化。

第六章

中等职业教育质量监测指标构建机制

中等职业教育质量监测指标体系的构建要关注中职教育的基础性、专业性和职业性特征。第一，要回归中等职业教育的本质特征。中等职业教育是关于"职业人"的教育，对中等职业教育的办学方向、办学条件、办学过程的监测应围绕职业教育的本质特征进行，培养具有专业性和职业性的人才是中等职业教育的本质特征。第二，要关注中等职业教育的主要导向。中等职业教育质量监测要关注企业的人才需求，企业究竟需要什么样的人才？专业岗位的要求是什么？岗位竞争优势是什么？第三，要关照中等职业教育对象的年龄特征。中等职业教育主要是指义务后的职业教育，是属于高中教育阶段的职业教育，也包括一部分高中后职业培训，招生对象主要是初中毕业生和具有初中同等学力的人员，学生大多数为未成年人。中等职业教育具有基础性特征，学生的个人发展和成长的基本要求如何在评价指标中体现出来，是中等职业教育质量监测需要考虑的问题。中等职业教育质量监测的指标构建，首先应确定中等职业教育质量监测指标构建的理论基础，确立教育质量监测的价值取向，借鉴已有的国际职业教育质量监测指标选取的经验，结合我国中等职业教育发展评估与督导的政策文本，采用质性分析方法，形成监测指标体系的基本框架，并根据专家访谈筛选、形成关键性可测量化指标，对监测指标的适时调整与优化进行深入探索。

第一节 中职教育质量监测指标构建的理论基础

随着欧盟、UNESCO 等国际组织对职业教育监测领域进行的探索，许多比较成熟的教育评价、质量管理和风险管理等理论逐渐发展成为职业教育质量保障的理论基础，为我国开展中职教育质量监测工作提供了有力的理论依据。

一 教育评价理论

在诸多的教育评价理论中，CIPP 模式是最为广泛使用的教育评价模式，该模式于 1966 年由美国学者斯塔弗尔比姆（L. D. Stufflebeam）创设形成。该模式是由背景（Context）、输入（Input）、过程（Process）和结果（Product）四个环节组成的，每一个环节的评价均为正确决策提供着不同方面的信息。背景评价为计划决策服务，输入评价为组织决策服务，过程评价为实施决策服务、结果评价为再一次决策服务[①]。CIPP 模式遵循决策导向，将教育评价与教育过程融为一体，强调评价的形成性与综合性。

20 世纪 70 年代后，以古贝（Egon G. Guba）和林肯（Yvonna S. Lincoln）为代表的第四代评价理论在教育评价领域引起强烈反响。他们认为，以往的评价存在着排斥价值的多元性、过分推崇科学范式、官僚主义倾向严重的缺陷，主张教育评价在本质上就是"建构"，包括评价描述的是共同的心理建构，评价中存在着多元的价值判断，评价对象参与评价对评价结果有着重大影响，评价要重视评价结果的推广与使用，在评价中要重视对个人的尊重，评价结果表现为案例报告[②]。第四代评价理论注

[①] 金娣、王钢编著：《教育评价与测量》，教育科学出版社 2007 年版，第 22 页。
[②] 涂艳国：《教育评价》，高等教育出版社 2007 年版，第 38—41 页。

重利益相关方共同参与、协商构建评价的过程,定量和定性相结合的评价方法更符合教育的需要,毕竟教育的对象是人,纯粹的定量方法难以认识教育的真正状态。从国际组织职业教育监测经验来看,UNESCO、OECD 和欧盟等国际组织教育评价指标体系的构建大都以 CIPP 模式为参照。

二 质量管理理论

质量管理理论的主要代表有朱兰(Joseph H. Juran)、戴明(W. E. Deming)和费根鲍姆(A. V. Feigenaum)等,这里仅介绍后两位学者的观点。

PDCA 循环理论由美国 W. E. Deming 于 20 世纪 50 年代提出。他主张用科学方法优化系统从而实现质量改进,并提出"Plan(计划)—Do(执行)—Check(检查)—Act(纠正)"的质量管理循环过程。计划阶段为设定质量目标、计划和方案。执行阶段为按照预定目标和计划执行。检查阶段为通过对实施过程的检查,将实施结果与预期目标做对比,明确阻碍目标达成的问题及其原因。纠正阶段实质上为改进阶段,应及时处理问题并总结经验,同时进入新一轮或新的循环。该循环的主要特点有[1]:(1)大环套小环,小环保大环,推动大循环。根据目标各级部门都有它们自己的 PDCA 循环,一层一层,形成大环套小环,小环里面又套更小的环的形式,并通过循环把各项工作有机联系起来,彼此协同,互相促进。(2)不断前进、阶梯式上升。戴明循环就像爬楼梯一样,一个循环运转结束,质量就会提高一步,然后再进入下一个循环,再运转、再提高。(3)形象化。将以质量控制工具为主的统计处理方法和工业工程中工作研究的方法等作为工作和发现、解决问题的工具。

1961 年,阿曼德·费根鲍姆首次提出全面质量管理概念,其著作《全面质量管理》详细阐明了全面质量管理思想。他主张用系统或全面的方法管理质量,应综合利用解决质量问题的多种方法和手段,而且质

---

[1] 汪诗怀:《基于戴明循环理论的教学质量保障体系构建》,《大学教育》2013 年第 7 期。

量管理需要所有职能部门的参与①。全面质量管理最大的特点是"全",从人员方面来看,质量是全体成员的责任,所有人员都应该具有质量意识和承担质量职责的精神;从过程方面来看,良好质量的实现需要市场调研、产品研发、销售和售后等所有过程的管理,这一管理过程是一个持续提升的过程;从方法方面来看,质量管理方法包括质量发展、质量维护和质量改进等多种方法;从范围方面来看,质量的提升不仅是质量管理部门的事情,也是公司全体部门的事情,包括人力资源开发、质量经济和传承管理等方面。

欧盟质量监测模式的理论基础是全面质量管理。自2004年发布的第一个欧盟层面的质量保障体系开始,欧盟以质量管理理论为基础,以PDCA为蓝本,建立并进一步完成Purpose and Plan(计划)、Implementation(执行)、Assessment and Evaluation(评估)和Review(审查)质量监测模式,尤其注重质量监测周期循环的持续性。

三 风险管理理论

2004年,澳大利亚和新西兰发布AS/NZS4360:2004标准,该标准成为ISO 31000:2009标准起草的基础和重要参考文本。国际标准化组织(International Organization for Standardization,ISO)在2005年9月成立了由各个国家专家代表组成的专门研究风险管理标准的工作组,成立风险管理小组,主席由澳大利亚的Kevin W. Knight担任(Knight是澳大利亚/新西兰风险管理标准AS/NZS4360的主要制定者),开始将澳大利亚和新西兰的经验转化为国际通行的风险管理标准。该标准采用了原则、框架和过程的整体结构,制定了风险管理的原则。历经近五年的努力,国家标准化组织于2009年11月15日正式发布ISO 31000:2009标准《风险管理——原则与指南》和ISO指南73:2009《风险管理——术语》,ISO 31000:2009标准开启了人类标准化风险管理的新起点。

ISO 31000:2009标准明确指出,"风险"是"不确定性对目标的影

---

① 马义中、汪建均:《质量管理学》,机械工业出版社2018年版,第12页。

响"，风险具有未来性、两重性、不确定性、事件性、二维表示性和信息性。风险管理是组织针对风险所采取的指挥和控制的协调活动，提高实现目标的可能性。ISO 31000：2009 标准为风险管理提供了原则和通用指南，旨在提供一个通用方法用于组织的整个生命周期及各种活动，可用于任何类型的风险但并不促进组织之间风险管理的统一性。同时该标准不是"管理体系"的标准，不可用于第三方认证，但可用于第一方和第二方审核或评价，是"指南"而不是"要求"，关注的主体是企业[①]。

ISO 31000：2009 标准内容包括三个基本模块（见图6-1）。

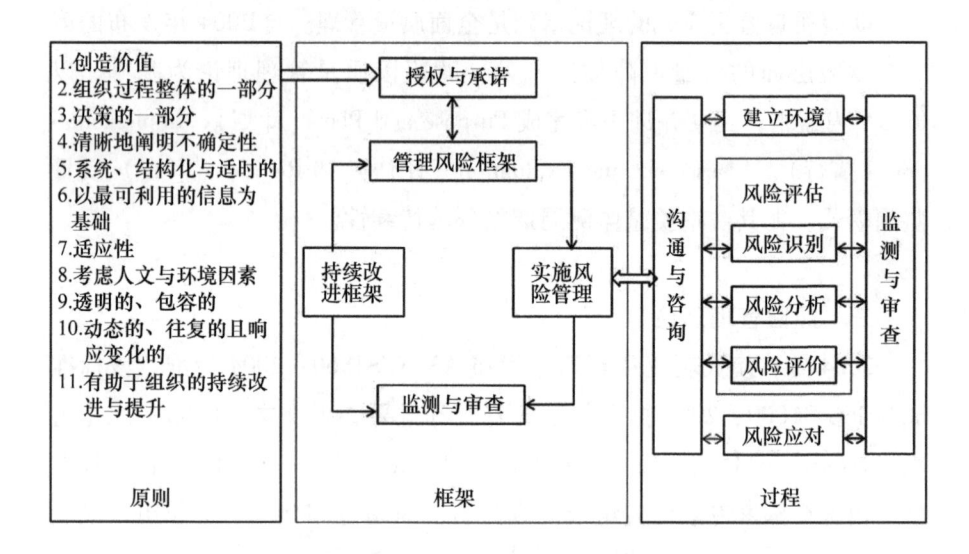

图6-1 ISO 31000：2009 标准的风险管理原则、框架和过程关系

（一）原则

ISO 31000：2009 标准的理论基础是风险管理原则，为使风险管理有效，组织应在所有层次上遵循原则。原则共计11条，是组织建立、实施与评价风险管理实施的依据，不仅适用于按照本标准实施的风险管理，也适用于所有组织的风险管理。

---

① 安泰环球技术委员会编著：《管理风险 创造价值——深度解读 ISO 31000：2009 标准》，人民邮电出版社2010年版，第2页。

(二) 框架

ISO 31000：2009 标准的主体是风险管理框架。风险管理框架由授权与承诺、管理风险框架的设计、实施风险管理、框架的监测与审查、框架的持续改进五部分组成。风险管理框架不是脱离组织实际活动孤立的框架，风险管理是所有组织活动不可分割的一部分，必须嵌入组织的运营策略及实践等所有策略中。所以，组织需要通过建立风险管理框架将组织管理风险过程融入组织的各种活动中，最终实现对组织各项活动的风险管理。

(三) 过程

过程是对框架第三部分"实施风险管理"的具体展开。风险管理的过程应是构成组织管理整体所必需的一部分，内化于组织的文化和实践，而且与组织的运营过程相适应。风险管理过程由沟通与咨询、建立环境、风险评估、风险应对、监测与审查五部分构成。

第二节　中职教育质量监测指标构建的国际经验

监测指标是职业教育人才培养质量反馈体系的重点内容。推进职业教育监测体系的现代化，实现职业教育管理精准化，对于职业教育高质量发展尤为关键。《国家职业教育改革实施方案》（2019）提出要"建立健全职业教育质量评价和督导评估制度"。从整体来看，我国职业教育领域已经初步构成院校层面的诊断与改进和政府层面的督导相结合的质量保障体系，但中职教育的质量监测还相对滞后，对中职教育发展的引领性作用亟待发挥。然而，国际上职业教育发达国家质量监测机制大都相对成熟且各有特色，对我国中职教育质量监测具有一定的经验价值。因此，以联合国教科文组织（United Nations Educational, Scientific, and Cultural Organization, UNESCO）、欧盟等国际权威机构和以德国、澳大利亚和美国等为代表的发达国家的职业教育质量评价指标为切入点，比较职业教育包括中等职业教育质量评价与监测指标，为提取和反思我国中职教育质量监测指标体系提供参考。

一 国际职业教育质量评价指标体系概述

(一) 国际组织职业教育质量评价指标体系

1. 联合国教科文组织职业教育质量评价指标体系分析

UNESCO 推崇的是大职业教育理念,将职业技术教育分为三种性质:普通教育中的职业技术方面、为职业做准备的职业技术教育和作为继续教育的职业技术教育[①]。职业教育包括正式和非正式的教育系统学习,基于工作的职前和职后培训,还包括多种类型的融合培训等。"2030年教育"高度注重职业技术技能的培养,尤其是在获得负担得起的优质职业技术教育与培训,获得就业、体面工作和创业所需职业技术技能,消除性别差距以及确保弱者的机会等方面[②]。职业教育的指标体系要涵盖职业教育的重要政策领域,据此形成如下概念框架[③]。

第一,融资。职业技术教育与培训融资在很大程度上取决于收集、分配和管理财政资源的规则和条例。它主要取决于经济形势和可用资源,而且取决于参与各种类型职业教育的决策者在相关性方面对优先事项、公平和质量的权衡(如图6-2所示)。该部分还涉及职业教育系统确保公平和有效分配资源的能力。

第二,机会和参与。该部分是指各种类型的职业教育促进公平和包容的程度及对所有处境不利群体和弱势群体参与学习机会的影响。虽然该部分侧重于职业技术教育与培训的重要社会目标,但它同时与相关性维度密切相关,因为它优先考虑通过可行和有效机会满足高质量的职业

[①] 滕珺、李敏谊:《联合国教科文组织职业技术教育政策的话语演变——基于 N-Vivo 的文本分析》,《教育研究》2013年第1期。

[②] UNESCO, "Education 2030: Incheon Declaration and Framework for Action for the Implementation of Sustainable Development Goal 4: Ensure Inclusive and Equitable Quality Education and Promote Lifelong Learning Opportunities for All", http://unesdoc.unesco.org/images/0024/002456/245656E.Pdf, 2016.

[③] UNESCO, "Proposed Indicators for Assessing Technical and Vocational Education and Training", http://unesdoc.unesco.org/images/0026/002606/260674e.pdf, 2014.

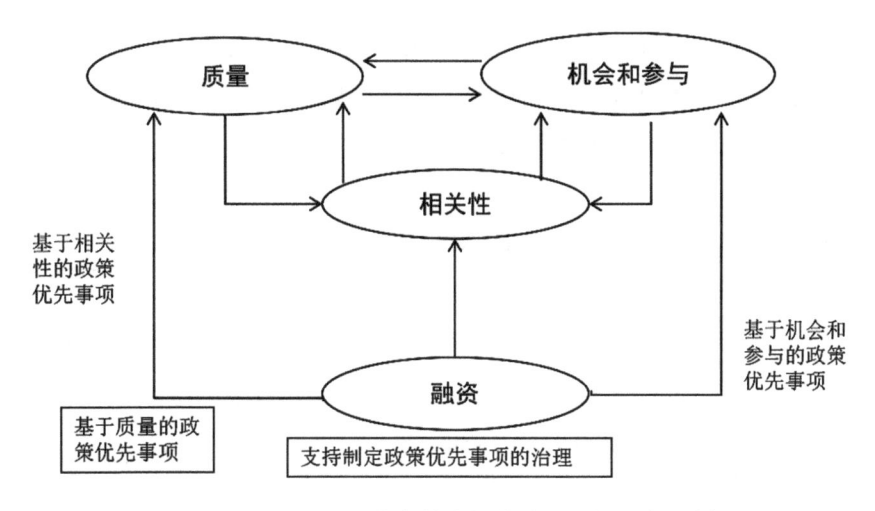

图 6-2 UNESCO 职业技术教育与培训指标体系的概念框架

教育需求，增加受益人数，从而形成良好的劳动力市场结果。

第三，质量。该部分涉及教学过程及其有效性的政策选择，是衡量旨在满足相关技能需求方面职业教育项目的质量标准。高质量设施和设备的可用性也是提高职业教育质量的基础。同时，该部分反映职业教育系统的创新能力以及教学过程作为创新本身的方式。此外，该部分还涉及职业教育质量保证的系统方法，用以支持相关人员和政策制定者提高教育质量，确保以学习者为核心的指导原则的实施，支持学习者做出决策。

第四，相关性。该部分主要是指职业教育适应劳动力市场需求的能力。相关性是指劳动力市场与职业教育之间的关联，其假设是：职业教育的关键作用是提高劳动者的技能水平，并满足复杂劳动力市场中各层次从业者的技能需求。相关性还指需要加强相应的职业教育机制和能力建设，通过监测职业教育到工作场所的过渡情况，敏锐地捕捉劳动力市场信号，预测新的技能需求以及这些需求在多大程度上为职业教育提供参考。

根据上述概念框架，UNESCO 根据预期可行性和可用性将职业教育指标（详见表 6-1）分为三类，即易获得数据的指标、不易获得数据的指标和通常不可用的指标，其中，对后两类数据，发展中国家可能不会提供。当然，这仅仅表明关于非正规教育和培训的可靠数据难以获得，不应据此轻视非正规教育和培训的作用和重要性。此外，UNESCO 对每个指标都进行政策目标、指标说明、指标信息来源和特别关注的具体说明，极大地提高了指标体系的可行性。

表 6-1　　　　　　　　UNESCO 职业教育指标体系内容

类别	指标及数据可用性		
	易获得的数据	不易获得的数据	通常不可用的数据
融资	1. 正规职业教育与培训支出	2. 职业教育与培训人均支出	3. 提供学徒培训和其他基于工作类型的职前培训的公司比例 4. 学徒培训和其他类型培训的支出占劳动力成本的比例 说明：3—4 均按公司规模分列
机会和参与	1. 按性别划分的职业教育与培训入学率占正规教育系统总入学率的百分比 2. 按职业教育与培训课程类型划分的入学人数	6. 正规学校职业教育与培训的录取政策类型 7. 高中到职业教育和培训的过渡路径	3. 基于工作的学习参与率 4. 公平 5. 未满足的职业教育与培训需求 8. 关于学校教育/高等教育的政策
质量	1. 职业教育与培训课程和一般课程的师生比例 2. 职业教育与培训计划和一般计划的完成率	3. 完成注册课程的学徒比例（按行业、年龄和性别划分） 4. 职业教育与培训和一般课程的合格教师比例	5. 职业教育与培训提供者质量保证体系的相关性 6. 投资培训教师和培训师情况 7. 在工作场所使用获得的技能 8. 信息与通信技术培训活动占职业教育与培训的比例 9. 雇主对职业教育与培训毕业生的满意度
相关性	1. 劳动力参与率 2. 就业率 3. 失业率 4. 就业状况 5. 按部门分类的就业份额 6. 按职业分类的就业份额 7. 识字率 说明：1—5 按性别、年龄和教育程度划分；6—7 按性别和年龄划分	8. 非正规就业率 9. 与时间相关的失业率 说明：8—9 均按性别、年龄和受教育程度划分	10. 工作贫困率 11. 按职业和行业划分的平均实际收入 12. 难以填补的职位空缺（按职业划分） 13. 净创造就业机会 14. 劳动力以外的年轻人数 15. 气馁工人 说明：10、11、15 均按性别和年龄划分

资料来源：UNESCO，"Proposed Indicators for Assessing Technical and Vocational Education and Training"，http://unesdoc.unesco.org/images/0026/002606/260674e.pdf，2014.

第六章　中等职业教育质量监测指标构建机制

（1）融资

融资反映职业教育系统的效率以及国家政策的优先事项和权衡取舍。正规职业教育的总支出，通常用职业技术教育与培训支出占教育总支出的百分比来表示，包括公共支出和私人支出，私人支出不易获得，应重点放在公共支出上。指标的相关性取决于按教育程度和类型划分的详细支出细目的质量，以及政府总支出的信息。职业教育人均支出即职业教育总支出与参加职业教育的学生数量之间的比率，包括每名学生的职业教育公共支出和私人支出。提供学徒培训和其他基于工作类型的职前培训的公司比例，即为提供此类职前培训的公司数量占注册公司总数的百分比。学徒培训和其他类型培训的支出占劳动力成本的比例（按公司规模），即为提供此类培训的成本占总劳动力成本的百分比。其中，后两类调查范围应该进行小型、中型和大型企业分类。

资源调动因国家而异，在保持可持续预算的前提下实现资源的最佳利用是关键的政策问题。对融资方面的指标分析，从支持职业教育政策及目标的角度出发，整合定量和定性信息，准确把握融资问题。对此，多样化提高融资水平已然成为共识。不同的行为者通过涉及企业、个人和其他创新资金来源（慈善资源、赞助商等）以及公私伙伴关系等多渠道实现融资，在融资机制中发挥着他们自己的作用。与此同时，融资政策和机制必须确保效率和公平相互补充，职业教育系统也应进一步注重公平问题，特别是要确保早期离校生、低技能人员、移民、残疾人和失业者参与职业教育的权利。因此，国家和职业教育机构应该加强资源分配机制研究，根据劳动力市场对技能的要求，确保以最有效的方式使用有限的资源，因此，可采用因果反事实推理分析、成本效益分析、成本收益分析和多标准分析等评估方法。

（2）机会和参与

机会和参与的指标不仅涵盖正规的职业技术教育与培训，也包括基于工作场所和基于社区等各种环境中的职业教育与培训。按性别划分的职业教育与培训入学率是指各级别职业教育与培训的入学学生人数占同级别正规教育系统总入学数的百分比。这些信息应按参与职业教育与培训的性别和教育水平进行分类。按职业教育与培训课程类型划分的入学率是指参加特定职业技术教育与培训课程（不论年龄）的人数占所有课程（职业技术教育与培训以及一般课程）的注册总人数的百分比。基于工作的学习参与率是指正式学徒人数占所有正式职业教育与培训的比例，包括正式学徒人数占所有中学教育人数的百分比，也包括非正式学徒培训的数据。公平是指根据性别、社会经济背景和职业技术教育与培训类型而分类的青年人（15—24岁）参与职业技术教育与培训情况。未满足的职业教育与培训需求是指申请职业教育的人数占相应教育水平的职业教育总人数的百分比。正规职业教育的录取政策类型包括中、高等职业教育的录取政策类型，其中，中等职业教育的参与情况包括基础教育结业考试、职业教育的入学机会；高等职业教育的参与情况包括中学毕业考试、入学考试、多次考试、入学考试成绩。高中到职业教育的过渡路径指高中之后继续职业教育和培训学习、一年内找到工作和继续攻读高等教育的毕业生人数比例（按性别分类）。关于学校教育/高等教育的政策主要是指使学生能够在教育系统机构内部或之间流动的机制，包括学分累积系统、承认个体的先前学习成绩，此处需统计职业教育和培训学生进入高等教育的入学标准、学术教育与职业教育背景在获得高等教育方面的差异。

  为提高职业教育学习与工作对接能力、强化职业教育机构和雇主的合作，根据范围、频率和"引用字符"明确职业教育类型，定期收集学徒数量和类型（例如年龄和性别）的统计数据，以弥补教科文组织统计研究所监测职业教育数据的局限。职业教育机会差异和不平等问题亟待关注，应采纳创新机制促进公平和参与，特别关注鼓励弱势群体和性别平等，提供公平合理的准入，扩大所有人获得进一步学习和体面工作的机会。为有效解决职业教育内部过渡问题，应制定支持纵向发展的政策，确保受教育者在职业教育领域、高等教育领域的合理流动。此外，还制定能够适应职业教育转型的可接受机制，合理平衡学生、职业教育与培训机构和政府之间的利益格局。

第六章 中等职业教育质量监测指标构建机制

（3）质量

质量是职业教育领域最广泛、最困难的指标部分，主要反映以下内容：质量反映职业教育与劳动力市场、自营职业需求的相关性，通常通过毕业生的就业能力来衡量，表现为雇主和雇员或者自雇人士的满意度。

职业教育与培训课程和一般课程的师生比例是指依据机构类型和课程/学习领域划分的学生人数与相应教育类型的教师比例情况。职业教育计划和一般计划的完成率包括获得初级职业教育和培训课程、认可/认证的职业教育项目和完成普通中等教育课程的人员比例。完成注册课程的学徒比例是指完成学徒计划的人数占参与该计划总人数的百分比（按行业、年龄和性别划分）。职业教育与培训和一般课程的合格教师比例指符合要求的初级职业教育教师占所有职业教育教师的比例和符合要求的一般中学教师占所有普通教师的比例。职业教育提供者质量保证体系的相关性主要包括提供在质量保证体系中应用质量保证原则的职业教育提供者和获得认证的职业教育提供者比例。投资教师和培训师情况包括参加资格认证的教师和培训师人数占整体师资总数的比例、每位教师和培训师在继续教育和培训中投入的年度资金总额。在工作场所使用获得的技能包括在相关职业中完成职业教育和培训的比例、在完成职业技术教育与培训计划的 12 个月内资格培训与其当前职业相关的比例、行业雇主能够找到具有工作场所所需相关资格和能力的职业教育完成者的比例、行业雇主对课程完成者表示满意的比例。信息与通信技术培训活动占职业教育与培训的比例是指参与信息与通信技术培训的人数和时间占所有职业教育人数和时间的比例。雇主对职业教育与培训毕业生的满意度是指对职业教育和培训毕业生技能满意度的公司数量占所有被调查公司的比例。

职业教育有效性在某种程度上是指衡量教学质量的标准。培训者参加培训情况影响学生技能获得情况，培训者通过参与培训不断提高技能，有利于提高教学质量。高质量的硬件设施有利于激发学生的内在学习动力，衡量学生获得高质量设备和新技术的程度也是有意义的。质量是衡量职业教育绩效的主要标准，系统创新是评估职业技术教育与培训创新政策的有用分析框架。有必要建立旨在促进和支持创新的职业技术教育与培训系统。系统具有形式化、连贯性特点，应维持良好和最新的知识库数据，不断提高职业教育系统的创新能力，解决国家间职业教育的差距。建立质量保证框架是非常重要的，有助于营造良好的质量发展环境，有助于各国监测政策改革的实施进度。

（4）相关性

构建职业教育机构和工作世界桥梁是实现技能提供与企业需求匹配的重要途径。劳动力参与率是衡量国家积极参与劳动力市场的劳动年龄人口比例，通常年龄在15岁以上。就业率是指一个国家劳动年龄人口的比例，包括15—24岁的青年人口和25岁及以上的成年人口。失业率是指失业人口占相应劳动力总人数的比例，它只是表明没有工作但可以获得并积极寻找工作的劳动力比例。就业状况是指国家有关就业状况的劳动力分布信息，包括为工资或薪水而工作、是否雇用劳工经营其企业和在家庭单位内的无薪工作。按部门分类的就业份额主要是指农业、工业和服务业就业人数占总就业人数的比例。按职业分类的就业份额主要是根据1988年国际标准职业分类来划分组别的就业情况。识字率是指青年和成人的识字率，反映该国的人力资本水平。非正规就业率是非正规就业人数占总就业人数的比例。与时间相关的失业率是指在调查的参考期内就业时间不足的人数占劳动力和就业总人数的比例，此类人员主要包括在参考期内愿意加班、可以加班或者工作较少的就业人员。贫困人口就业率是指人均消费量或收入低于贫困线的就业人数占总就业人数的比例。按职业和行业划分的平均实际收入是指每人每月平均收入，与在工作期间获得的现金和实物报酬及工作时间有关。难以填补的职位空缺是指按职业和经济活动分类而计算的空缺职位数量，用于分析和评估劳动力市场的不匹配。净创造就业机会是指在特定时期内创造的就业岗位数量与丧失的工作岗位数量之间的差异（通常是一年），其中，创造就业表明经济的扩张趋势，而丧失就业则表明特定行业趋于收缩，这两个要素提供有关经济结构转变的关键信息，经济结构的转变必然通过劳动力需求结构变化而转变就业结构。劳动力以外的年轻人数是指未接受教育或培训、未就业的年轻人数（失业青年人数+因教育以外的原因而失业的人数）占相应年龄的青年人口总数的比例。气馁工人是指所有达到法定年龄的想要工作、没有工作、可以但不找工作的沮丧人数占相应总人数的比例，这里的工人特指对就业前景感到沮丧的人，不属于"失业"。

该指标最大的意义在于通过监测现有职业教育，帮助学习者顺利过渡至职场或者接受更高水平的教育，进而实现职业教育与社会需求的完美契合。所有涉及职业教育相关性的工作都已经考虑在内，对此，国家层面一方面要积极破除相关的行政和体制障碍，充分考虑可能会刺激或阻碍接受职业技术教育与培训的毕业生加入劳动力市场的因素，例如严格的合同条款和雇用/解雇条件；另一方面，要建立职业技术教育与培训和劳动力市场信息系统，强化指导和咨询能力，以确保职业技术教育与培训适应国家、地区和国际层面不断变化的职场需求，包括向绿色职业、经济和社会过渡的需求。此外，还可以利用公共—私营伙伴关系（例如通过前瞻性研究、观察站或行业技能委员会）来查明和预估所需技能。要充分考虑学生、毕业生和雇主的满意度，采取多种方法监测职业教育的实施情况和成效。

2. 欧盟职业教育质量评价指标体系

长期以来，欧盟非常关注职业教育的发展和质量评估工作。《哥本哈根宣言》(2002)、《职业教育与培训共同质量保障框架》(2003)、《赫尔辛基公报》(2006)、《职业教育质量保障框架的建议》(2008)、《欧洲职业教育与培训质量保障参照框架》(2009)等政策文件先后提出职业教育质量及其监测评价的重要性。其中，以 2004 年和 2009 年提出的职业教育质量评价指标体系颇为典型。

2004 年，欧盟以 CIPP 评估模式为基础，设置总体指标、具体的指标和定性界定的指标体系，其中具体的指标包含就业能力、匹配程度和机会三个维度。具体的指标体系分为 10 个[1]：(1) 愿意在遵循质量保障框

---

[1] European Commission, "Fundamentals of a Common Quality Assurance Framework (CQAF) for VET in Europe", http://www.cedefop.europa.eu/files/5168_3a.pdf, 2009.

架的基础上通过质量管理方法（如 ISO、EFQM）进行质量管理的职业教育与培训提供者的比例；（2）对企业培训者的投资情况；（3）不同群体的失业率；（4）成人参与终身学习的比例；（5）个性化培训和终身学习的参与率；（6）顺利完成培训的情况；（7）接受培训六个月后受训人员的选择情况，包括进一步培训、选择与培训有关的工作、失业等；（8）已获得的技能在工作场所的使用情况；（9）联系劳动力市场发展与职业教育与培训体系的机制情况；（10）获取更好计划包括信息、指导、支持等的情况。

2009 年，根据各成员国的实施和反馈情况，欧盟在 2004 年指标体系的基础上，细化具体指标体系的内容，旨在为各成员国的有效实施提供更具针对性的指导。欧盟制定《欧洲职业教育与培训质量保障参照框架》作为一个参考工具，帮助成员国在参考欧洲共同体基础上监测本国职业教育系统的持续改进情况，内容包含职业教育质量保障机制、内部和外部评价组成的质量监控机制，以及一套完整的质量评价指标体系。

该参照框架在关于质量保障与改进的指标设置或者教育质量评价的指标设置中，学习成果在职业世界里所产生的影响是教育质量评价的核心标准。该质量评价指标包括三个维度 10 个一级指标，并衍生出 14 个二级指标[1]。其中，三个维度包括质量保障的总体指标、职业教育与培训政策相关的指标以及背景信息。每个指标均包括指标类型及其相应的政策目标说明，相关联的 10 个一级指标与职业教育质量监测计划、实施、评估与检查的四个过程阶段保持一致，其中，计划阶段对应指标 1 和 2，实施阶段对应指标 3、7 和 8，评估阶段对应指标 4、5 和 6，检查阶段对应指标 9 和 10，由此构成一个完整的指标体系（详见表 6-2）。

---

[1] European Parliament and Council, "Recommendation of the European Parliament and of the Council: On the Establishment of a European Quality Assurance Reference Framework for Vocational Education and Training", https://eur-lex.europa.eu/LexUriServ/LexUriServ.do? uri = OJ: C: 2009: 155: 0001: 0010: EN: PDF.

第六章 中等职业教育质量监测指标构建机制

表 6-2　　　　　　　　欧盟职业教育与培训指标体系内容

一级指标	二级指标	操作性定义
1. 提供内部质量保障体系的职业教育与培训情况	设有内部质量保障的职业教育与培训提供者比例	在质量保障中应用指标体系的职业教育与培训提供者占注册提供者的比例
	获得认证的职业教育与培训机构比例	获得认证职业教育与培训提供者占注册提供者的比例
2. 师资培训投入	参与继续教育的师资比例	参加认证培训项目的教师和培训者占注册总数的百分比
	资金投入数量	投入每位教师和培训者继续教育的年资金总额
3. 职业教育与培训项目的参与率	根据项目类型和个人标准的职业教育与培训项目的参与人数	参与高中职业教育与培训项目的初中/义务教育者比例；参与职业教育与培训项目（15—74岁）的比例
4. 职业教育与培训项目完成率	根据项目类型和个人标准完成或放弃的职业教育与培训项目数量	参与职业教育与培训项目获得正式资格的比例 参与职业教育与培训项目获得正式认可的比例
5. 职业教育与培训项目就业率	根据项目类型和个人标准完成职业教育与培训项目的定点就业情况	参与培训12—36个月进入劳动力市场占所有完成职业教育与培训项目的比例
	根据项目类型和个人标准完成职业教育与培训项目的意向就业情况	参与培训一年后成功就业占所有完成职业教育与培训项目的比例
6. 在工作场所使用所获得技能情况	根据培训类型和个人标准完成培训的个人获得技能情况	从事相关职业教育与培训项目完成者占所有完成者的比例
	个人和雇主对获得技能/能力的满意度	参与培训12—36个月反馈培训与当前工作相关的个人比例；工作所需的相关资格与能力是培训所学的雇主满意率；对培训完成者满意的雇主比例
7. 失业率	根据个人标准的失业率	失业人数占劳动力总人数的比例
8. 弱势群体参与职业教育与培训情况	根据年龄和性别划分的弱势群体的职业教育与培训参与比例	在欧盟和国家层面被认定为弱势群体参与、完成职业教育与培训项目占相关总人数的比例
	根据年龄和性别划分的弱势群体的成功率	在欧盟和国家层面被认定为弱势群体完成职业教育与培训项目的人数占参与人数的比例

续表

一级指标	二级指标	操作性定义
9. 劳动力市场培训需求预测机制	适应不同层面需求的信息机制	满足劳动力市场需求的职业教育与培训更新机制类型
	有效性证明	向利益相关者提供有关劳动市场需求的信息
10. 促进职业教育与培训参与的策略	不同级别现有计划的信息	用于改善职业教育与培训访问的方案类型
	有效性证明	证明职业教育与培训系统能改善职业教育与培训访问状况的信息

从整体来看，该参照框架的评价指标体系包括背景性指标、过程性指标和结果指标，注重对职业教育产出过程和结果的评价，主动关注处境不利人群的职业教育机会获得和质量供给问题。具体来说，它具有以下特点：

首先，集成化。指标体系是一个集成化的"聚光灯"。指标体系不会提供职业教育与培训的完整图景，它需要我们抽丝剥茧地探索指标背后的信息。指标体系对应质量监测模式的不同阶段，多层次多主体的有效参与，系统层面和提供者层面提供反馈信息，所以获得的所有数据都是相互关联的，可以全过程、全员、全方位获得职业教育与培训的完整图景。同时，主动性、可迁移性成为劳动力市场对职业教育培养人才的重点要求，这也在客观上要求质量监测必须是个持续性的工作。职业教育唯有在人才培养过程中强化过程性监测，确保人才培养质量，才能更好地满足劳动力市场的人才要求。

其次，模块化。指标体系是质量管理的工具箱。每个指标均为一个独立的模块，通过问答形式阐明每个模块的重要内容。在线的指标体系版本具有半开放式架构的特点，每个指标目录都可以增加、更改、更新，甚至可以交叉使用，但又不损坏整体架构。总之，教育监测体系不再扮演"督查者"的角色，而是力争扮演"质量文化供给者"的角色[①]。指标体系既不是基准，也不是各成员国之间职业教育与培训质量和效果的

---

① 俞可等：《循证：欧盟教育实证研究新趋向》，《华东师范大学学报》（教育科学版）2017年第3期。

比较方式，而是成员国基于质量监测指标体系形成其自身职业教育与培训的质量管理文化。

最后，个性化。指标体系是解释不同视角下的职业教育与培训的工具。欧盟提出的职业教育与培训的质量监测指标体系是建议性的，不要求强制执行。指标体系的完全责任均在各成员国，国家结合其自身职业教育的法律和客观实践，自愿推行指标体系的要求，不同层面的职业教育与培训主题可以依据其需要灵活地使用指标体系。当然，关于指标选择也有严格的标准，如必须和国家、欧盟层面的职业教育和培训目标和预期有关，必须与职业教育和培训所产生的经济和社会成果相关，必须反映职业教育与培训的进展情况，必须准确、有效、可测量等。

（二）发达国家职业教育质量评价指标体系

1. 德国职业教育质量评价指标体系分析

德国经济腾飞得益于德国双元制，职业教育对经济的推动力举世瞩目，是世界上职业教育十分发达的国家之一。德国职业教育质量指标体系构建较为完整，由输入、过程、输出与长效质量四个维度构成，每个维度都由宏观、中观及微观三个层级构成。德国的职业教育质量评价具有"提出评价目标的导向性、评价主体的协同性、评价标准的全面性、评价方法的科学性和评价报告的实用性五个特点"[①]。有研究者认为，"德国职业教育质量指标体系是依据全面的、过程性和以人为本的教育质量观"建立的（如表6-3所示）。

德国职业教育采取培训与考核相分离的质量考核办法（详见表6-4），以学生的职业能力评价为核心内容，以职业教育全程管理为监控手段，考核结果与工作岗位资格相关联，将质量监控和评价贯穿于整个培养过程，从输入、过程、输出、成果四个方面进行全过程评价。评价机制既参考了欧盟职业教育质量与培训保障参考框架，又结合本国"双元制"职业教育特征进行本土特色化指标设计，与劳动力市场中岗位要求与岗位资格相结合，切实保障职业教育的实践技能养成。

[①] 王玄培、王梅、王英利：《德国职业教育外部质量评价及其对我国职教评价体系的启示》，《教育与职业》2013年第22期。

表6-3　　　　　　　　德国职业教育质量指标体系框架

维度	层面	指标
输入质量指标	宏观层面	1. 职业教育体制机制层面的保障条件
	中观层面	2. 培训企业及职业学校办学质量的内涵和质量标准 3. 培训企业及职业学校的组织架构 4. 培训企业及职业学校的基础设施建设状况 5. 培训企业及职业学校培养计划、培养方案及师资配备 6. 培训企业及职业学校办学质量的其他保障条件
	微观层面	7. 教师职业能力与资质 8. 学生基础能力（生源质量）
过程质量指标	宏观层面	9. 职业教育政策制度实施过程的条件
	中观层面	10. 职业教育相关机构间的合作 11. 培训企业与职业学校协同育人 12. 其他方面的合作与交流 13. 教学条件的创设与使用：教学质量标准，教学机构的组织条件，教学设施设备的使用及优化，培养方案的实施和教学活动组织
	微观层面	14. 教学活动计划 15. 教学过程设计与实施（基于行动导向、设计导向等先进教学理念）：教学氛围营造，明确教师和学生在教学活动中的角色及任务，师生间积极互动，教学方法选择，教学内容实施） 16. 教学活动的评价和反馈
输出质量指标	宏观层面	17. 职业教育政策制度健全，机制运行良好
	中观层面	18. 职业教育满足企业人才需求，有效提升其经济效益
	微观层面	19. 学生对企业培训的满意度 20. 职业教育促进学生职业能力发展 21. 毕业生适应企业环境，独立完成工作任务 22. 拥有积极阳光的生活态度，有效解决生活难题
长效质量指标	宏观层面	23. 职业教育人才培养成果的社会效益
	中观层面	24. 职业教育为企业长远发展提供优质人力资源
	微观层面	25. 可持续发展的职业能力和终身学习能力 26. 对企业文化的认同和归属感 27. 毕业后的职业生涯发展 28. 拥有完美的生活和较高的社会地位

资料来源：申文缙、周志刚：《德国职业教育质量指标体系及启示》，《外国教育研究》2015年第6期。

表6-4　　　　　　　　德国职业教育质量考核类别

选项	类别
考核内容	实践技能考试、专业知识考试
考核时间	中间考核、结业考核
考核形式	书面考试、实际操作技能考试
考核结果应用	考试合格者获得国家承认的岗位资格证书

2. 澳大利亚职业教育质量评价指标体系

澳大利亚建立了当前世界上具有代表性的职业教育体系，形成了十分成熟的职业教育模式。澳大利亚推崇全纳灵活的职教理念、"客户为导向"的职教模式、国家途径的发展策略、行业领导的职教机制，注重利益相关者协同合作。确保职业教育始终保持高标准的可持续发展态势，为澳大利亚的经济发展做出了巨大贡献。质量监测是体现该国职业教育发展特色、推动职业教育发展的重要举措。为此，本书围绕澳大利亚的职业教育监测体系，重点解读其监测机构、监测模式、监测内容和指标、监测数据系统等方面的功能和特点，以期为我国中等职业教育质量监测机制的科学构建与有效实施提供有价值的参考。

澳大利亚技能质量管理局（Australian Skills Quality Authority，ASQA）是职业教育和培训部门的国家监管机构，于2011年7月1日成立。同年，澳大利亚政府颁布三项法案：《国家职业教育与培训监管机构法》《国家职业教育与培训监管者法案（过渡条款)》和《国家职业教育与培训法案（重要修正案)》，在法律上赋予ASQA作为国家职业教育监管机构的地位[①]。ASQA行使的是联邦宪法在职业教育领域的权力，该机构是一个独立的法定机构，其愿景是通过在工业界、雇主的更广泛利益与职业教育行业的具体利益之间取得平衡，使得学生、雇主和政府对职业教育质量满怀信心。所以ASQA的主要职能是遵循《国家职业教育与培训

---

① 朱正浩等：《澳大利亚TAFE院校跨境教育质量监控趋势及借鉴》，《职教论坛》2017年第7期。

监管机构法》(2011),依据《国家职业教育培训质量框架》的总体要求,执行统一的《注册培训机构标准》(2015),监管职业教育课程、职业教育提供者和英联邦海外学生机构与课程登记提供者,包括那些向海外学生提供英语强化课程的机构和课程,以确保职业教育系统的质量和声誉。此外,还收集、分析、发布有关职业教育部门和职业教育提供者的信息。

注册培训机构(Registered Training Organisation,RTO)有责任根据《注册培训机构标准》(2015)进行自我监测与评估。《国家职业教育与培训监管机构法》要求 RTO 在任何时候都必须遵守"标准",并需向 ASQA 提交关于遵守这些标准的年度申报。ASQA 采取的是以学生为中心的审查制,侧重于 RTO 职业教育成果和学生接受职业教育的质量。因此 RTO 需着重从职业教育实践及完成情况方面强化日常自我监测和定期自我评估,从而建立一种自我监测与评估的组织文化,确保学生接受高质量的职业教育,同时也便于准备年度报告和 ASQA 审查。自我评估工具是 RTO 进行机构层面监测的有效工具。ASQA 强调 RTO 职业教育监测的主动性和自觉性,借助自我评估工具对照《注册培训机构标准》加以持续改进。该工具包括 RTO 情况、营销和招聘、入学、支持和进步、培训和评估五个阶段,根据每个阶段将《注册培训机构标准》的相关条款进行分组[1]。该工具能链接到《注册培训机构标准》的相关标准/条款上,每部分都包括一组问题以帮助 RTO 确定与每个标准/条款有关的实践和结果(以及相关的证据/数据)、任何改进的机会以及需要采取的行动。因此,使用此工具将有助于 RTO 确定和评估学生每个阶段实践及其结果的证据,借以明确 RTO 是否符合标准,从而精准定位需要改进的 RTO 实践、系统和流程的领域并确定需要采取的行动,以此推进其自身的不断改进。另外,该工具不是《注册培训机构标准》的一部分,没有法律权威,使用此工具进行评估并不是 RTO 的注册要求。

---

[1] Australian Government & Australian Skills Quality Authority, "Self-Assessment Tool", https://www.asqa.gov.au/standards/self-assessment-tool.

根据前述 ASQA 的职能描述，澳大利亚职业教育与培训的监测内容及标准包括监管机构层面和培训提供者层面，前者主要是指监管机构标准，后者包括 RTO 机构、课程、人员和财务四个方面的标准。

（1）监管机构标准

根据《职业教育与培训监管机构标准》（2015）[①]的规定，监管机构必须满足下述的所有条款：第一，能够有效且高效地监管 RTO。第二，符合职业教育和培训课程认证标准。第三，进行有效沟通并实施透明的投诉流程以强化监管实践和成效。第四，向行业和技能委员会或其代表报告并回应其要求。第五，评估和改进自身监管绩效，确保其符合职业教育和培训监管机构标准。第六，须得到有效且高效的管理。

（2）RTO 标准

注册培训机构是由 ASQA 批准注册的、提供国家认可的职业教育服务的提供者。RTO 遵守《国家职业教育与培训监管机构法》（2011），严格贯彻《注册培训机构标准》（2015 年，2017 年修订）。该标准是全国统一的，确保 RTO 提供的产品符合培训包或认证培训课程的要求，具有就业和进修的可持续完整性，以及确保 RTO 以道德的方式运作，同时适当考虑学习者和企业的需要，从而切实保障所有职业教育学生的切身利益和整个职业教育的质量。根据《注册培训机构标准》（2015）的规定，职业教育和培训提供者必须满足下述要求才能成为 RTO，其要求可分为 8 个一级指标、39 个二级指标（详见表 6-5）。

（3）课程标准

RTO 提供的培训产品需符合培训包或经认证的培训课程要求。根据《职业教育和培训课程认证标准》（2021）[②]的要求，澳大利亚现行的课程认证标准的主要内容如下：①课程是基于既定行业、企业、教育、立

[①] Australian Government, "Standards for VET Regulators 2015", https://www.legislation.gov.au/F2014L01375/latest/text, 2017.

[②] Australian Government, "Standards for VET Accredited Courses 2021", https://www.legislation.gov.au/F2021L00269/asmade/text, 2021.

法或社区需要。②课程是以国家认可的能力单位为基础,而这些能力单位或单元是与行业、企业、社区和(或)专业团体协商制定的。③课程必须包括技能和知识成分,特殊情况可被表述为模块,申请人需对此进行说明。④课程须符合相应的国家资格框架的要求或特定的行业、企业、社区的需要。⑤课程明确与其成果相关的基本技能。⑥课程须获得许可、监管、专业或行业机构的认可。⑦课程须明确其结构规定。⑧课程须明确结课要求,并根据需要提供成果。⑨课程须提供有关教育方式和衔接的信息。⑩课程须明确合理的入学要求。⑪课程须规定其评估策略。⑫课程须提供有关适当的授课指导、局限性及关于实习或培训的建议。⑬课程须详细说明配套的设备、资源及对培训师和评估师的职业能力要求。⑭课程须包含并确定其监测和评估程序,以确保课程不断更新并符合规定。

表6-5　　　　　澳大利亚职业教育注册培训机构指标体系

一级指标	二级指标
1. 响应行业和学习者的需求,满足培训包和认证课程的要求	1.1. RTO 提供的培训符合培训包和认证课程规定的所有要求
	1.2. RTO 反映工业界的需要,开展行业参与的区域技术合作
	1.3. RTO 注重学习者个人需求,并为个人学习者提供必要的教育和支持服务
	1.4. RTO 推行评估制,确保符合有关培训计划或认可课程的要求
	1.5. RTO 培训和评估人员在职业能力、行业知识和技能方面须符合相应的要求
	1.6. RTO 须确保培训和评估人员至少将培训和评估资格保持在所提供的水平上
	1.7 RTO 须对培训和评估人员的评估系统、工具、流程和结果进行独立验证
	1.8. 培训产品的过渡
2. RTO 要运作有质量保障	2.1 RTO 要确保开展的监测和评价在任何时候都符合标准
	2.2. RTO 与参与服务的第三方有书面协议
	2.3. RTO 有足够的战略和资源,系统地监督第三方提供的服务及其标准

第六章　中等职业教育质量监测指标构建机制

续表

一级指标	二级指标
3. RTO根据标准发布、维护和接受AQF认证文件，提供对学习记录的访问	3.1. RTO只颁发AQF①认证文件给经其评估符合培训产品要求的学习者
	3.2. RTO颁发的AQF认证文件符合AQF颁发政策的要求
	3.3. AQF认证文件是在被评估为符合培训产品要求的30天内发给学习者
	3.4. 学习者AQF认证文件记录由RTO按照AQF颁发的政策保存，并可查阅
	3.5. RTO接受能力单元并向学习者提供信贷
4. RTO信息服务是通知学习者	4.1. 所有信息都准确和真实，而且准确反映其注册范围内所提供的服务和培训产品
5. 每个学习者都得到适当的信息和保护	5.1. RTO须考虑到现有的技能和能力，向未来的学习者提供建议
	5.2. RTO提供当前信息，使学习者能够做出知情决定
	5.3. 如果RTO直接或通过第三方向学习者收费，则它需提前使学习者获得信息
	5.4. 如商定服务有变，RTO在切实可行的范围内应尽快向学习者提供咨询意见
6. RTO对投诉和上诉进行记录、承认、公正和高效的处理	6.1. RTO有义务管理和回应涉及其行为指控的投诉政策
	6.2. RTO有上诉政策来管理对决定进行审查的请求
	6.3. RTO有可依据的投诉政策及上诉政策
	6.4. RTO需要超过60个日历日才能处理和最后处理投诉或上诉
	6.5. RTO保存投诉及上诉的记录、结果及查明其潜在原因，并采取适当的措施纠正行动
	6.6. 如果RTO是个雇主或志愿者组织，其学员仅由其雇员或成员组成，不收取培训费和/或评估费，则该组织的投诉和上诉政策范围足以涵盖其提供的服务
7. RTO的有效治理和行政安排	7.1. RTO管理人员被赋予足够权力及符合规定的适合及适当的人的有关准则
	7.2. RTO满足财务可行性风险评估要求
	7.3. RTO必须符合规定的费用保障
	7.4. RTO持有涵盖其注册期间经营范围的共责任保险
	7.5. RTO根据数据提供的要求不时更新

---

① AQF英文全称为Australian Qualifications Framework，学历资格框架是澳大利亚一种全国性的学习途径系统，分成三大领域：Schools—中小学、VTE—技能职业教育、Higher Education—大学。AQF共有10个等级，15种不同的学历资格。

续表

一级指标	二级指标
8. RTO 与职业教育监管机构合作，并在任何时候都遵守法律	8.1. RTO 与监管机构合作
	8.2. RTO 确保提供服务的第三方须根据书面协议与监管机构合作
	8.3. RTO 与其监管机构达成书面协议的规定
	8.4. RTO 每年向职业教育管理局提交关于遵守这些标准的声明
	8.5. RTO 遵守与其业务有关的联邦、州和地区立法和监管要求
	8.6. RTO 确保其工作人员和客户了解影响其提供服务的立法和法规的变化

（4）人员要求

根据《合适人员要求（2011）》[①]的规定，RTO 申请者和机构人员需符合国家职业教育监管机构对人员的要求，包括：①是否因违反联邦或州或地区法律而被定罪。②是否曾被取消或暂停其在国家登记册上的注册。③是否曾对其本人或其在国家登记册上的登记附加任何条件。④是否曾违反 2011 年《国家职业教育与培训监管机构法》有关的注册条件。⑤是否曾为破产、申请为破产或无力偿债的债务人而谋取利益、与其债权人共同或为债权人的利益而分配其报酬。⑥是否曾被取消法人资格。⑦是否在有关起诉或其他行动事件期间参与由其他 RTO 提供课程的业务。⑧是否曾向州或地区 RTO 登记机构和（或）国家职业教育监管机构提供或陈述虚假或误导性信息，或是否知晓此类情况。⑨是否曾被《海外学生教育服务法案》（2000）认定为不合适人选。⑩公众是否信任该人，是否适合参与提供或评估国家资格的组织。⑪其他相关事项。

（5）财务指标

根据《财务可行性风险评估》（2021）[②]的要求，RTO 需按照国家职业教育与培训监管机构的要求随时提供能够证明其财务可行性的要求，

[①] Australian Government, "Fit and Proper Person 2011", https：//www.legislation.gov.au/F2011L01341/asmade/text, 2011

[②] Australian Government, "National Vocational Education and Training Regulator (Financial Viability Risk Assessment Requirements) Instrument 2021", https：//www.legislation.gov.au/F2021L01040/latest/text, 2021.

且财务数据和信息须以符合澳大利亚会计准则的格式提交给国家职业教育与培训监管机构指定的合格独立财务审计师。评估 RTO 财务业绩的通用指标包括但不限于下列内容：①流动性，包括流动率和现金流量评估；②偿付能力，包括债务对资产、权益评估。③经济依赖，如依赖政府资助或特定的学生群体（如海外学生）。④收入、利润和现金流量。⑤商业风险。⑥审计意见。⑦突发事件。⑧遵守其所有法定义务（如商品及服务税、税收、退休金、公司法）。⑨遵守会计准则。⑩会计政策，组织的会计政策对其财务风险的影响。

3. 美国职业教育质量评价指标体系

职业和技术教育越来越被视为美国经济复苏的主要潜在贡献者。美国职业教育类型包括中等职业教育、中等后职业教育以及技术预备教育，实施机构包括综合性高中、中等职业学校、中等后职业技术教育机构、社区学院、技术学院等，其中，中等职业教育以综合中学为实施主体。美国联邦政府倡导建立一个提供高质量就业培训机会的世界级教育体系[1]，因此，非常重视职业教育发展和职业教育的评估与保障工作，为此制定相关的法律法规，比如《史密斯—休斯法》（The Smith-Hughes Act of 1971）、《职业教育修订案》（The Vocational Act, 1963, 1968, 1976），颁布职业教育投资与拨款的法律规定，支持职业教育快速发展。《职业教育修订案》规定资金可用于高中学生、完成或离开高中的学生、劳动力市场中需要再培训的个人以及在社会经济或其他领域存在障碍的个人。1984 年，在修正《职业教育法》的基础上又颁布《帕金斯职业教育法》（The Carl D. Perkins Vocational Education Act of 1984），旨在满足经济发展的需要，并提高特殊需要人口接受职业教育的机会。该法案的目的包括"扩展"与"改善"职业教育，发展高质量的职业教育项目，促进职业教育现代化，以满足国家现有和未来劳动力对市场技能的需求，提高生产力和促进经济增长。1990 年、1998 年、2006 年美国联邦政府

---

[1] Office of Vocational and Adult Education US Department of Education, "Investing in America's Future: A Blueprint for Transforming Career and Technical Education", https://www.ed.gov/news/speeches/investing-americas-future-blueprint-transforming-career-and-technical-education.

又连续对该法案进行修订，最终形成《帕金斯职业教育与技术法案（2006）》（The Carl D. Perkins Vocational and Technical Education Act of 2006, Perkins Ⅳ）。2018年7月26日，美国总统唐纳德·特朗普签署《2006年法案》授权其重新生效，2018年7月下旬，国会一致通过《加强21世纪职业和技术教育法案》。

《帕金斯职业教育与技术法案（2006）》非常重视职业教育质量，为学生有计划地提供连贯严谨而富有挑战性的系列课程，教育活动要符合学术标准和相关的技术知识和技能标准，为当前或新兴行业的进一步教育和职业生涯做准备，包括基于能力的学术知识、高阶推理能力、解决问题的能力、工作态度、一般能力、技术技能和职业特殊技能，包括创业能力以及一个行业的所有方面的知识、获得行业认可的资格证书或副学士学位等。由此，该法案建立了国家与地方合作的职业教育与技术的学术标准，将职业教育质量放在重点评估的核心地位，提高对学生的学术成绩要求，强调阅读、科学、数学成绩对学生发展的影响，在评估学生成绩时，要求采用测试的形式进行考评，重视对职业教育的"投入—产出"效能评估。该法案也反映了《不让一个孩子落后》法案的精神实质，注重学生的成长与发展，强调学术与技术教育相结合，高中教育与高等教育相结合，通过严格的标准和评估流程提高学生成绩，连接中学至大学的教育，支持高技能、高工资、高需求的职业项目。该法案要求对中等职业教育与中等后职业教育质量分别进行评估，中等职业教育质量评估的核心指标包括学业成就、技术技能成就、中等职业教育完成率、毕业率、毕业生就业率等，其中学业成就指标主要评估学生的阅读、语言艺术、数学的熟练程度；中等后职业教育质量评估核心指标有技术技能成就、证明或证书或毕业证的获得率、学生保有率、学生转学率、就业率等。无论是哪一类型教育的评估，关注重点都始终为学生成绩这一核心指标，强调具有挑战性的学术内容和国家成绩标准。

全国职业教育评价是在《帕金斯职业教育与技术法案（2006）》指导下确定的中等职业教育评价指导方针和绩效指标，各州可以根据职业教育评价指标选取符合地方特色的指标进行调整与修订，比如，亚利桑那州中等职业教育最新的核心指标为：①在阅读语言艺术方面的学术成就；②在数学方面的学术成就；③在 2S1 技术方面的技能素养；④教育完成情况；⑤学生毕业率；⑥实习职位；⑦非传统学生参与情况；⑧非传统学生教育完成情况，指导方针为实现上述指标制定了详细的工作流程[①]。华盛顿州增设毕业生薪酬、雇主满意度、学生满意度三个地方性指标。此外，该法案还建立问责机制，强化问责效应。如果国家不能满足任何核心指标至少 90% 的调整后的绩效水平，就必须制订改进计划。如果连续两年未能达到任何核心指标的 90%，美国教育部可以扣留从国家行政部门（5%）和国家领导部门（10%）持有的全部或部分分配于州的政府拨款资金。该法案还规定，如果执法机构的执法人员未能达到调整后的绩效水平，将对其追责。

二　国际职业教育质量评价指标体系比较

（一）职业教育整体层面的指标比较

从国际职业教育质量评价指标体系的构建来看，职业教育质量评价注重国家层面教育的公共性、公益性、公平性特征。从表 6-6 可知，国际组织和国家职业教育指标维度划分各有差异，其中，欧盟和德国职业教育质量指标的理论基础为质量评价理论；澳大利亚侧重与职业教育提供密切相关的四个方面；美国更注重以质量标准衡量职业教育的结果。从衡量指标维度质量的数据类型来看，不同区域和国家均有不同的数据侧重，其中，欧盟和澳大利亚比较注重指标自身的梯度性，UNESCO 注重数据获得的难易及其可利用程度，美国注重结果，而德国注重宏观、中观和微观各层面数据的获得。但是，这些国际组织和国家都非常注重从不同层面、维度、阶段全面研判和保障职业教育质量监测评价的完整性、有效性和可生长性。

[①] 郗海霞、王世斌、董芳芳：《美国中等职业教育外部质量评价机制及启示——以亚利桑那州为例》，《比较教育研究》2013 年第 12 期。

表6-6　　　　　国际职业教育质量评价指标的整体比较

国家/组织	维度	数据类型
UNESCO	融资、机会和参与、质量、相关性	数据可用程度
欧盟	计划、实施评估、审查	级别
德国	输入、过程、输出	层面
美国	质量标准	结果
澳大利亚	职业教育机构、课程、人员和财务	级别

（二）职业教育提供者层面的指标比较

根据对指标内容的划分，如表6-7所示，国际组织和国家除了美国外，大都采取"投入—过程—产出"的教育质量评估阶段，都突出职业教育的参与程度、学生的发展程度、教育内容与行业的关联程度等，评估指标突出职业教育与行业、企业及劳动力市场联系密切的本质特征，对职业教育过程、产出、成果的评估是十分核心的评估内容。与此同时，各指标体系在注重区域或国家的整体之下，兼顾地方或者学校特色，具有灵活性、包容性和有效性等特征。

表6-7　　　　　国际职业教育质量评价指标的异同比较

国家/组织	阶段	主要指标
UNESCO	输入	1. 教育支出；2. 入学率；3. 类型注册率
	过程	1. 师生比；2. 完成率
	输出	1. 劳动力参与率；2. 就业率；3. 失业率；4. 就业状况；5. 部门/职业的就业份额
欧盟	输入	1. 设有内部质量保障比率；2. 师资培训投入
	过程	1. 参与率；2. 弱势群体参与率；3. 失业率
	输出	1. 安置率；2. 完成率；3. 个人获得技能情况 4. 回应劳动力市场需求；5. 促进职业教育参与策略

续表

国家	阶段	主要指标
德国	输入	1. 质量保障；2. 组织架构；3. 基础设施建设；4. 培养计划、培养方案；5. 师资配备
	过程	1. 校企合作；2. 教学条件的创设与使用
	输出	1. 满足企业人才需求；2. 提供优质人力资源
美国	结果	1. 学校保有率或教育完成情况；2. 学生毕业率；3. 实习职位；4. 非传统学生参与情况；5. 非传统学生教育完成情况；6. 就业情况
澳大利亚	输入	1. 回应学习者需求；2. 质量保障；3. 有效管理和治理；4. 符合法律规定
	过程	1. 告知学生信息；2. 保护学习者；3. 公平处理投诉
	输出	1. 提供资格证书

（三）职业教育学生层面的指标比较

国际组织主要从国家层面对职业教育质量进行评价，在具体的学生发展层面，评价指标体系中较少涉及更详细的规定。在各国的职业教育质量评价指标体系中，不仅要针对各州层面的教育质量评价，还涉及学校层面的教育质量评价，对学生发展所做的进一步评估相对详细，各国的评价指标设定有所不同（如表6-8所示）。总体来看，一些质量指标是相当普遍的，如成就、参与、进步、保留、成功和完成，育人质量是职业教育质量考察的核心指标。同时把职业教育作为一种就业和升学导向的教育，是各国及国际组织职业教育质量指标体系的共同特点。在有着较高频率表现的指标方面，有指向群体的整体化表征的发展指标，比如学生的保持率、毕业率、就业率等，有指向个体发展结果的评价指标，比如知识、能力、心理状态等，还有一些评价指标指向教育教学过程，各个国家采用了不同的质量指标来监测其职业教育系统的质量。

三 国际职业教育质量评价指标体系借鉴

（一）注重以人为本的理念，实现监测全面化

首先，注重多层级的监测，兼顾国家和职业教育提供者层面，不同层面均有不同的地位、目标，而多层级的监测可以把握职业教育发展的

过程性状况。比如，澳大利亚职业教育监测由国家层面和机构层面组成。ASQA 为主要的国家监测执行机构，权力赋予以法律形式规定，既能确立 ASQA 的权威，又能确保全国的职业教育机构提供统一标准的服务。同时，ASQA 履行问责制，接受工业和技能理事会咨询委员会、澳大利亚议会问责、其他利益相关者及监管机构等的监督，保证 ASQA 权力的正确行使，将权力关进制度的笼子里，形成有效制度保障机制。RTO 代表的是机构层面监测，体现的是职业教育和培训提供者在人才培养过程中落实职业教育和培训质量标准的过程，所有的 RTO 都必须始终符合法律、要求和标准等规定，始终保障职业教育的高质量产出。在我国，中等职业教育隶属于职业教育和成人教育部门管理，中等职业教育的督导评估工作由国家教育督导团组织实施，没有专门的职业教育监测机构，难以形成有效的制度约束。

表6-8　　　　职业教育学生发展相关指标的国际比较

层面	联合国教科文组织	德国	美国	澳大利亚
学校层面	1. 升级率 2. 复读率 3. 辍学率 4. 毕业考试成功率 5. 毕业率 6. 学生的年级保持率 7. 生均学习时间 8. 培训与就业领域一致性比例 9. 就业率	1. 社会效益 2. 优质人才资源状况 3. 学生满意度	1. 学校保有率或教育完成情况 2. 学生毕业率 3. 实习职位 4. 非传统学生参与情况 5. 非传统学生教育完成情况 6. 就业情况	1. 工作机会 2. 就业人数 3. 技术需求 4. 产出效率
课堂层面		1. 教学活动计划 2. 教学过程设计与实施：教学氛围营造，明确教师和学生在教学活动中的角色及任务，师间积极互动，教学方法选择，教学内容实施 3. 教学活动的评价和反馈		

第六章　中等职业教育质量监测指标构建机制 <<<

其次,注重"通用"与"个性"指标的互补性。国际上所设置的质量评价指标与标准相对灵活,有一般标准和国家或地区专业的补充指标与标准,能够适时根据各国或者各地区的实际情况进行有效调整,以确保评价的科学性及合理性。"通用"教育质量评价指标是教育质量的基本要求,它也是整个质量评价体系的核心部分。比如,欧盟的监测机制注重监测主体、监测模式、监测方法、指标体系、监测数据收集与呈现的相互配合,同时注重推行的灵活性、科学的指导性和成果的分享性,各成员国各层面也因此乐于接受欧盟层面的质量监测机制。UNESCO 指标体系立足国际职业教育发展的视角,同时在指标使用中又建议各国根据其自身情况加以调整。我国地域广阔,各地的职业教育状况不一,中职教育指标体系需要协调好统一性与灵活性的关系。一方面,均衡发展是目标。国家应贯彻国标倡议的相关指标和标准,构建总体的中职教育指标体系,便于国际、各地区之间互相交流合作;另一方面,注重不均衡发展,应采用更加差异化的方法,允许各地区实施不同的指标体系,更好地适应各地环境以及可能有所不同的发展需求和优先事项,实现职业教育的高位均衡发展。在美国,州层面的职业教育评价指标在设计时,一般会涵盖政策执行、院校的发展目标愿景、资源投入、招生与就业、教育成果、继续教育与培训、学术质量和项目实施质量等指标,还可以根据国家评价指标进行完善与补充,与国家层面相比,美国州层面的职业教育评价指标设计得更为全面和具体[①]。

最后,注重监测数据可视化,透明而严格的信息管理有利于增强职业教育和培训行业强化风险管理的积极性、主动性,也有助于公众走近、监督、理解和支持职业教育,真正体现用监测带动发展的价值。国家职业教育研究中心(National Centre for Vocational Education Research, NCVER)是澳大利亚负责职业教育统计数据的独立机构。该机构主要负责收集、管理、分析和交流全国职业教育和培训部门研究与统计数据的

---

① 郑立:《国际比较视野下职业教育质量保障体系的特点与启示》,《黑龙江高教研究》2018 年第 5 期。

专业机构,是旨在面向国内外利益相关者提供世界一流的研究、智能分析和高度可访问的数据来传播和影响国家的职业教育和培训政策与实践,进而促进形成技能型劳动力和经济强国。该机构通过收集 RTO 注册信息、质量指标数据和独立调查等,实现职业教育和培训的过程化管理及利益相关者的协同参与。AVETMISS 作为职业教育和培训数据的国家标准,推动了所有 RTOs 提交数据的统一性和可比较性。我国中等职业教育质量监测过程、结果不够公开化,质量监测的反向促进作用并未得到充分发挥,再加上个案的不良影响,易形成舆论再造真实现象,在某种程度上造成了公众对中等职业教育的刻板印象难以扭转,不利于中等职业教育质量的提升。

(二) 重视指标的理论基础,提升监测科学性

扎实的理论根基是欧盟职业教育与培训质量监测机制形成的基础,基于戴明循环、CIPP 评估模式、变革理论的逻辑模型和 ISO 31000 标准等严谨的理论支撑,使得监测机制真正助力职业教育发展。比如,《评估欧洲职业教育和培训质量保证参考框架(EQAVET)的最终报告》(2014) 显示,欧盟的质量监测机制是积极的,其目标适用于欧洲教育和培训领域的优先事项和政策,大多数欧盟国家因此采用改进职业教育与培训质量的方法。澳大利亚实施的是以 ISO 31000 标准为理论基础、以标准为导向、基于风险的职业教育和培训监测。ISO 31000:2018 将风险管理嵌入组织的运行实践和文化,提出适合任何组织的风险管理途径、原则和框架。该国借鉴其理念形成职业教育和培训领域的《风险管理框架》。其中,ASQA 采用数据和信息、沟通和建议等多种方式,注重形成全面且结构化、动态且灵活化、包容且透明化的监测系统。RTO 在 ASQA 领导下采用自我保证工具进行机构层面的监测与优化,每个 RTO 都可以在保障质量的前提下定制其自身的监管方式。两个层面相互配合,力求在促进职业教育发展和实施外部干预之间实现合理平衡,较好地实现职业教育和培训监测的灵活性、管理的有效性,有力保障职业教育和培训质量。

CIPP 模式和教育政策问题是 UNESCO 职业教育指标体系的构建基础。CIPP 模式是目前系统的建构指标体系中最有用的理论框架。公平和

性别平等、技能培养和可持续发展是职业教育十分关注的政策热点。所以我国在构建中职教育指标体系时，既要注重在理论模型的基础上对职业教育指标政策功能加以考察，又要将中职教育放在职业教育、普通教育、国家总体情况的大环境中，加强对中职教育政策的研究，提升基于证据的决策能力和教育治理能力，确保指标体系构建根基扎实，服务于中职教育稳步进入质量提升和内涵发展的新时代。

我国对中等职业教育的督导评估采取审核评估与实地督导相结合的形式，主要是外部施压，难以形成内驱力。中职教育管理存在着强动员、弱巩固现象，保障职业教育组织良好运行的全程监测与管理链条不完善，职业教育囿于质量困境而又难以超脱升级，严重影响着中职教育的健康发展。所以我国也应该加强相关理论研究，让中职教育发展状态在科学的理论支撑下得到科学监测。

（三）形成全面且持续的指标，提升监测实效性

UNESCO将职业教育指标体系分为融资、机会和参与、质量和相关性三方面，并就每个具体指标进行政策目标、指标具体说明、指标信息来源和特别关注四方面的具体解释，确保指标可用、可行，切实服务于职业教育。我国中职教育质量评估主要围绕中等职业教育发展的宏观政策建设与制度创新、经费投入、办学条件保障及发展水平与特色等方面展开，且在实践中一定程度上存在着将质量监测演化为绩效考核、工作督查、技能竞赛等的认识和操作误区，内容还有待完善。在构建中职教育指标体系时，应从整体上把握中等职业教育质量状况，深入了解在现行的专业教学标准及其实施背景下中职学生发展目标的达成度和总体发展状况以及不同区域之间的发展差异，形成一个操作性强的指标体系，实现全面、动态、定量、定期的多次监测。

欧盟质量监测主张质量监测目的不是比较而是完善，强调监测的周期循环，注重现行数据的使用，一体化的监测机制有利于提高欧盟整体的职业教育与培训水平。UNESCO推崇欧盟提出的职业教育改进模式，强调基于指标监测的周期循环。指标体系始于监测，重在反馈，指向改进，借助指标进行持续周期监测可以更好地应对新的发展趋势和挑战。

我国在构建和使用中职教育指标体系时，也应坚持中职教育永远在路上的信念，不简单地鉴别与评判中等职业教育质量的高与低，而是把质量监测当作一项长期性、常态化工程来抓，将质量监测贯穿中职教育发展的全过程，并通过对监测数据的深度挖掘，了解影响中等职业教育质量的关键因素，为诊断、指导和改进中等职业教育发展状况提供依据，争取打赢中职教育的质量攻坚战。

从国际发展的总体趋势来看，职业教育质量评估与监测既体现了政策的引领价值，又蕴含着教育质量的核心要求。在评估与监测指标构建过程中，注重教育过程与结果的协同，同时关注相关利益主体需求。质量评估与监测的重心逐步转向学生学习的实际成果，从办学条件的投入性评价向教育成效的产出性评价转换。

第三节　中职教育质量监测指标构建的方式方法

职业教育和经济社会发展具有天然的密切关联性，中等职业教育兼顾就业和升学，更是现代职业教育体系的重要支撑。中等职业教育质量监测所具有的客观性、全面性、实时性和持续性特征，有利于及时反馈和指导中职教育质量的提升。中等职业教育质量监测指标的构建是基于一定的政策和实践逻辑而形成的科学、全面、有效指标群。因此，本书从政策文本分析和质量研判调查两个方面，甄选中等职业教育质量监测的观测指标。

一　政策文本分析法

（一）中等职业教育评估与督导政策的文本

评估与督导始终是我国考察中等职业教育发展的重要工作，也是中等职业质量监测指标的重要参考依据。在此，重点梳理与我国中等职业教育质量监测密切相关的国家政策。

1. 中职示范学校建设项目。2010年教育部等三部门《关于实施国家中等职业教育改革发展示范学校建设计划的意见》筛选出 1000 所中职院校进行示范校建设，并进行验收评估。

2. 中职学校质量报告制度。2015 年《职业院校管理水平提升行动计划（2015—2018 年）》提出"建立中职学校质量年度报告制度"，各省及其辖区内中等职业学校以年报形式编制并提交质量年度报告，第三方评价主体据此形成中等职业教育发展报告，也反映了中职教育质量监测的基本指标体系。

3. 中职学校办学能力评估制度。2016 年，国务院教育督导委员会办公室《中等职业学校办学能力评估暂行办法》提出，评估内容包括学校基本办学条件、师资队伍、课程与教学、校企合作、学生发展和办学效益六个方面。评估工具包括数据表、调查问卷和数据信息管理分析平台，主要采用在线方式、不进学校的网上评估，评估数据包括学校自主填报的客观数据和在校师生的主观问卷调查。省级教育行政部门对学校数据填报进行指导和过程监督。国务院教育督导委员会办公室委托第三方机构基于学校相关数据信息和省级评估报告，建立数据模型，运用测量工具进行分析评估，形成国家评估报告。省级教育行政部门依据评估结果提出整改意见，有针对性地指导和督促学校改进工作。

4. 职业院校教学诊断与改进。2016 年《关于做好中等职业学校教学诊断与改进工作的通知》从指导思想、目标与任务、基本原则、职责与条件等方面提出要求，并详细发布了《中等职业学校教学工作诊断与改进指导方案（试行）》。该通知要求从办学理念、教学工作状态、师资队伍建设状态、资源建设状态、制度建设与运行状态、需求方反馈等方面对中等职业学校进行具体诊断，每个模块项目还包括诊断要素、诊断要点、诊断结果和原因分析等。在具体实施过程中，教育部、省级教育行政部门各自履行职责，基本程序为学校自主诊断与改进、省级抽样复核和学校落实改进三个阶段，确保形成中等职业学校自主诊断、持续改进的工作制度，逐步建立和完善内部质量保证制度体系。

5. 中职学校管理信息系统制度。2021 年《教育部关于做好全国中等职业学校管理信息系统建设工作的通知》要求地方提供包括各级教育行政部门和学校的管理信息系统、人才培养工作状态数据，形成了中等职业教育质量监测指标的基本层级与框架。

近年来，中等职业教育评估与督导政策是中等职业教育质量监测评价指标构建的重要参考内容，运用政策文本内容分析方法，从政策评估的视角开展政策文本中教育质量指标的构建研究，有助于准确把握评估政策设计的内容导向及其演变过程。基于此，本书以近年来重要的中等职业教育评估与督导政策文本为分析内容（见表6-9），以"政策目标—评估指标—政策时间"为分析框架，通过分析政策文本中的评估指标的使用现状和特点，形成结构化的文本数据，以期为进一步优化中等职业教育质量监测指标设计提供参考。

表6-9　　中等职业教育评估与监测督导的相关重要文件

时间（年）	主要政策文件	评估政策及指标参考要点
1991	关于大力发展职业技术教育的决定	建立职业教育工作定期巡视检查制度，加强对职业教育的督导和评估检查
1993	中国教育改革和发展纲要	建立各级各类教育的质量标准和评估指标体系，提倡以多种形式进行质量评估和检查
1996	中华人民共和国职业教育法	县级以上地方各级人民政府应当加强对本行政区域内职业教育工作的领导、统筹协调和督导评估
2003	关于开展高职高专院校人才培养工作水平评估试点工作的通知	高职高专院校人才培养工作水平评估指标体系
2010	关于实施国家中等职业教育改革发展示范学校建设计划的意见	以提高人才培养质量为目标，以深化办学模式、培养模式、教学模式和评价模式改革为重点，以推进工学结合、校企合作、顶岗实习为核心，适应经济发展方式转变、现代产业体系建设、企业岗位用人和技术进步的需求 其中，设置了国家中等职业教育改革发展示范学校建设计划项目学校遴选基本条件、国家中等职业教育改革发展示范学校建设计划项目申报书（格式）中设计了办学指标
2011	《国家中等职业教育改革发展示范学校建设计划项目管理暂行办法》的通知	建设计划以提高中等职业教育改革发展水平为目标，支持1000所办学定位准确、产教结合紧密、改革成绩突出的中等职业学校

第六章　中等职业教育质量监测指标构建机制

续表

时间（年）	主要政策文件	评估政策及指标参考要点
2011	中等职业教育督导评估办法	建立详细的中等职业教育发展评估督导指标体系
2015	教育部关于职业院校管理水平提升行动计划（2015—2018年）的通知	经过三年努力，职业院校以人为本管理理念更加巩固，现代学校制度逐步完善，办学行为更加规范，办学活力显著增强，办学质量不断提高，依法治校、自主办学、民主管理的运行机制基本建立，多元参与的职业院校质量评价与保障体系不断完善，职业院校自身吸引力、核心竞争力和社会美誉度明显提高
2015	教育部《关于建立职业院校教学工作诊断与改进制度的通知》	从办学理念、教学工作状态、师资队伍建设状态、资源建设状态、制度建设与运行状态、需求方反馈等方面对中等职业学校进行具体诊断
2016	教育部办公厅关于开展中等职业教育质量年度报告工作的通知	开展中等职业教育质量年度报告工作，是完善中等职业教育质量评价制度，促进中等职业学校加强教育教学诊断与改进，中等职业学校教育质量年度报告要紧扣人才培养工作，全面展示人才培养状况、教育教学、学生德育、学校党建等情况，总结提炼教育教学改革的经验做法，附有详细的《教育行政部门中等职业教育质量年度报告编制参考提纲》
2016	国务院教育督导委员会办公室关于印发《中等职业学校办学能力评估暂行办法》的通知	全面了解中等职业学校办学情况，促进各地改善学校办学条件，指导学校加强自身建设，规范学校管理，不断提升学校办学水平和质量 从"基本办学条件、师资队伍、课程与教学、校企合作、学生发展、办学效益"六个方面，组织研制了能够反映中等职业学校办学能力的评估指标，并开发了包括数据表、调查问卷等在内的相配套的评估工具
2016	关于做好中等职业学校教学诊断与改进工作的通知	建立基于中等职业学校人才培养工作状态数据、学校自主诊断与改进、教育行政部门根据需要抽样复核的工作机制，保证学校的基本办学方向、基本办学条件、基本管理规范，推动中等职业学校人才培养质量的持续提高 包含《中等职业学校教学工作诊断项目参考表》和《中等职业学校教学工作自我诊断与改进报告》（参考格式） 诊断方案包含6个诊断项目，16个诊断要素，99个诊断点

续表

时间（年）	主要政策文件	评估政策及指标参考要点
2017	国务院教育督导委员会办公室关于印发《加快中西部教育发展工作督导评估监测办法》的通知	督导评估监测工作在2017—2020年以年度为周期，每年形成督导评估监测报告。2018年和2020年分别组织开展中期、总结督导评估监测，形成中期、总结督导评估监测报告。其中，《加快中西部教育发展工作重点任务督导评估监测指标体系》关于督导评估监测重点内容包括大力发展职业教育，改善中等职业学校办学条件，提升高等职业院校基础能力，改革人才培养模式等
2021	中共中央办公厅 国务院办公厅印发《关于推动现代职业教育高质量发展的意见》	定位于破除职业教育改革发展的深层次体制机制障碍，推动职业教育高质量发展
2022	教育部等五部门关于印发《职业学校办学条件达标工程实施方案》的通知	通过科学规划、合理调整，持续加大政策供给，使职业学校布局结构进一步优化，办学条件显著提升，师资队伍水平整体提高，职业教育办学质量和吸引力显著增强。各省、自治区、直辖市和新疆生产建设兵团职业学校办学条件重点监测指标全部达标的学校比例，到2023年底达到80%以上，到2025年底达到90%以上 其中包含《职业学校办学条件重点监测指标》和《职业学校办学条件达标工作实施方案（模板）》

以"政策目标—评估指标—政策时间"为分析框架政策，主要分析政策目标与评估指标之间的搭配组合，政策目标是政府通过一定的推行政策的方法或手段所要达成的目的，能直观反映出政策实施的方向和影响程度，表征政策价值和理念。评估或督导评价指标的搭配组合的科学性是实现政策目标的必要条件，政策价值目标是进行政策文本分析的基本单元，更有利于显示出评价指标设计的正当性、解释力和应用性。评估指标重点关注"是否实现政策目标，如何表达评估政策问题"，结合政策颁布的特定时代背景，将政策发布时间作为考察维度，能更全面地展示政策变迁过程中评价指标的选择和使用情况。因此以"政策目标—评估指标—政策时间"为分析框架，全面呈现中等职业教育评估督导政策评价指标的切入点、聚焦点及变迁过程，系统总结评价指标设计与制定经验，为优化中等职业教育质量指标体系提供依据。

（二）中职学校专业教学标准与框架文本

专业教学标准是教材编写、教学、评价的重要依据，是国家对学生在某方面或某领域的基本素质要求，教材、教学和评价都为学生基本素质的培养服务。专业标准即专业质量标准[①]，职业教育专业教学标准应是我国对职业教育专业教学进行管理的一套纲领性、指导性文件，是对职业教育专业教学系统内一系列活动的状态、过程或结果进行的规范和指导，包括专业设置、培养目标、课程开发、培养计划、教学大纲、教学管理文件等[②]，具体规定了专业培养目标、职业领域人才培养规格、职业能力要求、课程结构、专业教学内容、技能考核项目与要求、教学安排和教学条件等[③]。专业教学标准中规定的学生基本素质是中等职业教育专业教学的灵魂，也是教育质量评价的核心内容。2014年教育部办公厅公布首批《中等职业学校专业教学标准（试行）》，是规范中等职业学校教育教学行为、开展专业教学的基本文件，是评价教育教学质量的主要标尺。

由于中等职业学校专业类别的多样性和复杂性，修订与完善专业教学标准是一个渐进而长期的过程。2012年6月，教育部启动中等职业学校专业教学标准的制订工作，标志着我国各类专业教学质量标准的研究制定工作已正式启动[④]。《教育部办公厅关于制订中等职业学校专业教学标准的意见》和教育部印发的《中等职业学校专业教学标准（试行）》规定了部分专业的教学标准。《中等职业学校专业教学标准（试行）》涉及14个专业类型，它如何体现出中等职业人才素质？它对学生发展提出了哪些要求？下面将对招生较多的20个专业的现行教学标准进行深入分析，旨在提取中等职业学校教学标准中所涉及的各项学生发展指标，分析其指标的分布与结构，同时根据这些指标在教学标准中提及的频率和

[①] 束建华：《关于制定职业教育专业标准的政策建议》，《职教论坛》2005年第3期。
[②] 杨延：《国家专业教学标准：工学结合深层次改革的关键》，《职业技术教育》2007年第10期。
[③] 周茂东等：《高职电子商务专业教学标准构建研究》，华中师范大学出版社2013年版。
[④] 周茂东等：《高职电子商务专业教学标准构建研究》，华中师范大学出版社2013年版，第96页。

分布，考察现行专业教学标准和学生发展之间的关系，以期为构建中等职业教育质量监测指标体系提供参照和基本依据。

基于专业教学标准的质量评价指标的筛选。中等职业学校专业教学标准是采用自上而下的形式制定的，国务院、教育部、人力资源和社会保障部设计了编写标准与框架，在此基础上，各专业根据实际情况进行本专业标准的设计。《中等职业学校专业教学标准编写框架》（2012）详述了专业教学标准，其中，关于学生发展的标准即"人才规格，本专业毕业生应具有以下职业素养（职业道德和产业文化素养）、专业知识和技能""着力培养学生的职业道德、职业技能和就业创业能力"；总体上规定：

> 中等职业学校培养与我国社会主义现代化建设要求相适应，德、智、体、美全面发展，具有综合职业能力，在生产、服务一线工作的高素质劳动者和技能型人才。他们应当热爱社会主义祖国，能够将实现自身价值与服务祖国人民结合起来；具有基本的科学文化素养、继续学习的能力和创新精神；具有良好的职业道德，掌握必要的文化基础知识、专业知识和比较熟练的职业技能，具有较强的就业能力和一定的创业能力；具有健康的身体和心理；具有基本的欣赏美和创造美的能力。[1]

然后，自下而上地归纳各专业教学标准中关于学生发展的规定。由于各专业在制定专业标准时对学生发展情况进行了细化，为进一步明晰指标和防止遗漏，对各专业教学标准进行了分析和总结，不仅仅局限于编写框架中的学生发展指标。此处采用内容分析法对有关学生发展的表述内容进行编码，如果同一表述中包含两个及以上指标，则分别进行编码。分析发现，由于专业教学标准采用自上而下的形式进行编写，其基本框架是职业素养、专业知识与技能、专业（技能）方向的基本能力等，在职业素养方

---

[1] 教育部：《中等职业学校专业教学标准编写框架》，http：//www.moe.edu.cn/srcsite/A07/moe_953/201212/t20121217_146273.html，2023年3月7日。

面包含了更多的有关非认知因素的教育指标，比如职业道德、行业规则、人际交往能力、团队协作意识和能力、信息安全与能力、信息技术能力、学习能力等，在专业技能方面则与所学专业特色直接关联。

二 质量研判调查法

教育质量指标的筛选与利益相关者的需求存在一定的关系，不同利益相关者对于同一类评价对象有不同的利益诉求。由于不同利益相关者对中等职业教育发展质量的认知和需求、主动关心程度及发展指标的感知程度各不相同，因此，充分考虑不同利益相关者的认知水平、需求和期望具有重要意义。在指标初选阶段，为获得更为可靠、真实的信息，访谈对象的选择遵循以下原则：由于质量评价相对比较专业，涉及学生的全面发展问题和素质评价，访谈对象不仅需要实践经验，也需要全面的理论知识，因此首先确定访谈对象是职业教育研究专家、中等职业教育政府部门督导人员、中职学校校长及管理人员、中职学校教师、中职生、学生家长、企业管理者等。随后，根据米切尔利益相关者分类方法，同时考虑专业性和认知水平问题，共分为三类人群：以校长、教师、学校管理人员、学生为代表的核心利益相关者；以企业管理人员、学生家长、政府管理者、专家学者为重要利益相关者；以社区等为次要利益相关者，抽取调研对象并进行开放式访谈，倾听各类人群对中等职业教育质量的认识，获取中等职业教育质量监测的初级指标。

（一）访谈对象选择

访谈群体涉及利益相关群体，主要包括中等职业学校教师、校长及管理人员、学生、职业教育研究知名专家、职业教育行政管理者、企业管理人员及雇主、家长等。群体的界定如表6-10所示。

（二）访谈实施流程

主要采用焦点小组访谈和个别访谈形式，按照统一的规范和流程进行资料收集。在每一场（次）访谈中，都征询受访者同意，对访谈内容进行现场录音和现场记录，并将录音结果进行转录和校对，整理受访者的文本意见。为了使受访者充分理解本书的目的和访谈的主要内容，在访谈开始之前，向受访者介绍研究的内容和目的、焦点问题，使受访者能够进行深入思考。访谈的主要问题是中等职业教育质量问题，从学生生活、学习等角度进行访谈，应该从哪些方面对中等职业教育质量进行监测？在访谈中根据实际情况进行追问。

表6-10 中职教育质量评价研究访谈人员情况

领域类型	群体类别	访谈对象
中职系统	教师	职业学校专业课、基础课教师
	学校管理人员	中职校长、就业、教务、学生工作负责人
	学生	中职在校生和毕业生
研究机构	职业教育领域专家	有影响的职业教育研究专家
企业	企业等用人单位管理者	人力资源部主管、车间负责人
行政管理机构	职业教育负责人	处（科）室职员
家长	学生家长	学生父母或监护人

（三）访谈结果分析

对访谈结果进行文本分析和原始编码，分不同层面对访谈结果进行汇总整理，企业单位对中职生的基本要求是要具有基本的职业精神、一定的职业忠诚度的职业态度、主动学习的能力等，遵纪守法、敬业尽职、吃苦耐劳等隐性职业能力和素质成为企业青睐的员工素养指标（见表6-11）。

表6-11 关于中职教育质量监测指标的访谈和开放问卷数据归类

调查对象	层面	收集数据归类
学生	学校层面	就业好、工资高、就业对口、获奖、学校学习氛围、教师水平高、同学关系、教师与学生的关系
	课堂层面	学习方式、教学内容、实践课程、解决问题、玩游戏、旷课、睡觉
	学生层面	学习成绩好、升学、有效学习方法、专业知识、专业操作能力、遵守纪律、会办事、会交往、能胜任工作、能搞小发明

续表

调查对象	层面	收集数据归类
教师	学校层面	毕业情况、就业情况、专业对口情况、学生到技能岗位情况
	课堂层面	理解教授内容、会操作、遵守纪律、积极回答问题、及时完成作业
	学生层面	学会做人、能对口升学、能到高职院校、学习成绩、良好习惯、专业技能、实践能力、社会交往、法治观念、身体素质、学习观念、学习能力、创新能力
企业管理人员	学校层面	管理规范、要求严格
	课堂层面	上课积极、实践操作
	学生层面	身体素质、专业知识、操作能力、学习能力、道德素质、职业道德、职业能力、职业素养、遵纪守法、爱岗敬业、吃苦耐劳、交往能力、创新能力
家长	学校层面	管理严格、就业好、工资高
	课堂层面	认真上课、学会知识
	学生层面	学习成绩、能升学、学习技术、遵守学校纪律、学习习惯、生活习惯、生活能力、遵守纪律、遵守法律、认真完成作业
行政管理者	学校层面	毕业率、就业率、专业对口
	课堂层面	教学计划、教学内容、旷课率、迟到率
	学生层面	学习成绩、技能成绩、关键能力、创新能力

第四节 中职教育质量监测指标体系的基本框架

基于前述的理论基础，结合国际职业教育质量监测的经验，结合政策文本分析和质量研判调查，形成中等职业教育质量监测指标框架，主要包括区域层面的中职教育质量发展监测指标框架和学校层面的教育质量发展监测指标框架。

一 中职教育质量区域监测的指标框架

（一）中职教育质量区域性监测指标的构建

区域性中职教育质量指标主要是准确研判不同层级、类别的中职教育发展状况，鉴别影响区域教育质量的关键影响因素，有针对性地解决不同地区在职业教育质量发展中的突出问题，能够从全区域层面形成职业教育发展政策、治理方案，更好地促进区域层面中职教育找到适合其自身的发展路径。通过CIPP模型，我们加深了对教育背景和人口等关系的认识，重新审视影响教育发展的决定性因素，即决定教育发展的力量不在校园内部而在校园外部①。因此，在中职教育质量区域性监测指标的构建过程中，要关注区域经济社会发展水平、区域教育事业和区域中等职业教育质量关键监测指标框架，主要包括在区域层面能够反映该区域对中等职业教育质量产生重要影响的关键监测指标，涉及区域的社会、经济、文化背景，以及区域内各职业教育要素间的相互影响，准确反映区域中职教育质量发展的现实状况、地域特点、实际需求和发展目标。

区域层面的教育质量监测指标，主要表现为省级层面、市级层面、县级层面的中等职业教育质量的发展变化。因此，本部分将CIPP模型作为构建中等职业教育区域教育质量关键监测指标框架的分析基础，从背景评价、输入评价、过程评价、结果评价四个方面分析区域层面中等职业教育质量监测的关键性指标，形成区域教育质量关键监测指标框架，对中等职业教育质量区域监测所涉及的关键性指标进行分析（见表6-12）。

表6-12　　我国中职教育质量区域关键监测指标框架

背景评价	输入评价	过程评价	结果评价
1. 区域经济社会发展水平与发展特色 2. 区域中等职业教育事业发展基本情况	1. 办学设施 2. 师资力量 3. 教育经费	1. 政策执行 2. 优质学校入学机会 3. 保障机制 4. 质量管理	1. 学生发展 2. 学生就业 3. 学生升学 4. 企业满意度 5. 社会满意度

背景评价。中等职业教育的质量发展水平会受到区域的社会发展水平、经济发展水平、区域发展特色的影响。反映区域经济社会发展水平

---

① 檀慧玲、刘艳：《国家义务教育质量监测实现有质量的教育公平的有效途径》，《中国教育学刊》2016年第1期。

的关键指标主要体现在区域内的人口数量、人口质量、就业市场大小、地区生产总值、地区生产总值增速等方面；区域中等职业教育事业发展基本情况的关键指标主要体现在区域内中职学校布局情况、专业结构的设置情况、专业结构与地方特色的结合情况、学校数量、学校规模、专业设置等方面。

输入评价。在区域层面，主要关注中等职业教育的投入，关键指标主要包括教育经费投入（教育经费总投入、生均经费、教育经费投入方式、教育经费管理制度）、办学设施（校舍、教育教学场地建设、教学资源配备、实习基地、校企合作）和师资力量（教职工数量、专任教师数量、教师与学生比例、专任教师学历分布、专业技术职务情况、双师型教师比例等）。

过程评价。过程评价主要关注区域内对中等职业教育的组织与领导，包括政策执行、优质学校入学机会、保障机制和质量管理四个方面，其中，质量管理的关键指标主要体现在巩固率、流失率、学生体质健康达标率、各专业按国家规定的课程标准开齐开足课程等。

结果评价。关键指标主要包括学生发展、就业、升学、公众满意度四部分。其中，学生发展主要包括学业水平发展和职业技能发展，通过参考省级部门统一考试质量监测结果，以及对职业教育技能大赛、技能证书获得率进行质量监测；公众满意度的核心指标主要体现为企业满意度和社会满意度。

（二）中职教育质量区域性监测指标框架的思考

监测指标框架构建是基础性工作，不但要充分考虑到区域经济发展特征，还需充分考虑监测过程的可操作性，监测结果的具体实施和应用性。

第一，要根据实际发展情况及时更新与调整监测指标框架，对关键指标实行纵向的时间追踪和横向的区域比较，这样基于数据进行交互性验证，并通过监测实践不断修订指标体系。

第二，要关注区域质量监测指标的科学性与合理性：与区域中等职业教育质量有关联的关键影响因素是否能反映教育质量发展的本质内容，关键性指标是否具有可比较性等。

第三，借鉴目前国际大型教育质量监测项目使用趋势性数据的经验，对中等职业教育质量的区域发展情况做出持续性诊断和反馈，通过多轮追踪数据对教育政策效果进行科学评估。

二 中职学校教育质量监测的指标框架

（一）输入性指标

1. 学校层面

（1）办学方向与行为。主要指学校的办学定位、发展思路、办学特色及中长期发展规划的制定和实施等情况。

（2）制度建设与执行。学校在招生、教学、实习、资产、教师与学生等方面管理制度建设与落实情况，在教育教学质量诊断与监控体系的制度建立与执行、学生实习管理制度的建立与执行等方面的有关情况。

（3）基础设施建设状况。主要指学校面积、实训场地面积、实训装备价值、各类专业校内外实训基地数量及运行的全过程数据；藏书量、电子读物、阅览室座位数、电子阅览室计算机台数等。主要包括校园占地面积（平方米）、生均用地面积（平方米）、校舍建筑面积（平方米）、生均校舍建筑面积（平方米）、仪器设备总值（万元）、生均仪器设备值（元）、生均图书（册）等指标。

（4）学校培养计划。培养目标是否清晰，人才培养方案是否齐全。

2. 教师层面

（1）师资配备（专业技术岗位教师人数）。包括生师比、专业技术岗位教师数（人）、专业技术岗位教师比例等。

（2）教师职业能力（学历）。学历情况包括研究生、本科、专科、中职等的人数及占比情况。

（3）教师资质（"双师型"）。包括"双师型"教师人数、"双师型"教师比例等。

（4）教师企业经历（比例）。包括教师企业经历占比情况、企业兼职师资比例等。

（5）外聘技能型教师（比例）。包括外聘技能型教师人数及比例。

3. 学生层面

主要包括学生人数及增量情况，学生基础能力（包括生源质量，是否参加中招，中招成绩等）。

（二）过程性指标

1. 学校层面

（1）培训企业与职业学校协同育人机会。包括合作机构数量、校外实习合作企业数量等。

（2）教学条件的创设与使用情况。包括教学质量标准更新、教学机构的组织条件增量情况、教学设施设备的使用及优化情况、培养方案的实施和教学活动组织的完善等。

2. 教师层面

（1）教学过程设计与实施。主要指教学过程是否具有基于行动导向、设计导向、实践导向等先进教学理念。

（2）教学氛围营造。主要指明确教师和学生在教学活动中的角色及任务、师生间积极互动等。

（3）教学方法选择。教学方法的选择与课程内容的适切性。

（4）教学内容实施。教学内容与人才培养目标的适切性。

3. 学生层面

学生层面包括的指标主要有上课出勤率（旷课、迟到）、作业完成率、生均学习时间、校内实践课程参与时间、企业实习（率）、学生对企业实习（培训）的满意率等。

（三）输出性指标

1. 学校层面

输出性指标即结果性指标，学校层面的输出性指标主要指毕业生人数（率），就业人数（率），升学人数（率），职业技能资格证获取人数（率），国家、省、市级获奖类型与人数（率），学生就业对口（率），学生获得技能岗位情况，年级保持率，专业保持率，毕业生平均薪酬等。

2. 教师层面

教师层面的输出性监测指标主要通过教师教学效果（教师自评与学

生评价）进行表达。

3. 学生层面

学生层面的输出性监测指标包括学生基础素质发展（基础学科知识测试成绩）、学生专业素质发展（专业知识测试成绩）、学生职业技能发展（技能测试成绩）、职业技能等级证书获取数量及比例、职业资格获取比例、学生知识产权授权数、毕业生适应企业环境、独立完成工作任务（自评）、积极阳光的生活态度（自评）、有效解决生活难题的能力（自评）。

三 教育质量监测关键指标的遴选

中等职业学校教育质量监测指标中既有质性监测指标，也有量化监测指标；既有条件性保障监测指标，也有过程性表现监测指标，还有基于学生发展的结果性监测指标。监测实践中应结合监测目标优选关键指标，并将指标尽可能量化。中等职业教育质量首先要达成基本的办学条件，因此教育质量监测应在输入性办学条件的基础上，进一步监测教育质量的达成情况。表6-13是经过文本分析与专家访谈后拟定的具有可操作性的教育质量监测可量化的关键性指标。

表6-13　　　中等职业学校教育质量监测可量化关键性指标

	一级指标	二级指标	备注
学校办学条件	A. 学校校舍、占地	A1. 生均校舍建筑面积（平方米/生）	适用范围：校级
		A2. 生均教学及辅助用房面积（平方米/生）	适用范围：校级
		A3. 生均实验室、实习场所面积（平方米/生）	适用范围：校级
		A4. 住宿生生均宿舍面积（平方米/生）	适用范围：校级
		A5. 生均学校占地面积（平方米/生）	适用范围：校级
		A6. 学校绿化用地面积所占比例（%）	适用范围：校级
		A7. 生均体育馆面积（平方米/生）	适用范围：校级
		A8. 生均运动场地面积（平方米/生）	适用范围：校级
		A9. 教学耗材型物品购买金额（元）	适用范围：校级
		A10. 教学折旧型物品报废金额	适用范围：校级

第六章 中等职业教育质量监测指标构建机制

续表

一级指标		二级指标	备注
学校办学条件	B. 学校图书、教学仪器配备	B1. 生均图书（册/生）	适用范围：校级
		B2. 生均教学与实习仪器设备值（元/生）	适用范围：校级
	C. 学校信息化建设	C1. 每百名学生拥有教学用终端数（台/百人）	适用范围：校级
		C2. 学校是否建立校园网	适用范围：校级
		C3. 学校是否接入互联网	适用范围：校级
		C4. 学校出口宽带是否达到100Mbps以上	适用范围：校级
		C5. 网络多媒体教室占教室总数比例（%）	适用范围：校级
		C6. 开通网络学习空间的学生比例（%）	适用范围：校级
		C7. 开通网络学习空间的教师比例（%）	适用范围：校级
		C8. 每百名专任教师接受信息技术相关培训数（人次/百人）	适用范围：校级
		C9. 校均网络课程数（门/校）	适用范围：校级
	D. 教职工	D1. 生师比	适用范围：校级
		D2. 学历合格专任教师比例（%）	适用范围：校级
		D3. 高于规定学历专任教师比例（%）	适用范围：校级
		D4. 高级专业技术职务专任教师比例（%）	适用范围：校级
		D5. 专任教师接受培训的比例（%）	适用范围：校级
		D6. 专任教师普通话水平达到二级乙等及以上的比例（%）	适用范围：校级
		D7. 每百名学生拥有思想政治理论课专任教师数（人）	适用范围：校级
		D8. 每百名学生拥有体育专任教师数（人）	适用范围：校级
		D9. 每百名学生拥有美育专任教师数（人）	适用范围：校级
		D10. 每百名学生拥有劳动与综合实践活动课程专任教师数（人）	适用范围：校级
		D11. "双师型"教师比例（%）	适用范围：校级
		D12. 专任教师退出比例（%）	适用范围：校级
		D13. 专任教师企业经历比例（%）	适用范围：校级
		D14. 校外企业人员聘任为指导教师占专任教师的比例（%）	适用范围：校级

续表

一级指标		二级指标	备注
学校办学条件	D. 教职工	D15. 教师出版著作数（部）	适用范围：校级
		D16. 教师发表论文数（篇）	适用范围：校级
		D17. 教师知识产权授权数（件）	适用范围：校级
		D18. 教师获地厅、省部级以上奖励的成果数（项）	适用范围：校级
		D19. 学校或教师技术转让收入（万元）	适用范围：校级
		D20. 教师获地厅、省部级以上个人荣誉奖励数（项）	适用范围：校级
		D21. 主持或参与项目（课题）的项目（课题）数（项）	适用范围：校级
教学过程	E. 课程过程	E1. 学生课堂出勤比例（%）	适用范围：校级
		E2. 学生作业完成比例（%）	适用范围：校级
		E3. 师生互动频率（次）	适用范围：校级
	F. 纪律	F1. 违反课堂纪律比例（%）	适用范围：校级
		F2. 违反学校纪律比例（%）	适用范围：校级
	G. 实习	G1. 年生均校内实训基地实习时间（天/生）	分学段 适用范围：校级
		G2. 年生均校外实训基地实习时间（天/生）	分学段 适用范围：校级
	H. 保持比例	H1. 年级保持比例（%）	适用范围：校级
		H2. 专业保持比例（%）	适用范围：校级
学生发展	I. 学科教学	I1. 专业课程统考通过比例（%）	适用范围：校级
		I2. 基础课程统考通过比例（%）	
		I3. 技能课程统考通过比例（%）	适用范围：校级
	J. 竞赛成就	J1. 学科竞赛获奖（件）	适用范围：校级
		J2. 综合实践竞赛获奖（件）	适用范围：校级
	K. 升学情况	K1. 对口升学比例（%）	适用范围：校级
		K2. 联合办学升学比例（%）	适用范围：校级
		K3. 自主招生升学比例（%）	适用范围：校级
	L. 毕业情况	毕业比例（%）	适用范围：校级

续表

	一级指标	二级指标	备注
学生发展	M. 就业情况	M1. 毕业生就业比例（%）	分学段；分层次；分就业形式 适用范围：省级、市级、校级
		M2. 毕业生对口就业比例（%）	分学段；分层次；分就业形式 适用范围：校级
	N. 毕业生职业资格或职业技能等级证书	N1. 职业技能等级证书获取（件）	分学段；分专业 适用范围：校级
		N2. 职业资格获取比例（%）	分学段；分专业 适用范围：校级
	O. 知识产权	职业学校学生知识产权授权数（件）	适用范围：校级

第五节 中职教育质量监测指标合理使用的建议

一 重视中职教育质量监测指标的适切性

中等职业教育质量监测活动，可以有力地推进职业教育改革发展的进程，促使职业教育向标准化、规范化、制度化发展。教育质量监测指标是监测活动的风向标，不同的监测指标构成体系在监测过程中对指标赋予的重要意义不同，中等职业教育质量监测指标的选择影响教育质量监测的结果，也直接影响着职业教育活动的走向。

与此同时，监测过程中也存在"由于评价主体和对象不同，评价目的、内容和方式各异，造成了评价指标不同程度存在着以偏概全、多有争议和无法落地等问题，致使产生评价表达数据类型不一、质量结果呈现不清"[1]的潜在风险，这些可能的风险若不能有效避免，势必会直接影响职业教育监测目标和功能的实现，不利于中等职业教育的良性发展。

---

[1] 聂伟、王军红：《论职业教育质量监测指标的逻辑及其自洽》，《中国高教研究》2020年第7期。

对此,有学者认为:

> 从主体利益实现、发展阶段、内在发展规律以及发展趋势四个维度,抽取出质量监测指标的逻辑基础、逻辑主线、逻辑层次和逻辑方向,推动指标生成的合目的性、可行性、科学性以及合理性相统一,达成指标之间逻辑关系的自洽、自圆其说。如此才能消弭当前职业教育评价监测活动中存在的指标逻辑矛盾和冲突,为指标迭代和指标体系生成搭建科学合理的逻辑框架。①

加强对中等职业教育质量监测指标的控制与优化,处理好质量指标与质量监测指标之间的关系,准确把握中等职业教育质量发展现实情况以及发展潜力等,形成职业教育发展与推进的组合拳,才能充分发挥教育质量监测指标真正的引导作用。因此,中等职业教育质量监测指标的调控优化需要进行综合考虑。

二 重视中职教育质量监测的价值导向性

中等职业教育质量监测的价值取向具有导向性。立足中职教育现代化的定位,准确把握中职教育质量监测的价值导向和功能定位是构建、筛选和运用各层级中职教育质量指标体系的前提和基础。中等职业教育监测指标体系在设计之初,就应该明确:中等教育质量监测体系并非为了中等职业教育在区域间或者学校间的排名与筛选,其监测目标是诊断中等职业教育发展中存在的问题,是不断提升中等职业教育质量,吸引越来越多的初中生或社会人员能够选择中等职业教育类型;学生在选择学校时,能够更好地了解学校;学生在选择专业时,能够更清楚地了解心仪专业的情况和发展前景,让质量监测更好地释放其反馈、诊断和提升的促进功能。具体到指标体系的构建过程,监测指标的确定不再过于

---

① 聂伟、王军红:《论职业教育质量监测指标的逻辑及其自洽》,《中国高教研究》2020年第7期。

关注其鉴别性、区分度，而是依据该指标是否能促进参与中等职业教育的学生在知识、技能、能力上的发展。比如，中等职业教育质量重视教育投入的重要性，但前提是服务于质量提升的过程管理，学生发展始终是中职教育质量监测指标体系构建的最终价值取向。在监测过程中对该指标的使用方法，不仅考证投入了多少，还要考证这种投入的有效性，对于学生或学校而言，使用的效率到底有多大？因此，中等职业教育质量监测要注重发展过程监测而非仅仅对结果做出判断。教育监测价值理念指引指标构建，在国家指导性职业教育文件的引领下，让质量监测真实服务于中职教育健康、有序和稳步发展。

三 重视中职教育质量监测的关键性指标

中等职业教育质量监测指标体系不能忽视系统观点，在系统观指导下的中等职业教育监测指标体系不仅要求全过程、多维度地获取数据，而且要求准确把握关键数据，数据的选取结果会直接影响分析预测的准确性和有效性[1]。关键性指标的选取，要能够简单明了地反映中等职业教育质量效果的实现程度，能够准确地将教育效果与教育目标相对接，提高教育质量监测的效率。每个关键性监测指标的确定都是基于中职教育事实发展的需要，需要对接到关键性的职业教育发展要素、关键领域和重要环节上。因此，在质量监测的考评周期内，所有关键性指标的采集均严格以客观事实为依据，注重指标的量化，增加评估的可操作性。同时，还需要特别关注的问题是，明确中职教育质量监测整体指标体系和关键性指标权重，通过数据驱动在效果检验中进行持续调整、优化中等职业教育质量的关键指标体系，以期为中等职业教育质量提供理论支撑与实践参考。

四 重视中职教育质量监测的增量性指标

中等职业教育质量增值评价的目的是了解职业教育发展的优势与劣

---

[1] 王亮：《学习分析技术——建立学习预测模型》，《实验室研究与探索》2015年第1期。

势。在中等职业教育质量监测中，对增值性指标的数据进行评价分析，可提供中等职业教育发展趋势的可行性报告。但是，短期增值效果不佳、技能提升慢的指标有可能得不到数据的支持。因此，应重视增值性指标的设计与应用，立足质量监测的整体协同，形成特色定位和标准。面向中职教育质量的宏观层面，对增值性指标进行统一的标准评定，更有利于将其转化为量化数据或可视化数据，确保增值评价的价值。立足中职教育发展的中微观层面，增值性数据应尽可能完整地体现出中职教育特点、中职学校环境、师资教育背景、跨学科专业、学生发展情况等因素，尽可能地呈现出增值或教育影响的"正增长"或"负增长"。

五 重视中职教育质量监测指标数据的剖析

中等职业教育质量监测指标体系的数据类型包括质性监测数据和量化监测数据。其中，前者侧重阐述中职教育内部运作过程，较少关注客观数据的收集，很难形成量化、可比较的客观数据。后者虽然多为各层面指标数量的收集，但很难感知数据背后的人文意义以及数据背后的深层次含义。因此，监测指标数据必须经过数据论证，指标数据收集机制需要进一步完善，综合考虑上述两类数据的优劣，准确界定不同类别数据的范畴、占比及其意义。重视对中职教育质量监测指标数据的剖析，同时优化指标数据收集的方法与程序，建立完善的教育质量监测指标数据收集方案，指明数据采集的实践路径，包括质量监测指标数据源的提供者、定义好指标的内涵、实施调查的方法、选择适宜的测量方法，才能收集到监测指标所需的一些数据，以监测服务中职教育质量提升为宗旨，让现有以及潜在的数据源更好地实现指标体系的监测作用。

小 结

中等职业教育质量监测指标体系的构建要关注中职教育的基础性、专业性和职业性特征。首先，要回归中等职业教育的本质特征，监测指标要能诊断中等职业教育的办学方向、办学条件、办学过程是否围绕职业教育的本质特征进行；其次，要关注中等职业教育的专业性和职业性，监测指标要关注企业人才需求、专业岗位要求及岗位竞争优势；最后，要关照中职教育对象的年龄特征。中等职业教育是"职业人"教育，也是义务后教育，中职学生大多仍是未成年人，监测指标要充分关注学生的个人发展和成长需求。

第七章

中等职业教育质量监测过程管控机制

第一节 加强中职教育质量监测过程管控的意义

一个良好的人才培养过程管控机制是提高中职教育人才培养质量的制度保障,任何好的政策、法律如果没有好的监管机制做支撑,在实际执行过程中就很容易走偏。监测关注正在发生的事,是对中职教育全程进行常规的(routine)、连续的(continuous)、同步的(daily)、微观的(micro)评价(assessment)。[1] 中职教育质量监测过程管控是对中职教育发展全过程和中职学校各要素发展状态的动态跟踪、全面评估,中职教育质量监测指标合理化应用、监测信息的及时呈现,能够为诊断中职教育质量问题、指导中职教育质量改进、促进中职教育质量提升提供有效保障。中职教育质量提升的长期性、复杂性,要求建设一个科学、规范的中职教育质量监测过程管控机制,为持续监测并系统评估全国中职教育质量提供保障。

一 有利于准确评估中职教育质量现状

中职教育质量监测过程管控立足于中职教育现状,基于客观事实的

---

[1] 杜育红主编:《教育政策的监测与评价研究——以"西部地区基础教育发展"项目影响力评价为例》,人民教育出版社2010年版,第23页。

信息采集，真实地反馈中职教育质量信息，便于各利益相关主体及时掌握中职教育的整体状况和中职学校发展现状。2021年，中共中央办公厅、国务院办公厅印发《关于推动现代职业教育高质量发展的意见》，要求完善质量保障体系，推进"职业学校教学工作诊断与改进制度建设"，完善"职业教育督导评估办法"，加强"对地方政府履行职业教育职责督导"[①]。2022年新修订的《中华人民共和国职业教育法》总则第一条明确表明制定该法是为"推动职业教育高质量发展"，第四十三条要求"吸纳行业组织、企业等参与评价，并及时公开信息，接受教育督导和社会监督"[②]。由此可见，开展中职教育质量监测过程管控有助于全面认识、把握和评价中职教育发展现状，从而适时地调整中职教育发展政策目标，为中职教育发展的政策决策提供系统、全面的数据支撑。

二 有利于提升中职教育综合治理能力

中职教育质量监测过程管控可以提供多类型、多层次和多视角信息，对全国中职教育发展情况进行监测，掌握中职教育质量不同阶段的纵向变化和同一阶段不同区域中职学校的横向对比，根据全国中职教育发展基本情况制定发展对策，以实现中职教育高质量发展。同时，将监测结果作为评价地方政府职业教育工作能力的重要指标，有利于提高各级政府推进中职教育质量提升的积极性。对学校而言，能够通过内部诊断和外部评估客观真实地把握学校发展情况，找准位置和发展方向，有针对性地提升其自身发展实力。严格落实中职教育质量监测的过程管控，便于积极探索监测评估指标落地实施和质量保障制度完善，及时发现监测评估过程中出现的问题与挑战，有效推进中职教育质量提升，为中职教育改革提供证据和方向。

[①] 中共中央办公厅、国务院办公厅：《关于推动现代职业教育高质量发展的意见》，https://www.gov.cn/gongbao/content/2021/content_5647348.htm，2021年10月12日。
[②] 第八届全国人民代表大会常务委员会：《中华人民共和国职业教育法》，https://www.gov.cn/xinwen/2022-04/21/content_5686375.htm，2022年4月21日。

三 有利于推动中职教育健康有序发展

中职教育质量监测过程管控可以提供实时信息，让中职教育利益相关主体及时了解情况。中职教育质量监测过程管控包括自评和他评，以教育质量年度报告和其他数据来源为基础，形成人才培养质量监测可操作化的指标，确保全国所有地区中职学校人才培养质量的可比性。并且，借助现代信息技术手段，使中职教育利益相关群体实时了解中职教育的真实情况。同时，对运行状态是否按照预定计划发展、是否向预定目标靠近等进行监控，预判中职教育质量发展趋势，识别危及培养目标的危险因素并及时加以诊断改进，促进中职教育质量提升。

第二节　中职教育质量监测过程管控的内部路径

一　质量监测内部诊断与改进的核心要义

（一）内涵

"诊断与改进"是由"诊断"与"改进"组合而成的一个概念。其中"诊断"一词源于医学界，本义是指诊视并判断病情及其发展情况，包括对疾病做出判断，制定治疗方案，同时也包括制定相关方案的方法与步骤。[①] 作为解决问题的一种方法，"诊断"在医学、商业、社会、教育等领域得到了广泛运用，相对而言，在教育领域运用的时间较晚。其中，有代表性的是布卢姆（Bloom）从教育目标分类出发，提出了"诊断性评价"概念[②]，指在学期开始或项目开始之前对学生现有发展水平进行评估的方法，这种方法侧重于"事前行为"的预防性评价。与"诊断"侧重于明确存在问题不同的是，"改进"要求提供关于进步的描

[①] 陈斌等：《职业院校教学工作诊断与改进的关键问题研究》，四川大学出版社2019年版，第3页。

[②] ［美］布卢姆等：《教育评价》，邱渊等译，华东师范大学出版社1987年版，第10页。

述，即以被评估对象接受的诊断为基础，通过方法的完善、人员的变更及技术的更新使所评估的内容达到更高层次的一种思想和方法。可以发现，"诊断"在提高中职教育内部质量中具有基础和先导的地位，只有明确了中职教育内部质量所存在的具体问题，才能进一步采取改进的措施。"改进"是中职教育内部质量发展的核心环节，中职教育需要对于相关制约因素、问题病灶进行制度改进，其直接目标是解决问题，最终目标是提高职业院校的教育教学质量，提高人才培养质量，根本目标是建立持续化、规范化、常态化的诊断与改进工作机制。

诊断是改进的基础，改进是整个工作的落脚点和核心要素。在学术领域和政策领域经常将这两个概念合并在一起进行分析。2015年6月，教育部办公厅在其发布的《关于建立职业院校教学工作诊断与改进制度的通知》中将职业院校教学工作诊断与改进加以连用，并且将其定义为："（诊断与改进）指学校根据自身办学理念、办学定位、人才培养目标，聚焦专业设置与条件、教师队伍与建设、课程体系与改革、课堂教学与实践、学校管理与制度、校企合作与创新、质量监控与成效等人才培养工作要素，查找不足与完善提高的工作过程。"[1] 从文件字面上看，教学诊断与改进只是针对教学领域的整改工作，其实不然，它是以教学工作为核心，涉及学校专业设置、教师队伍、课程改革、课堂教学、学校管理等方方面面和所有部门，构建和完善校内全员、全过程、全方位、全要素、网络化的质量保证体系诊断与改进过程。[2]

（二）目标

中职教育诊断与改进具有多重目标。从诊断与改进的出发点来说，当中职教育在运行过程中出现一定问题的时候，就需要发挥诊断与改进的作用，因此解决相应的问题是中职教育内部诊断与改进的直接目标。中职教育作为教育系统的一个环节，教育性是其本质特性，培养适应经济社会发展需要的高素质技术技能人才是中职教育的主要任务。在人才

---

[1] 教育部办公厅：《关于建立职业院校教学工作诊断与改进制度的通知》，http://jyt.shaanxi.gov.cn/jynews/rdjj/201710/30/72186.html，2017年10月30日。

[2] 向长征：《基于领导视角的中职教学诊断与改进研究》，《当代职业教育》2018年第3期。

培养的过程中可能会出现课堂教学或课程安排等直接问题，也可能出现影响人才培养的管理活动、制度保障等间接问题，不管是哪种形式的问题都需要通过诊断与改进的手段予以克服，因此从中职教育的本质特征出发，培养高素质技术技能人才是内部诊断与改进的最终目标。[1]

由于中职教育是一个涵盖教学及管理活动的复杂系统，其内部诊断与改进活动涉及学校、专业、教学、课程、教师及学生等各层次内容，简单的一个诊断与改进目标并不能予以完全概括。因此，需要从宏观、中观及微观出发，进一步明确中职教育内部质量诊断与改进目标的层次体系。[2] 从宏观角度来说，学校内部诊断与改进不是一朝一夕或朝令夕改的工作，而是伴随着教育活动的全过程。因此，通过日常的教育质量内部诊断与改进建立常态化周期性的自主诊断工作机制是内部诊断与改进的重要目标追求，通过诊断与改进工作机制的建立，筑牢质量保证底线，促进学校发展理念及教育理念走上合理化、规范化轨道，实现学校自我规划、自我约束、自我改进，推动形成人才培养质量的自主保证体系。从中观的角度来说，中职学校需要根据学校发展规划，围绕学校基础设施、专业课程、师资队伍、学生管理及信息化等方面确定目标方向。微观目标是在宏观及中观目标的基础上形成的具体规划目标，具体来说，需要围绕学校、二级学院、管理部门及教师年度工作任务和计划，制定相应的考核标准，将任务与考核结合起来，提升计划的执行水平和完成质量。

（三）原则

1. 系统性原则

构建中职教育诊断与改进工作机制，应坚持整体推进的系统性工作原则。构建内部的教育质量保证体系，要立足学校定位和办学特色，建立交互联动、自主驱动的质量保证机制，将教学诊断与改进融入教育教

---

[1] 朱峻宣：《高职院校教学诊改方案设计的理念、要素与标准》，《职业教育研究》2018年第7期。

[2] 张扬群、吕红：《诊断与改进：中职学校的校本化实践——以重庆市渝北职业教育中心为例》，《中国职业技术教育》2019年第5期。

学全过程。全面保障学校层面、专业层面、课程层面、教师层面及学生层面的教育管理服务工作体系，形成主体明确、职责清晰、人人重视学校教育质量的工作局面。

2. 科学性原则

在教学质量诊断与改进工作中，应统一相关管理制度标准，明确各个层面教育质量的主体责任，制定科学化的工作诊断与改进方案。中等职业教育应坚持人才内部成长规律，结合学校组织机构建立的规章管理制度、工作流程和监控程序，围绕人才培养质量，实现教育诊断与改进工作有目标、有标准、有计划地稳步推进，在人才培养和管理过程中提高教育质量。

3. 客观性原则

中职学校的教育诊断与改进工作是落实到学校管理及教学中的具体性事务，无论是学校诊断与改进工作的定位还是方案的制定，都需要坚持客观性原则，落实到具体操作工作中。教学诊断与改进的客观性原则是应将数据分析与科学决策结合起来，聚焦学校、专业、课程、教师及学生五个层面生成教育诊断与改进的关键指标，形成基于真实数据及可靠信息的动态监测系统，提升诊断与改进工作的操作性手段，为学校科学决策提供数据支撑，确保诊断与改进工作的有效执行及全面推进。

4. 持续性原则

中职教育的内部质量诊断与改进不是一朝一夕的工作，而是伴随着中职院校生命成长全周期、全过程。中职学校需要形成上下衔接、左右贯通的诊断与改进目标链，设置问题反馈途径并及时跟踪处理，实现对教育质量过程的动态监控、反馈、改进。根据诊断与改进流程和周期性变化，自主设置诊断与改进时间长度，持续性地诊断与改进各项工作的目标达成度和实施成效，在不断发现问题、改进问题的循环往复过程中，形成完整的质量改进上升螺旋，形成常态化、持续性的内部质量诊断与改进工作机制。

二　质量监测内部诊断与改进的顶层设计

基于当前的质量监测内部诊断与改进任务，根据已有研究及政策导向，形成了"五纵五横一平台"的内部质量保证体系（见图7-1），其中"五横"是指从学校、专业、课程、教师及学生五个方面建立相互支撑的内部质量保证体系；"五纵"包括"决策指挥、资源建设、支持服务、质量生成、监督控制"学校内部分管不同诊断与改进工作的行政机构，"一平台"是指信息技术平台。"五纵五横一平台"质量保证体系是推进中等职业学校进行内部诊断与改进的重要依据和基本框架，中等职业学校需要因地制宜、因校制宜地形成切实可行的发展目标，推进形成有利于学校及学生可持续发展的内部诊断与改进工作机制。

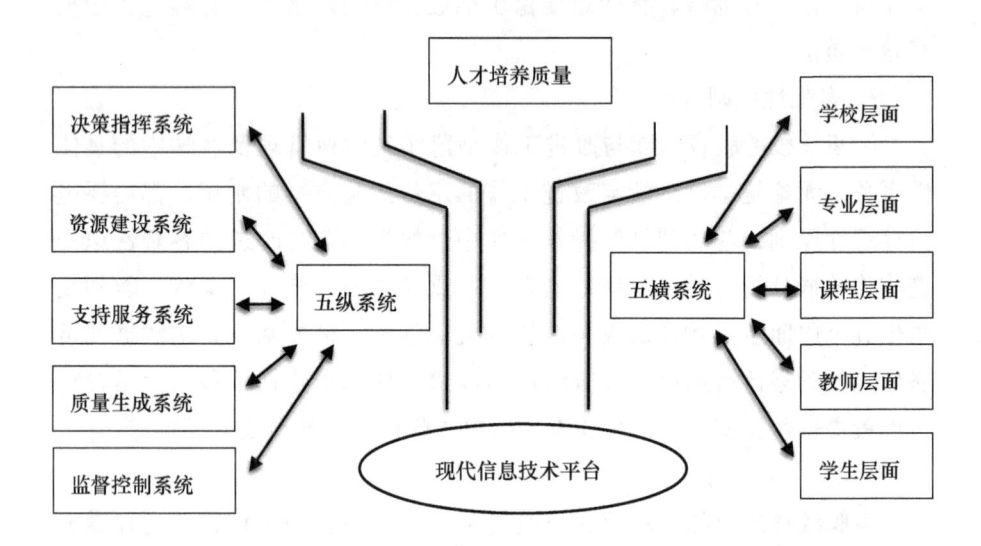

图7-1 中职教育"五纵五横一平台"内部质量保证体系

资料来源：《咸阳职院"五纵五横一平台"构建内部质量保证体系》，陕西省教育厅网站（http://jyt.shaanxi.gov.cn/jynews/rdjj/201710/30/72186.html），2017年10月30日。

（一）纵向系统

1. 决策指挥系统

决策指挥系统是由学校主要领导人及学校相关职能部门形成的决策系统，负责学校诊断与改进的顶层设计，统筹资源建设、支持服务、质量生成及监督控制系统。学校决策指挥系统的重点是制定科学合理的质量目标规划，在对质量现状进行全面评估的基础上，有效进行发展能力的诊断，根据诊断结果进行质量改进，不断完善学校的质量规划体系，形成上下衔接、左右贯通的规划目标链。决策指挥系统不仅需要从学校整体规划角度进行顶层设计和目标规划，针对专业建设、课程开发、教师队伍建设和学生培养等方面也要发挥指挥作用。从专业与课程建设角度来说，要根据区域经济发展情况进行专业布局规划和课程开发，形成具有学校特色的优势专业布局和课程体系。从教师队伍建设角度来说，学校要为教师提供校外培训和学习的机会，提高教师适应产业发展的能力和水平。人才培养作为学校诊断与改进的最终目标，学校要明确人才培养定位，根据人才培养定位为学生提供全面的指导和服务。

2. 资源建设体系

资源建设系统是由学校资源管理、开发、建设相关部门组成的组织系统，主要包括学校人事处、财务处、图书馆、实训中心、产教融合中心等相关职能部门。其中人事处负责教师的招聘、考核和发展指导，形成对学校师资的引进、培养、调动等人力资源决策，为学校教学提供优质的人才支持。财务处负责学校科研经费使用、生均拨款水平、教学科研仪器设备投入等与办学质量密切相关的指标，分析学校财政投入能否实现有效的质量水平，为学校资金的有效利用提供决策参考。图书馆负责为学校师生提供图书和电子学习资料，根据图书馆系统内部动态监测了解师生对学习资源的需求情况，进一步为师生提供优质的学习资料。实训是中职院校的重要内容，实训中心要充分掌握学生的实训情况，了解实训室的利用率和相关设备的维修损耗情况，根据学校实际情况及产业需求为学生提供先进的实训设备，帮助学生在实训中获得知识和技术。产教融合与校企合作是中职教育的重要方面，中职学校成立的产教融合中心负责学生的实习和培训，让学生在实习中获得知识，提高学生适应产业需求的能力，根据行业产业发展方向，对学生产教融合的需求进行精准匹配，提升产教融合质量。

3. 支持服务系统

支持服务系统主要包括教务处、招生就业处、信息中心、后勤保障处及保卫处等部门，为学校的运营提供综合服务。招生就业处主要负责学校的招生宣传，帮助各部门完成招生任务，通过调研收集市场信息，及时反馈、调整、优化招生专业；负责对学生进行就业指导，与用工单位建立密切的联系，提高就业稳定率和就业质量。信息化管理系统对于提高学校领导决策能力、学校管理、教师教学及学生管理工作发挥着重要作用，在课堂管理系统、课堂评价系统、学分银行系统及顶岗实习系统引入信息管理技术，不仅能够提高管理效率和管理水平，而且能够更加全面地分析在教学过程中存在的问题，通过数据分析进行教学诊断与改进，从而提升教学质量效果。后勤保障处和保卫处是承担学校后勤保障和安全管理的服务部门。学校师生只有在一个安全、稳定的学校环境中才能开展良好的学习与生活，后勤及保卫部门为维护学校的正常教学及生活秩序做出了重要贡献，是维持学校正常运营的坚强后盾。

4. 质量生成系统

质量生成系统是人才培养质量的主体，主要由各专业学院、教务处、学生处等部门构成。质量生成系统围绕人才培养而进行，其中人才培养的主体是学校二级学院，二级学院只有制定科学的人才培养方案和专业标准，才能提高人才培养质量。当人才培养方案和专业建设标准不能提供有效的教学活动时，就需要对此进行相应的诊断与改进。教务处是组织学院教学工作的行政服务部门，在学校的统一领导下以服务、合作、协调、指导、督察、评价为宗旨，负责组织和管理学校的教学工作。学生处是负责学校思想政治教育、管理工作及心理健康咨询等工作的主要部门，当学生在生活学习过程中遇到困难的时候，学生处就要发挥应有的作用，及时进行诊断与改进，提高为学生服务的能力，进一步提升人才培养质量。

5. 监督控制系统

监督控制系统主要由学校质量管理办公室和纪检监察室构成，主要帮助学校行为主体全面研判学校各层面的质量运行和目标达成情况。质量管理办公室主要负责制定学校质量年报，形成质量年报制度，根据年度专业诊断和教学测评，发现存在的问题，针对具体问题督促相关部门和责任人进行整改，形成质量预警机制。师德师风考核也属于学校监督的范围，当教师存在师德师风问题的时候，纪检监察部门就需要介入其中，情节严重的还需要承担法律责任。质量监督控制作为学校诊断与改进的重要内容，对于精准识别质量风险，从而迅速进行诊断与改进，形成有效的质量闭环具有重要意义。

（二）横向系统

1. 学校层面

学校层面的诊断与改进关注学校核心竞争力，依托数据平台的数据反馈和评估，结合年度目标绩效考核，实时地、持续地进行自我改进。[①]中等职业院校根据学校定位制定近期目标和远景目标，在近期目标中，以年度规划目标为依据，以学校主要领导和负责人为责任主体，将学校发展目标层层分解到各学院（系）以及职能部门，明确各项工作执行主体的责任和义务，将学校的年度目标具体到各个行动主体，为学校工作的顺利进行奠定基础。对于学校的远景目标，中等职业院校应根据国家产业发展方向和区域现实情况，制定中长期教育规划，将其自身的发展融入国家建设中，积极洞察学校近年来发展规律，深入比较同类院校学校管理、发展方向及运行机制，从而更加精准地规划学校未来发展方向，最大限度地降低学校相关部门在制定重大决策中的失误风险，形成学校优势专业集群，提高学校的社会影响力。

2. 专业层面

职业教育是面向市场需求的教育类型，尽管现代经济发展和产业需求对职业教育提出了更高的要求，中职学生希望能够继续深造以适应经济社会的发展要求，并获得其自身的发展机会，但是中职教育作为对接市场需求的职业教育类型在根本上不会改变。因此，中职教育必须聚焦人才培养质量，以培养符合产业发展和岗位需求的人才为目标，从根本上布局服务于建设现代化经济体系和实现更高质量、更充分就业现实需求的相关专业，并根据经济产业发展进行动态的专业调整。专业的增设、

[①] 陈斌等：《职业院校教学工作诊断与改进的关键问题研究》，四川大学出版社2019年版，第95页。

发展、限制和退出，需要中职学校科学合理地对专业进行客观评估，当专业不能适应行业产业和区域经济发展需求时要及时进行调整，通过对专业的诊断与改进，明确专业的建设目标、服务面向、专业规划[①]，并对专业发展过程中存在的不足进行归纳整理，提出改进的目标和标准，进入新一轮的诊断与改进范围。

3. 课程层面

课程作为对接专业培养目标的具体内容和内部质量保证体系的重要组成部分，是学校开展人才培养质量的主要载体。中职教育人才培养的重点应将专业标准与课程规划相结合，根据专业目标要求和典型教学任务，设置专业课程教学标准，形成从专业到课程的人才培养规范体系，降低不同专业课教师上课的随意性，从源头上确保课程标准和专业标准的契合度，提高中职学生专业知识和技能的掌握情况，培养符合社会认可和需求的高素质技术技能人才。为了确保中职教育的课程规范标准，进一步提升人才培养质量，需要建立课程设置、教材选择及课程考核的诊断与改进程序。中职学校要严格遵循实施国家核心课程标准，不得因为学生升学而放弃开设专业核心课程，同时所开发的课程要与时俱进，积极适应行业产业的需要。教材作为课堂教学的主要工具，发挥了重要的育人角色，在课程资源建设过程中，能够及时更新、补充教材内容，积极开发活页讲义、学习实训手册和特色校本等教学资源，满足教学的需求。课程考核要结合中职教育特点和专业特色，在专业课程考核中充分利用校内外实训基地，组织实践活动，让学生在实践中提高实践能力，以实践性课程考核反馈实践教学，持续提升课程满意度和能力培养目标达成度。

4. 教师发展层面

教师发展层面主要围绕学校相关教师职业标准、培养标准及荣誉标准相关制度予以制定。[②] 中职学校要依据《中等职业学校教师专业

---

① 万德年：《高职院校如何做专业诊断与改进》，《职业技术教育》2017年第17期。
② 戴浩：《基于数据治理开展职业院校质量保证体系诊断与改进的理论探索与实践应用》，《广东职业技术教育与研究》2022年第1期。

标准》，结合学校发展规划和专业建设目标，完善学校教师准入标准、入职培训标准、双师型教师标准、兼职教师聘用考核标准及骨干教师标准，形成教师规范管理及全面发展的标准体系。根据教师发展标准和教师个人发展目标，将教师细致地划分为学术型、教学型、教研型、服务型等类型，设立教师个人发展档案，采集教师教学、科研与社会服务等维度的信息，形成教师诊断与改进体系，对教师的生涯发展进行客观判断，促进教师的自我诊断与改进，促进教师发展和能力提升。教师的诊断过程就是更加全面的自我认识的过程，通过诊断，教师能够更加全面地了解自己的知识储备、教学能力、职业情怀和教学风格，抓住教学中的主要问题进行有效改进，不断更新自己的教学理念、知识结构和实践能力，调整优化教学策略、教学内容与教学方法，使课堂教学研究与实践改进完美结合起来，为提高教师的教学能力、教学效果、人才培养水平，实现专业化发展提供动力源泉。

5. 学生层面

学生发展质量诊断要将育人目标达成度作为衡量学生发展质量高低的重要依据。[①] 中职教育的核心目的是培养适应经济社会发展的高质量人才，中职学校要根据国家职业教育政策方向和学校特点制定切实可行的人才目标规划。只有制定科学合理的育人目标，并且围绕既定的育人目标制定衡量标准，在人才培养过程中才能有据可依。对于学生层面的诊断与改进工作，不仅是学生个人分内的事情，而且也是摆在育人工作者面前的重要课题。从学生个人层面来说，中职学生要明确所学专业的教育目标、就业方向和职业前景，根据其个人发展目标和教育培养方案进行自我诊断，及时发现在学习过程中存在的困难与问题，以更好地促进自己的成长和学业进步。中职学生的人才培养工作与学校每一个教育工作者都有着紧密的联系，学校教育工作者要围绕学生的基本素质、文化素质和专业素质三个方面的内容，通过多

---

① 陈向平、袁洪志：《高职院校学生发展诊断与改进指标体系研究》，《中国职业技术教育》2016年第24期。

元评价主体参与、评价机制运用和评价机制导向，全面评价学生在学习生活、心理健康等方面的内容，全面反映学生的成长历程和核心素养，及时掌握学生所遇到的困难和问题，实现对重点学生群体进行精准帮扶的教育目标。

（三）信息技术平台

随着以大数据、云计算、人工智能等为代表的现代信息技术的发展，中职教育将信息技术引入内部诊断与改进体系中来，形成了信息门户系统集群、数量众多的业务子系统集群以及业务系统之间小规模数据交易场景的信息化网络。现代信息技术打破了中职学校传统管理模式和经验水平的限制，提升了构建系统完整质量监测体系的科学性、前瞻性、有效性和可行性，进而对于形成学校质量诊断与改进工作的运行机制和学校文化具有重要意义。

在学校质量内部诊断与改进中，通过搭建信息技术平台将逐渐打通学校各部门、各环节业务领域，整合现有教育资源，建设形成以教育质量提高为重点的数据中心，重构业务流程，形成统一的数据标准，实现数据共治共享。信息技术平台可以推进数据实时交互共享，消除信息壁垒和信息孤岛，进一步提升各部门协调能力和交流协作水平，提高工作效率，不断提升对学校师生的服务能力。现代信息技术平台将企业、教师、学生等相关群体联系起来，针对教育教学过程中所存在的问题进行反馈，能够使企业、教师、家长、学生等群体的反馈信息通过大数据技术被采集起来，从而得出科学、真实、有效的教学质量诊断，为改进教育教学活动提供途径、方法、依据和着力点，保证中职学校质量体系能够协调运行和稳健发展。

三 质量监测内部诊断与改进的落地实践

（一）明确主要内容

国家推进职业教育内部质量诊断与改进工作，其主要目的是促进职业教育培养适应经济社会发展的高素质技术技能型人才。中职教育作为职业教育的基础组成部分，应坚定职业教育类型定位，围绕中职教育内部诊断与改进的主要目标,通过优化职业院校的办学条件,强化专业内涵建设、深化教学改革,完善制度体系,健全运行机制,促进中职教育健康可持续发展。中职教育内部诊断与改进的主要内容应聚焦到人才培养工作中,体现以学生为本,以教学为中心,落脚到人才培养质量提高上面。[1]

中职教育内部诊断与改进是相关利益主体和责任人共同作用的结果。首先,中职学校是人才培养质量的第一责任人,是教学诊断与改进工作的组织者和实施者。中职学校的人才培养质量是通过高质量的办学培养出来的,而不是发现存在的问题通过诊断与改进的方式达到的,这就要求中职学校从源头上保证教育质量的生成过程。因此,中职学校要建立健全质量保证体系、完善人才培养模式,基于职业教育人才培养规律,以学生全面发展为主线进行全过程育人;建立教育诊断与改进工作机制,将教育诊断与改进作为学校日常工作的重要组成部分,经常性地进行教育诊断与改进,促进教育质量的不断提高,提升办学能力与办学质量。其次,教育主管部门作为教学诊断与改进工作的监督者,担负着学校的管理职能。在中职教育内部诊断与改进工作中,教育主管部门不能置身事外,应将在人才培养过程中充分发挥"督导者"的重要角色,通过"督导复核",督促中职学校健全内部质量保证体系,形成教育自我诊断与改进的工作机制。[2] 最后,利益相关者是人才培养质量的第三方责任主体,通过结果来评价教学诊断与改进工作效果。围绕中职教育人才培养质量,其利益相关群体主要包括家长、企业及第三方评价机构等。这些群体通过参与学校人才培养规划、专业设置、咨询和管理等多种方式,直接或间接对中职学校人才培养活动产生影响,推动中职学校人才培养质量的持续改进和提高。

中职教育的内部诊断与改进离不开以人才培养为主要内容的教育活动,在这一教育活动中,应明确中职学校通过哪些载体保证人才培养质

---

[1] 余燕:《职业院校教学诊断与改进的研究》,《教育教学论坛》2019年第34期。
[2] 熊发涯:《高等职业教育质量保证的顶层设计》,《黄冈职业技术学院学报》2016年第5期。

量。为提高人才培养质量和教育自我诊断与改进能力，在职业院校教学诊断与改进中建立了"五纵五横一平台"的教育质量保证体系，即建立了基于现代信息技术框架的从学校、专业、课程、教师及学生五个方面相互支撑的内部质量保证主体，以及包括"决策指挥、资源建设、支持服务、质量生成、监督控制"在内的学校分管不同诊断与改进工作的内部行政机构。围绕人才培养质量，建立全覆盖、全过程的目标链与标准链教育诊断与改进任务体系，形成自我诊断与改进的工作机制，为有效实施教育诊断与改进提供行动依据和分析框架。

（二）建立工作机制

教学诊断与改进作为中职教育提高内部教育质量的重要抓手，应坚持问题导向，按照设定的目标链和标准链建立日常诊断与改进的常态化运行机制。中职教育内部诊断与改进并不是一蹴而就的教育任务，而是伴随着中职教育全过程的教育活动，因此应坚持发现问题、诊断问题、整改问题、质量提升的改进措施，形成常态化的诊断与改进运行机制。具体来说，中职教育内部诊断与改进工作机制主要体现在以下方面。

首先，协同推进机制。中职教育内部诊断与改进是以中职学校为主体、以学校领导为主要负责人的系统工作体系。为了提高中等职业教育内部诊断与改进效果，中职学校及其负责人应将相关部门统一起来，形成协同推进的工作机制。一方面，在质量诊断与改进办公室的管理下，形成行政职能部门分工协作的内部协同推进机制；另一方面，以中职院校为主体，在地方教育行政部门统一领导下，争取企业和专家组织支持的外部协调推进机制。

其次，监督反馈机制。在中职教育诊断与改进系统中，监督控制系统是内部诊断与改进的重要组成部分，主要帮助学校行为主体全面研判学校各层面的质量运行和目标达成，并围绕质量生成进行相应的质量监督。因此，中职教育应对照质量发展目标，根据质量要求和标准，设立监控、反馈、诊断、改进流程，实现对质量生成过程的动态监控、跟踪反馈、持续跟进，形成全程管控的质量监督反馈工作机制。

最后，奖惩考核机制。中职教育诊断与改进工作机制是在不断发现问题并解决问题的基础上形成的。为了提高问题解决能力，应制定考核奖惩办法，将考核结果与奖惩结合起来，严格责任追究制，确保将诊断与改进工作落实到位。由于中职教育内部诊断与改进涉及学校的各领域、各部门，如果只是将诊断与改进作为学校的工作部分，却忽视了其实在的工作性质和工作内容，可能就会陷入空有口号而没有实际行动的"形式主义"窠臼，尤其是有些部门为了显示其工作的"完善"程度，故意忽视部分问题，也就不需要进行相应的诊断与改进工作。因此，为了提高内部质量诊断与改进的有效性，应将奖惩考核作为诊断与改进工作机制的组成部分，将中职教育内部诊断与改进作为实际工作的一部分落实到位，形成以奖惩考核推进有效诊断与改进的工作机制。

（三）优化推进方式

1. 制定完善的诊断与改进工作方案

为了保证中职学校的教育教学质量，合理开展诊断与改进工作，应创建规范化的诊断与改进工作体系，完善诊断与改进工作方案。首先，应成立内部诊断与改进领导小组，制定诊断与改进工作方案，统筹负责学校诊断与改进工作，协调学校相关部门推进日常质量管理工作，为学校质量管理提供保障支持。其次，应开展学校诊断与改进培训活动，加强学校相关部门的诊断与改进意识及工作能力。诊断与改进作为学校的日常教育活动，却没有从根本上得到相关部门及老师的积极响应，其主要原因在于学校部门及老师缺乏应有的观念意识及工作能力，因此需要将相关部门及老师组织起来集中学习教育部、教育厅及学校政策规范要求，传达国家文件精神，明确中职学校进行内部质量诊断与改进的目的与意义，让教师认识到只有提高学校育人质量，才能增强学校吸引力，从根本上提高学校部门及老师的工作热情和工作能力。最后，建立完善的教育诊断与改进工作体系，为教育诊断与改进工作提供规范依据。为解决中职学校教育活动中所遇到的问题、推进教育诊断与改进工作有效执行，应根据学校实际情况制定完善的诊断与改进工作方案，创建教育诊断与改进目标，健全诊断与改进制度体系，完善内部工作内容，明确学校各部门工作职责，合理地将诊断与改进目标与组织架构进行适配调整，在诊断与改进目标、人员协调及制度体系完善的过程中，推进教育诊断与改进活动的顺利进行。

2. 组织实施学校自主诊断

中职学校的自主诊断过程即是计划执行阶段，将诊断与改进方案中事先拟定的工作计划细分到每一个环节和每一个部门，并督促相关责任部门和责任人将工作内容落实到位，以保证诊断与改进内容的执行效果。中职学校围绕学校整体发展、专业建设、课程建设、师资队伍建设和学生全面发展的目标和标准，建立学校自主诊断与改进制度，强化主体意识，将具体工作落实到个人，为诊断与改进的顺利推进提供制度保障和规范依据。在自主诊断与改进中，以提升学校教育质量为目标，通过访谈、查阅资料、现场观察等形式进行问题诊断，搜集学校、教师、家长、学生、企业等群体对学校教育质量的相关建议，及时记录所发现的教育质量问题，做到诊断有据可依，进行针对性的诊断。通过自主诊断，将学校从应对检查型的质量管理模式向自我保证的常态化质量管理模式转变，形成学校独特的质量管理理念和文化。①

3. 以问题为导向持续改进

中职教育质量改进是一个持续性的过程，当发现教育质量没有达到预期的效果时，就需要对相关问题进行不断改进。在中职学校诊断与改进工作过程中，当一项工作很难在短期内完成诊断与改进时，就需要建立长期的目标规划，发挥学校各部门的综合力量进行持续性、长期性的诊断与改进；对于诊断与改进的成功经验，可以加以推广并将其标准化，为制定更加科学的改进标准提供依据；对于失败的方面也要进行反思总结，避免以后再出现类似的情况。总之，中职学校的教育质量诊断与改进不是一次性的循环，而是循环往复的过程，只有将改进的结果作为下一次问题诊断与改进的起点，才能更加全面地发现中职学校在发展过程中可能存在的潜在问题。持续性的教育质量改进对于形成常态化的中职教育质量诊断与改进机制，推进中职学校高质量内涵式发展具有重要

---

① 万德年：《高职院校开展教学诊断与改进工作研究》，《职教论坛》2017年第16期。

意义。

四 质量监测内部诊断与改进的保障体系

（一）健全组织机构体系

中职教育在发展过程中会遇到很多问题，遇到问题不可怕，可怕的是在遇到问题的时候没有相应的应对措施。为了使可能出现的问题得到有效改进，就要求筹建以学校党委、行政领导为最高管理者，二级学院、校内外专家共同参与的学校内部质量诊断与改进领导小组，负责学校层面的质量诊断与改进工作。学校内部质量诊断与改进领导小组作为质量管理、监督、检查以及持续改进的机构，在教育教学、人才培养过程中，通过数据采集、内外审查等措施和程序，统筹决策指挥、资源建设、支持服务、质量生成、监督控制五个纵向系统，对于学校建设、专业建设、课程质量、教师与学生发展五个横向层面的质量问题及时进行纠正改进。通过诊断与改进，建立符合学校实际情况的教学目标、标准制度，设置适应经济社会发展和产业结构要求的专业和课程，建立健全多层次、多渠道的质量监测和评价系统，完善教师教学及考核体系，不断优化专业人才培养方案，提高人才培养质量。

（二）建立目标体系

中职教育是为了培养适应经济社会发展的高素质技术技能人才，中职院校的一切活动都要为这一教育目标服务，如果发现教育活动偏离了培养高素质技术技能人才的教育目标，或者与之相关的教育活动阻碍了教育目标的实现，就需要发挥学校诊断与改进的重要作用。教育目标任务是教学活动诊断与改进的依据和根本方向。因此，中职学校要按照学校总体规划，建立完善专业、课程、师资和学生发展的规划体系，将目标任务层层分解落实到具体学院、责任人，形成上下呼应、左右链接的内部质量保证目标链条。中职学校将其自身发展规划置于国家及地区发展方向和整体规划的背景之下，结合其自身实际特色，形成具有区域竞争力的中职教育优势特色。学校要在其总体发展规划的前提下，制定各专业发展规划，明确学校的年度目标任务。各职能部门根据其自身功能认真调查教师和学生的实际需求，制定有针对性的工作目标，为教师的教学及学生的学习做好服务工作。各专业课程建设团队围绕本专业建设要求，积极对接行业岗位需求，制定课程建设规划，确定本课程及专业发展方向。教师根据学校教师发展规划和管理办法，结合其自身发展诉求，制定个人职业发展规划，将个人发展融入学校发展过程中，实现个人发展和学校发展的相互促进。学生根据其所在专业人才培养方案，结合个人兴趣和实际情况，制定个人学业及职业规划，实现个人发展目标与人才培养目标的相互统一。

（三）建立标准体系

标准是对目标的进一步解读，是对目标的进一步细化和量化。[①] 标准的制定要采取多元的质量观，根据不同层面的质量要求制定标准，切实解决中职学校在发展过程中所面临的困境与问题。中职学校既是内部质量标准的制定者也是标准的遵守者，从标准制定角度来说，需要全面把握学校发展的根本症结和诊断与改进方向，制定适应社会需求及其自身目标的建设标准。从标准遵守角度来说，要根据国家对中职教育的相关要求，在生师比、"双师型"教师占比、教师培训等方面达到国家的基本标准要求。专业是培养学生在某一方面具备专业品质的深度教育，专业要根据专业群划分办法，积极对接行业产业需求，建立专业预警标准及进入退出的动态标准。课程体系对于人才培养定位和培养目标具有支撑作用，课程建设需要围绕教材选用标准、教学工作标准、教学管理规范、课程考核评价标准及教学质量监控与评价标准等方面制定课程标准。教师标准从整体角度来说是对学校的要求，从个体角度来说是对教师个人的要求，此处强调教师的个体标准。教师个体标准包括教师师德规范、教师教学规范以及成为优秀或骨干教师的标准等方面。学生是教育的对象和直接受益者，学校在制定学生标准时，要结合中职教育的特点和定位，从学业发展、身心发展及职业发展角度制定学生标准。

[①] 李建民、杜媛：《高水平高职院校建设背景下我省高职院校内部质量保证体系诊断与改进机制探究》，《兰州石化职业技术学院学报》2019年第4期。

(四) 健全制度体系

实施诊断与改进工作必须有一个有效的制度体系做保障。[1] 建立健全可行的、科学的制度体系能够保证学校内部诊断与改进的积极性，为学校形成自我约束、自我发展和自我完善的评级机制提供制度保障。具体而言，需要从学校、专业、课程、教师与学生五个层面建立相应的管理办法、监控系统、资源建设系统和质量生成系统等制度保障体系。通过建设完善的控制程序及工作流程，逐步形成系统完善的制度宣传和贯彻、制度执行和创新提高的制度运行管理机制，使学校各单位、各部分及个人能够在本职岗位上各司其职，推动学校的规范运行。学校层面制定的制度标准是学校内部成员都需要遵循的规范依据，二级学院同样需要根据其自身的需要制定更加具体的制度规范。二级学院制定的规范主要体现在专业建设及规划、课程建设与实施、教师发展规划及学生管理等方面，围绕学生专业学习所制定的规范具有更强的适用性和操作性。

第三节 中职教育质量监测过程管控的外部渠道

一 明确第三方评估主体

以第三方为主的中职教育质量评估模式，首先要明确的是"谁是第三方"的问题。按照利益相关者理论，在中职教育系统中至少存在着以下多方利益主体：政府部门、中职学校内部的管理者、教师、学生以及相关企业、学生家长等。那么，这个第三方是相对谁而言的呢？基于各类第三方评价的相关概念分析可以发现，第三方所相对的主体往往是政府及学校自身。政府作为中职学校的举办者和监督者、中职学校作为直接的运行者，是担负着确保中职教育质量的核心力量。既让其办教育，

---

[1] 马奕旺、张志斌：《教学工作诊断与改进的实践及对策》，《安徽水利水电职业技术学院学报》2019年第3期。

又让其评教育，难以摆脱"不客观"之嫌。因此，从政府及中职学校外部引入新的利益主体，实现管、办、评三者的有效分离，是确保中职教育质量评估客观有效的途径。从国家政策层面上看，教育部、财政部下发的关于职业教育的文件中。多次提出："要建立企业、行业协会、学生及其家长、各类研究机构等利益相关方共同参与的第三方人才培养质量评估制度。"由此可见，中职教育质量第三方评估主体主要包括各类企业、行业协会、社会研究机构、学生及其家长。

（一）各类企业

中职教育作为职业教育系统中的重要一环，其培养的人才主要就业去向是各类企业单位。各类企业用人单位既是中职学校毕业生施展个人所学技能的重要平台，也是真正有效检验中职学校所培养的人才质量高低的主阵地。中职学校所培养的毕业生与各类企业所急需人才的契合程度，在很大程度上能够反映其人才培养质量水平的高低。而中职学校能否接地气，办出生机，办出特色，在很大程度上也取决于其能否真正面向市场，深入推进产教深度融合、校企有效协作。因此，中职教育人才培养质量第三方评价的推进，就不能离开各类企业的有效参与，而且有必要将企业等用人单位作为重要的评估构成主体。只有企业参与中职教育质量评估，中职学校才能更精准地定位人才培养导向、规格及培养方式，更好地提高教育质量。

（二）行业协会

随着我国经济体制的不断完善，行业协会作为市场中重要力量，在我国的社会主义市场经济活动中发挥着重要作用。随着我国社会主义市场经济体制的建立与逐步完善，行业协会在市场经济活动中的重要性日益突出。行业协会作为一种社会中介组织和自律性管理组织，是联系政府与企业的重要纽带和桥梁。它们既能够在行业内发挥有效服务、倡导自律、协调一致、有效监督的积极作用，又能够成为政府部门的重要智囊和助手。行业协会作为一种企业自我管理、合作、监督的合作体，能够在其行业中产生举足轻重的作用。相较于单个企业而言，行业协会能够以其强大的行业影响力，提出具有"风向标"导向的总体人才诉求，并能够集结更强大的资源来支持并影响中职教育系统的发展。实际上，如果从国际层面来看，行业协会在职业教育系统里发挥着极为重要的作用。例如，德国在其2007年所颁布的《联邦职业教育法》中明确规定，行业协会是德国职业教育培训的主管机构而非政府部门。其行业协会在参与职业教育的管理与决策、组织考试，参与资格认定，审查培训合同，确定双元制培训时间，组织各类职业培训教育考试，仲裁签约双方矛盾、参与教师管理、获取职业教育经费等方面，发挥着重要的参与管理与决策作用。从当前我国职业教育政策文件里可以看到，国家正倡导要逐渐形成以行业协会为主导的第三方教育质量评估。在可预见的未来，行业协会势必在包括中职教育在内的职业教育系统中发挥更为重要的作用。因此，行业协会亦是第三方评估主体之一。

（三）社会研究机构

从国际经验来看，诸多国家教育系统对于职业教育人才培养质量评价工作多委托各类社会研究机构来完成。这一做法的突出优点即是评估结果更加客观、公正和可信。相较于其他第三方主体而言，各类社会研究机构依托其专业的研究团队，能够在评价手段、评价流程、结果分析等方面更加凸显专业性。相较于国外较为独立的第三方研究机构，我国的社会研究机构构成更为复杂。既有依托于大学、研究所的专业研究机构，又有官方背景，介于独立与非独立之间的研究机构，同时亦有各类民间研究机构。但总体来看，对于实际开展的第三方评估工作，各类研究机构在具体实践方面发挥着更为显著的作用。中职学校通过各类社会研究机构所做出的关于学校教学质量、管理质量、就业质量等方面的分析和评价，能够更好地了解包括其自身在内的学校所持的办学定位是否合理，办学特色是否鲜明，专业设置及课程开设能否符合产业及地方经济现状等方面的需求，所培养的学生能否具备企业提供岗位所需的核心知识及技能；了解学校教师教学水平高低、核心课程是否齐整、求职服务效率如何、学校生源动态变化、已毕业学生对于学校的评价等方方面面的信息，进而对中职学校调整办学目标、修订培养方案、改革课程体系及教育方式、提升招生和就业服务质量等发挥着重要作用。

(四) 学生及其家长

从教育服务的角度而言,中职学生及其家长作为教育服务最直接的接受者,是判断教育服务水平高低的重要发言者。中职学生作为中职人才培养的全程参与者,他们对于学校所开展的课程设置是否有效、专业是否合理、教师教学水平、各类实习质量、校园氛围、管理制度及创业就业方面的工作有着切身的体验;也能够从教育服务是否有效地满足其自身发展需要的角度出发,评价中职教育教学各环节的质量成效。学生家长作为学生的监护者,对于学生的知识水平、思想品德、技能习得及兴趣爱好等方面了解得较为全面,对于学生在中职学校期间的变化有着更直接的感受和体验,因而能够做出相对客观、公平的评价。因此,从教育服务特性这一角度来看,学生及学生家长理应成为教育质量的第三方评估主体之一。

二 设计第三方评估内容

评估内容作为客体的重要组成部分,是指由不同类型评价标准形成的多层次标准以及在标准指导下构建的具体评价指标。

(一) 评价标准

鉴于第三方主体涵盖广泛,评价标准要充分考虑兼容性与多样性。具体来讲,以第三方为主的中职教育质量评价标准包括人才培养质量标准、培养效率标准、社会效益标准。

1. 人才培养质量标准

培养合规格的技能型人才是中职学校最重要的职能。中职教育质量应聚焦于学生发展水平与质量上。如何评价学生发展水平与质量,判断是否符合人才质量要求,要兼顾当前的具体客观环境。特别是在当前产业转型、经济发展换挡的新形势下,中职学校的发展内涵也发生着转型变化。人才培养质量的规格与要求要兼顾学校内部、政府和企业诉求多重因素,再构质量观念并细化为具体的评价指标体系。具体来看,人才质量标准要充分建立在对中职学生培养过程、培养方式、培养实效以及中职生职业生涯发展的质量评价之上。将中职学校人才培养诉求与目标、理论学习与实践操作模式、人才培养方式、毕业生若干年内的职业发展等作为主要考察对象，重点把握中职学校的育人目标是否体现在学校教学与管理过程中、专业建设是否契合学校培养重心、质量意识与文化是否融入中职生培养过程。

2. 培养效率标准

中职教育是面向市场，服务经济发展的特殊教育，也是扩大人力资本存量，提高人力资本素质的教育。这种特性势必要求充分考虑如何在一定的成本下形成最大的产出量。第三方评估中职教育质量的效率标准就是要通过一定的技术要求和经济标准来衡量中职学校在人才培养方面的投入与产出比，从而确定如何优化资源要素，形成最佳投入比例关系。中职教育的发展要遵循教育的培养规律，充分考虑教育发展的可能性，形成效率标准并对中职学校的人才培养效率进行评价。通过定期、有效的评价标准来衡量评价结果，确定中职学校的资源投入，测算学校人才培养成本及产出效益，从而为评估中职教育质量高低，促进中职学校持续改进提供参考依据。

3. 社会效益标准

中职教育质量第三方评估的社会效益标准，主要衡量中职学校对于产业升级、经济发展、企业发展等方面的实际贡献率和在社会上所享受的信任度及好评度。具体而言，就是指中职教育人才培养效益及社会影响。从人才培养的角度来看，社会效益标准侧重考察中职学校人才培养数量与质量、学生就业质量、优秀毕业生比例、学生未来职业发展、毕业生对企业及社会所做的贡献、社会各界对于中职学校毕业的满意程度。

（二）具体内容

基于评价标准，中职教育质量第三方评估的主要内容要充分兼顾系统性、科学性和可行性原则，确保评估内容的完善性和真实性，覆盖第三方评估微观、中观和宏观几个方面。具体来看，至少应包括以下几方面内容。

1. 中职学生基本素养

学生基本素养是检验中职学校人才培养质量的一个重要切入口。具体来讲，学生基本素养应包括与外部企业岗位要求，以及与中职学生可持续发展十分相关的道德素质、职业素质及文化素质。（1）道德素质。主要包括学生作为一个合格公民应该具备的基本素养，包括其人生观、价值观、道德品质、责任感、奉献精神等，主要侧重考察中职学校对中职生道德教育及价值观教育方面的成效。（2）职业素养。包括爱岗敬业精神、团队合作精神、职业投入等。这些内容主要考量中职学生与企业岗位的契合程度。（3）文化素养。包括基本文化知识、人文知识、科学知识素养，主要衡量学生除专业技能之外的一般性、通用性非专业能力。

2. 中职学生专业发展能力

中职学生专业发展能力是评判中职学校人才培养质量的核心要素。中职学生专业发展能力主要包括一般通用能力、专业能力、社会能力等内容。通用能力旨在引导和督促中职学校注重培养学生全面发展的能力而非单一能力，主要包括基本技能（例如写作表达能力、表达演讲能力、基本数学运算能力）、信息处理能力（例如计算机运用、数据分析与获取、处理能力等）。专业能力侧重关注学生专业技能理论与实践水平，包括对于所学专业理论知识、专业操作技能、顶岗实习、见习实训、技能竞赛、职业证书考查、等级考试等内容。这里要注意将中职学校是否按照相关规定开展实习实训、学生顶岗实习后企业对于中职生综合评价等纳入指标体系中来。社会能力侧重体现中职生法律规范意识、安全环卫知识、心理健康调节、城市融入意识等内容。

3. 中职学生就业质量评价指标

就业质量是中职人才培养质量的最终体现。这方面的内容由就业现况、中职学生个体发展、社会美誉度三个部分组成。就业现况从中职毕业生实际就业率、对口就业率等方面进行评价。这些指标能够充分反映中职学生毕业最终"出口"情况。中职学生个体发展主要包括起薪水平、晋升率、学生创业率、学生个体满意水平等内容。而社会美誉度则主要体现在企业、行会等的评价与意见上，主要反映在中职学生岗位适应能力、员工稳定率、企业满意度方面，可以通过广泛搜集企业、社会各界对于人才培养质量的反馈及满意情况来获得。

三 完善第三方评估规范

(一) 评估流程

以第三方为主的中职教育质量评估体系，需要规范科学的流程。只有形成科学、适当的行动策略，完善每一个关键环节，主客体之间的互动才切实有效。具体来看，可分为以下几个阶段。

确定评估目标。以企业行会为主导，广泛联系企业用人单位、科研机构、社会组织等，根据行业规模与职业岗位要求，结合中职人才培养重点与未来发展方向，形成具有广泛共识基础的中职教育评估目标。

建立评估机构。第三方主要相对于政府及学校而言，但又与两者密切相连。虽然第三方评估主体众多，但行业、企业、社会公众都无法直接对中职学校进行教育质量评估。需要组建或委托有资质的第三方评估机构，对中职学校教育质量进行评估。这一评估机构可以广泛吸引行业组织、企业、教科研力量等共同形成第三方组织，并广泛寻找和整合专家资源，对各个领域的高水平专家资源进行汇总，形成评估专家资源库，并形成专家准入制度及审核制度。

进行专业培训。第三方评估的一大优势即是专业性。应定期开展评估相关的专业培训和交流会。培训和交流的内容应涵盖职业教育相关法律法规和政策文件、中职教育评估的技术要求和操作流程，以及评估的方案设计、实施、结果报告与反馈应用，参训人员通过专业培训应该熟练掌握中职教育质量评估的原则、标准、方法技术。

严格评估流程。第三方评估的每个流程都应具备明确的逻辑顺序，并有具体的分工及节点。依据评价理论和具体实践，可以将中职教育质量评估流程分为构建评估指标、搜集评估信息、形成评估结果三个阶段。具体来说，第一阶段为构建完善的评价指标，主要是基于第三方评估主体达成的共识，依据评估目标，按照人才培养质量标准、培养效率标准、社会效益标准，将中职学生基本素养、中职学生专业发展能力、中职学生就业质量评估内容转化为具体的评价指标。同时，根据评估指标，确定相应的评估方法与技术。第二阶段是评估数据等的收集与汇总，通过与中职学校的有效沟通，对学校各职能部门、专业教师、学生等相关人员进行调研，多渠道地搜集中职教育教学相关信息以及人才培养相关数据。第三个阶段是通过对评价数据等的分析形成评估结果报告。

反馈评估结果。评估结果反馈是评价体系中最终的一个环节。但是它却能覆盖中职学校人才培养的整个过程。评估结果可以反馈至中职学校及教育行政相关部门。通过这种数据的反馈与交流能够让中职学校及教育行政部门及时发现存在的突出问题。一方面，可以引导教育行政部门强制性地或以市场化手段实现中职人才培养的改进，其结果对于中职学校教育教学工作的改进与创新、中职学校的布局与结构调整等具有很强的指导作用。另一方面，当中职学校充分认识到独立于其自身及政府部门的第三方评估结果对其发展的价值时，中职学校就会自觉主动地委托第三方对其进行质量评估并给予改进意见，从而更加明晰地开展教育教学改革。

（二）制度支持

第三方评估是一个完整的流程体系，需要完善的制度体系作为保障和支持系统，以便更好地发挥其外部评价的效力。具体来看，需要从以下几方面入手。

1. 完善以第三方为主的评估保障机制，健全相关法律法规

中职教育评估引入第三方，既要靠第三方主体的专业性与独立性，同时还必须获得法律法规与行政权力的肯定。法律保障是开展第三方评估的基本制度保障。首先，要通过行政法规的形式，明确行业、企业、社会研究机构等相关评估主体的地位、准入资格、权限等。这是当前以第三方为主的评估机制里最缺乏的地方。"名不正则言不顺"，只有明确第三方评估的权利与义务，比如独立分析数据、发布结果等权利，方能真正确保第三方评估的权威性与独立性，使第三方评估不因外部干预力量而丧失独立性或朝令夕改。其次，通过立法保障，规范中职教育质量第三方评估的基本程度与评估周期，并使之成为与教育督导性质相类似的常态化、权威性活动。同时，加大法律宣传，使第三方评估中职教育

质量的效用被更广泛的社会群体所了解，使第三方评估成为社会普遍共识，推进中职教育质量评估方式的改革与转型。

2. 引入激励机制，培育良好的第三方评估市场环境

从国际经验来看，国外第三方评估主要以专业的民间机构为主，市场竞争充分，专业性较强，公信力高。要引入中职教育质量第三方评估，政府首先要转变职能。应以"管、办、评分离"的思想为主导，逐步改变"大包大揽"的固有体制，逐步放开中职教育质量评价空间，给予第三方评估更大的施展空间，引导第三方评估进入良性、健康的发展通道。政府要大力鼓励企业、行会与教育评估专家通力合作，通过行业出资、研究机构具体操作的形式，形成民办性质的教育评估机构。并且要简化登记手续，放宽人数、注册金等方面的限制，鼓励专业的事情由专业人员干，让有能力的专业人才创建专业化的教育评价机构。同时，政府部门要构建多元竞争的评估市场体系，让更多的评估主体进入评估市场，使第三方评估机构有机会与政府、相关事业单位同场竞技、同台竞标，扩大中职教育质量评估服务的供给，形成良性循环的教育评估市场。

3. 建立和完善中职教育第三方评价元评估制度

中职教育第三方评估主体不仅要接受来自政府及社会各界的监督，同时这种监督还要以制度化的形式规范化、常态化。元评估是针对第三方评估机构的再评估，以确保第三方评估的健康发展。元评估以教育行政部门为主导，通过对中职教育质量第三方评估机构的认定、工作过程考评、评价结果复查等工作重点对第三方机构进行全程监控。可通过奖惩甚至是淘汰机制等，确保第三方评估工作的规范性、专业性。2015年，《教育部关于深入推进教育管办评分离促进府职能转变的若干意见》明确规定，鼓励成立教育评估的行业组织。同时对于操作不够规范、弄虚作假甚至违法违纪的评估机构，建立"黑名单"制度。需要注意的是，在进行元评估监督时不可影响中职教育第三方评估主体的独立自主性，要给予其充分的自主权，甚至要将独立性作为重要的评估内容。

4. 加强第三方评估主体自身的建设

"打铁必须自身硬。"中职教育质量第三方评估行业内部要树立起自我规范的意识，整合行会、企业及研究机构的资源与力量，拟定机构管理章程、工作规范、工作人员职责等内容，形成严格的技能标尺和人员素质标尺。按照"宁缺毋滥"的原则，严守质量观。注重自身的专业水准和道德水平，切实确保第三方评估的质量与效益。

第四节　中职教育质量监测过程管控的政府保障

教育质量监测是指监测者通过一定的手段，对教学活动中所涉及的教学过程、学习效果等因素进行评价、反馈和调节，使其达到最佳状态，实现教学目的的过程。中职教育质量监测是对中职教育各方面质量进行监测和评估的一项工作，其目的是提高中职教育教学质量，促进中职教育的持续健康发展。在此过程中，借助各方力量尽力保障中职教育质量监测的顺利实施则显得尤其重要。可喜的是，近些年来，国家大力支持中职教育的发展，在各方面给予中职教育最大的帮助，保障了中职教育各环节的顺利运行。

一　政策引导

2007年，我国成立了教育部基础教育质量监测中心，此后各地根据其自身特点大力部署教育质量监测工作，中职学校应在此次教育质量监测的浪潮中，加强中职教育质量监测研究，提高中职教育质量。[1] 2016年，国务院教育督导委员会印发《中等职业学校办学能力评估暂行办法》，组织开展了两次全国中职学校办学能力评估，并于2017年印发了

---

[1] 潘万伟、黄仕全：《武侯区中等职业教育质量监测基础平台建设实践研究》，《教育科学论坛》2019年第6期。

《加快中西部教育发展工作督导评估监测办法》的通知。2018年，教育部建立了中职学校年度报告制度，建立起国家层面的中职教育质量监测与报告的制度化平台。2019年《国家职业教育改革实施方案》再次明确提出"建立健全职业教育质量评价和督导评估制度"，教育部牵头成立了国家职业教育指导咨询委员会，为推动中职教育实现更高水平的优质均衡发展提供了保障。因此，政策引导在中职教育质量监测的发展中有着不可替代的作用。

（一）制定监测目标

政府应该制定中职教育质量监测的目标，明确中职教育质量监测的目的和意义。中职教育质量监测的目标应该是全面、客观、科学、公正地评估中等职业教育的质量，为中职教育的改进提供依据。

1. 制定中职教育质量监测目标的必要性

中职教育是培养高素质技能人才的重要途径，对于促进经济可持续发展、提高国民素质、推动社会进步等方面具有重要意义。而中职教育质量的高低直接影响着所培养的人才质量和社会经济发展水平。因此，政府亟须制定中职教育质量监测的目标，以确保中职教育质量的提高和发展。

2. 制定中职教育质量监测目标的原则

第一，科学性原则。制定中职教育质量监测的目标需要科学、合理、可行，符合中职教育的实际情况和发展需求。第二，可操作性原则。制定中职教育质量监测的目标需要具有可操作性，能够实现监测工作的有效开展。第三，可比性原则。制定中职教育质量监测的目标需要具有可比性，能够对不同地区、不同学校、不同专业的中职教育进行比较和评价。第四，适应性原则。制定中职教育质量监测的目标需要具有适应性，能够适应中职教育的发展变化和需求。

（二）明确监测内容

政府应该明确中职教育质量监测的内容，包括学生素质、教学质量、师资力量、管理水平、资源设施等方面。同时，政府应该根据中职教育的特点，制定相应的监测指标，确保监测内容的全面性和科学性。

1. 学生素质

（1）学业水平。包括学生的学科知识掌握程度、学习能力、学习态度等方面的评估，以确保学生具备扎实的学科基础和学习能力。

（2）实践能力。包括学生的实践操作能力、实践创新能力、实践应用能力等方面的评估，以确保学生具备实际操作和应用能力。

（3）综合素质。包括学生的思想道德素质、身心健康素质、社会适应能力等方面的评估，以确保学生具备全面发展的素质。

（4）就业能力。包括学生的职业素养、职业技能、职业规划等方面的评估，以确保学生具备顺利就业的能力。

（5）创新能力。包括学生的创新思维、创新能力、创新意识等方面的评估，以确保学生具备创新精神和创新能力。

2. 教学质量

（1）教学计划监测。教学计划是中职教育的基础，是教学质量的保障。教学计划监测应该包括教学计划的编制、实施和评估等方面的内容。具体来说，应该监测教学计划的科目设置、教学目标、教学内容、教学方法、教学资源等方面的内容，以确保教学计划的科学性和合理性。

（2）教学过程监测。教学过程是中等职业教育的核心环节，是教学质量的重要体现。教学过程监测应该包括教学过程的组织、实施和评估等方面的内容。具体来说，应该监测教学过程的教学方法、教学资源、教学效果等方面的内容，以确保教学过程的科学性和有效性。

（3）教学效果监测。教学效果是中职教育的最终目标，是教学质量的重要评价指标。教学效果监测应该包括学生的学习成绩、学生的综合素质、学生的就业情况等方面的内容。具体来说，应该监测学生的学习成绩、学生的综合素质、学生的就业情况等方面的内容，以确保教学效果的科学性和有效性。

3. 师资力量

（1）教师的教育背景监测。教师的教育背景是教师教学能力的重要保障，是中职教育质量的重要因素。教师的教育背景监测应该包括教师的学历、学位、教育经历等方面的内容。监测的重点是教师的教育背景是否符合中职教育的要求。

（2）教师的教学经验监测。教师的教学经验是教师教学能力的重要组成部分，是中职教育质量的重要因素。教师的教学经验监测应该包括教师的教学年限、教学科目、教学成果等方面的内容。监测的重点是教师的教学经验是否符合中等职业教育的要求。

（3）教师的教学能力监测。教师的教学能力是教师教学质量的重要保障，是中职教育质量的重要因素。教师的教学能力监测应该包括教师的教学方法、教学技能、教学态度等方面的内容。监测的重点是教师的教学能力是否符合中职教育的要求。

4. 管理水平

（1）学校管理体制。包括学校的组织架构、管理制度、管理流程等方面的评估，以确保学校管理体制健全、科学、高效。

（2）学校管理效能。包括学校的管理效率、管理效果、管理质量等方面的评估，以确保学校管理工作的效率和质量。

（3）学校管理创新。包括学校的管理创新能力、管理创新成果、管理创新机制等方面的评估，以确保学校管理工作具有创新性和前瞻性。

（4）学校师资管理。包括学校教师的招聘、培训、评价等方面的评估，以确保学校教师队伍的素质和能力符合教育部门的要求。

（5）学校资源管理。包括学校的教学资源、实践资源、信息资源等方面的评估，以确保学校资源的合理配置和有效利用。

5. 资源设施

（1）教学场所。包括教室、实验室、工作室、实训场所等方面的评估，以确保教学场所符合教育部门的要求。

（2）教学设备。包括教学用具、实验仪器、工具设备等方面的评估，以确保教学设备齐全、完好、安全。

（3）教学环境。包括教学环境的整洁、安全、舒适等方面的评估，以确保教学环境符合教育部门的要求。

（4）教学信息化。包括教学信息化设备、教学管理信息化系统等方面的评估，以确保教学信息化水平符合教育部门的要求。

(5) 教学资源。包括教学资源的丰富度、质量、适用性等方面的评估,以确保教学资源能够满足教学需要。

(三) 规范监测方法

采用多种监测方法是政府规范中职教育质量监测的重要手段。不同的监测方法可以从不同的角度对中职教育的质量进行监测和评估,以确保监测结果的全面性和准确性,具体来说,政府应该采用问卷调查、实地考察、教学观摩、专家评估、学生评价等多种监测方法,以确保监测结果的全面性和准确性。

第一,问卷调查法。通过发放问卷,了解学生、教师、家长等各方面对中职教育质量的评价和意见。第二,实地调研法。通过实地走访、观察、访谈等方式,了解学校、教师、学生等各方面的情况和问题。第三,数据分析法。通过收集、整理、分析学校、学生、教师等方面的数据,评估中职教育的质量。第四,专家评估法。邀请专家对中职教育的教学质量、师资力量、学生管理等方面进行评估和指导。第五,学生评价法。通过学生的自我评价和互评,了解学生对他们自己的学习情况和学校教学质量的评价。

(四) 加强监测管理

政府应该加强中职教育质量监测的管理,确保监测的有效性和公正性。政府应该建立中职教育质量监测的管理机制,明确监测的责任和权利,加强监测的组织和协调,确保监测的顺利进行。

首先,建立完善的监测体系。《教育部关于2013年深化教育领域综合改革的意见》中就指出,"建立健全政府、行业、企业和第三方机构深度参与的职业教育质量监测评估体系,并发挥社会组织、中介机构的教育评价作用"。制定中职教育质量监测的指标体系,包括教学质量、师资力量、学生就业等方面的指标,并建立相应的数据采集和分析系统。其次,加强监测数据的分析和利用。对监测数据进行深入分析,及时发现问题和不足,并制定相应的改进措施,以提高中职教育的质量。再次,加强监测结果的公开和透明。将监测结果向社会公开,接受社会监督,同时也可以为学生和家长提供参考,帮助他们选择适合自己的职业教育。

加强监测的动态性和实效性。监测工作应该具有持续性和实效性,及时反馈监测结果,为中职教育的改进提供有力的支持。最后,加强监测的协调和合作。各级教育部门应该加强协调和合作,共同推进中职教育质量监测工作,形成合力,提高监测工作的效果。

二 制度支撑

中职教育质量监测的制度支撑是保障中职教育质量监测顺利实施,提高中职教育教学质量和水平的重要保障。

(一)完善相关法律法规

中职教育质量监测的实施需要依据相关的法律法规,如《职业教育法》规定了职业教育的性质、任务、管理、教学、评价等方面的内容;《中等职业教育法》规定了中等职业教育的性质、任务、管理、教学、评价等方面的内容;《中等职业学校教师法》规定了中等职业学校教师的职责、权利、义务、待遇等方面的内容;《中等职业学校教育教学质量评估办法》规定了中等职业学校教育教学质量评估的目的、内容、标准、程序等方面的内容;《中等职业学校教育教学管理规定》规定了中等职业学校教育教学管理的职责、权利、义务、程序等方面的内容;《中等职业学校教育教学质量监测办法》规定了中等职业学校教育教学质量监测的目的、内容、标准、程序等方面的内容。这些法律法规明确了中等职业教育的目标、任务、内容、标准和评价方法等,为中等职业教育质量监测提供了法律依据。同时,这些法律法规还规定了中等职业教育质量监测的职责和权利,明确了监测机构的组织形式和管理制度,为中等职业教育质量监测提供了制度保障。

(二)健全监测标准制度

中职教育质量监测主要包括对教学质量、师资队伍、教学设施、学生就业等方面进行监测和评估。通过中职教育质量监测,可以及时发现问题,采取措施加以解决,提高中职教育的教学质量和水平。质量监测结果如何不是某个中职学校可以随意判定的,需要有相应的监测标准。只有明确监测指标和评价标准,才能确保监测结果客观、准确、可比。

另外，监测标准也应根据中职教育的特点和需求制定，不能照抄照搬其他层级教育监测标准的内容。2020年2月，国家颁布了中职学校10门公共基础学科课程标准，规定了公共基础学科的课程任务、培养目标、教学内容、教学时数、学业质量标准等，为中职教育课程监测提供了依据。值得说明的是，监测标准也不是一成不变的，而是需要根据实时状况的变化进行定期修订和完善，以适应中职教育的发展和变化。

（三）规范监测报告制度

中职教育质量监测报告制度是指对中职教育质量监测结果进行总结、分析和评价，并形成报告的一项制度。中职教育质量监测报告制度的主要目的是提高中职教育的教学质量和水平，促进中职教育的发展。各中职学校在编制质量监测报告时，应注意以下几个方面的问题：一是中职教育质量监测报告制度的内容应包括中职教育的教学质量、师资队伍、教学设施、学生就业等各方面的监测结果和评价，以及存在的问题和改进措施等内容。二是中职教育质量监测报告的形式可以根据不同的受众和需求进行定制，书面报告、电子报告、会议报告等形式皆可。三是各中职学校制定的监测报告应及时发布，向社会公开，供相关部门和机构参考和借鉴，从而促进中职教育的改进和发展。四是报告评价，中职教育质量监测报告应得到相关部门和机构的认可和评价，对中职教育的发展和改进提供指导和支持。总之，通过中职教育质量监测报告制度，可以及时总结和评价中职教育的教学质量和水平，发现问题并采取措施加以解决，促进中职教育的发展和提高。

三 经费保障

（一）加强经费保障的必要性

中职教育质量监测需要一定的经费支持，经费保障是教育质量监测的重要保障之一。经费保障的必要性主要体现在以下几个方面。

1. 保障质量监测的顺利进行

质量监测需要一定的经费支持，充足的经费可以保障中职教育质量监测的顺利进行，确保监测结果的准确性和可靠性。如若没有充足的经费作为支撑，那么中职教育质量监测的工作就无法顺利开展和实施。

2. 促进质量监测的深入开展

经费保障可以促进中职教育质量监测的深入开展，扩大监测范围和深度，提高监测效果和质量。因此经费不足不仅影响中职教育质量监测的过程，而且直接影响着中职教育质量监测的结果。

3. 保障监测结果的有效利用

经费保障可以保证中职教育监测结果的有效利用，为教育管理部门提供科学依据，促进教育质量的提高。总之，保障经费是保证质量监测顺利进行的重要措施，需要政府、学校和监测机构共同努力，加强管理和投入，以确保中职教育的质量得到有效监测和提升。

（二）经费保障不足的现实问题

1. 经费渠道单一

中职教育质量监测经费主要来自于地方财政拨款和学校自筹，但各个地方的财政拨款不稳定，学校自筹也存在困难。中职教育经费投入几乎全部来自地方政府，中央经费非常有限，中职经费来源渠道单一，国家财政经费独占鳌头。[1] 因此，这种不稳定且单一的经费渠道，难以保障中等职业教育质量监测的实施。

2. 经费投入不充足

中职教育质量监测需要投入大量的人力、物力和财力，但目前中职教育的总投入不高，高成本与低投入矛盾突出，影响了监测工作的正常开展。近年来，国家和地方政府虽然都出台了一系列保障中职教育经费投入的政策，一定程度上改善了中职教育经费投入状况，但依然面临总量不足、地区差异大等问题。[2]

3. 经费使用效率低

经费管理的不规范，浪费、挥霍等问题的存在，也都会导致经费保障

---

[1] 赵静、沈有禄：《我国中等职业教育投入机制存在问题的原因与对策分析》，《中国职业技术教育》2011年第3期。
[2] 李红梅：《20世纪80年代以来我国中等职业教育经费政策演变研究》，硕士学位论文，西南大学，2016年。

不足。尤其是有些项目或工作的经费分配不公，导致一些项目或工作得到的经费过多，而其他项目或工作得到的经费过少，影响了工作的开展。这些都降低了经费使用的效率，不利于中职教育质量监测经费的顺利实施。

（三）巩固经费保障的政府举措

1. 多渠道增加经费投入

21世纪以来，在国家政策的推动下全国各地开展了一期、二期、三年、五年等多阶段的规模攻坚计划，尤其是为保证中职教育快速发展，中央对中职教育的财政支持力度不断加大。2002年印发《国务院关于大力推进职业教育改革与发展的决定》后，我国职业教育进入快速发展轨道。2005年，国家出台《国务院关于大力发展职业教育的决定》，开展职教攻坚，强调多渠道增加对中职教育的经费投入。2016年，《职业学校教师企业实践规定》指出，要"建立政府、学校、企业和社会力量各方多渠道筹措经费机制"。2022年，教育部等五部门联合印发《职业学校办学条件达标工程实施方案》，鼓励多渠道筹措办学经费，按照新的办学条件，达标学校的比例到2023年底要达到80%以上，2025年底要达到90%以上。

2. 加大教育经费倾斜力度

2005年，教育部《关于加快发展中等职业教育的意见》调整教育经费投入结构，提高中职教育经费在本地区教育经费投入中的比例，保证中职教育财政性经费、生均经费和生均公用经费的相应增长。2009年，财政部等发布《关于中等职业学校农村家庭经济困难学生和涉农专业学生免学费工作的意见》，开启免费中职教育进程。2020年《职业教育提质培优行动计划（2020—2023年）》再次明确规定："新增教育经费要向职业教育倾斜，逐步建立与办学规模、培养成本、办学质量相适应的财政投入制度。"2021年，中共中央办公厅、国务院办公厅印发《关于推动现代职业教育高质量发展的意见》，要求大力提升中职教育办学质量，优化布局结构，实施中职学校办学条件达标工程。

3. 建立财政投入拨款制度

2012年，财政部等发布《关于扩大中等职业教育免学费政策范围进一步完善国家助学金制度的意见》，扩大中职教育的免费范围，并指出要"建立中等职业教育生均拨款制度"。2014年，《国务院关于加快发展现代职业教育的决定》规定，"各级人民政府要建立与办学规模和培养要求相适应的财政投入制度"，以改善职业院校基本办学条件；同年，《现代职业教育体系建设规划（2014—2020年）》强调"各地依法出台职业院校生均经费标准或公用经费标准"。2019年，《国务院关于印发国家职业教育改革实施方案》强调，各级政府"要建立与办学规模、培养成本、办学质量等相适应的财政投入制度，地方政府要按规定制定并落实职业院校生均经费标准或公用经费标准"。

总之，在政府政策的推动下，根据《全国教育经费执行情况统计公告》（2000—2021年）的数据统计，我国中职教育生均经费逐步提高。2021年，我国中职学校一般公共预算教育经费达到17095.26元（见图7-2）。中职教育经费的稳步增长，是保证中职教育质量监测能够顺利实施的基础。不断完善的中职教育经费保障体系，也必将推动中职教育质量监测的深入开展。

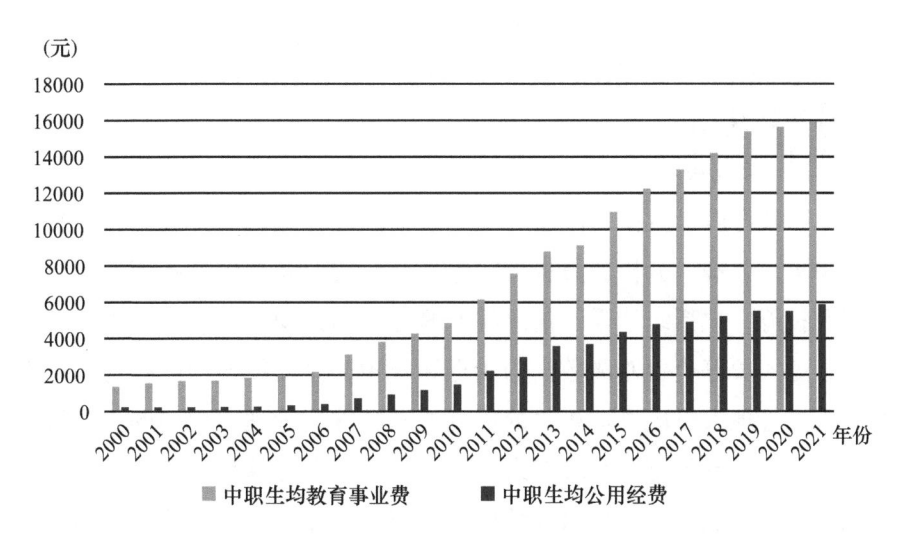

图7-2 我国中职教育生均经费情况（2000—2021年）

四　人员支持

专业人才队伍建设是中职学校教育质量监测的关键。只有相对稳定的专业队伍，才能持续做好中职学校教育质量监测工作。《国家中长期教育改革和发展规划纲要（2010—2020年）》提出，将提高教育质量作为教育改革发展的核心任务，并对教育质量监测做了明确要求。建立起用人单位、技能型专家和毕业生广泛参与，教育行政部门主导的中职学校教育质量监测机制，并定期公布学校技能型人才培养的成果。[1] 中职教育质量监测政府保障的人员支持主要包括以下几个方面。

（一）人员选拔

中职教育质量监测需要建立专门的监测机构，负责监测和评估工作，机构人员应具备相关的专业知识和技能，包括教育学、心理学、统计学、信息技术等方面的知识。政府要在这方面发挥应有的作用，制定各种政策引进有关专业人才，包括职业教育研究、教育测量与评价研究、计算机软件开发等专业领域的监测专家，促使其提供技术支持和专业指导，并做好留住优秀人才的支持工作，让其可以心无旁骛地专心研究。总之，政府应该加强对中职教育质量监测人员的配备，提供足够的人力资源支持，确保监测工作的顺利进行。

（二）人员培养

中职教育质量监测工作还需一定数量的较为熟练的监测人员，负责数据采集、处理、分析和报告撰写等工作，监测人员应具备相关的专业知识和技能，包括统计学、信息技术等方面的知识。此外，还需要监测数据管理人员等负责监测数据的管理和维护，保证数据的准确性和完整性，数据管理人员应具备相关的信息技术和数据管理方面的知识。对于这部分人员，首先可以在现有人员基础上对其进行培训，促使其掌握其中几项工作技能，从而得以胜任监测工作。也可以加强有关专业的研究

---

[1] 郑筱婷等：《选择普通高中教育还是中等职业教育——高中阶段不同类型教育期望回报率的实证分析》，《教育研究》2023年第1期。

生人才培养工作，依托师范院校或综合大学教育学院教育学一级学科，培养此方向的硕士生和博士生，储备相关高精尖专业人才，以期更好更快地开展中职教育质量监测工作。

（三）人员激励

激励是指通过各种方式激发人们的积极性和工作热情，使其更加努力地投入工作，增强工作动力和创造力，从而提高人们工作效率和工作质量的一种方法。在中职教育质量监测过程中，政府也应制定相应的激励政策，鼓励中职教育质量监测人员积极参与监测工作，提高他们的工作积极性和责任心。薪酬激励、晋升激励、培训激励、奖励激励、荣誉激励等方式皆可选择采用，可以选定一种，也可结合使用。另外，在制定激励办法时，应考虑到被激励人员的实际需要，这样才能将激励作用发挥到最大。

（四）人员协调

中职教育质量监测不是只关乎某一个单位，它是会涉及政府机构、第三方评价机构、中职学校、学生等各方人员的一项工作。在质量监测过程中，如何协调各方人员的关系使其互相配合、鼎力协作是考验政府相关人员的一个重要关口。中职教育质量监测的人员协调是指在中职教育质量监测工作中，协调不同监测人员之间的关系，使监测工作更加顺利和高效。此项工作主要包括以下几个方面：首先是沟通协调，监测人员之间需要进行良好的沟通协调，能够清晰地表达他们的意见和想法，理解他人的意见和想法。其次是任务分配，监测人员之间需要进行良好的任务分配，能够根据他们各自的专业能力和工作经验，合理分配监测任务，确保监测工作的顺利进行。再次是数据整合，监测人员之间需要进行良好的数据整合，能够将各自监测的数据整合成完整的监测报告，提高监测结果的准确性和可靠性。复次是问题解决，监测人员之间需要进行良好的沟通，以快速有效地解决监测工作中出现的问题，保证监测工作的顺利进行。最后是团队意识，监测人员之间需要具备良好的团队意识，能够认同监测工作的目标和价值观，为监测工作的顺利进行做出贡献。通过提高中职教育质量监测的人员协调能力，可以使监测工作更加顺利和高效，提高监测结果的准确性和可靠性。

通过以上的人员支持，可以保障中职教育质量监测的顺利实施，提高监测效率和质量，为中职教育的改进和发展提供支持和保障。

五 平台技术

随着互联网、人工智能和云计算等技术的迅猛发展，大数据成为信息化社会最显著的特点，对经济、社会和生活产生了重大影响，也为教育领域包括职业教育现代化带来了新的机遇。2010年7月，教育部颁发的《国家中长期教育改革和发展规划纲要》明确提出要"加快教育信息化进程"。为强化教育信息化作为教育系统的内生力量，我国先后发布《教育信息化十年发展规划（2011—2020年）》《国家教育管理信息系统建设总体方案》（2013）、《教育信息化"十三五"规划》（2016）和《教育信息化2.0行动计划》（2018）等。在国家整体层面上，以"三通两平台"建设为抓手，我国已形成"两级建设、五级应用"的教育管理公共服务体系，正在重点推进学生、教师、学校资产及办学条件、教育规划与决策支持、其他业务五大类20个管理信息系统建设，其中包括中等职业学校学生管理信息系统、学生资助管理信息系统中职子系统、人才培养工作状态数据管理等信息系统，有利于推动中职学校利用大数据支持、支撑和引领现代科学的管理及运行体系，也为中职教育信息化治理模式的创新和体系的现代化创设了良好基础，而这些也为构建全国性中职监测系统平台奠定了良好的基础。

"普及高中阶段教育"被写入党的十九大报告，表明高中阶段教育在我国当今教育事业中占着重要地位。中职教育是高中阶段教育的重要组成部分，从某种程度上讲，中职教育是我国教育质量的最薄弱环节，是教育质量木桶的最短板，是最应该精准监测的教育质量观测点。从监测特征和现有的体系基础来看，我国已具备实施中职教育质量监测的良好条件。适值中国迈向"教育现代化2035"的时代，国家应尽快建立全国性的中职教育质量监测体系，以监测为抓手着力中职教育质量的多维度路径攻关，实现中职教育规模与质量协同发展，真正让中职教育香起来、亮起来、忙起来、强起来、活起来、特起来。

小　结

中等职业教育质量监测工作的有效开展，是一个内外评价有机结合的系统过程。从中职教育质量监测的内部路径来说，主要是以中职学校教学诊断与改进工作为核心，涉及学校的专业设置、教师队伍、课程改革、课堂教学、学校管理等方方面面和所有部门，构建和完善校内全员、全过程、全方位、全要素、网络化的质量诊断体系是实现中职教育质量监测的有效途径。从中职教育质量监测的外部渠道来说，现行的以政府为主导和中职学校自评为主的中职教育评价方式存在一定的弊端，借鉴发达国家和我国高等教育领域的经验，需要积极探索将第三方评价引入中职教育质量监测的有效渠道。

第八章

中等职业教育质量监测结果应用机制

2021年10月,中共中央办公厅、国务院办公厅印发的《关于推动现代职业教育高质量发展的意见》提出:

> 完善质量保证体系。建立健全教师、课程、教材、教学、实习实训、信息化、安全等国家职业教育标准,鼓励地方结合实际出台更高要求的地方标准,支持行业组织、龙头企业参与制定标准。推进职业学校教学工作诊断与改进制度建设。完善职业教育督导评估办法,加强对地方政府履行职业教育职责督导,做好中等职业学校办学能力评估和高等职业学校适应社会需求能力评估。健全国家、省、学校质量年报制度,定期组织质量年报的审查抽查,提高编制水平,加大公开力度。强化评价结果运用,将其作为批复学校设置、核定招生计划、安排重大项目的重要参考。

如何将中职教育质量监测结果转化成教育教学改进的推动力,发挥监测结果在教育质量提升、服务决策咨询、督促问题改进等方面的促进作用,既是我国中职教育质量监测工作的重要内容,也是在实践层面亟待解决的问题。中职教育质量监测结果应用是基于常态化和全过程的教育测量、跟踪和记录,全面系统地分析所收集到的信息和数据,以此作为教育的诊断报告,这使教育评价从经验判断走向数据实证,监测结果为教育质量管理和决策提供了更加精细准确的"科学判断"。监测结果应用从平面走向立体，不仅可以提供某一区域某个时期的中职教育质量发展状况，也可以跟踪比较某一区域在不同时期的努力程度和增值发展情况，还可以对不同地区中职教育质量发展水平进行对比分析。监测结果应用是基于严格的标准和要求对特定对象进行事实判断和价值判断的综合活动，涵盖数据分析，在运用监测结果解决教育中的问题时往往隐含着不同的思维方式、价值导向和治理理念。

"谁来测""测什么""怎么测"和"如何用"构成了一个完整的中职教育质量监测体系，监测主体、监测内容、监测方式和监测结果等一系列核心问题是质量监测体系的重要组成部分。应用监测结果是中职教育质量监测工作的主要目的，如何使用监测结果指导教育实践、引领中职教育质量提升，这关系到监测结果应用的成效问题，因此要运用恰当的手段和方法提高监测结果应用的成效。中职教育质量诊断和改正的依据是监测结果和数据，在了解和评估政策执行情况、落实效果时，能为地方政府提供合理的证据。质量监测是引导教育价值取向的"指挥棒"，是诊断区域中职教育质量状况的"体检仪"，监测结果运用是区域中职教育质量提升的"解码器"。监测结果的呈现、运用对提升中职学校的办学水平和教育质量起到了积极的作用。

第一节 中职教育质量监测结果应用的重要意义

一 为政府的教育管理与决策提供依据

党的二十大报告指出，要"推进教育数字化"。教育监测也在朝着数字化方向变革，数字赋能有助于促进中职教育质量的精细化监测。中职教育质量监测结果旨在以真实全面的可视化数据支撑教育决策，通过准确掌握中职教育质量发展的情况，为有关教育管理行为和教育决策提供科学依据，由此成为政府推进重大项目的重要参考，既有效支持政府部门制定科学的宏观决策，又能促进政府的精细化管理和精准化服务，更好地服务中职教育高质量发展。

首先，质量监测结果能帮助政府明确中职教育发展的优势与短板。通过综合呈现中职教育发展的总体水平，把握国家和地区中职教育的整体质量情况，还可以将监测数据结果与国内外其他地区的数据进行差异化对比，对各地区中职教育的社会环境、资源配置、教学质量等问题的变化趋势进行分析，了解中职教育质量的动态变化情况。政府有关部门根据这些科学的监测结果明确教育管理的着眼点，精准找到中职教育发展中的薄弱领域和环节，从而设计有针对性的改进方案和措施。

其次，政府根据监测结果检验各部门执行及落实中职教育政策各项措施的情况和成效。在质量监测结果中会呈现中职教育发展的现实状况，如关于专业设置、课程开设、实习实训基地建设、技能竞赛、"双证书"等方面的情况，可将中职教育质量监测结果中的这部分数据信息和结论与相关政策要求进行比对，从而掌握各地落实国家或者地方人才培养、课程方案、实训标准等政策的情况。同时，通过常态化和持续跟踪监测，还能掌握特定实习实训项目、校企合作实施前后教育质量的变化趋势，可对项目的成效进行分析，以检验资源配置的效果，能及时调整方案。

最后，政府根据中职教育质量监测结果分析群体间、区域间差异，制定和调整决策，加强资源的合理配置。对于中职教育质量高、人才供给与企业岗位需求相匹配、学校办学条件达标的地区可及时总结经验，作为典型案例进行宣传推广，示范带动中职教育质量总体提升；对于发展处于较低水平的学校和区域可开展调研、深入分析原因、研究对策，还应给予政策、经费等方面的扶持。

二 为学校教育教学诊断改进提供参考

中职教育是社会技能人才和高职生源的输送基地，而质量监测是保障人才输送质量的重要举措。中职学校要高度重视教育质量监测工作，成立工作组，做好教育质量监测工作与日常教学工作的衔接与配合，改进学校办学和专业建设、提升人才培养质量。教育质量监测一般包括对学生的学业测试、对各专业教学质量的考评、对毕业生就业情况的调查以及对学生、教师、校长的背景问卷调查，关于这些内容的监测结果能客观反映中职学校的教育教学状况、学生学业质量，还能揭示影响中职教育教学质量的相关因素，从而帮助学校和教研部门实现对中职教育的精准诊断和持续改进，为教育教学诊断与改进提供科学参考。开展中等职业学校学业质量监测，根据专业教学标准的要求，评价学生的学业测试结果，诊断学生的专业能力，了解中职学生的课堂学习效果；分析师生在不同监测指标上的表现，了解教学质量的影响因素，帮助教师改进教学；对学生就业情况与区域企业岗位进行分析，了解中职学校的专业建设与产业发展的协同程度。更重要的是，要对中职学生的职业技能、学业测试成绩与背景问卷调查结果进行相关分析，认真分析教学目标的达成情况，揭示影响中职学校教学质量和学生技能水平的因素以及客观的教学规律，实现对学业质量过程和结果的全面诊断，为后续中职教育教学改革及学生综合素质培养找准方向。

因此，中职学校应用教育质量监测结果来诊断教育教学的现状和存在的问题，并进行合理归因，找到教育教学的优劣势。中职学校的教育质量管理部门根据监测报告的结果，在全校范围内召开教育质量分析会，针对监测结果对教育工作进行深入的剖析，对问题进行再调研，以发现学校发展的关键性影响因素，多措并举地探寻有实效的策略和改进方案，以有效提高中职学校的整体质量。中职学校利用教育质量监测结果的报告，建立常态化的自评机制，推动中职学校教育质量可持续提升。学校依据国家中职教育专业教学标准，结合其自身办学情况和发展目标，可持续地开展专业设置、课程建设、教学水平、学习效果、技能培训、学校管理等监测与评估，促进学校进一步提升教育治理能力，助推中职学校步入自主发展、可持续发展的良性轨道。

三 为企业参与中职教育办学提供指引

企业作为营利性组织，追求利益最大化是其基本诉求，是否参与中职教育办学行为是经过成本利益的权衡后做出的决定。中职教育质量监测结果能够为企业提供关于学生能力发展、学校教育资源、学习环境、教师素养水平、教学设备等数据信息，有利于企业全面系统地掌握区域内中职教育质量发展状况，并基于监测数据信息，更准确地制定支持区域内中职教育发展的方案，为企业是否参与及如何参与办学提供更为精准的方向和指引，助力中职教育提质培优、高质量发展。利用中职教育质量监测结果，企业能清晰地了解不同地区中职教育的发展现状，可以根据其自身的岗位需求和职责，选择合适的中职学校进行合作。监测结果为企业是否接收实习生、投入实训设备、提供顶岗实习岗位、开展教师企业实践等提供了信息和数据支撑。

第二节　中职教育质量监测结果应用的现实困境

目前质量监测结果应用在我国中职教育领域处于起步探索阶段，还没有形成规范、成熟的实践体系，因此，在实际应用中职教育质量监测结果的过程中仍存在一些问题和困境，主要涉及重视程度、工作机制、专业队伍、技术支持、结果反馈等方面。

一　主体对监测结果的应用重视不够

中职教育质量监测结果往往以报告的形式向社会公布，关于监测结果的报告一般是综合性报告，地方政府、学校、教师等在拿到监测结果报告后，往往简单粗略地浏览一遍报告的结论之后，就将其"束之高阁"。地方政府、学校并没有组建专业团队对监测结果进行深入的解读和剖析，对监测结果应用的重视程度不高，未能很好地将其作为发现中职教育长处与短处的有力武器，也没有将其作为中职教育质量提升及政策制定或调整的重要依据。

出现这些现象的主要原因是各主体对监测结果的应用重视不够，由于教育发展和治理观念落后，地方政府、学校、教师、企业等对监测结果的应用价值认识不到位，没有深刻领悟中职教育质量监测结果应用的意义。监测结果反馈与应用是决定监测工作能否有效实现教育目标的关键环节，监测是为了掌握中职教育的真实状况，要使质量监测真正发挥其诊断与改进作用，就必须扎实地做好监测结果的应用。中职教育质量监测的主要目的在于诊断、指导、监督而非甄别、选拔、排名，有些主体误以为监测结果与传统的考试结果一样，会对学校和师生进行评判、排名和"贴标签"，社会各界由此会产生对当地中职教育的负面评价。此外，一些地方教育行政部门还没有树立起科学的教育质量观，不愿正视其自身在中职教育管理、人才培养等方面的痛点和问题，主动作为意识不强，欠缺运用质量监测结果的内生动力。

二 监测结果应用的工作机制不健全

地方尚未建立起健全监测结果应用的工作机制。中职学校紧密对接国家发展对人才的需求，它们应为高职学校输送合格生源，为国家储备高素质技能型人才。此外，还需精准对接行业企业的岗位发展需求，培养高素质劳动力，促进劳动者高质量就业。总的来说，质量监测结果反馈了中职教育的人才培养质量、专业建设水平、教师教学水平、社会服务能力等，影响这些方面的各种因素涉及多部门多方面的工作，仅仅依靠教育督导部门或教育监测部门无法解决与中职教育质量相关的所有问题，破解制约中职教育高质量发展的困境需要协同教育、行政、民政、人社、财务等部门一起努力。多部门通力合作是高效推进中职教育质量监测应用的重要举措，各地亟待健全完善常态化的工作机制，协调多部门开展中职教育质量监测结果的应用工作，还要持续跟踪和检验结果应用的成效。

三 监测结果应用缺乏专业人才指导

负责监测结果运用与解读的教育管理人员的水平参差不齐，加之监测结果报告只是简单粗略地呈现参测样本学校的总体质量水平和发展状况、学生的总体学业水平、教师教学情况等，由于专业指导力量的匮乏，很多中职学校无法独自开展监测结果的二次解读，也无法有针对性地进行教育问题诊断，进一步开展监测结果应用面临着专业人才短缺的困境。目前中职教育质量监测队伍建设不够完善，专业化水平不高、专职人员和后备人才缺乏等已成为制约监测队伍建设的瓶颈，监测队伍建设在监测结果应用中起着关键性作用，监测队伍的专业化程度会影响监测结果的有效应用，因此须组建一支专业化、高素质的监测队伍。

在中职教育质量监测与评估工作中，专职工作人员占比少，一般是兼职的人员较多，省、市、县级监测部门很难吸引到专门从事测量与评价的优秀人才，队伍建设举步维艰，面临招不来、留不住的难题。究其根本，除经费、编制、待遇等因素外，监测人才的缺乏是制约队伍建设的重要原因。导致我国中职教育质量监测专业化人才不足的原因主要是人员调动频繁、高校培养测评专业的学生较少，为确保中职教育质量监测结果的有效运用，不仅要加大力度吸引具有教育监测与评估经验的实践专家，也要加快培养专门人才从事监测结果的反馈与运用工作。

四　监测结果呈现缺乏信息技术支撑

2022年全国教育工作会议明确提出，要"实施教育数字化战略行动"。在技术方法上，新时代中职教育质量监测深化改革的关键突破点是推动信息技术与教育质量监测的深度融合。在教育数字化转型背景下，教学工具、学习工具、考试评价工具等正在发生深刻变革，当前国家也日益重视前沿信息技术在教育监测中的作用，将信息技术应用于中职教育质量监测中，如有些地区建立了中等职业学校教学质量管理平台，包括基础数据采集、人才培养状态监控、大数据分析、结果自动化生成等功能。其中大数据分析是对学校、专业、课程、教师、学生五个层面的不同维度进行统计分析，以不同类型的图表呈现分析结果，直观地反映中职学校的教育状况和存在问题，动态监测育人的全过程。但是信息技术与中职教育监测的融合仍处于探索阶段，监测结果的呈现方式存在局限性。

从中职教育质量监测的实践来看，在信息采集过程中以自下而上填报、问卷、访谈等传统手段为主。在大部分省、市、县区的中职教育质量监测中,缺乏信息化的手段、工具和方法,信息化整体水平较低是制约监测结果有效呈现的难点之一。基于大数据与云计算技术的中职教育质量监测平台还没有建成,而且,由于技术手段的限制,自动化、信息化和标准化的质量监测结果呈现方式较难实现。从监测结果报告的呈现方式来看,对于省级、市级层面较为宏观的教育管理问题,监测结果能给出详尽和合理的解释,但是,由于地区之间经济基础和发展水平的不同,我国的中职教育在县域层级表现出区域性差异,监测结果的这些解释和原因不能完全适用于当前县域教育部门和中职学校这些最微小的教育单元,在基于监测结果提升教育质量上难以满足基层中职学校的需要。

五 监测结果的反馈存在一定的局限性

首先,将监测结果充分反馈给监测对象,不仅能够及时强化办学主体正确的质量监测观,也能够有针对性地弥补和改进不正确的教育行为,完善教育管理过程。但目前部分地区中职教育的监测评估结果仅停留于公示环节,主要用于学校的评选、管理、检查、奖惩等方面,缺少与被监测对象面对面共同交流或探讨改进措施等反馈环节,无法将监测结果有效地反馈给被监测对象。同时,没有对教育教学中存在的问题"对症下药",未针对中职学校的"短板"进行培训或理论实践的提升,这样的中职教育质量监测是低效的。其次,监测结果的反馈制度不完善。监测结果一般由上级教育部门向下级相关单位反馈,存在的问题是信息反馈欠充分、结果呈现方式单一、结果公开不足等。监测结果并没有充分共享给学校、教师、学生、专家学者和社会公众等关心中职教育质量发展的相关主体,由此也未能调动起更多的力量积极投身于中职教育质量改进工作当中。最后,报告并不能完全等同于监测结果。当前中职教育质量监测结果主要是以报告的形式发布,报告是监测结果的载体之一,只是通过监测报告反馈中职教育质量的结果和水平,不仅窄化了监测结果的内涵,也削弱了监测结果信息的解释力。除监测报告之外,还可以通过共享原始数据、监测工具等信息来丰富监测结果的呈现和反馈方式。中职学校和教师在潜意识里要充分利用监测结果，改进学校办学和教育教学方式，但是在如何改进、采取何种方法改进、改进的职责分工等实践操作上并没有形成完善的应用反馈制度。仅仅提出"改"而不对"改"做出适时的反馈，有时候可能难以达到应用监测结果的目的。

第三节　中职教育质量监测结果应用的工作机制

用好中职教育质量监测结果，是解决好质量提升"最后一公里"问题的关键，从而推进中职教育优质和高质量发展。各地区应读懂监测报告，找准改革方向，促进问题整改落实。为有效提升中职学校教育水平和质量，要强化多维度的分析，创新中职教育质量监测结果应用的方式手段，有针对性地指导中职学校用好监测结果。各级有关部门应把中职教育质量监测工作的着重点从组织实施转移到结果运用上来，为促进各区和中职学校做好监测结果运用，市级有关教育部门应搭建交流平台进行精准指导和悉心帮扶，系统推进中职教育问题改进工作，促进教育内涵发展。更为重要的是，要组建高素质专家队伍，以监测队伍专业化发展推动监测结果运用。

中职教育质量监测结果运用是一项综合性系统工程，应完善监测结果运用的工作体系，建立以协同善治为核心，教育督导部门、中职学校、行业企业、社会机构四位联动，协同推进，包括解读报告、合理归因、持续改进、跟踪评估四个关键环节的"一核四位四环"结果运用工作机制（见图 8-1）。充分发挥质量监测"体检仪"的作用，以高效运用监测结果为抓手，"精准诊断、改进提升"双轮驱动，以期真正形成干预、参与、指导、服务、提升的共同发展机制，为区域中职教育高质量发展增添新活力、提供新动能。

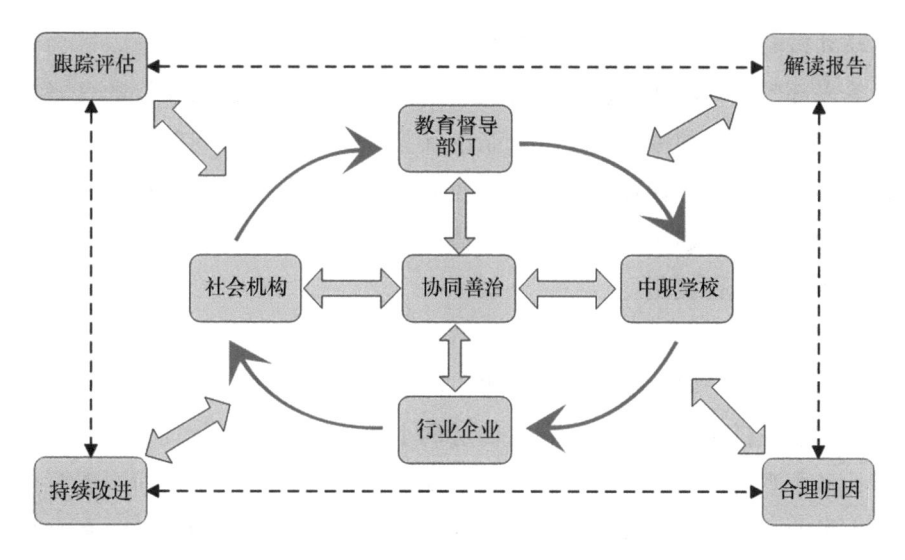

图 8-1 中职教育质量监测结果运用的工作机制

一 协同善治：教育质量监测结果应用的应然追求

在价值共识、理念认同的基础上，协同善治是当下社会治理的主要方式，也是区域政府部门应用中职教育质量监测结果的应然追求，多主体合作的协同善治能大大提高质量监测结果的应用效能。教育政策是公共政策的组成部分，实现中职教育高质量发展是职业教育政策的核心目标，监测结果运用有助于实现中职教育高质量发展目标，因此监测结果运用过程实质上是实现公共政策目标的过程。治理理论认为，为有效实现公共政策目标，要求从国家到地方、从地方到学校一层层传达政策要求，并制定方案执行政策规定，这一过程必然会涉及多个部门和人员。

协同善治是中职教育质量监测结果运用落地生根的保障，为了建立良好的区域教育治理体系，需要理顺和厘清政府、学校、企业、社会之间的关系，明确各自的权责，提升治理能力。通过中职教育相关方之间的平等协商，妥善处理教育行政管理、民主监督、社会参与三者的关系，充分发挥教育督导部门、中职学校、行业企业、社会机构的作用，确保中职教育利益主体各司其职和协调一致，形成责任明晰、密切配合、易操作的监测结果应用工作机制。既要建立国家、省、市、区、校多级纵向联动机制，也要建立政府、教育督导、中职学校、行业企业、社会机构等多部门参与的横向协同运行机制，构建多元参与协同善治的良好格局。多元主体协同善治会形成复杂的新型关系，需要专门的区域监测机构统筹协调政府各教育行政部门、校际、学校内外等主体，将监测机构视为新型关系的连接者，推进各主体间利益整合和沟通交流，建立多方协作的良好运行机制。

二 四位一体：多方协同联动，科学合理运用结果

中职教育质量监测内容从宏观层面上而言涵盖学校管理、资源配置等；从中观层面来看涵盖专业设置、课程开设等；从微观层面来看涵盖学生学业、实习实训等。在监测结果应用过程中，需要相应的教育督导部门、中职学校参与，也需要行业企业和社会机构提供监测结果应用方面的指导，充分利用好监测结果，以服务中职教育高质量发展。因此，须建立多方协同联动机制推进中职教育质量监测结果应用，教育督导部门、中职学校、行业企业、社会机构共同参与，各司其职。多部门协同合作，形成合力高效运用质量监测结果，才能有效实现中职教育质量提升的目标。中职学校教育质量监测的目的不是为了奖惩或是将学校进行排名，而是为了诊断、促进中职教育质量发展，改正中职学校在专业设置、课程开设、人才培养等方面存在的问题，为政府评估中职学校质量提供依据，也能引起各方利益相关者的重视，从而为中职教育质量提升提供经费支持和政策保障。在此基础上，如何高效反馈及科学合理地使用中职教育质量监测结果是相关主体需要考虑的关键问题之一。

在监测结果应用过程中，教育督导部门的主要职责是提供监督保障。在我国教育质量监测工作的统筹部门是人民政府教育督导部门。中职教育质量监测工作由各级政府教育督导部门组织实施，教育督导部门为监测工作的开展提供组织保障，也重视教育质量监测结果的应用。其一方面中职教育质量监测结果能够使得督导评估有据可依，为今后开展相关工作提供科学的方式方法，有助于提升教育督导工作的合理性和科学性。并在一定程度上保障教育督导的权威性，不断提升了督导队伍的实践能力和专业化水平。各级教育督导部门要与其他主体合作,构建适合本地区的监测结果运用模式。另一方面多措并举为中职教育质量监测结果的应用提供支持,通过建立教育督导部门牵头、多部门协同联动的监测结果运用制度,采用督导的跟踪评价,持续推动基于监测结果的教育质量改进,为中职教育高质量发展保驾护航。

中职学校作为监测结果应用的基础单元,要组建专业团队解读监测结果,根据监测报告发现关键的问题,并通过后续诊断和调研,探寻更加客观的证据。中职学校依据监测结果完善和改进教育教学管理,其监测结果运用效果会直接体现在师生的身上。从学校层面来看,其对监测结果的利用程度对区域中职教育质量的提升起着决定性作用。学校总体、各专业学生、教师等分类监测结果报告是改进中职教育质量的重要依据,中职学校借助质量监测数据和分析结果来推进内涵发展,因此中职学校也是监测结果应用的主体之一。学校监测结果报告对中职学校的教育管理、专业设置、课堂教学、教师队伍建设、校企合作等状况进行了客观呈现,能及时反映各地中职学校的发展现状,客观揭示学校发展的优势和问题。因此,中职学校的领导和教师都需要树立"用数据为教育把脉问诊"的意识,建立自我监测制度,借助其他方法解释数据背后的原因,并且要结合日常教育教学经验,找到改进提高教育的方法和路径。

行业企业在中职教育质量监测结果应用过程中扮演着重要角色,行业企业参与有助于更好地评判专业建设与产业结构的耦合程度,中职教育的人才培养方向是否紧跟行业企业的发展。在中职教育质量监测结果应用中,应关注行业企业的需求和意见,找准问题、对症下药,从而实现中职学校教学管理水平和人才培养质量的持续提升。在质量监测结果的基础上,行业企业结合产业结构调整和职业岗位需求,对中职教育的专业建设问题提出宝贵意见,其中涵盖了人才培养方案设计、课程内容设置、教学标准制定、实训实习安排等一系列问题,行业企业将发挥重要的引导作用。长期以来,我国职业教育人才培养的"职业性"缺失,鼓励行业企业参与到中职教育质量监测工作中,能弥补中职教育"职业性"不强的缺陷,对于中职教育专业群有效对接职业岗位群发挥重要的作用，也有利于增强学生职业能力。一方面，行业企业基于监测结果，指导专业怎样从岗位需求出发，不断优化培养过程、培养目标、培养方式等方面存在的问题，以培养学生职业素养和提升职业技能为目标，真正让学生掌握一技之长，并能在社会中有竞争力。另一方面，行业企业更加了解产业发展趋势和企业需求，对于中职学校的发展能提出合理的改进建议，行业龙头、骨干企业掌握着该领域前沿的新工艺和新技术，能协助中职学校调整和改进课程内容。在人才培养方案、教学条件、教学方法等方面必须听取相关企业和行业协会意见，使培养的学生符合市场需求，并具备相应的专业技能和知识。

社会机构如监测评估机构、研究机构是监测结果应用的支撑。这些机构独立于政府和学校，作为专业的评估机构和研究机构，能够为中职教育质量监测结果应用提供专业的指导和服务。对于县域以下的基层教育实践工作者来说，他们还不具备相应的能力独自开展技术含量高、专业性强的中职教育质量监测活动，在读懂监测数据结果、理解数据背后的含义等方面存在一定困难，根据监测结果寻找教育教学实践中存在的问题及影响因素并且加以改进也是难上加难。因此，社会机构以专业的力量介入到监测结果应用工作中，坚持质量导向，推动监测理论与数据向实践运用转化，还可以帮助教育行政部门和中职学校解决相关教育教学问题。首先，社会机构凭借专业的专家团队与监测评估手段，提供相应的反馈和解读服务，帮助教育行政部门和学校理解监测数据结果，提升我国中职教育质量监测结果反馈和运用的公信力。其次，社会机构还可以参与中职教育质量的改进工作。基于质量监测结果形成改进方案之后，有条件的地区可以通过多种方式支持或委托专业机构，使其直接或间接参与到被监测地区的中职教育改进工作中。如社会机构有实力雄厚、专业性强的团队，可通过举办中职教育质量监测结果应用的专题培训，充分发挥其业务指导、咨询的作用，从而为相关群体使用监测结果提供参考建议。地方教育部门还可以邀请社会机构来评估本地改进中职教育问题的成效，通过改进前后的对比，协助地方教育部门检验相关措施的落实成效，为下一步调整中职教育的诊断和改进提供依据。

三 四个环节：中职教育质量监测结果应用的流程

基于数据实证开展的中职教育质量监测结果运用，能为地区教育部门和学校提供一种全新的自我改进模式，这种模式由四个环节组成，充分理解每个环节的特点和要领，才能高效开展中职教育质量监测结果应用工作。

由于中职教育质量监测是一项专业性强的工作，所以各个部门需要提高教育管理者的数据素养，如此一来，才能发现隐藏在数据背后的问题和原因，从而精准施策。同时中职教育质量监测本身是一项系统性工程，概括而言，其监测结果应用的工作思路大致划分为解读报告，结果反馈；探寻问题，归因分析；制定方案，持续改进；跟踪评估、检验改进成效四个基本环节。教育督导部门、中职学校、行业企业、社会机构的多方协同和整体推动，坚持"诊断，改进"的行动步伐，才能高效推进中职教育质量监测结果的常态化应用。

（一）解读报告

结果反馈、解读报告是监测结果运用的重要内容，其中最为关键的是对监测数据的全面分析与合理解读，这是监测结果应用的基本前提。用数据呈现教育质量监测结果，能客观反映中职教育质量的发展实况。当前大数据具有多样性、规模性、高速性等特点，数据库平台还具有统计分析、研判优劣和预警提示等功能，前沿的技术能帮助有关部门广泛收集中职教育的常态数据，及时准确地了解中职教育质量的状况。在监测数据的分析过程中，以往的局限性主要体现在只是对单个指标进行纵深分析，将多个指标进行组合分析的情况比较少，各相关主体可以根据自身的不同需求，合理选用统计模型和技术手段进行横向与纵向相结合的分析和比较。大数据助推中职教育质量监测从经验判断走向数据实证化，数据平台是一个多功能一体化的数据管理系统，其优点是可以处理海量的数据。各个主体可以根据自身的需求选取不同字段进行数值的统计，生成不同类型的教育质量报告，有利于直观呈现各地中职教育发展的状态、水平和走向，帮助各利益主体挖掘数据中的价值，提供更准确的分析和预测。利用数据平台可以减少监测的人为干预，避免不恰当的操作，保证监测方法和过程的规范性，还能对监测数据进行可视化操作，教育主管部门的决策者通过可视化直观准确地了解这些数据蕴含的信息，促进中职教育质量监测结果的科学性、客观性和公平性，以提高监测结果的运用成效。

中职教育质量监测工作结束后，国家和省级中职教育主管部门联合监测中心向区域和学校发布监测报告，反馈监测结果。监测报告是中职教育质量信息反馈的载体，有多种类型的报告，如基础数据报告、教育教学报告、校企合作报告、综合分析报告等。地区和学校在拿到各自的报告之后，应根据阅读人群的不同需要，恰当地分解监测报告，组织不同的责任人研读监测结果，按照各自职责开展相应的改进行动。中职教育质量监测结果报告涵盖诸多信息，如学生学业质量、教师教学水平以及学校管理、实习实训等，如果让各地教育主管部门和中职学校去关注每一个信息，试图去解决所有问题，如此一来教育主管部门和学校无法抓住问题的关键点，对问题的认识停留在浅表层，不会针对核心问题进行深入研究，这样会使监测结果运用浮在表面，难以收获实质性效果。因此，基于省市教育部门的报告解读，被监测的地区和中职学校要结合各地的发展实际进一步进行本土化解读，通过挖掘数据、辨析优劣、找准切口等步骤来抓住问题的核心要害，在研读监测报告时能抓住不同的关注点。地区教育部门和中职学校聚焦于某些关键的数据信息，既可以找准自己的优势方向，打造亮点和彰显办学特色，也能抓好突出的薄弱环节，以便进行调整和改进，有针对性地解决中职教育发展难题。

为了传达国家和省级中职教育质量监测结果解读会的会议精神，各地一般是通过监测报告解读的方式来开展，同时结合各地中职教育的监测数据，精准诊断教育中出现的问题，为中职教育的未来发展指明方向。各地域中职教育质量监测活动往往是大规模、大范围地来开展，监测结果数据报告涉及的因素和内容相当多，因此需要专业的人员来进行解读，能否将监测结果的内容解读到位，传递给一线中职学校管理者、师生，对中职教育质量监测结果的应用发挥了很大的作用。解读报告环节能帮助教育主管部门掌握区域中职教育的整体发展水平、校际差异及影响因素，明确优势与不足，还能助力教研员以精准的数据科学问诊教学质量，增强了教研工作的针对性和实效性，为推动中职教育的优质均衡发展提供助力。教师作为教学实施的主体，是影响教学诊改的关键，因此也要向教师全面解读中职教育质量监测结果，引导教师以课程标准为纲，扎实学习新要求，精准定位教学改革的切入点，以精细化报告解读与反馈助推监测结果应用成效提升[①]。

（二）合理归因

在解读报告之后，中职学校要围绕上级部门提到的关键问题和影响因素进行自我诊断，这是中职学校运用监测结果的关键。首先，区域教育有关部门、中职学校应基于客观的监测数据来解读和研判教育质量监测结果，结合学校所在区域的发展要求和自身的历史数据，全面剖析隐藏在监测数据背后的信息，挖掘影响教育的重要原因。其次，教育政策制定者针对关键问题组建调研团队深入中职学校，对教育管理者、行政人员、师生等进行专项调研，采取的形式主要是问卷、访谈、现场听课等，再一次为学校精准把脉，查找短板不足的原因，探索改进策略。其中，专项调研通过收集和分析大量信息，以深入研究特定问题或领域，在中职教育质量监测结果应用中扮演着至关重要的角色。专项调研需要组建一支高素质、经验丰富、客观公正的专兼职调研团队，确保调研人员具备专业知识和调研技能，引导他们树立科学的教育质量观，监测评估人员要与熟悉当地情况的人员进行合作，共同完成调研工作。最后，以中职学校自我诊断为核心，让学校对自身的办学质量进行客观评价和精准诊断，找出存在的差距和不足。精准实施自我诊断是学校主动发现和改进问题的过程，能促进办学条件和教学质量的持续改善和提升，为每一位中职学生提供优质的教育服务。

针对监测结果中反映的关键问题，各地要结合实际，进行自主诊断、

---

① 章勇等：《发挥监测与评价功能　引领新时代育人方向——长沙市教育质量监测与评估创新发展之路》，《湖南教育》（D版）2019年第7期。

合理归因，对中职教育领域存在的痛点问题及其原因进行解释，精准实施教育改进。一方面，各地应从不同角度对数据进行归因和关联分析，要运用合理和科学的方法，可以关联报告中的数据进行分析，可以运用统计方法分析相关因素问卷的数据。另一方面，归因和关联分析也需要结合平时的教育教学工作，帮助各部门和中职学校理解和运用监测结果，揭示隐藏在监测数据背后的信息，深入剖析问题成因，掌握问题的症结，寻找各地区中职教育的成长点与增值点，为中职教育改进和质量提升打好基础。

（三）持续改进

吉特（I. Guijt）和加文塔（J. Gaventa）在20世纪90年代就表明，监测评估通过持续获得某一项目或活动的所有相关数据和信息，评价项目或活动的进展情况，及时发现问题和查找原因，以便决策者调整和优化实际的执行方法或者具体目标，从而实现最终目标[1]。中职教育质量监测结果应用是一项专业的活动，具有科学性和技术性的特点，其目的是通过对中职教育有关信息的全面监测和反馈，为进一步寻求整改途径提供依据，以实现提高中职教育活动质量的预期目标。斯塔弗尔比姆是美国著名的教育评估专家，他曾经强调："评估最重要的目的是改进（improve），而不是为了证明（prove）。"[2]

持续改进就是中职教育质量监测利用现代信息技术手段，对中职教育教学信息实施动态的采集、整理与分析，客观呈现中职教育教学的基本状态，及时发现各种变异的趋势和问题，查找活动目标产生偏差的原因，明确中职教育改进的方向和内容，并切实采取改进措施的系统过程。在这个过程中，中职教育质量监测有关人员利用数据平台，通过对收集到的教育信息和数据进行系统整理、分析，帮助教育主管部门和中职学校发现问题，并切实制定能解决教育教学活动问题的方案，循环往复，

---

[1] Guiji, I., Gaventa, J., *Participatory Monitoring & Evaluation*: *Learning from Change*, Institute of Development Studies, 1998, pp. 2 – 4.

[2] 谭绍华、李同同：《大数据赋能职业教育质量监测：从局域到全局的系统嬗变》，《中国职业技术教育》2023年第4期。

螺旋式前进。每经过一次循环，就能解决中职教育存在的一些问题和困境，中职教育的质量水平就会上升到一个新的高度。如此循环不断，问题不断得到解决，中职教育的发展时刻按照预定的或者更高的目标进行，中职教育质量就会不断得到改进和提高。

为最大化发挥监测结果的作用和价值，须进一步探索建立基于监测结果的问题改进机制，对监测结果解读会提出的问题作深入分析，制定问题改进策略，加大整改力度，各级政府及部门要设计好实施方案，切实完成相关问题整改。教育部门和学校应借助大数据的分析方法和工具，要研读报告，进行深度归因。结合各地中职学校的发展实情，科学分析中职教育质量的影响因素，精准制定改进方案和措施，根据监测结果完善和优化中职学校管理、教育教学和人才培养等工作，促进问题的解决。与此同时，限期整改是落实监测结果的重要环节，为发挥中职教育质量监测的引领作用，进一步推进中职教育质量监测结果的有效运用，各地教育行政部门和中职学校要仔细解读监测结果报告，在此基础上列出整改问题清单，系统谋划整改措施，并在规定期限内落实。为更好地实施限期整改，一方面需要整改对象用好监测结果报告，深入研究分析自身存在的问题，积极通过多途径寻求解决方法，尽心竭力解决中职教育办学质量差、社会不认可等问题。另一方面要强化部门职责，教育督导、中职学校、行业企业等机构和政府有关部门要加强协调合作、认真履行职责，共同推进整改行动。对于一些涉及跨部门的问题，由教育厅、教育局统筹安排，为中职教育的持续改进制定整体性方案，并为落后地区中职教育的发展予以倾斜和支持。在分析解释监测数据的基础上，各职责主体要开展实地调研和专题研讨，充实事实证据，精准揭示监测数据背后的真实问题及相关因素，聚焦改进目标和方向，为靶向改进中职教育绘制相应的路线图。学校层面要建立校内自主改进方案，通过深入分析学校监测结果，立足中职学校发展状况与需求，找准优势与不足，将改进举措落实到中职学校日常的教育管理、课堂教学和人才培养等工作中，优化中职学校教育管理模式和提高办学水平，持续推进基于监测结果的改进工作。

（四）跟踪评估

为了检验改进措施的落实效果，需要建立跟踪评估制度，推动区域中职教育发展进入良性循环。可以对参测地区和中职学校的整改情况进行二次监测，或是专项督导评估，通过前后两次或多次监测，追踪参测地区中职教育在一段时间内的变化，以纵向增值程度评估改进成效。跟踪评估并非只关注不同区域或中职学校的优劣、横向排名，由于我国的区域发展不平衡，不同区域的中职教育发展水平存在一定的差异，因此要基于各区域和中职学校发展的基线水平，重点跟踪评估中职教育的改进幅度和进步程度，确保改进的效果。跟踪评估主要是看进步，不搞横向比较，因此不能忽略增值过程中的高原效应，一些本身基础薄弱的区域和学校进步的空间会比较大，一些原来条件就比较好的区域和学校进步的幅度会比较小。总之，在跟踪评估过程中，避免以统一的标准来评判改进成效，要追踪参测地区中职教育质量在一段时间内的变化，引导区域和中职学校构建自我诊断与自主改进机制，将工作重点放在查找自身发展的薄弱方面和环节上，因地制宜促进发展。利用跟踪评估对改进成效进行阶段性检验，合理判断改进措施的有效性，以便及时调控改进的方向和目标。同时基于现实需求，对跟踪评估的内容进行系统设计，不仅对区域中职教育发展的薄弱环节进行跟踪评估并及时纠偏，也要对国家关注的中职教育重点、热点问题作出及时回应，主动适应新颁布政策的要求。

第四节　加强中职教育质量监测结果应用的建议

监测结果应用是中职教育质量监测发挥作用的关键环节，真正把监测结果用起来，才能发挥中职教育质量监测工作的现实价值。能否充分发挥教育质量监测对中职教育实践的改进功能、提升中职教育改革成效，关键就在于持续运用监测结果，因此应充分利用中职教育质量监测结果数据，推动各地政府、教育行政部门、中职学校教育内涵式发展。为有效监测中职教育质量，科学、全面呈现监测数据和结果也是需要考虑的关键内容，还要有敏锐的洞察力，能够发现问题并解决问题，因此应善于利用监测结果服务中职教育改革和质量提升工程。为了加强中职教育质量监测及结果运用，促进教育优质均衡发展，须以创新的工作思路加强监测结果的有效运用。

一 合理高效：建立多部门协作的治理体系

监测结果运用是中职教育质量监测工作的核心环节，提升监测结果运用效能是深化新时代职业教育评价改革的一项重要举措，对于推进中职教育高质量发展具有重要意义。要解决当前中职教育质量监测结果运用效能不高的问题，最根本的还是要不断推进治理能力现代化建设，构建多部门协作、现代化的中职教育治理体系。该体系应涵盖教育督导部门、教育行政部门、企业、中职学校、其他机构等，强化多元化主体的协作，以此组建各部门集成、协调配合、联动高效的监测结果应用的管理体系。传统的教育评价活动一般是以评价主体的主观经验判断为主，过于强调终结性评价。教育质量监测更加重视"数据实证"，强调过程性与结果性评价的有机结合，促使各主体运用监测数据的实证结果开展中职教育教学改进行动。各地区有关部门应重视利用大数据监测中职教育，树立"借助数据诊断中职教育教学"的意识，探索运用监测结果改进中职教育质量的工作机制，实现数据治理实践问题，提升区域中职教育治理能力。中职教育质量监测结果涉及多个层面、多个对象，反映了影响中职教育水平的多种因素，为了建立指向"诊断改进"的监测结果运用机制，应按照不同部门的工作职责，各司其职，相互协同，合力推进中职教育质量监测结果运用。

首先，制定基本策略来指导监测结果应用。中职教育质量监测部门应组织专业团队解读监测结果，向有关部门反馈监测结果中发现的实质问题。各部门和学校要组织力量分层分类研读报告，深入分析监测结论的影响因素，进行原因探析，找到问题的症结。监测部门须研究策略来指导监测结果运用,把监测结果充分用好。

其次,明确责任主体的职责分工。教育督导部门要合理梳理监测结果中发现的问题,向有关部门及时反馈主要的问题清单,制定整改方案,明确责任主体的职责分工和完成时限,并跟进整改进展。成立中职教育质量监测结果应用的工作专班,建立教育、财政、人社、发展改革委等多部门工作协调推进机制,统筹指导各地区中职教育质量监测结果应用工作。如教育部门负责中职学校的教师配备及教师培训等问题;财政部门负责中职教育投入、资源配置、实训基地建设等问题;人社部门在技能人才认定、职称评聘等方面支持中职学校的人事制度改革;发展改革委主要是支持各地改善中职学校办学条件;教研部门主要是负责中职教育的专业和课程设置、教学研究等问题。应重视监测结果应用在中职教育质量监测制度长效发展中的作用,以监测结果应用为杠杆,推动有关部门出台和修订有关政策、改进教育教学,撬动区域中职教育的高质量和可持续发展之路。

最后,评估各部门监测结果运用的实效。由教育督导部门开展专项督导活动对各部门的监测结果运用成效进行检查和监督,还要对各部门如何高效运用监测结果进行跟踪指导。要注重有关部门之间的协同联动,建立省级统筹、区县为主的中职教育质量监测结果运用制度,国家、省级有关部门应将监测结果充分反馈给区县和学校,并为区县和学校基于监测结果开展政策调整、教育教学改进等工作提供支持和指导。

二 人才储备:组建专业能力强的骨干队伍

影响中职教育质量监测工作发展的关键之一是监测队伍建设,专业能力强的监测队伍能大幅提升监测结果应用工作的成效,为推动监测结果应用提供专业服务和指导。一支具备高水平专业素养的骨干监测队伍是促进中职教育质量监测结果科学运用的关键支点。为破解监测队伍建设的瓶颈,一方面,加大监测机构的建设力度,给予这些机构专项的政策和经费支持,进一步规范编制配备管理工作,预留足额编制引进专业能力强的教育监测人员,提升岗位吸引力,留住人才;另一方面,要加大职业教育监测评估人才的培养力度，打造专业能力强的监测人才队伍，从骨干队伍建设层面推进中职教育质量监测结果的研究和应用。高等院校可以设置与职业教育监测评估相关的专业，或以专门培训促进目前中职教育评估领域的人才队伍转型，提升中职教育质量监测骨干的理论水平和实践指导能力，提高监测人员的专业水平，扎实加强高素质监测队伍建设，保障中职教育质量监测结果应用的成效。

首先，监测人员应具备指导地方教育部门开展监测结果应用的能力。对中职教育质量监测的目的应有一定程度的了解，且具备一定年限的中职教育一线教学经验，有能力从事教育教学研究工作，在监测结果应用中能开展详尽具体、有针对性的指导。其次，监测人员应具备一定的数据素养。监测结果动态呈现中职教育的发展现状，专业的监测工作人员应具备一定的数据意识和数据思维，在监测结果应用过程中能根据监测数据的变化及时给出与中职教育各方面相关的整改建议。还需要培养他们的数据敏感度和解读能力，当监测结果中的信息和数据与政府的教育政策要求存在差异时，应适时向有关部门反馈，提供相应的方案帮助他们修正和调整教育决策。最后，监测人员应具备中职教育行政管理的经验和能力。在监测结果应用过程中，监测人员需要对地方中职教育质量监测结果应用进行督促和检查，持续跟踪监测结果应用的推进情况，并充分反馈给有关教育行政部门，对教育行政部门重新修订中职教育发展政策提供一定的参考。

有效推动中职教育质量监测结果应用的关键之一是骨干队伍建设。中职教育质量监测属于职业教育领域，不同于基础教育的质量监测，它有自身的独特性、职业性、专业性。储备专业人才，组建稳定的骨干队伍，才能高效做好中职教育不同专业群的质量监测工作。一是引进有关专业人才，包括职业教育研究、教育测量与评价研究、大数据管理与应用、计算机软件与应用技术等领域专业人才；二是加强有关研究生人才培养工作，依托教育学一级学科培养教育督导方向的硕士生和博士生，储备相关专业人才。要落实《深化新时代教育评价改革总体方案》中"支持有条件的高校设立教育评价、教育测量等相关学科专业，培养教育评价专门人才"的要求，高校可在教育学、管理学一级学科下增设与职业教育质量监测相关的专业，鼓励学生报考，增加人才储备，为质量监测结果应用提供充分的智力支持，扎实推进新时代职业教育评价改革发展。在短期内，可以通过整合若干兼职评价研究人员，组建核心团队，共同承担中职教育质量监测结果运用的研究项目。专业研究力量不足是我国中职教育质量监测工作中的突出难题。中职教育质量涉及多个专业和内容，不同专业的质量和质量标准制定、监测方案和试题设计、监测信息和数据分析、监测结果反馈与运用、监测管理系统开发等，只有专业的研究队伍参与，监测结果和结论的科学性与合理性才能得到保证。

三 巧用资源：搭建质量监测的信息化平台

传统质量测评工作中需要大量人力、物力、财力以及对专业性有较高要求，为提高工作效率，降低人力成本，须深度融合信息技术和现代测评技术，创新中职教育质量监测模式。在信息化背景下，中职教育质量监测体系的建立与管理，应朝着常态化、自动化和流程化方向发展，运用信息化手段建立质量监测管理平台，实现智能化监测已成为中职教育质量监测结果应用的现实需求。

中职教育质量监测涉及多个主体、多项内容，收集的数据信息五花八门、杂乱无章，采用人工操作不利于数据分析和保存。在教育数字化转型背景下，通过搭建质量监测的信息化平台，采集中职教育的数据信息，实时掌握地区中职学校、师生、企业各项数据的波动情况，能了解各地区中职教育人才培养工作状态。为更好地发挥质量监测的作用，应形成动态监测机制，以期全面掌握中职教育教学质量、学生学业水平、实习实训状况等。通过呈现可视化的监测结果，帮助各地教育部门和中职学校解读影响教育教学质量的相关因素。中职教育质量监测信息系统应包括三个平台，分别是数据采集、数据分析、数据发布，才能实现教育质量监测的自动化和标准化，方有利于全面、客观、高效地呈现中职教育质量监测结果，从而为学生个性化发展、教师因材施教、学校调整教育决策等提供科学的依据和参考。

第八章　中等职业教育质量监测结果应用机制

传统中职教育质量监测与评估的结果一般是作为奖优罚劣的参考依据，通常是为了给监测对象分等定级，或评选"重点校""示范校""特色专业"等。虽然能产生短期的激励作用，地区政府、教育部门、中职学校为了获得好评，会开展工作部署迎接上级部门的监测和评估，但是无法产生持续动力，原因在于抽象和一维的结果呈现方式，让有关部门难以理解监测数据的分析结果。要破解这一难题，一方面应借助信息技术手段，摒弃抽象的监测结果呈现方式，采用图表、图像等直观易懂的形式进行呈现，分解能支撑监测结论的数据或要素，如雷达图、柱状图、条形图和其他图表等，将各种要素的比例分布情况、各种要素之间的关系通过可视化的形式分门别类地显示出来。数据可视化可以帮助人们更好地理解和分析数据，还能呈现监测对象的某一方面在所有对象中的相对位置，通过对比分析了解到自身的长处与短处，有助于监测对象精准诊断问题，把握未来的改进方向。另一方面应采取横向和纵向相结合的结果呈现形式。横向的一维监测方式是被监测对象之间相对优势的对比，纵向的监测方式是持续记录某一对象的发展轨迹，帮助其诊断和改进自身问题。传统中职教育质量监测评估结果的呈现形式一般是横向一维的，只是对各地中职教育和学校进行分等定级，不利于中职学校的发展和进步，因此应建立二维的监测方式和结果呈现形式，横向和纵向比较相结合，让中职学校既能了解到自身在同类型学校中的相当位置，也能掌握自身不同时期的发展情况。

借助信息化手段，进一步实现监测的精准化，有助于制订基于监测结果的教育质量个性化方案。如在题库建设中，结合历史测评数据，借助信息技术手段开发智能组题工具，对学习水平存在差异的学生开展有针对性的监测，使抽选的题目更加科学，并且通过知识图谱等技术显示监测结果。还可以依托声音和图像识别等技术，有效识别监测客体、跟踪监测过程、运用监测结果等，有利于个性化人才培养方案的制订，以此实施过程性精准监测，实现个性化的诊断分析。此外，要打破数据壁垒，基于大数据助推中职教育质量监测工作，高效落实各级监测结果的运用。在监测结果应用中，各级监测体系的侧重点有所不同，应重视大数据技术及深度学习技术的运用，通过建立数据分析模型，实现各级监测数据结果的精准推送。搭建监测评估结果智能诊断平台，为区域提供常态化和自动化优劣势预警服务，辅助各级单位高效推进中职教育质量监测结果应用工作。

四 以点带面：宣传推广结果应用典型经验

要加强推广中职教育质量监测结果应用的先进工作经验。各地区在运用中职教育质量监测结果的过程中，要全面总结工作经验，学习和借鉴先进地区的理念和做法。根据本地发展实际，组建专业的团队，系统梳理一批在推动监测结果应用、提升中职教育质量等方面的典型经验，对成功的做法及取得的主要成效进行总结，在本区域宣传推广，扩大质量监测的影响力，形成有地区特色的监测结果应用模式。各地应根据中职教育的发展现状，探索适合自身的质量监测结果运用方式，通过设立中职教育质量监测结果应用实验区，建立包括"质量监测—数据分析—及时反馈—有效应用"的监测工作运行闭环，多措并举支持和引导实验区发展，加大政策倾斜和资金支持力度，各地区要结合本地中职教育质量的现状，加大教师培养培训力度、组建专业的教研团队、开展学术讨论，推进中职教育质量监测结果应用，着力建设一批监测结果应用较好的实验区。在汲取和总结实验区经验的基础上，以点带面，逐步推动其他地区持续开展监测结果应用工作，有效提升中职教育质量。

五 有效反馈：完善结果发布的制度化建设

进一步完善中职教育监测结果的发布制度，引导社会各界广泛关注中职教育质量监测，提高利益相关者对监测的重视程度，建立中职教育质量监测结果的常态化发布制度，尽可能"监测一次、发布一次"，使有关部门和人员能及时获悉中职教育的监测信息。首先，建立中职教育质量监测结果的联合发布机制。过去的中职教育质量监测或评估结果主要是由政府主导的官方发布，当前应进一步改革和创新监测评估结果的发布形式，形成多元主体参与的联合发布机制，给予政府、中职学校、企业、监测机构等多方面的支持,鼓励多元主体参与发布,丰富监测结果的发布方式。其次,建立中职教育质量监测结果的标准化反馈机制。要研制相关的标准,对监测结果的反馈时间、反馈方式、反馈内容、反馈对象、反馈成效等方面作出详尽说明,以此形成规范化要求,推进监测结果反馈工作的制度化和标准化建设。完善当面向主要领导反馈监测结果的制度,当面反馈可以引起有关部门及领导的重视。对于监测结果中发现的关键问题和突出问题,应及时向主要领导当面反馈,引起他们的关注和重视,确保中职教育发展过程中的问题能得以及时解决,有效避免监测工作中出现相互推诿和责任不落实的现象。最后,完善现场反馈机制。要加快组建高水平的专家团队,根据实际情况指派不同层次的专家到实地开展反馈。传统的反馈模式是以政府工作报告的形式向社会公开发布中职教育监测结果,应改变这单一的反馈方式,根据不同类型的监测内容实施分门别类、多层次的现场反馈。国家职业教育监测部门还要根据区县和学校的个性化需求提供个别上门反馈,就中职教育质量监测中发现的具体问题,对不同主体进行个别化的指导和服务。

中职教育质量监测结果形成以后,各级教育行政部门、教研机构和学校应充分利用数据,研究教育改进策略,并分类、分层反馈意见,使教学管理、教师教学与学生学习质量提升都有据可依。同时,教育主管部门应主导研究形成完善的改进网络与策略,使中职教育改进工作不断趋于科学、严谨、全面、客观,真正实现"改进管理、调控教学、改善学习、提升质量"的最终目标。

(一)分类反馈

根据对象的不同,反馈内容的侧重点也将有所不同。构建多元反馈机制,为教育行政部门提供教育决策依据,为学校管理体制改革提出针对性的改革策略,为教师专业化发展提供帮助,为促进学生全面成长提供支撑(见图8-2)。

首先,对于政府的教育行政部门,其重在宏观政策制定方面的改进。中职教育质量监测结果为教育行政部门提供更多、更全面的数据,为其科学决策提供更有力的支持。教育行政部门重在教育规划、教育资源配

中等职业教育质量监测机制研究

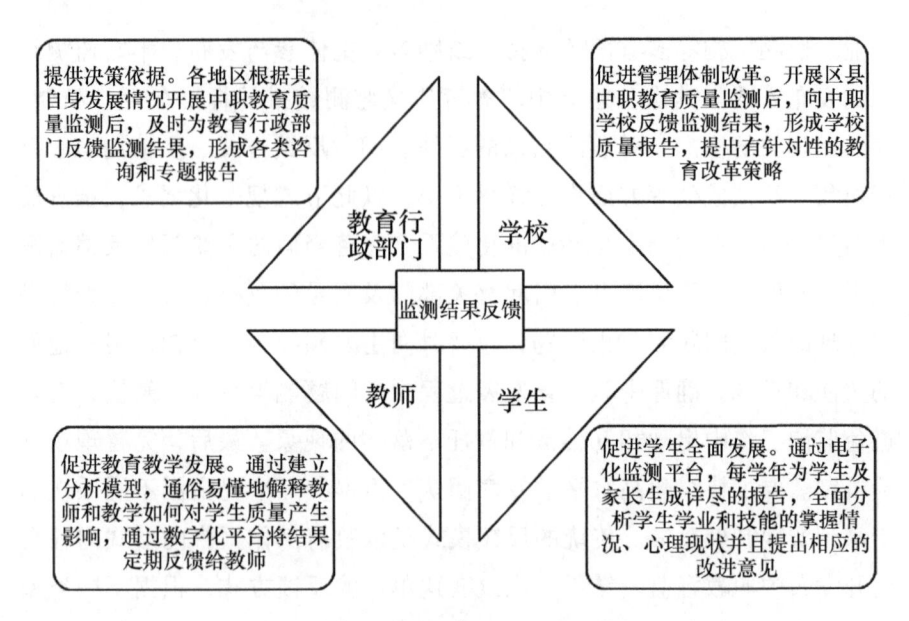

```
提供决策依据。各地区根据其                    促进管理体制改革。开展区县
自身发展情况开展中职教育质                    中职教育质量监测后,向中职
量监测后,及时为教育行政部                    学校反馈监测结果,形成学校
门反馈监测结果,形成各类咨                    质量报告,提出有针对性的教
询和专题报告                                  育改革策略

                    教育行
                    政部门    学校

                        监测结果反馈

                    教师      学生

促进教育教学发展。通过建立                    促进学生全面发展。通过电子
分析模型,通俗易懂地解释教                    化监测平台,每学年为学生及
师和教学如何对学生质量产生                    家长生成详尽的报告,全面分
影响,通过数字化平台将结果                    析学生学业和技能的掌握情
定期反馈给教师                                况、心理现状并且提出相应的
                                              改进意见
```

图 8-2 中职教育质量监测结果分类反馈

置、教育规章制度建设、课程设置等方面的工作改进。反馈监测的主要内容,以简约形式呈现,便于管理者及时了解监测发现的主要问题,并对监测提供的对策建议进行评判,择优参考。

其次,对于学校而言,中职学校重在教学改进,需要提供能够读懂的监测结果,直指学科教育教学中存在的具体问题,并提供可操作性的改进意见,促进教学质量的提升。

最后,对于师生而言,中职教育质量监测的数据分析结果直接导向应用,服务于中职教育诊断与改进。对学生而言,通过对学生日常学习信息和数据的收集和分析,促进个性化的学习,使学生"更好地学"。从传统的纸笔测验转向兼顾过程与结果的教育监测,基于云计算的网络测试和数据挖掘技术,实现常态化、个体化实时监测,根据监测结果修订人才培养方案,给中职学生提供更加个性化的学习材料。对教师而言,能促进教师"更好地教"。通过动态监测学生学习过程和教学过程,为教师提供教育教学的监测数据和分析报告,帮助教师改进教学,教师要客观看待学生的不同特征,对有差别的学生进行因材施教。

（二）分层反馈

分层反馈是根据报告反馈的不同主体来划分的。分层反馈可形成市级层面、区县层面和学校层面的报告。

从市级层面向公众、政策制定者和教育者提供学生在各个学科方面能力的描述性信息和影响学业发展水平的因素，并对各区县的教育质量进行横向比较，以探讨影响各区县中职教育质量的因素。重点是宣传正确的教育质量观、引导社会各界重视中职教育质量的影响因素和对存在的问题进行改进，为政府及教育行政部门制定或调整政策提供依据。

区县层面重在突出区域内各中职学校质量状况，通过各校与区域总体中职教育质量的比较，发现影响区县中职教育质量的学校因素和其他条件，并对区域内学校教育差异状况进行分析，形成区域中职学校质量提升的改进建议和措施。区县层面要能读懂监测结果，找到优势和短板，督导和促进区县教育质量的提升，为学校的改进提供支撑。

该报告主要阅读对象是学校领导和教师。其格式和区县报告差不多，该报告一是要反映某中职学校教育质量的总体状况；二是要反映学校与学校间的差距；三是要纵向对比质量变化情况；四是要分析问题并提出改进意见。学校层面要理解监测反馈的结论和反映出的问题，找到教育教学改进的方向和目标，制定自我改进和提升的方案与策略。

（三）反馈形式

为了便于反馈和指导，帮助报告对象深入理解中职教育质量监测结果，反馈通常采用会议的形式。召开报告解读会的目的就是对监测结果进行全面解读，指出教育教学存在的问题，提出解决问题的策略，安排部署教育改进的相关工作。

报告解读会一般由当地教育行政部门总体安排，并由教育质量监测部门、教育督导部门、行业企业协同组织。上一级的中职教育质量监测报告解读会召开后，下一级教育行政部门、学校要相继召开报告解读会。

总的来说，教育行政部门机关干部、教研机构领导、学校代表、行业企业代表应参会听取报告。但根据报告内容的不同，参会对象也有一定区别，各地根据实际情况确定。比如，涉及教师专业发展的专项监测，教师培训机构和教研机构除了领导参与外，相关中层干部、工作人员也应参与。

报告解读会一般首先由负责组织教育质量监测的部门做数据报告、质量报告、问题分析与改进建议三个报告。之后，由教育督导部门安排部署教育改进相关工作。

（四）方法和原则

反馈是将中职教育质量监测的数据分析结果分享给监测对象以及相关人员的一个过程，通过对数据分析结果的解释说明促进反馈对象对监测内容的理解，制订下一步工作学习计划并实施[①]。有效反馈遵循一定的方法和原则，对提高质量监测结果的使用效益起着至关重要的作用。

第一，反馈者与反馈对象要建立信任关系。通过增强彼此的信任关系，以确保良好的合作和交流，双方才能够顺利开展积极的反馈和对话，及时交流彼此的想法和感受，以便在中职教育质量监测结果应用方面形成共识并统一工作计划。首先反馈者要阐明反馈立场，详尽解读中职教育质量监测的标准和规范，说明监测结果反馈的背景、目的和计划。其次向反馈对象说明其存在的优点和亮点，感谢其付出的努力，还要鼓励反馈对象进一步发扬优点、改进不足、拓宽思路，全力做好中职教育质量监测结果应用工作。最为关键的是反馈内容和问题必须是有意义的，并且是能改进的，结合反馈对象所处的现实环境和发展现状，科学全面指出其与标准、同行的差距。对中职教育质量状况进行长期追踪和分析，得到中职教育质量监测结果，以此发现教育问题，确定问题的主要原因，为后续改进措施的制定提供客观依据，此外也要有同理心，通过不断地追求理性和感性的协调，可以促进反馈者与被反馈对象更好地交流与合作。

第二，合理安排反馈的时间节点。在进行反馈时，我们应该遵循的一个基本原则就是及时性，及时有效的反馈可以让接收者更好地理解自己的行为，并及时做出调整。如果反馈延迟，被反馈对象可能会忘记监

---

① 任春荣：《如何有效反馈教育质量监测结果》，《人民教育》2022年第7期。

测的内容，还会导致被反馈对象对具体行为已经模糊，从而减弱反馈的效果。反馈等待时间过长，反馈对象本身也有可能变化。当反馈的内容是以改进宏观管理为直接目标时，虽然这方面的反馈受师生变化的影响很小，但如果反馈不及时，也可能会错过政策优化调整的最佳时机，降低监测结果应用的效率。因此，监测结果发布和反馈应考虑时间节点的效应，在给予反馈时，我们应尽量选择合适的时间，并及时将反馈传达给接收者。在反馈中职教育质量监测结果之后，应要求有关部门和中职学校制订行动计划和诊断和改进时间表，跟踪检查中职教育发展问题的改进过程，并在下一轮监测结果反馈会议上通报和点评整改的进展情况。

第三，反馈要坚持因材施教、因地制宜。首先，信息传递要做到通俗易懂，中职教育质量监测结果的核心反馈受众主要有教育部门工作人员、校长、师生、企业领导等，这部分群体一般没有统计基础，反馈监测结果时应尽量减少专业术语，不能一味追求统计的复杂性和创新性，要用大众熟悉的语言来表述，传递的信息要直观和具体，考虑受众需求和理解能力，重视信息交流的实效性。其次，根据反馈对象的特点灵活选择反馈形式，可以在监测系统对信息权限进行等级划分，对监测结果的反馈内容加以分类。有关中职教育总体情况和普遍特征的内容可以在正式会议上发布，运用集中反馈的方式；与教学、学习活动密切相关的内容可通过日常的教研活动进行反馈，持续的监测与反馈能收获更好的效果；当反馈内容涉及具体单位和人员的敏感信息时，应采用内部反馈或个别反馈的形式；对于需要加强宣传和引导的信息，可直接邀请官方媒体通过网络、报纸或电视公开发布。最后，反馈建议要考虑反馈对象的基础。反馈不能简单指出问题表现就结束，要分析背景因素并探索原因，如对政府的建议应考虑当地的教育和经济发展基础，将监测结果转化为有针对性的政策或者行动建议。

第四，反馈关键问题与影响因素。一方面，反馈不能面面俱到，而应有所选择，有所侧重，才能使反馈对象应对自如。一次大规模的中职教育质量监测可以发现很多问题，将发现的问题全部列举出来会让反馈对象无所适从，而是可以采取逐步反馈策略，先取一部分关键和突出的内容进行反馈。同时，反馈的信息应翔实和客观，要简洁明了、准确地描述问题，以便进行定位。实现改进目标所需要的条件、程序等要着重进行反馈，指导相关部门和人员改进中职教育发展的突出问题，对于中职教育发展基础较好的地区，向其反馈的问题可以多一些，基础比较薄弱的地区虽然中职教育质量问题更多，但反馈的问题不宜过多。另一方面，解释关键问题出现的原因和影响因素，中职教育质量面临的问题不是独立存在的，其与诸多因素可能存在一定的关联，因此在反馈关键问题时要有关系意识，要从内在、外在因素等多个角度探寻中职教育发展困境和问题出现的原因。以学生的学业成绩为例，从内在因素来看要考虑学生的背景知识与学习风格、知识的衔接是否存在问题，从外在因素来看要考虑家庭和社会的影响。中职教育质量监测指标之间是相互关联的，通过科学的统计方法可以了解不同指标之间的关系，监测之外的因素也可能影响指标表现，这部分没有被纳入监测的因素同样重要，监测结果也要补充说明这些因素是如何影响中职教育质量的，这有助于提升监测结果反馈工作的科学性。

小　结

　　监测结果应用是中职教育质量提升的"解码器"，对提升中职学校的办学水平和教育质量有着积极的反馈作用。用好中职教育质量监测结果，是解决好质量提升"最后一公里"问题的关键。为此，本书提出了以协同善治为核心，由教育督导部门、中职学校、行业企业、社会机构四位联动、协同推进，包括解读报告、合理归因、持续改进、跟踪评估四个关键环节的"一核四位四环"工作机制模型，形成"问题诊断、协同合作、改进提升"的监测格局，以期基于监测结果真正形成干预、参与、指导、服务、提升的协同发展体制机制。

第九章

中等职业教育质量监测相关专题研究

第一节 党的十八大以来职业教育质量评估政策述评

党的二十大报告指出，高质量发展是全面建设社会主义现代化国家的首要任务，教育、科技、人才是全面建设社会主义现代化国家的基础性、战略性支撑[1]。在党的二十大精神指引下，中国开启了以创新驱动高质量发展的中国式现代化建设新征程。职业教育积极推进的职普融通、产教融合、科教融汇，成为中国式现代化建设的重要支撑和教育高质量发展的重要举措。2022年12月21日，中共中央办公厅、国务院办公厅印发《关于深化现代职业教育体系建设改革的意见》，这是党的二十大后党中央、国务院部署教育改革工作的首个指导性文件，把推动现代职业教育高质量发展摆在了更加突出的位置。

回顾党的十八大以来，职业教育现代化建设成效显著。现代职业教育从体系建构、类型办学到高质量发展，不断发生着格局性变化，正在走出一条不同于其他国家、以办好人民满意的教育为基本诉求的中国式

---

[1] 习近平：《高举中国特色社会主义伟大旗帜 为全面建设社会主义现代化国家而团结奋斗》，《人民日报》2022年10月26日第1版。

职业教育现代化道路。职业教育质量评估政策作为以质量为核心的正式的、权威性的制度体系，具体突出的定向、督导、诊断和鞭策力量，为推动职业教育高质量发展发挥了重要作用，但与此同时，由政策推动的职业教育评价改革还存在着诸多实践痛点①。因此，系统梳理和深刻认识党的十八大以来职业教育质量评估政策，既有利于加深理解中国为什么能够走出一条具有中国特色的职业教育高质量发展道路，坚定推进中国式职业教育现代化的信心，更有利于深入贯彻党的二十大精神，落实"高质量发展"首要任务，持续优化职业教育质量评估生态。为此，本节通过抽取政策主题词，借鉴文献计量方法对党的十八大以来的职业教育质量评估政策展开系统分析，力求从宏观上把握职业教育质量评估政策的体系架构、核心主题及演进特征，进而思考其未来方向，为职业教育高质量发展和职业教育质量评估政策的完善提供参考。

一 职业教育质量评估政策文本概览

为契合研究主题，本节通过中央各部委门户网站和北大法宝数据库的资料对 2012—2022 年我国职业教育质量评估产生重要影响的政策进行了系统搜索，并按照两个原则进行筛选：一是发文机构为国家级机关单位，各省市依据国家政策制定的法规不作为本书的政策文献来源；二是政策文件须体现国家意志，并具有一定的效力，如规定、条例、意见、办法、法律、通知等政策类型。经过筛选整理，共收集 69 份有效政策文件。概括分析这 69 份样本政策，可以从总体上把握职业教育质量评估政策的数量、主体、形式等基本概况。

（一）政策数量分析

有关职业教育质量评估的独立政策文件比较少，这方面的内容往往嵌套在宏观的职业教育政策文件中。为了探析党的十八大以来我国在职业教育质量评估方面的政策特征和逻辑，需要从政策文本中抽取出有关

---

① 匡瑛、井文：《深化职业教育评价改革的逻辑起点、实践痛点与出路要点》，《教育发展研究》2022 年第 21 期。

质量评估的内容进行分析。

从发文数量来看（见图 9-1），我国职业教育质量评估政策发文数量总体上呈波动上升趋势，表明政策关注度不断增加。从颁布时间节点上看，2015 年、2019 年为两个明显的增长节点，年发文数量分别是 9 篇、15 篇，这与《国务院关于加快发展现代职业教育的决定》和《国家职业教育改革实施方案》（以下简称"职教 20 条"）两个政策文件的颁布有关。国家各部门根据中央部署相继颁布与职业教育质量评估内容、方式方法、保障措施等方面相关的政策文件。具体而言，为了落实《国务院关于加快发展现代职业教育的决定》的要求，有关职业教育各个方面的制度和政策相继出台，其中 2015 年教育部发布《关于建立职业院校教学工作诊断与改进制度的通知》，显著地改变了职业院校教学质量评估理念，为职业院校评估和评价提供了科学的指标体系和方法措施，相关政策文献开始密集出台。2019 年，国务院印发"职教 20 条"，针对如何办好新时代职业教育提出了具体措施，要求重视职业教育办学质量和办学水平督导评价工作。该文件是纲领性的，

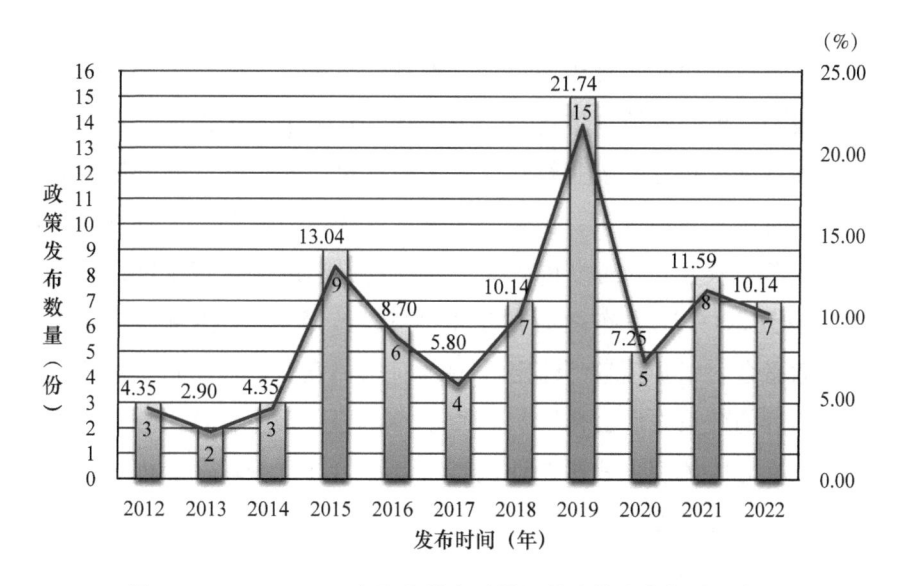

图 9-1　2012—2022 年职业教育质量评估政策发布数量及占比

具有重要的里程碑意义,因此2019年论及职业教育质量评估的政策文本明显增加。

(二)政策主体分析

在政策制定、执行、评估和监控等过程中,行动者如果直接或间接地参与这些活动,他们一般被称为政策主体,包含个人、团体或组织[①]。本节从单独发文和联合发文两个角度对职业教育质量评估政策主体进行分析。如表9-1所示,党的十八大以来职业教育质量评估政策的制定主体共计20个,包括教育部、国务院、国务院教育督导委员会办公室、中共中央、全国人大常委会、财政部、人社部等部门机构。其中,教育部作为推动教育事业发展的专门部委,是单独发文最多的机构,达到27份。我国最高的行政主体国务院单独发文量次之,为5份,这体现出国家对职业教育质量评估工作的重视程度,这些国家层面的政策对于职业教育质量评估工作具有综合指导意义。

从表9-1可知,36项政策是由单独主体颁布的,占政策总数的52.17%;33项政策是由联合主体颁布的,占政策总数的47.83%。职业教育质量评估政策单部门发文的数量与联合发文的数量大体相当,在一定程度上反映出职业教育质量评估政策制定过程中,政策主导部门考虑到了需要与其他各政策主体进行合力推动。党的十八大以来,在国务院办公厅指导下,教育部职业教育与成人教育司与多个部门联合制定和颁布职业教育质量评估政策,涵盖了国家发改委、财政部、人社部、工信部、中宣部、农业农村部、国资委、市场监管总局等十多个部门。特别是在"职教20条"发布之后,有关"三教改革"、扩招百万、双高建设、产教融合、双师型教师认定、1+X证书制度、提质培优、职业技能竞赛等内容的政策先后出台了15项,大多涉及了质量评估问题。多部门的联合发文方式体现出我国职业教育质量评估具有领域广、内容多、协调任务重、管理难度大等特征。

[①] 庄华峰、杨钰侠、王先进主编:《社会政策导论》,合肥工业大学出版社2005年版,第85页。

第九章　中等职业教育质量监测相关专题研究 <<<

表 9-1　　　　职业教育质量评估政策发文主体及数量　　　　（份）

序号	部门简称	单独发文	联合发文	合计	序号	部门简称	单独发文	联合发文	合计
1	教育部	27	22	49	11	国家税务总局	0	3	3
2	国务院	5	5	10	12	农业农村部	0	3	3
3	国务院教育督导委员会办公室	2	0	2	13	住房和城乡建设部	0	3	3
4	中共中央	1	5	6	14	国家乡村振兴局	0	3	3
5	全国人大常委会	1	0	1	15	市场监管总局	0	2	2
6	财政部	0	22	22	16	应急管理部	0	1	1
7	人社部	0	17	17	17	中国金融监督管理总局	0	1	1
8	国家发改委	0	13	13	18	全国总工会	0	1	1
9	国务院国资委	0	7	7	19	全国工商联	0	1	1
10	工信部	0	5	5	20	退役军人事务部	0	1	1

进一步基于社会网络分析方法，采用政策发文主体的共词矩阵，绘制出我国职业教育质量评估政策发文主体的网络关系。如图 9-2 所示，位于中心位置的是教育部，紧密连接其他各部门，政策主体之间形成了以教育部为核心，多部门联动的格局。从节点连接上看，教育部、财政部、人社部、国家发改委连接十分紧密，这说明我国职业教育质量评估活动较多地涉及财税、人力资源、标准建设等方面，需要多部门联合行动。根据网络关系图，政策发文机构呈现出两大核心机构群，分别是"中共中央—国务院""教育部—财政部—人社部—国家发改委"。"中共中央—国务院"着力于顶层设计，主要是在国家层面负责制定纲领性文件。"教育部—财政部—人社部—国家发改委"等核心机构群则通过经费投入、师资建设、标准制定等完善政策落实体系。

（三）政策形式分析

职业教育质量评估政策形式主要包括办法、标准、规定、决定、法

351

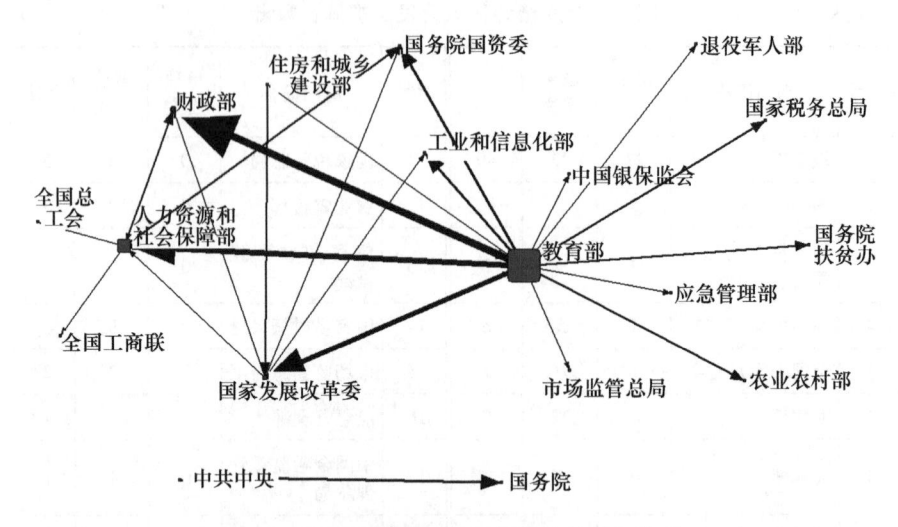

图9-2 职业教育质量评估政策主体的网络关系

律、方案、计划、规划、意见、通知10种,反映了我国在党的十八大以来采取了多种政策形式来推动职业教育质量评估工作。不同政策形式承载着不同的功能和效力。由表9-2可知,意见形式的政策文本数量最多,为22份,占比为31.88%;通知形式的政策有13份,占比为18.84%;方案形式的政策有11份,占比为15.94%;办法形式的政策有9份,占比为13.04%。

按照功能相近原则,可将这10种政策形式分为四个类型,即规制类、计划类、指导类、通知类。规制类政策具有强制规范、监督管理作用,这类政策指令性、约束性较强,包括办法、标准、规定、决定、法律五种政策形式。计划类政策是指为职业教育质量评估提供发展思路的政策,这类政策具有提示和推动作用,有较强的方向性和引领性,包括方案、计划、规划三种政策形式。指导类政策是指对职业教育质量评估工作进行指挥和引导的政策,体现了中央政府履行宏观调控的职能,主要是意见形式。通知类政策是指国家相关部门向地方政府和下级机关传达重要措施的政策,这类政策兼具灵活性和操作性,主要是通知形式。这四种政策类型分别发挥着建章立制、方向引领、宏观指导、上传下达的重要作用[①]。其中,规制类政策18份,计划类政策16份,指导类政策22份,通知类政策13份。职业教育质量评估政策以指导类和规制类为主,占比分别为31.88%和26.09%,整体来看,政策的权威性、强制性、规范性较强。

表9-2 职业教育质量评估政策形式

类型	规制类					计划类			指导类	通知类
形式	办法	标准	规定	决定	法律	方案	计划	规划	意见	通知
数量(份)	9	4	2	2	1	11	4	1	22	13
占比(%)	13.04	5.80	2.90	2.90	1.45	15.94	5.80	1.45	31.88	18.84
合计占比(%)	18（26.09）					16（23.19）			22(31.88)	13(18.84)

二 职业教育质量评估政策主题分析

每份政策都有代表其核心内容的主题词。为了明晰职业教育质量评估政策的核心目标和具体指向,首先,对69份政策文本进行主题词抽取。先从政策文本的标题、副标题着手,再从正文中摘取,为每份政策确定5—7个主题词,并通过对主题词的提取与整理,找出高频主题词。然后,通过采取共词、聚类、多维尺度等分析方法,绘制出职业教育质量评估政策高频主题词的社会网络图谱、聚类树状图、战略坐标图,判断主题词之间的紧密程度,探究职业教育质量评估政策的聚焦点及核心主题。

（一）主题词统计与分析

主题词是政策文本核心内容的高度浓缩与概括。通过仔细研读政策,采用人工标注的方式进行提取,同时将意思相近的词进行合并,如将"高职教育""高职院校"合并为"高等职业教育",最终得到207个政

---

① 陈磊、杜宝贵:《20世纪90年代以来中央科技服务业政策供给特征研究》,《中国科技论坛》2022年第12期。

策主题词。基于研究目的，确定频次大于等于11的为高频主题词，共计32个，以此来研究职业教育质量评估政策的重点关注内容。这32个高频主题词累计占比为65.13%，符合统计分析标准。通过对高频主题词进行排序（如表9-3所示），前十位主题词分别为职业技能、企业、考核评价、行业、评价标准、监测评估、质量评估、指标体系、多元参与、职业院校，这样可以初步概括出党的十八大以来我国职业教育质量评估政策文本的聚集点，以监测评估、评价标准、评估主体、指标体系等为主，范围覆盖高等职业教育和中等职业教育。

表9-3　　职业教育质量评估政策高频主题词（频次≥11）

序号	主题词	频次	序号	主题词	频次	序号	主题词	频次
1	职业技能	30	12	绩效评估	20	23	办学质量	15
2	企业	30	13	过程性评价	20	24	校企合作	14
3	考核评价	29	14	社会环境	19	25	产教融合	14
4	行业	26	15	教学质量	19	26	实习实训	14
5	评价标准	24	16	督导评价	19	27	第三方评估	12
6	监测评估	23	17	双师型教师	18	28	等级证书	12
7	质量评估	22	18	组织领导	18	29	教学标准	12
8	指标体系	21	19	政策支持	17	30	自主评价	12
9	多元参与	21	20	职业教育	17	31	评价制度	11
10	职业院校	21	21	经费投入	16	32	跟踪评价	11
11	人才培养质量	20	22	评价机制	15			

（二）主题词社会网络分析

为了深入了解职业教育质量评估政策文本中32个高频主题词之间的联系，构建32×32高频主题词共现矩阵，进而绘制社会网络图谱（见图9-3）。图9-3中节点大小表示该主题词在整个政策网络中的影响程度，节点越大，其影响程度越高；各关键节点间连线的粗细表示其相互之间联系的强弱程度，连线越粗，说明每两个主题词同时在同一份政策

第九章 中等职业教育质量监测相关专题研究

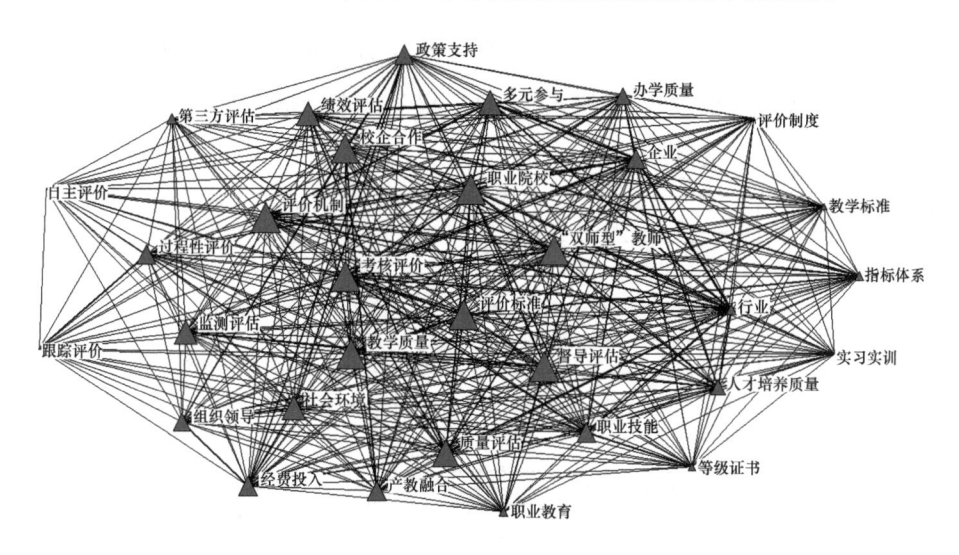

图 9-3 职业教育质量评估政策高频主题词的社会网络图谱

中出现的频次越高，关系越密切①。从节点大小来看，职业院校、"双师型"教师、评价标准、督导评估、教学质量、评价机制、校企合作等构成了职业教育质量评估政策文本内容的关键要素，也代表着党的十八大以来职业教育质量评估政策的聚焦点和方向。从节点之间的联系来分析，首先，职业院校、考核评价、教学质量、"双师型"教师、办学质量、评价标准十分紧密，说明职业教育质量评估政策主要关注职业院校的办学质量、教学质量，规范职业院校办学行为，并注重评价标准的出台，建立合理的评估工作机制。其次，行业、企业、多元参与、第三方评估联系较为紧密，在有关产教融合的政策文件中，多次提及这些关键词，产教融合高质量发展往往需要行业企业和其他组织的参与，政策的出台说明国家也十分重视第三方评估对产教融合的助推作用。从整个网络图谱来分析，跟踪评价、自主评价、教学标准、评价制度、指标体系等处于较为边缘的位置，说明政策中涉及这些主题词的内容相对匮乏。

（三）主题词聚类分析

政策主题是政策的核心要义，通过分析政策主题，能够对政策内容

---

① 肖明编著：《知识图谱工具使用指南》，中国铁道出版社2014年版，第37—38页。

和政策目标有更为清晰的认识和理解。对高频主题词进行聚类分析,得到聚类树状图(如图9-4所示),可以揭示出职业教育质量评估政策的核心主题及聚焦重点。

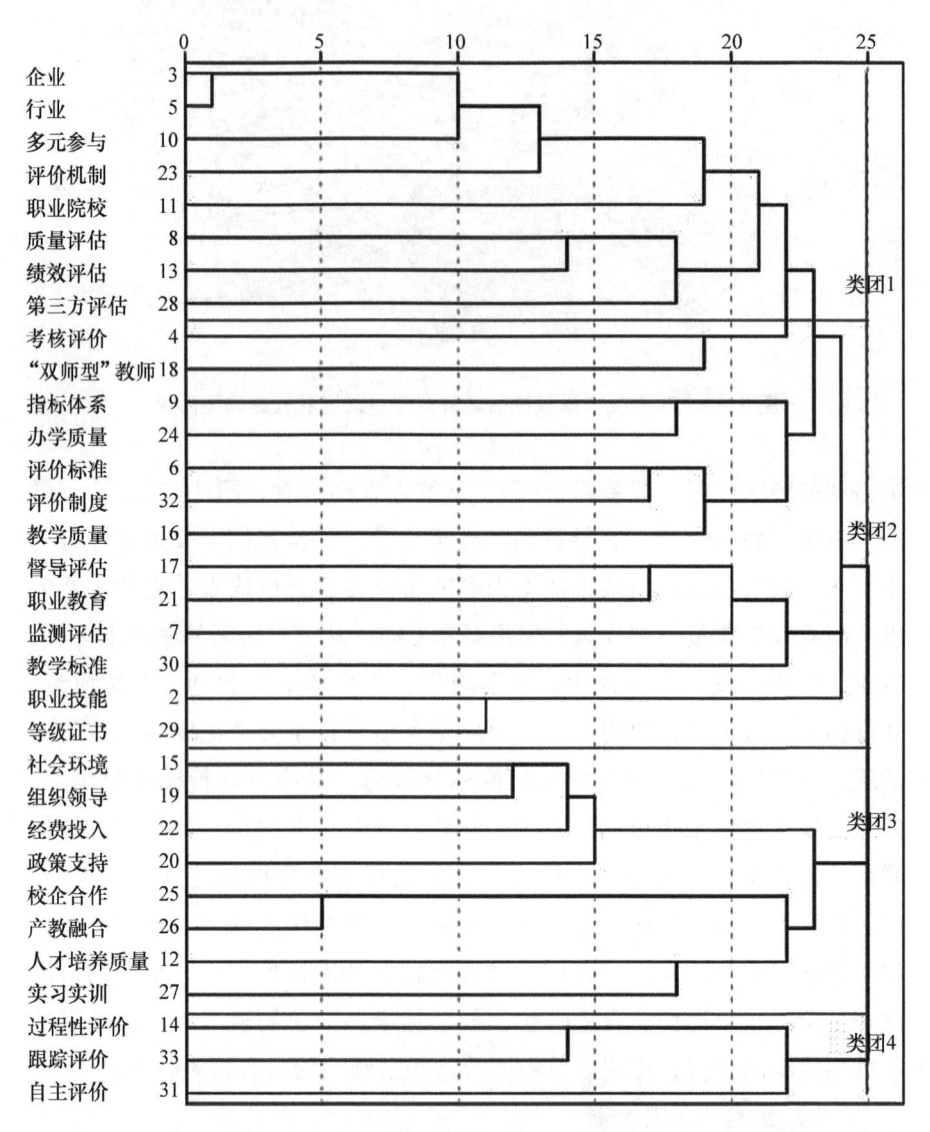

图9-4 职业教育质量评估政策高频主题词的聚类树状图

依据聚类树状图,并结合政策文本内容,对32个高频主题词作进一步整理和归类(如表9-4所示),可以归纳出四项政策主题,即职业教育质量评估主体、评估内容、评估保障、评估方法。

表9-4 职业教育质量评估政策高频主题词归类结果

类别	归类结果
类团1:职业教育质量评估主体	企业、行业、多元参与、评价机制、职业院校、质量评估、绩效评估、第三方评估
类团2:职业教育质量评估内容	考核评价、"双师型"教师、指标体系、办学质量、评价标准、评价制度、教学质量、督导评估、职业教育、教学标准、职业技能、等级证书、校企合作、产教融合、人才培养质量、实习实训
类团3:职业教育质量评估保障	社会环境、组织领导、经费投入、政策支持
类团4:职业教育质量评估方法	过程性评价、跟踪评价、自主评价、监测评估

(四)主题词多维尺度分析

依据高频主题词相似矩阵,进一步做多维度分析,可绘制出高频主题词战略坐标图(见图9-5)。

根据战略坐标图的解读原则[①],归属"职业教育质量评估主体"这一类的政策主题词主要分布在第一象限和第四象限,其中处于第一象限的第三方评估、绩效评估、质量评估等主题词是政策中的重点与热点,不仅与其他政策主题的联系密切,且其内部结构联系也较紧密。处于第四象限的行业、企业、评价机制、多元参与等主题词,向心度较高,密度较低,说明这些主题与其他主题联系较密切,但其内部结构较松散,尚未成熟,具有潜在的发展势头,未来的发展空间较大。归属"职业教育质量评估方法"这一类的政策主题词主要分布在第二象限,其密度较高、向心度较低,说明方法类政策主题已引起足够重视,但与其他热点的关联不紧密,与评估内容的交合性较弱。归属"职业教育质量评估保障"

---

① 冯璐、冷伏海:《共词分析方法理论进展》,《中国图书馆学报》2006年第2期。

>>> 中等职业教育质量监测机制研究

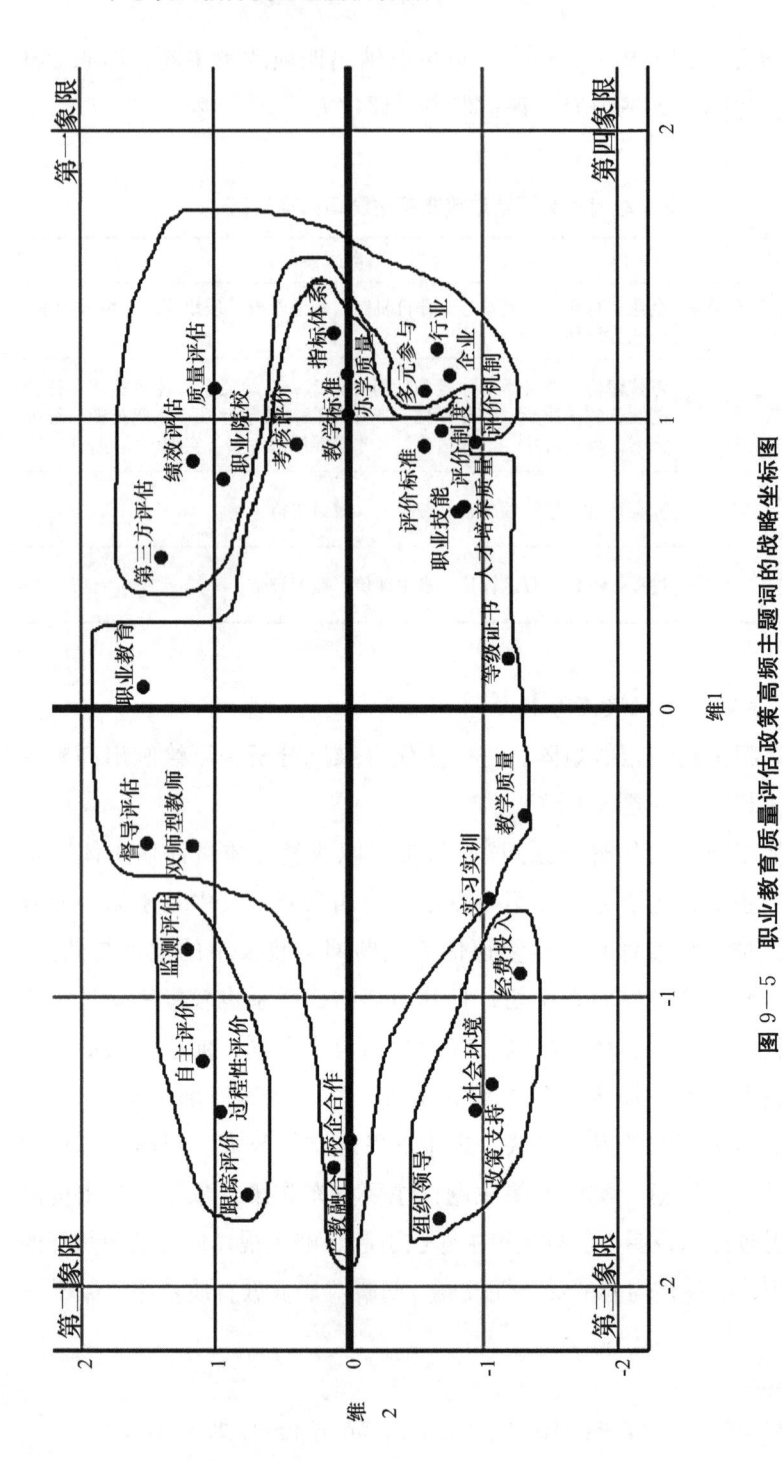

图 9-5 职业教育质量评估政策高频主题词的战略坐标图

这一类的政策主题词主要分布在第三象限，向心度和密度都很低，处于政策边缘，内部结构不紧密，重要性较小，需要进一步提高重视程度和研制力度。归属"职业教育质量评估内容"这一类的政策主题词在四个象限都有分布，其中位于第二象限的督导评估、"双师型"教师、校企合作、产教融合等主题词内部结构紧密，但与其他主题词联系较少，在政策中表现并不活跃，还需加强关注。位于第三象限的实习实训、教学质量等主题词密度和向心度都偏低，需要全面加强。位于第四象限的评价标准、评价制度、职业技能、等级证书、人才培养质量等主题词内部体系尚不成熟，具有进一步完善的潜力。综合四类政策主题，位于第二、三、四象限的相关内容都有发展空间，亟待政策制定者进行更为深入的研制。

三 职业教育质量评估政策内容分析

为了明晰职业教育质量评估政策的内涵意蕴，以党的十八大以来我国职业教育质量评估重要政策文本为依托，结合前文的主题词分析，进一步从职业教育质量评估主体、评估方法、评估内容及评估保障四个方面进行内容分析。

（一）质量评估主体

该政策主题包括企业、行业、多元参与、评价机制、职业院校、质量评估、绩效评估、第三方评估八个高频词。《现代职业教育体系建设规划（2014—2020年）》《职业院校管理水平提升行动计划（2015—2018年）》《深化新时代教育评价改革总体方案》《职业教育法（2022年修订）》等政策都提到，要健全职业教育质量评价制度，确立全面质量管理理念，完善多方参与的职业教育质量评价、反馈与持续改进机制，确立不同主体的评估地位，明确政府、学校、行业、企业、研究机构和其他社会组织的职责和任务，使用激励方式来调动它们的积极性。《国务院关于加快发展现代职业教育的决定》《中等职业学校教学工作诊断与改进指导方案（试行）》、"职教20条"等政策文件还强调，在办学水平评估和教学诊断工作中发挥第三方机构的作用，以诊断与改进为目的建立职业教育质量年报制度。《国务院办公厅关于深化产教融合的若干意见》提到，积极鼓励和支持第三方机构参与产教融合效能评价，完善指标体系架构，健全统计评价体系。

这些政策文件明确提出要建立多元化的质量评估主体，形成涵盖政府、学校、行业、企业、第三方机构和社会组织等主体的评估结构，每个阶段的各类主体都有不同的责任要求，职业教育评估起点、过程及结果的全过程都需要发挥这些评估主体各自的职责和作用，以此引领职业教育高质量发展。

（二）质量评估方法

在该政策主题中，涉及四个高频主题词，分别是过程性评价、跟踪评价、自主评价、监测评估。《关于制订中等职业学校专业教学标准的意见》《职业学校学生实习管理规定》两份文件都提到，在教学评价或实习考核时，过程性与结果性考核评价相结合，职业技能鉴定与学业考核相结合，教师评价、学生互评与自我评价相结合，校内的自主评价与校外的外部评价相辅相成。在新型学徒制的考核评价方面，国家也出台了相关政策文件，在企业如何评判学徒的技能水平和认定等级等方面提供了方法层面的指导，对于实习实训、技能操练等实践性教学环节应进行全过程管理。职业院校要创新工作和管理方法，为了全面了解学校管理工作的情况和实效，可运用多种方法或手段，如综合运用随机抽查、实地考察、企业走访调研、群众评议、信息技术等方式，提高院校管理工作精细化和规范化水平。政策文件还提到，采取专家现场考察、实地调查、网络测评、无记名评估等方式，对职业院校教师培训项目开展过程及效果进行考核。《教育部关于深化职业教育教学改革　全面提高人才培养质量的若干意见》提到，提高教学质量管理水平，对学生的技术技能、学业水平、综合素质进行规范化评估，跟踪评价毕业生就业质量，创新方式方法，提高人才培养质量。《职业教育提质培优行动计划（2020—2023年）》提到，重视职业学校办学质量考核办法的研制，不定期开展检查或建立随机性抽查制度，邀请专业人员开展技能抽查、实习实训报告、毕业设计抽检等工作。

这些政策文件要求采用规范化的质量评估方式方法，多次提到过程性与结果性评价相结合，主张充分利用信息化手段和多元评价工具，强调跟踪调查、过程监测，同时鼓励方式方法的改革创新和灵活应用，这些要求从多个方面为职业教育质量评估提供了方法指导。

（三）质量评估内容

该政策主题主要由"双师型"教师、教学质量、指标体系、办学质量、评价标准、评价制度、督导评估、职业教育、教学标准、职业技能、等级证书、校企合作、产教融合、人才培养质量、实习实训等高频词构成。政策文本论及了多方面的评估内容，为全过程、全方面进行质量监测和评估提供了指引。其中，核心内容包括"三教"改革、人才培养质量、产教融合与校企合作、学校办学成效等。

在"三教"改革方面，"职教20条"把深化"三教"改革作为职业教育改革发展的着力点，加大改革力度，切实提升职业院校办学质量，扎实推动职业教育高质量发展。因此涉及教师、教材、教法的质量评估是国家层面政策法规所关注的重点内容之一。提质培优行动计划提到，需从教师"双师"素质、教材建设、课程教学质量三方面着力，打好"三教"改革攻坚战。对于教师质量评价，国家出台了专项政策，如《中等职业学校教师专业标准（试行）》《关于全面深化新时代教师队伍建设改革的意见》《深化新时代职业教育"双师型"教师队伍建设改革实施方案》，这些政策提到职业院校要进一步完善教师考核评价制度，破除"五唯"，转变评估理念，将企业实践经历、业绩成果等作为职教专业教师晋升和绩效考核的评价标准；对于教材质量评价，《职业院校教材管理办法》《"十四五"职业教育规划教材建设实施方案》等提到完善质量评价标准，强化教材抽检、跟踪评估、定期调查制度，收集教材使用情况并反馈给相关部门；对于教学质量评价，《关于建立职业院校教学工作诊断与改进制度的通知》作为纲领性的教学文件，对教育教学质量和人才培养规格做了详尽说明，强调教学工作诊断与改进制度的重要性，要求为教育教学精准把脉、精细施策。

在人才培养质量方面，《现代职业教育体系建设规划（2014—2020

年）》《教育部关于职业院校专业人才培养方案制订与实施工作的指导意见》《关于加强新时代高技能人才队伍建设的意见》等提到，不仅要建立职业教育人才培养质量评价体系，还要加强对职业院校的督导评估，着力从人才培养质量和服务贡献两方面对职业院校绩效进行考核，注重职业资格评价和职业技能等级认定等。

在产教融合与校企合作方面，《关于深化产教融合的若干意见》《职业学校校企合作促进办法》、"职教 20 条"等强调，应将产教融合、校企合作水平作为衡量职业学校办学质量的内容之一，要对产教融合、校企合作效能进行监测和评估。

在学校办学成效方面，《中等职业学校办学能力评估暂行办法》《高等职业院校适应社会需求能力评估暂行办法》以办学能力和社会适应能力为核心，从多个方面提出了中职学校和高职院校办学成效的评估办法。此外，多项政策就职业学校的办学成效提出了指标体系构建建议。提质培优行动计划提出，要把综合素养、职业道德、技术技能水平、创业能力、就业质量和满意度作为质量评估的关键指标，它还对标准完善性、评价科学性等作了说明。

（四）质量评估保障

该政策主题包含社会环境、组织领导、经费投入、政策支持四个高频词。政策文本多次提及应从资金、政策、组织、环境等方面，完善职业教育质量评估保障机制。在资金投入方面，《高等职业教育创新发展行动计划（2015—2018 年）》、提质培优行动计划提出，要完善质量保障机制，提高经费保障水平，根据办学规模、培养成本和办学质量，逐步建立相应的财政投入制度，帮助学校提升内涵发展、人才培养质量和服务贡献能力；在政策保障方面，提质培优行动计划、《职业学校办学条件达标工程实施方案》提到，各地要加快出台配套政策，加大政策供给，落实提质培优行动计划，推动办学条件达标工程；在组织领导方面，《深化新时代教育评价改革总体方案》《职业学校办学条件达标工程实施方案》都明确提出，各地区党委和政府要加强组织领导，统筹规划教育评价改革，并且将改革作为一项关键任务，结合实际制定落实措施。地方党委教育工作领导小组要发挥重要作用,成立职业学校办学条件达标工作专班,加大政策执行力度,把各项政策落实到位;在社会环境方面,《深化新时代教育评价改革总体方案》《职业学校办学条件达标工程实施方案》提出,要营造良好氛围,加大对职业教育质量评估政策的宣传解读力度,转变大众的评估理念,将正确的教育观和成才观根植于家长的内心。各地要及时总结、报道、宣传职业教育评价改革的突出经验,提高影响力。

四 职业教育质量评估政策演进特征

梳理和分析党的十八大以来职业教育质量评估政策文本,可以清晰地看到职业教育质量评估政策演进的规律性特征,即政策价值由服务经济发展到建设教育强国、政策主体由单一到多元、政策结构由离散到聚合、政策内容由一般到具体。

(一) 政策价值从服务经济发展到建设教育强国

政策的价值取向影响着政策目标定位和政策评估标准。党的十八大以来,以办好人民满意的教育为着力点,职业教育发展的价值取向进一步由重视职业教育适应并促进经济社会发展的外在价值,逐步转向建设职业教育强国,全面释放职业教育的类型价值,强调立德树人,促进人的发展和社会发展的和谐共进。2015年,《关于建立职业院校教学工作诊断与改进制度的通知》指出,建立教学工作诊断与改进制度是一项重要举措和制度安排,能持续提高技能型人才培养质量。构建现代职业教育体系的关键举措就是提高复合型和创新型人才培养质量,这同时也是主动适应经济发展新常态、服务中国制造2025、创造更大人才红利的核心抓手。2022年,《职业学校办学条件达标工程实施方案》明确了职业学校办学条件重点监测指标,中央、地方、学校三级联动,多方配合、多措并举地提高工作效率,不断加强督导评估和过程监测,切实增强职业教育的适应性。《职业教育法(2022年修订)》指出,制定本法是为了推动职业教育高质量发展,推动就业创业,建设教育强国、人力资源强国和技能型社会,关键是要推动社会主义现代化建设。《关于深化现代职业教育体系建设改革的意见》也提出，为培养更多高素质和高水平的复合型人才、大国工匠，就要切实提高职业教育的质量、办学能力、适应性和吸引力，为加快建设教育强国、科技强国、人才强国打牢基础。

（二）政策主体从单一权威到多元共治

从政策主体来看，教育部是发文的核心主体，其他部门与教育部联合发文。党的十八大以来，教育部高度重视职业教育的质量评价，注重发挥评价的引领和导向作用，相继出台《关于建立职业院校教学工作诊断与改进制度的通知》《关于深化职业教育教学改革 全面提高人才培养质量的若干意见》《职业院校管理水平提升行动计划（2015—2018年）》等，将职业教育质量作为教育工作者聘用、考核、选拔、奖励、晋升的首要条件。基于职业教育的职业性、跨界性、融合性特点，职业教育质量评估工作客观上需要其他部门的协同参与。随着政府管理思维的转变与信息技术的发展，多元主体参与职业教育办学、管理、质量评估成为可能。党的十八大以来，不同部门发挥出其自身的职能和作用，通过单独发文或者联合发文，为职业教育质量评估提供制度保证，如财政部在资金支持方面出台了相关政策，人社部为学生职业技能等级考核评估提供了科学的方案指引，形成了由单一权威到多元主体参与共治的质量评估管理格局，逐步推动职业教育治理体系和治理能力现代化。

（三）政策结构从离散性到聚合性

党的十八大以来，在职业教育质量评估政策中，规制类、计划类、指导类、通知类政策占比分别为26.09%、23.19%、31.88%、18.84%，政策结构形成从离散到聚合的特点。初期为提高教育工作者对职业教育质量评估的认识，政策多以通知类和指导类为主。近些年来，职业教育质量评估工作备受关注，受重视程度越来越高，国家出台了多项政策强调相关部门须将职业教育质量评估的成效作为绩效考核的重要依据，政策类型向指导、规制和计划类倾斜，逐步增强了政策的权威性和强制力。同时出台了一系列管理办法、指导意见、标准、决定等，对职业教育质量评估的目标、原则、对象、内容、结果运用等方面均有阐析，政策指引性越来越清晰。职业教育质量评估政策的发展趋势表现出类型多元化、结构系统化的特点。规制、计划、指导、通知等不同政策相互组合，有效发挥出政策的协同效应，有序推进了职业教育质量评估工作的开展。

（四）政策内容从一般性到具体化

党的十八大以来，职业教育质量评估政策内容从体系架构逐步向精细化演进。政策体系构建在初期更多地着力于职业教育质量评估的目标、意义与原则，在政策精细化方面着力不足。随着国家密集出台相关政策文件，逐步推动了职业教育质量评估工作的深化和细化。例如，《关于做好职业教育"双师型"教师认定工作的通知》《关于建立职业院校教学工作诊断与改进制度的通知》《职业学校校企合作促进办法》《职业学校办学条件达标工程实施方案》《职业院校教材管理办法》等一系列政策，将职业教育质量评估的整体要求分解为各类专项任务，对职业教育中的教师、教材、教学、实习、校企合作等分别提出具体要求，并通过相应的配套措施，保证质量评估落到实处。

五　职业教育质量评估政策发展展望

基于上述分析可知，党的十八大以来，职业教育质量评估政策已经形成完整的内容体系，并且呈现出积极的发展趋势，推动职业教育逐步走上了提质培优、增值赋能、以质图强的快车道。站在新时代的历史节点上，为了更好地发挥职业教育质量评估政策的指挥棒作用，还需在以下方面予以持续改进。

（一）完善政策设计，加大政策供给

党的十八大以来，我国职业教育质量评估政策体系已趋于完备，但基于政策的时效性特征，仍需与时俱进地加强政策设计，加大政策供给。尤其是前文社会网络图（见图9-3）中居于外围的第三方评估、自主评价、跟踪评价、等级证书、实习实训、指标体系、教学标准、评价制度等关键词项，政策供给尚不充分，需要加强政策研制。同时，战略坐标图（见图9-5）中居于第二、三、四象限的政策内容，也都不同程度地存在优化空间。例如，评估主体层面的行业企业多元参与评价机制等，评估方法层面的监测评估、跟踪评价等，评估内容层面的评价标准与评价制度、实习实训与教学质量、职业技能与等级证书、校企合作与产教融合等，评估保障层面的经费投入、组织领导等，都需要进一步加强政策设计，提高政策的可操作性。

（二）优化政策结构，形成政策合力

职业教育质量评估涉及多个主体、多个环节、多个内容，不能仅靠单一政策独立完成，需要多项政策的综合运用。为此，要不断优化政策结构，通过统筹协调不同类型的政策，形成稳定的政策合力。首先，要加强纲领性政策与实施细则的联系。在我国职业教育质量评估中，纲领性政策颁布后，操作性配套政策相对缺位，实际工作中常常出现政策执行虚化问题，因此，一些系统性、框架性的纲领性政策需要进一步配置与之有纵向联系的实施细则。另外，规制类政策与指导类政策的组合使用要进一步加强，对规定禁止性条例的同时要加强对职业教育质量评估实施路径和具体措施的指导。形成政策合力不是对各种类型的政策进行简单组合，而是要根据职业教育发展规律，在充分了解教育政策属性和政策效应的基础上，有针对性地优化政策安排、完善政策结构，以此来提高职业教育质量评估政策的集成效应。

（三）加强政策督导，提高政策实效

随着我国职业教育质量评估政策体系逐渐完备和政策结构日趋优化，高质量的政策执行日益成为实现政策目标，产生政策效力的关键。由于职业教育质量提升任务艰巨，职业教育质量评估政策又具有多元主体特征，政策执行机构与目标群体之间必然存在多维复杂博弈，容易导致政策传导雷声大、雨点小，政策执行过程化、形式化现象。为提高政策实效，需要建立健全职业教育质量评估政策督导监测机制，结合对相关部门和实施机构职业教育质量评估的工作性督导，定期进行科学评估，加强台账管理，完善奖惩措施，提高政策的强制力、约束力，保证政策落地、落实、落细。在教育数字化转型的时代背景下，教育部门应注重采用互联网、大数据等技术，搭建质量监测评估管理平台，及时记录职业教育质量评估信息，健全信息反馈机制，帮助执行机构和相关人员提高政策执行效度，确保质量评估过程的及时性和可靠性。

第二节 中等职业学校标准化建设的基础与战略选择

一 中职学校标准化建设的背景

党的二十大开启了以高质量发展为首要任务的中国式现代化建设新征程，标准化建设是国家实现高质量发展的重要战略之一。2018年11月，教育部发布《关于完善教育标准化工作的指导意见》，对教育领域的标准化工作做出具体部署。2019年1月，国务院发布的《国家职业教育改革实施方案》提出"将标准化建设作为统领职业教育发展的突破口"。2022年7月，国家16个部委联合发布《国家标准化发展纲要》，要求到2025年实现全域标准化的深度发展，职业教育标准化获得了更加强劲的政策推力。同年12月，《关于深化现代职业教育体系建设改革的意见》要求建立健全教师、课程、实习实训等国家职业教育标准，作为党的二十大以后党中央、国务院部署教育改革工作的首个指导性文件，为职业教育标准化发展提出了新要求。中职教育是中国特色职业教育体系的基础，2019年以后，山东、河北、河南等省陆续发布了中职学校标准化实施意见，中职教育标准化建设蓬勃开展。但是，标准化建设进程如何，成效如何，是否达到预期效果，建设过程中存在哪些瓶颈，各地突破瓶颈的办法及成效如何，这些问题需要深入研究，并以此为进一步推进标准化建设、实现职业教育现代化提供指导。

从国际视域来看，标准化已经成为现代国家和国际组织管理经济活动和公共服务的重要政策工具与治理方式。《俄罗斯联邦法》对中职教育标准进行了详细规定；德国职业教育在长期的实践中，构建了基于ISO 9001、EFQM和Q2E三种模式的标准建设体系；美国早在2006年就已建立起州层面的中职教育标准体系；澳大利亚从20世纪90年代中后期开始倡导建立"国家培训框架"，以"统一标准"提高职业教育质量。

在我国国内，早在 1993 年《中国教育改革和发展纲要》就明确提出，要"建立各级各类教育的质量标准和评估指标体系"。与基础教育和高等教育相比，我国职业教育标准化进程起步较晚，但近些年来发展迅速。随着《中等职业学校设置标准》《中等职业学校教师专业标准（试行）》《中等职业学校专业教学标准》《职业学校学生实习管理规定》《职业学校办学条件达标工程实施方案》等的陆续发布，初步形成了涵盖职业院校设立与建设标准、职业教育装备标准、职业教育信息化标准、职业教育师资队伍建设标准、职业院校运行和管理标准、职业教育专业与课程教学标准、职业教育督导标准等重点领域的国家职业教育标准体系，中职教育标准化建设蓬勃开展。

在学术界，自 2010 年以后，职业教育标准研究逐渐成为热点，研究主题涉及专业教学标准[1]、课程标准[2]、资格标准[3]、评价标准[4]和标准体系[5]，以及国际职业教育标准的先进经验[6]等。

总体来看，标准化建设已经成为国际国内提高职业教育质量的重要手段，适合中国国情的职业教育标准体系初步建成，中职教育标准化建设持续加强。但是，与蓬勃开展的标准化建设实践和高度关注的教学、课程标准研制相比，学界关于标准化建设成效的研究还非常匮乏。

基于上述政策背景与研究状况，本节有两个研究问题：其一，当前中职学校标准化建设的现实境况如何？面临的机遇、挑战、优势和劣势是什么？其二，如何更好地推进中职学校标准化建设？

---

[1] 李政、徐国庆：《职业教育国家专业教学标准开发技术框架设计》，《教育科学》2016 年第 2 期。

[2] 贾剑方：《从大纲到标准：职业教育课程标准的溯源与借鉴》，《职业技术教育》2015 年第 22 期；陈向阳：《中职公共基础课课程标准：背景、挑战与策略选择》，《中国职业技术教育》2020 年第 9 期。

[3] 谢莉花、余小娟：《德国资格框架的资格标准构建：内容、策略与启示》，《高教探索》2019 年第 5 期。

[4] 李玉静：《职业教育治理：效能评价标准构建》，《职业技术教育》2020 年第 34 期。

[5] 陈放：《我国现代职业教育标准体系建设：逻辑、困境与进路》，《现代教育管理》2021 年第 6 期。

[6] 吴雪萍、刘金花：《俄罗斯现行中等职业教育标准探析》，《外国教育研究》2014 年第 2 期。

二 中职学校标准化建设的现实境况

标准化建设是提高教育质量、全面实现教育现代化的重要保障,中职教育作为高质量教育体系建设的难点,中职学校的标准化建设关涉到"教育现代化2035"远景目标的实现。SWOT分析法是一种自我诊断的方法,最早被应用于企业战略分析,是在全面把握组织内部资源和能力以及外部环境的基础上,通过分析组织内部的优势、劣势,并结合组织外部的机遇、挑战,制定出适合组织发展的最佳战略。它被运用在教育研究中,即通过对研究对象内部优势和劣势、外部机会和威胁的系统分析,制定相应的发展对策。运用SWOT分析法对中职学校标准化建设的现状进行分析,有助于发现中职学校在标准化建设中所面临的形势,排除中职学校标准化建设中的障碍,全面实现中职学校的标准化建设。

本节以河南省K市的中职学校为研究对象。河南省是职业教育大省和国家职业教育改革试验区,且于2021年12月底,由教育厅等五部门联合发布了《关于实施中等职业学校标准化建设工程的通知》,有良好地开展中职学校标准化研究的基础和氛围。K市的发展水平在河南省17个地级市中处于中等地位,产业类型丰富,具有一定的代表性。河南省共有414所中职学校,其中技工学校74所。K市有17所普通中职学校,4所技工学校,学校数量仅次于郑州(59)、南阳(31)、周口(22)、信阳(20)、洛阳(18)。在17所职业学校中,有8所河南省职业教育特色学校,有2所河南省职业教育品牌示范学校,有1所国家中职教育改革发展示范学校。在数量和质量上,能够代表河南省中职学校现有水平。

本节主要探究"怎么样"的问题,在方法上选择了相对适合的调查研究法,对K市17所中职学校标准化建设现实情况进行了问卷调查。根据《河南省教育厅等五部门关于实施中等职业学校标准化建设工程的通知》,将中职学校标准化建设的"标准"划分为"办学条件"标准和"内涵建设"标准,基于《河南省中等职业学校标准化建设工程验收标准》,本节结合《中等职业学校设置标准》《中等职业教育督导评估标准》《中华人民共和国教师法》和《教师资格条例》,在易于测量、符合实际的前提下，编制"中等职业学校标准化建设情况调查问卷"。

(一) 中职学校标准化建设的机遇

政策环境利好。我国历来重视职业教育的发展，以习近平同志为核心的党中央对职业教育的重视程度之高前所未有，推动职业教育改革发展的力度之大前所未有。质量是职业教育的生命线，为提高职业教育质量，教育部等九部门印发了《职业教育提升培优行动计划（2020—2023年）》，要求"健全职业教育标准体系""补短板、激活力、强内涵、增效益"，建设公平而有质量的职业教育。在2021年全国职业教育大会上，习近平总书记对职业教育做出重要指示，即加快构建现代职业教育体系、推动职业教育高质量发展。随后，教育部印发《关于学习宣传贯彻习近平总书记重要指示和全国职业教育大会精神的通知》，要求把职业教育摆在更加突出的战略位置，强化中职教育的基础地位。2021年10月，中共中央办公厅、国务院办公厅印发了《关于推动现代职业教育高质量发展的意见》，要求"大力提升中等职业教育办学质量，优化布局结构，实施中等职业学校办学条件达标工程"。2022年，全国教育工作会议上又再次强调要提高职业教育的内涵质量。

健全职业教育国家标准体系是提升职业教育质量的基础，中职教育是现代职业教育体系的基础，中职学校标准化建设是补齐职业教育发展短板、实现职业教育"提质培优"、巩固中职教育基础地位的关键突破口。为改善中职学校办学条件，提高中职教育质量，河南省教育厅等五部门发布了《关于实施中等职业学校标准化建设工程的通知》，从建设内容、基本原则、工作程序、建设要求等方面对河南省中职学校标准化进行规范，为K市中职学校标准化建设提供了指导和依据。

(二) 中职学校标准化建设的挑战

1. 中职教育领域竞争激烈

根据河南省教育厅公布的信息，河南省2021年具有中职学历教育招生资质学校419所，其中，在豫招生的外省中职学校26所；省属学校（包括省属公办、民办中职学校和省属公办学校高中部）37所，K市2所。对于一个准备上中职学校的初中毕业生来说，首先，省属中职学校吸引力较高，这些学校往往能获得更多的资源，在办学规模、设施设备、师资等方面优于市属和县（区）属学校。其次，中职学校"就业＋升学"的双重导向，有意升学的学生更愿意选择"3＋2"或者五年/六年一贯制学校，包含学制为5年及以上专业的学校有55所（不含K市的三所学校）。中职学校可跨区域招生，省属中职学校和有升学便利的中职学校无疑会吸引大部分生源。最后，从经济发展水平和地理位置来看，省会城市和经济发展水平较高的城市往往是学生选择学校的重要原因，K市紧邻省会城市郑州，郑州市属（区属）学校数量（52所）在河南省各地市中独占鳌头，这给K市中职学校招生带来较大的压力。

2. 民办义务教育政策调整

为规范民办义务教育，2021年陆续发布了《民办教育促进法实施条例》《关于规范民办义务教育发展的意见》《关于规范公办学校举办或者参与举办民办义务教育学校的通知》，这些文件明确提出，要规范民办义务教育发展，将民办义务教育比例控制在合理范围之内。在文件发布后，湖南、四川、江苏、陕西等地陆续发布了调整民办教育的政策，江苏省明确指出，在2—3年内将全省民办义务教育在校生数降到5%以下[1]。在河南省召开规范民办义务教育专项工作会议后，周口市发布《规范民办义务教育专项工作实施方案》，指出到2022年底，将全市民办义务教育在校生规模占比控制在5%以内。虽然K市还未有关于民办义务教育规模的明确规定，但随着各地民办义务教育专项工作的落实，义务教育阶段民办学校的收紧和调减是必然。随着民办义务教育政策的调整，一些规模较大、实力雄厚的民办义务学校很可能会将办学资源投向中职教育。根据周口市的政策要求，"鼓励规模较大、资金雄厚、师资合格、办学条件达标的民办义务教育学校，转型为中等职业学校或普通高级中学"[2]。这些民办学校因其

---

[1] 江苏省委教育工作领导小组：《推进中央教育工作领导小组秘书组部署我省狠抓落实2021年教育重点事项工作总体方案》，https：//edu.sina.com.cn/zxx/2021－07－01/doc-ikqciyzk2944639.shtml，2021年7月11日。

[2] 周口市委教育工作领导小组：《周口市规范民办义务教育专项工作实施方案》，http：//news.haedu.cn/xiaoyuanxinwen/gaoxiaoxinwen/2021/0811/1149294.html，2021年8月11日。

已为社会所知的优质声誉和资源优势，必然会挤占原有中职学校资源，中职教育市场空间可能会越来越小。

3. 社会认同度不高

从1985年《中共中央关于教育体制改革的决定》到2020年《职业教育提质培优行动计划（2020—2023年）》，普职比大体相当一直是发展职业教育的政策要求。在国家政策指导和社会经济发展的驱动下，中职教育发展迅速，招生规模一度超过了普通高中。但是，自2010年以后，中职教育招生和在校生规模却逐步下降。2010—2020年，其招生规模占高中阶段教育招生总数的比例由50.9%下降为42.4%，在校生占高中阶段教育在校生总数的比例由47.8%下降为40%[①]。在政策的大力支持下，中职教育吸引力仍然趋于弱化，可见"重普轻职"的思想观念深入人心，中职教育始终不被社会所认同，一直是"叫好不叫座"。2021年，中共中央办公厅和国务院办公厅印发的《关于推动现代职业教育高质量发展的意见》虽没有再明确要求"普职比大体相当"，但依然强调了中职教育的重要性，要求提高中职教育办学质量。数量是质量的一个重要组成部分，中职教育社会认可度不高，是中职学校标准化建设面临的挑战之一。

（三）中职学校标准化建设的优势

1. 中职学校办学基础比较扎实

为提高中职教育的办学质量和水平，自2015年以来，河南省政府启动了规模和力度最大的优化布局工作，整合资源，优胜劣汰。2015—2018年，全省中职学校从875所调减至414所，校均规模为3301人，是全国校均规模的两倍以上[②]。在省政府的支持和推动下，K市中职教育稳步发展，具有较强的实力。K市现有中职学校7所，2021年在校生为3.7万人；近几年来，通过整合分流零散专业、集中发展优势专业，每

---

① 教育部：《全国教育事业发展统计公报》，http：//www.moe.gov.cn/jyb_sjzl/sjzl_fz-tjgb/，2022年1月20日。

② 《优化调整专业布局，吸引社会力量参与办学，探索职教扶贫新路径——河南：多路攻坚打造中部职教高地》，中国教育报，http：//www.moe.gov.cn/jyb_xwfb/s5147/201906/t20190610_385134.html，2019年6月7日。

所学校至少形成了一个骨干专业群，在校生达到近 2 万人。K 市中职学校办学条件平均值基本达到标准化建设要求，如表 9-5 所示，公办学校和民办学校的在校生规模、毕业生就业率、生均占地面积、专任教师数、专任教师师生比、专业教师占比、"双师型"教师占比、生均仪器设备值、纸质图书配备、每百生计算机台数和每专业实习基地数量都超过了"标准"。其中，县域虽然经济发展水平有限，但"一县一校"政策的实施也保障了其办学条件基本达标。从表 9-5 中也可以发现，县域学校办学条件达标项目和公办学校基本一致，在一些公办学校未达标项目如生均占地面积、教师用计算机台数、校内实训基地等上，县域学校已达标。

表 9-5　中职学校标准化建设标准与调查样本的现实状况

指标	项目	标准化建设标准①与 K 市所有公办学校均值及县域学校均值			中等职业学校设置标准②与 K 市民办学校均值		中等体育运动学校设置标准③与 K 市体育运动学校情况	
办学规模	在校生规模（人）	1500	2540	2338	1200	1593	400	849
	骨干专业群在校生规模（人）	300	1218	484	—④		—	
	职业培训规模（人次）	1500	1073	642	—		—	
	毕业生就业率（%）	95.0	98.0	99.3	—			
占地面积	校园占地面积（㎡）	≥50000	57247	89978	≥40000	73053	≥30000	98049
	生均占地面积（㎡）	≥33	28	42	≥33	47	≥45	115
	环形跑道田径场	200	>200	>200	200	>200	400	400
建筑面积	校舍建筑面积（㎡）	≥30000	32934	51566	≥24000	17242	≥25000	5778
	生均建筑面积（㎡）	≥20	26	24	≥20	18	≥24	6.8

① 《河南省教育厅等五部门关于实施中等职业学校标准化建设工程的通知》，http://jyt.henan.gov.cn/2021/12-16/2366265.html，2021 年 12 月 16 日。

② 教育部：《中等职业学校设置标准》，http://www.moe.gov.cn/srcsite/A07/moe_950/201007/t20100706_96545.html，2010 年 7 月 6 日。

③ 国家体育总局、教育部：《中等体育运动学校设置标准》，http://www.moe.gov.cn/jyb_xxgk/moe_1777/moe_1779/201111/t20111111_126450.html，2011 年 9 月 2 日。

④ 标准未有明确要求。

续表

指标	项目	标准化建设标准与K市所有公办学校均值及县域学校均值			中等职业学校设置标准与K市民办学校均值		中等体育运动学校设置标准与K市体育运动学校情况	
师资队伍	专任教师数量（人）	≥75	104	140	≥60	73	与办学规模相适应	77
	专任教师师生比	≥1:20	1:19	1:16	≥1:20	1:14	—	
	专任教师学历（%）	本科以上100	93.0	86.8	本科以上100	89.2	—	
	专任教师中高级专业技术职务人数占比（%）	≥20	28.4	34.9	≥20	11.7	—	
	专业教师占专任教师比（%）	≥60	65.2	58	≥50	62.0	—	
	专业教师中双师型比例（%）	≥50	65.4	61.2	≥30	50.2	—	
	各专业配备中级及以上专业技术职务专任教师（是=1）	1	0.8	66.7	1	0.6	—	
	行业企业兼职教师占专任教师比例（%）	≥20	13.2	9.5	20左右	11.0	—	
仪器设备	生均仪器设备值（元）	≥2500	5447	8340	≥2500	4090	≥2500	1322
图书配备	纸质图书（册）	≥45000	69431	70100	—		—	
	生均纸质图书（册）	≥30	54	30	≥30	49	≥30	1
	报刊种类（种）	≥80	59	61	≥80	13	≥80	30
	教师阅览室座位数占专任教师比例（%）	≥20	15.0	8.8	≥20	29.6	≥20	13.0
	学生阅览室座位数占学生总数比例（%）	≥10	5.5	3.1	≥10	31.0	≥10	3.5
	电子阅览室（是=1）	1	0.64	0.67	—		—	
信息化水平	学校固定宽带网络总出口宽带（兆）	1000	563	466	—		—	
	每百生计算机数（台）	≥15	24	20	≥15	13	≥20	4
	教师用计算机数（台）	1	0.7	1	—		—	

续表

指标	项目	标准化建设标准与K市所有公办学校均值及县域学校均值			中等职业学校设置标准与K市民办学校均值		中等体育运动学校设置标准与K市体育运动学校情况
实习实训基地	校内实训基地（是=1）	1	0.91	1	≥1	0.75	—
	每专业实习基地数量（个）	1	2	0.7	1	2	—

注：表9-5至表9-9的数据来源于项目团队于2022年1月的入校调研。

2. 拥有一批极具职教情怀的职教人

中职教育稳步发展的背后有一批能吃苦、能战斗、能奉献的职教人，他们长期坚持在中职教育一线，引领中职学校发展。在《国家职业教育改革实施方案》将中职教育定型为"类型教育"之前，中职教育一直被当作"兜底教育""断头教育"，无论是教育行政部门、理论界还是在实践中都对中职教育存在着重视程度不足的问题。一方面，教育行政部门缺乏同等重视中职教育和普高教育的意识，普高和中职是同一层次不同类型的教育，但中职教育属于高投入的教育，生均成本理应高于普通高中，实际却并非如此。2020年，河南省中职教育经费总投入为148.3亿元，占高中阶段教育经费总投入（482.9亿元）的30.7%；中职学校生均教育支出1.2万元，普通高中为1.6万元，与2019年相比，中职学校下降0.6个百分点，普通高中上升了10个百分点[1]。中职教育投入别说是高于普通高中教育了，连基本的公平（同等地分配资源）也没做到。另一方面，中职教育从业者也往往会受到普通教育从业者的歧视，大部分中职学校由高考"薄弱校"改办而来，内部力量不强，"要钱没钱，要人没人"，社会形象不佳，人们在思想上对中职教育存在着一定程度的漠视抑或轻视，导致中职学校校长与普通高中校长相比，好似天然地低了一头。在这样的条件下，一批能吃苦、善奋斗的职教人始终奋战在职教一线，砥砺前

---

[1] 河南省教育厅：《2020年全省教育经费执行情况》，http://news.haedu.cn/shengnazixun/2021/0507/1142450.html，2022年1月22日。

行,带领中职教育向前发展,培养了一大批高素质技术技能人才。

(四) 中职学校标准化建设的劣势

标准化建设实质上是给各类中职学校的办学条件和内涵建设划定"底线",根据调查数据,发现现有中职学校要实现"底线达标"有一定的困难。

1. 办学条件标准化的问题

(1) 超标与底标现象共存

中职学校办学条件标准化的一个主要目的是对办学资源进行整合,实现"底线达标"。同时,缩小学校间差异,实现中职教育质量的整体提升。经过多年的政策倡导和持续推进,中职学校的办学条件得到了极大的改善。但是,无论是公办学校还是民办学校,校际差距较大,"豪华"学校与"简易"学校并存现象明显。表9-6是K市中职学校办学规模和面积,K1到K11是公办学校,K12是体育类学校,K13到K17是民办学校。可以看出,公办学校大规模的在校生人数是小规模学校在校生人数的16.8倍,民办学校之间的差距是13.4倍。在占地面积上,公办学校生均占地面积由最小到最大,从1.96平方米到115.49平方米,相差近59倍;民办学校之间的差距相对较小,从15.3平方米到81平方米,相差约5倍。总的来看,办学规模达标率不高,41.2%的学校全日制在校生数低于1000人,与标准要求还有一定的差距。同时,各学校全年培训规模与在校生规模差异明显,未达到标准所要求的"规模相当"(如表9-6所示)。

表9-6　　　　　调查区域中职学校办学规模和面积

学校名称	全日制在校生数(人)	骨干专业群全日制在校生数(人)	全年培训总量(人)	2021届毕业生就业率(含升学)(%)	校园占地面积(m²)	生均占地面积(m²)	校舍建筑面积(m²)
K1	1363	728	975	100	14000.00	10.27	7921
K2	942	689	0	100	25300.00	26.86	19411
K3	392	300	634	100	19609.00	50.02	10729

续表

学校名称	全日制在校生数（人）	骨干专业群全日制在校生数（人）	全年培训总量（人）	2021届毕业生就业率（含升学）（%）	校园占地面积（m²）	生均占地面积（m²）	校舍建筑面积（m²）
K4	3440	486	2750	96	133313.10	38.75	48000
K5	4009	4009	1500	96.90	37658.55	9.39	37999.68
K6	6853	4443	1300	96.00	13456.00	1.96	10588.75
K7	3494	864	2064	98.50	59200.00	16.94	14619.00
K8	3513	230	110	99.60	91379.00	26.01	53000.00
K9	1811	260	618	100.00	133200.00	73.55	55700.00
K10	1692	963	1200	98.21	45356.00	26.81	46000.00
K11	431	431	657	90.00		0	58310.00
K12	849	849	0	33.90	98049.00	115.49	5778.70
K13	3537	3537	0	100.00	173335.00	49.01	9111.00
K14	3150	650	3610	100.00	145333.00	46.14	47500.00
K15	264	—	—	82.00	10000.00	37.88	2600.00
K16	694	435	30	98.00	10600.00	15.27	11000.00
K17	321	276	25	100.00	26000.00	81.00	16000.00

由数据可知，可能是因为政府和社会对民办和体育运动学校关注和投入不够，处于标准化建设末端的多是民办学校、体育运动学校，体育运动学校在师资、仪器设备、图书装备、信息化水平上远低于标准。

（2）师资队伍结构不尽合理

K市中职学校师资队伍情况如表9-7所示。专任教师总量较大，公办、民办和体育学校教师平均值为104人、73人、77人；专业课教师数量充足，公办和民办学校专业教师占比都在60%以上，其中，"双师型"教师比例超过50%，基本满足教学需求。但是，标准化建设对中职教育师资的要求是数量充足、质量过关、结构合理。中职学校教师数量充足，质量有待进一步提升：一是专任教师中本科及以上学历占比未达100%，民办学校中超过十分之一的专任教师学历在本科以下；二是"持证上岗"比例还未达到100%，公办、民办和体育运动学校有教师资格证的比例平均为89.1%、92.4%、27.3%；三是中、高级专业技术职务专任教师缺乏，五分之一的公办学校、五分之二的民办学校没有配备相关专业中级及以上专业技术职务的专业教师。同时，师资结构不甚合理，在专任教师中，行业企业兼职教师占比10%左右，数量较少。

表9-7　　　　　　　调查区域中职学校师资队伍状况

项目	均值			最小值			最大值		
	公办	民办	体育	公办	民办	体育	公办	民办	体育
专任教师数（人）	104	73	77	13	16	77	214	178	77
专任教师中本科及以上学历占比（%）	93.0	89.2	87.0	69.6	64.6	87.0	1.0	1.0	87.0
专任教师中有教师资格证的人数占比（%）	89.1	92.4	27.3	7.0	75.8	27.3	1.0	1.0	27.3
专任教师中，专业课教师占比（%）	65.2	62.0	67.5	48.1	33.3	67.5	1.0	84.8	67.5
专业教师中，"双师型"教师占比（%）	65.4	50.2	1.9	0	33.3	1.9	1.0	60.2	1.9
专任教师中行业企业的兼职教师占比（%）	13.2	11.0	0	0	0	0	51.2	23.0	0
各专业配备与相关专业中级及以上专业技术职务教师占比（%）	80	60	100.0	0	0	100	1.0	1.0	100

（3）基础设施的现代化水平有待提高

标准化建设中提出的"标准"是中职教育基础能力建设现代化的最低标准，师资队伍是中职学校的"软件"，仪器设备、图书装备、信息化建设和实习实训基地是中职学校的"硬件"。

在图书配备方面，公办学校和民办学校纸质图书较多，校均4.5万册以上，生均超过40册。但是，报刊种类较少，尤其是民办学校，只有13种（公办学校59种），体育运动学校图书配备更是远低于国家要求的标准，纸质图书总计1200册，生均1.4册，报刊30种。

第九章　中等职业教育质量监测相关专题研究

在信息化水平方面，公办学校只有"每百生用计算机数量""常用教室配备多媒体设备"两项达标，教师用计算机数量平均为每人0.7台，固定宽带网络总出口宽带为每秒563兆比特，55%拥有独立域名、64%拥有独立的网站、55%管理类信息系统健全、36%服务类信息系统健全。民办学校则在"教师用计算机数量"项上达标，大都建立了较为完善的信息系统，但每百生用计算机数量仅为13台（详见表9-8）。

在实习实训基地方面，64%的公办学校有与所开设专业相匹配的实训基地，民办学校的这一比例为75%；公办学校每个专业平均有2.07个校内实习基地，至少有1个产教融合的实训中心，民办学校每个专业平均有2.37个校内实习基地，91%的学校有产教融合实训中心；体育类学校没有实习实训基地。

表9-8　　　　　　　调查区域中职学校设施和设备情况

项目	建设要求	均值 公办	均值 民办	均值 体育	最小值 公办	最小值 民办	最小值 体育	最大值 公办	最大值 民办	最大值 体育
学生用计算机数量（台/百生）	15	24.5	13.2	4.2	0.8	2.4	4.2	84.2	18.7	4.2
教师用计算机数量（台/人）	1	0.7	1.4	0.06	0.3	0.4	0.06	1.2	2.7	0.06
固定宽带网络总出口宽带（兆）	1000	563.64	800	100	100	200	100	2000	1000	100
校园网是否拥有独立的域名（是=1）	1	0.55	1	0	0	1	0	1	1	0
校园网是否拥有独立的网站（是=1）	1	0.64	1	0	0	1	0	1	1	0
管理类信息系统是否健全（是=1）	1	0.55	1	1	0	1	1	1	1	1

379

续表

项目	建设要求	均值 公办	均值 民办	均值 体育	最小值 公办	最小值 民办	最小值 体育	最大值 公办	最大值 民办	最大值 体育
服务类信息系统是否健全（是=1）	1	0.36	1	1	0	1	1	1	1	1
常用教室是否全部配备多媒体教学设备（是=1）	1	1.00	0.5	1	1	0	1	1	1	1
是否匹配有专业的实训基地（是=1）	1	0.64	0.75	0	0	0	0	1	1	0
每个专业平均实习基地数量（个）	1	2.07	2.37	0	0.3	1	0	5	5	0
是否有产教融合的实训中心（是=1）	1	0.91	0.75	0	0	0	0	1	1	0

在硬件建设方面，最突出的问题是信息化建设滞后，学校固定宽带网络总出口宽带量达标者少，民办学校和体育运动学校学生计算机拥有量低于国家标准，公办学校教师计算机拥有量低于验收标准。同时，并非每所学校都拥有电子阅览室，实体阅览室存量也未达标。在"互联网+"时代，信息技术落后一小步，中职教育整体发展可能会落后一大步。

2. 中职学校标准化"内涵建设"任务艰巨

职业教育已经由"层次"教育转变为"类型"教育，中职教育也由数量普及阶段转向内涵式发展阶段，尽管中职学校的办学条件得到了极大的改善，但办学条件并不必然等于办学质量，中职教育的吸引力仍未走出困境，只有"内涵指标"达标才能在真正意义上实现标准化，实现中职教育的整体提升。

（1）校长领导力未能有效发挥，领导班子建设水平有待提高

中职学校实行校长负责制，中职学校实现内涵式发展，必然要求校

长有较高的领导力，能够明确学校办学定位、合理规划发展方向，通过合理的专业、课程设置，引领学校发展。较高的领导力需要较强的专业素质做支撑，调查数据显示，各个中职学校校长的学历、专业、职称、教育教学工作年限差别较大，专科以下学历、中级以下职称、教育教学工作经历在3年以下的校长也是实际存在的。办学理念是校长基于"办什么样的学校""怎样办好学校"的深层次思考，是学校发展的目标和航向。从办学理念来看，各学校都强调"立德树人"，但并没有对办学定位、办学思路、办学特色、培养目标进行说明。甚至有学校无法明确回答出其办学理念，学校领导的规划力、组织力、创新力上亟须提升。

校级领导熟悉职业教育发展规律，才能更好地引领学校发展，但是调查数据显示，在四所公办学校（36.4%）的领导层中没有一位具有职业教育相关背景。此外，副校长的数量在一定程度上反映了学校职能分工是否明确，数据显示，各个学校副校长的数量在1—5人，一部分副校长的学历、职称未达到标准要求。总体来看，学校领导建设水平有待提高。

（2）学校管理制度有待完善

学校作为一个组织，在实现目标和发挥功能的过程中，需要有完善的制度、健全的机制，学校章程是制定内部管理制度、开展教学管理活动的依据，除章程外，还需要配套的专项管理制度，如教学管理、学生管理、学生实习管理、教职工管理等。从调查数据来看，虽然大部分学校都制定了专项管理制度，结合副校长的数量和职能分配情况来看，制度实施有效性有待商榷。并且，并非所有学校在学校管理的各个方面都有专项制度，在公办学校中，有2所无专门的教职工管理制度，有1所无专门的学生管理制度，有1所无专门的学生实习管理制度。

（3）骨干专业群建设不力，规模与结构失衡

专业是中职学校人才培养的基本单元，现代职业教育专业建设要依托"集群协调"，而非"单一专业"，要让专业群与产业群、岗位群相吻合。2015年，《关于深化职业教育教学改革 全面提高人才培养质量的若干意见》明确提出，建设适应需求、特色鲜明的专业群，专业群建设是

新时代中职学校提高竞争力的有效方式。从中职学校发展的现实情况来看，中职学校平均在校生规模能够达到标准化建设的要求，但在专业群建设方面，63.7%的公办学校只有1个专业群，专业群中平均包含2个专业，与标准要求的"2个专业群""3—5个专业"有较大差距。而且，专业名称缺乏特色，优势专业与区域经济契合度低，专业缺乏核心生长点。

（4）"岗课赛证"匹配度低，制约人才培养成效

课程是学校教育活动的核心载体，是实现人才培养目标的重要工具和手段，是毕业生顺利就业、继续教育的重要保障，"岗课赛证"综合育人是我国职业教育人才培养的重要模式。从学校主诉的情况来看，民办学校重视程度和取得的成绩高于公办学校，其努力程度和公办学校基本一致。在中职学校学生竞赛方面，91%的公办学校有专门的竞赛指导制度，而民办学校的这一比例为80%，体育学校也有专门的竞赛指导制度；公办学校企业专业技术人员参与指导学生技能竞赛的比例（55%）低于民办学校（67%）。在毕业生获得职业技能等级（职业资格）证书数量上，民办学校（0.97）高于公办学校（0.59）（如表9-9所示）。

表9-9　　　　　　　　调查区域中职学校课程建设情况

项目	均值 公办	均值 民办	均值 体育	最小值 公办	最小值 民办	最小值 体育	最大值 公办	最大值 民办	最大值 体育
"岗课赛证"综合育人学校重视程度	1.73	1.60	2	1	1	2	3	2	2
"岗课赛证"综合育人学校努力程度	1.60	1.60	2	1	1	2	2	2	2
"岗课赛证"综合育人取得的成绩	1.82	1.60	2	1	1	2	3	2	2
是否有专门的学生竞赛指导制度	0.91	0.80	1	0	0	1	1	1	1
是否有企业专业技术人员参与指导学生技能竞赛（是=1）	0.55	0.67	0	0	0	0	1	1	0

续表

项目	均值			最小值			最大值		
	公办	民办	体育	公办	民办	体育	公办	民办	体育
毕业生获得职业技能等级（职业资格）证书数（张）	0.59	0.97	0.2	0	0	0.2	1	2	0.2
课程设置与岗位群的相关度（%）	25.19	24.4	0	0.7	0.8	0	100	95	0
课程设置与职业资格证书的相关度（%）	24.26	23.2	0	0.5	0.8	0	100	90	0

职业教育的"职业性"要求中职学校的实践性教学学时原则上达到50%以上，但是超过一半的民办学校、约20%的公办学校没能达到这一要求。同时，超过三分之一的公办学校、半数民办学校的实训项目开出率在80%以下。在学生实习方式和时间上，有27.3%的公办学校、40%的民办学校把顶岗实习作为唯一的实习方式，公办学校学生在学制内的总实习时间在0—14周不等，平均实习时间为7周；在民办学校中，60%的实习时间为8周，8周、12周的学校各占20%。

可以看出，学校对"岗课赛证"比较重视，期望获得更多的奖项，但是学校课程设置与职业资格证书、岗位群的平均相关度却不高，"岗课赛证"匹配度太低，远远不能满足学生的就业和升学需求。在实践教学环节，实践性教学学时、实训项目开出率和学生实习时间都未能达标，中职学校课程建设任务还很艰巨。

（5）企业与中职学校合作积极性不高，实习实训支撑受限

职业学校不同于普通学校，它的跨界属性要求校企合作共同育人，在职业教育的发展史上，校企合作是基本的人才培养方式，一直备受关注和重视。从数据来看，K市中职学校基本上建立了校企合作制度，每个专业至少有1个长期合作的企业，每个专业都会与企业签订正式的合作协议；部分学校的合作企业会选派技术人员到学校讲座或任教，与学校共建实训基地，参与到学校专业建设、课程建设中。但是，多数中职学校的校企合作停留在校企合作的初级阶段，即企业接收学生顶岗实习。

在合作中，一般由学校主动联系企业，联系到的企业普遍层次、质量有限，只能或者只愿意为学生提供初级实习岗位，中职学生和教师缺乏足够的实训条件支撑，导致学生获得的知识与掌握的技能失衡，直接影响人才的培养质量。

（6）办学经费不充足，自主获取经费能力弱

教育经费不仅是学校办学的基础，而且是其维持教学的保障，充足的办学经费是中职学校生存发展的必要条件。调查数据显示，2021年，公办学校平均教育经费总收入为2206.7万元，生均1.2万元；教育经费总支出为1873.2万元，生均1.1万元。民办学校平均教育经费总收入为691.2万元，其中，自筹经费60.5万元，生均0.3万元；总支出为697万元，生均0.4万元。体育运动学校全年教育经费总收入为1590.2万元，生均1.9万元；全年教育经费总支出为1240.5万元，生均1.5万元。体育运动学校经费最充裕，民办学校自筹经费能力有限，教育经费与公办学校差异显著。并且，K市中职学校2021年生均教育经费远低于2020年的全国平均水平，《关于2020年全国教育经费执行情况统计公告》显示，全国中职学校生均教育经费为1.7万元，生均教育事业费为1.6万元[1]。无论是公办学校还是民办学校，其自主获取经费的能力较弱，这是师资队伍结构不合理、信息化建设现代化水平低的重要原因，将会严重影响中职学校标准化建设进程。

三 中职学校标准化建设的战略选择

（一）提高站位，增强中职学校标准化的机遇意识

2021年全国职业教育大会提出要建设技能型社会，《关于推动现代职业教育高质量发展的意见》要求，2035年基本建成技能型社会。中职教育是现代职业教育体系的基础，但长期以来都是发展的难点，因其办学条件差、育人质量低、学生流失率高、吸引力不足等问题，2010年至

---

[1] 教育部等：《关于2020年全国教育经费执行情况统计公告》，http://wap.moe.gov.cn/srcsite/A05/s3040/202111/t20211130_583343.html，2021年11月22日。

今，即便是在政府的强力推进下，其招生规模也是每况愈下，已经成为职业教育高质量发展的一个短板，是建设技能型社会的"限制因素"。只有将"短板"加长才能在职业教育现代化中发挥显著作用，助推全面现代化。建立健全完善的国家职业教育标准和更高要求的地方标准是提高中职教育质量的制度保证，河南省中职学校标准化建设必将引起办学规模和布局的变化，是实施全省中职教育规模布局调整、提高中职教育质量的重要机遇，错失这一机遇则将被社会所淘汰。政府是中职教育发展的组织者、引导者和主要实施主体，是中职教育全面参与到标准化建设中的重要推手，一定要提高站位，抓住此次战略机遇，将中职教育标准化建设摆在更加突出的位置，更好地支持和帮助区域内中职学校赶超标准化建设的"班车"，实现质的蜕变。

（二）规划引领，促进中职学校标准化高层次均衡

标准化建设并非要把所有的学校都打造成一个模板，学校之间、区域之间、城乡之间存在差异是不可避免的，而且即便学校办学条件相同，办学过程中因为办学理念不同也会呈现出办学水平的差异。所以，标准化建设过程中既要设立中职教育发展规模的最低标准，也要设立规模上限。提前做好规划引领，除了把低标准学校扶上去外，还要限制具有资源优势学校的无限制发展，兼顾公平和效率，缩小校际差距，实现"差异均衡"。

首先，学校建设要有科学的预测和规划，结合区域适龄人口存量、出生率和人口流动，确定区域内学校规模和标准，对于薄弱学校，结合实际情况加以取缔或扶持，如 K 市信息工程学校，在校生不到 400 人，无论从办学条件还是从内涵式建设来说，都没有特别突出的地方，可通过资源整合，将其合并至专业开设较为一致的学校，实现合作共赢。

其次，专业建设要有个性和特色，学校要依据办学定位和人才培养目标，分析当地的政策、产业结构和劳动力就业结构，调查区域内中职学校专业设置情况，确定本校的专业集群。以通许县为例。其智能制造、农副产品深加工、板材家具是三大主导产业，通许县还是国家级出口食品农产品质量安全示范区、省级出口木制品质量安全示范区。通许县中

职学校目前有两个专业群,即现代农艺和信息应用,11所公办学校,其中5所学校都有计算机应用专业群。通许县中职学校的信息应用专业群并不占优势,学校在规划专业时应把"现代农艺"打造为骨干专业群,围绕现代农业设置多个核心专业,把现代农艺专业群打造成全市、全省乃至全国的标杆学校。

最后,加大宣传,合理引导。政府联合学校下乡宣传职业教育的国家政策和就业方向,帮助家长、学生依据其各自的实际情况选择学校类型,不盲目追求普高、追求重点校。同时,政府、学校和企业合作,选用技术人员到乡镇指导产业发展,吸引在职人员、农民工、农民、退伍军人或下岗工人到中职学校参加相关培训,以扩大就业和促进再就业,帮助老百姓更好地服务就业岗位。

标准化建设要处理好"标准化""个性化""现代化"之间的关系,避免"千校一面"的现象出现,在职业教育4.0的时代背景下,把学校的标准化建设和办学特色相结合,实现更高层次的均衡发展,以中职学校的标准化建设为起点,最终建成现代化的中职学校。

(三)加大投入,确保中职学校办学条件底线达标

标准化建设的一个重要内容是给薄弱学校赋能增值,各级政府要对中职学校标准化建设加大扶持力度,让没有达标的学校实现标准化。一是针对县域学校,要通过转移支付,努力办好"一县一校"。2005年,《国务院关于大力发展职业教育的决定》首次提出了"一县一校"政策,实施至今,每个县都至少有一所中职学校,平均办学规模远超标准化建设标准,但在师资质量、信息化建设等办学条件指标,以及专业、课程、校企合作等内涵指标上,受县域发展水平、地理位置等多方面因素的影响,大部分学校未能达到标准化建设的底线。如尉氏县职教中心和通许县中职学校招生规模较大,都面临占地面积不足的问题(生均26㎡),前者连基本的体育运动场地都没有;杞县中职学校专业教师数量足够,但本科以上学历教师只占69.6%。政府职能部门要充分发挥转移支付的调控功能,加大薄弱地区的投入力度,通过转移支付雪中送炭,努力办好"一县一校"。

二是针对设校较多的城市地区，要进行资源整合，通过转移支付，办好品牌校、特色校，让学生接受更加优质的中职教育。在 K 市城区中职学校中，文化旅游、卫生、中医药学校各 1 所，招生规模在 3400—6900 人，但生均占地面积为 22 平方米、建筑面积为 11 平方米，师资队伍建设、信息化建设、内涵建设任务还很艰巨，尤其 K 市中医药学校，在校生为 6853 人，专任教师只有 43 人，生均占地面积和建筑面积不满 2 平方米。医药行业和文化旅游行业市场潜力大，发展前景良好，尤其是卫生、医药受新冠疫情的影响，缺口较大，是进一步发展的机遇期，相关部门要进行科学研判，加大投入，不能满足于标准化建设达标，要把这样的学校打造成精品学校，借此让职教行业成为人人都想进的行业，让从事职教行业的人成为人人想成为的人。

（四）动态监测，推动中职学校内涵发展扎实有效

一个良好的过程监测机制是系统推进中职学校标准化建设的制度保障，好的政策如果没有监测机制的支撑，其实际执行效果容易偏离政策制定者的期望。监测过程包括以下四个方面：

一是确定监测主体，教育行政部门、相关部门肩负着标准化建设监测的主要责任，除了政府外还应引入第三方监察与评价，独立于政府和中职学校之外，确保监测的客观、有效。

二是确定监测内容，主要监测中职学校标准化建设的发展变化，这贯穿在标准化建设的各个阶段，即中职学校办学条件清查摸底、标准化建设方案制定、标准化建设组织实施以及标准化建设最终验收四个阶段，标准化建设要求的各项指标都是监测的关注点，要将质性评价和量化评价相结合，在办学理念、校企合作、教学实施、课程建设等方面都要进行访谈与实证考察。监测内容重点在以清查摸底数据为底线，观测中职学校年度发展变化。

三是确定监测方式，采取以年度质量报告为基础，第三方监测和督导评估相结合的混合式监测方式。中职教育实行教育质量年度报告制度，教育部要求中职学校每年 12 月上旬提交"学校年报"，而 K 市每年 12 月中旬或者下旬会组织有关专家到各个中职学校进行实地督导。第三方

监测团队可与督导小组相结合，在拿到中职学校年报后，根据监测内容，到中职学校收集监测数据。

四是分析监测数据，公布监测结果。政府部门可聘请相关研究机构综合学校自评结果和他人监测数据，系统分析各中职学校标准化建设情况，实现对中职学校标准化建设的监测。监测结果在主管部门相关信息平台上公布，在中职学校评选和建设工作中，赋予监测结果不同的权重，体现其在评选结果或建设过程中的重要作用，以更好地发挥监测作用。

（五）查漏补缺，解决中职学校标准化的关键环节

正如短板理论所表明的，只有抓住事物的薄弱环节，才能抓住解决问题的关键，获得最大的成功。中职学校标准化建设不是实现一所学校达标，而是要实现中职学校全面达标，也就是说公办学校、民办学校、体育运动学校、特殊教育学校都要达到标准要求。根据K市的数据，体育运动学校是当前发展较慢的学校，招生规模2倍于国家标准，占地面积3倍于国家标准，但建筑面积、仪器设备、图书配备、信息化水平等物质条件均远低于国家标准。体育运动学校是培养高水平竞技体育人才的主要机构，为我国竞技体育发展做出了重要贡献，K市只有一所体育运动学校，应结合地区特色和学校特长，办出水平、办出风格，打造成K市的金字招牌，让其成为全省乃至全国体育运动学校的学习榜样。

第三节　中职教育就读质量的抽样评估与启示和建议

一　中职教育就读质量抽样评估案例概述

改革开放以来，为提高劳动力的技术构成，推动经济发展方式转型，构建现代产业体系，促进经济社会持续、健康发展，国家高度重视职业教育的发展，陆续出台了一系列发展职业教育的政策。从政策制定者的角度来看，中职教育的目标是培养有专业技能、有文化基础知识，且身

心健康的技能型人才。政策制定者认为的中职教育是不仅要帮助学生迎接他们自己未来的挑战，而且能够促进整个国家的经济增长和社会稳定。从研究者角度来看，中职教育主要包括专业技能教育、文化基础教育和职业道德教育。中职教育的主要目的是提高中职学生的认知和非认知能力，为国家发展做出贡献。这包括以下职业技能：提高短期就业能力，满足特定行业的直接需求；通识技能：使学生能够适应经济增长的长期需求；实际工作经验：为年轻人提供接触实际工作的机会；积极的社会行为：社会包容能力、凝聚力和公民意识。

尽管国家对中职教育有很高的预期，但很少人知道当前的中职教育系统在构建人力资本方面是否有效，也没有严格的实证研究来证明中职教育是否真的有助于学生发展，有助于学生认知和非认知能力的提高。本节的目标是检验中职教育是否有助于提高学生的认知和非认知技能与能力。具体来说，我们试图验证中职教育：（1）是否能提高学生的专业成绩和文化课成绩；（2）是否能培养学生良好的行为习惯；（3）是否拥有有效的实习实践；（4）对学生的辍学选择有怎样的影响。同时，检验个人和家庭特征，以及学校层面的特征与学生的成绩、辍学、毅力品质等之间的相关性。

（一）数据来源

本节所用的数据是本课题组于2013年10月和2014年4月在118所中职学校所获得的，为此，本节所讨论的是2013年至2014年间的质量状态。在此呈现10年前的调研结果，重点不在于讨论中职学生的就读质量现状，而在于介绍就读质量评估的思想方法和当时的质量困境。2013年10月，基线调研共有12081名样本学生数据，在2014年4月追踪调研时，新增1083名样本学生数据。为了便于比较，本节不用新增样本学生数据。同时，有10名基线样本学生，第二期数据显示去向不明，所以，删除这10名学生的相关数据。也就是说，本节使用的是118所样本学校、345个样本班的12071个样本学生的数据。样本信息如表9-10所示。

（二）核心概念

从认知和非认知两个维度对中职学生的发展进行厘定（见表9-

11)。在认知方面,由于中职教育是一种专业化教育和面向就业的教育,同时又属于高中阶段教育,因此,专业知识、职业技能和基础知识是考量中职学生认知发展的主要内容。

表9-10 中职教育就读质量研究样本基本信息

地市	样本学校数(所)	样本学校班级数(所)	样本专业(人)	样本学生数(人) 一年级	样本学生数(人) 二年级	专业(人) 计算机	专业(人) 数控
样本地市1	37	107	计算机	1454	1039	2493	1077
			数控	560	517		
样本地市2	10	31	计算机	387	332	719	328
			数控	207	121		
样本地市3	11	38	计算机	445	262	707	425
			数控	235	190		
样本地市4	23	73	计算机	1049	682	1731	1240
			数控	727	513		
样本地市5	19	45	计算机	687	368	1055	531
			数控	310	221		
样本地市6	10	26	计算机	367	272	639	389
			数控	242	147		
样本地市7	8	25	计算机	290	137	427	310
			数控	193	117		
合计	118	345		7153	4918	7771	4300

在非认知方面,本课题组从"优良品质"和"不良行为"两个方面对中职生发展情况进行考量。一方面,根据本课题组另外一项在大型企业的调研数据,"毅力品质"(grit)是与企业对员工的肯定性评价具有最稳定的正相关关系的优秀品质,因此,本书也把"毅力"作为衡量中职学生优秀品质的核心指标;另一方面,本书从学生的辍学率、网瘾发生率和在校不良行为发生率对学生发展进行考量。其中,在校不良行为

发生率是对样本班学生在校园内发生的抽烟喝酒、打架斗殴、敲诈勒索、考试作弊、欺负同学、逃课、赌博、抄作业等不良行为的综合统计。

表9-11　　　　　　　中职学生发展的评价维度和项目

认知	非认知	
专业知识成绩	实习	在校不良行为发生率
文化知识成绩	辍学率	网瘾发生率

(三) 变量分类

1. 学生个体层面的特征

个体层面的变量主要包含学生个人的基本特征、学习经历、学业基础、心理品质、家庭状况、使用电子设备用途和时间等。

个人基本特征包括性别、年龄、户口。

学习经历包括是否完成了初中学业和学业基础。学业基础以2013年10月基线测试中的数学和专业知识技能成绩为准。

家庭状况包括家庭经济状况、父母受教育程度等。以电冰箱、电脑、洗衣机等拥有量来标示家庭经济状况。"有"赋值为1,"没有"赋值为0(0=最差,14=最好)。父母至少一方高中及以上学历=1,否则=0。

电子设备包括电脑和手机,学生自述用电子设备来娱乐的时间(数值变量)、学习的时间(数值变量)。

2. 学校层面的变量

学校层面的变量包括学校性质、学校荣誉、学校规模、学校资源。学校资源主要包括学校的人、财、物状况:人力资源主要指双师型教师比例、本科学历教师比例、外聘教师比例、专业课教师比例、生师比等,相关比例通过计算整理获得数据;财力资源指生均教育经费;物力资源指生均教学设备价值。

3. 结果变量

(1) 专业知识测试成绩和数学知识测试成绩

采用2014年4月追踪评估调研时,将计算机专业和数控专业一二年级样本学生进行的专业知识技能测试的成绩和数学知识测试的成绩作为结果变量。因不同年级、专业所用的专业测试卷和文化课测试卷总分不一样，为使各科成绩可以比较，所有科目的测试成绩总分都转化为1000分。同时，由于基线调研与追踪调研的测试卷是基于IRT理论编制的，因此，前后两次测试成绩的差异可以考量学生的学业增进情况。

(2) 不良行为和网瘾

不良行为通过询问学生如下问题：是否见过同学有一些不良班级行为，具体包括是否看到同学考试作弊、逃课、抄作业、和老师顶嘴；是否见过同学参与不良社会行为，具体包括是否看到同学打架、敲诈勒索、欺负同学；还有一组问题是询问同龄人中是否有危害健康的行为，例如饮酒、吸烟等。网瘾的诊断依据的是杨氏网瘾诊断量表。

(3) 实习经历

第二期数据收集了学生顶岗实习经历的详细信息。我们询问学生在本学年（2013年10月至调研开展的2014年4月）是否参加过一个或多个实习，如果参加过实习，就继续询问他们最近一次实习所经历的详细情况。具体包括实习期间是否有指导老师跟随，是否有学校老师询问过实习情况，实习工作是否与所学专业对口，是否愿意把这个实习工作推荐给其他同学，等等。

(4) 对中职学校满意度和辍学

对中职教育的态度：询问学生对在中职学校学习的满意程度，这个问题有四个选项：1 = 非常满意，2 = 比较满意，3 = 比较不满意，4 = 非常不满意。在对这个数据进行处理时，创建了一个二进制变量，如果学生选择1或者2，此二进制变量等于1，否则等于0。

为了评估辍学率。在评估调研时，依据基线调研数据，分班级制作了"学生去向表"。这个表是所有完成基线调研的学生名单，在调研时，调研员首先询问班长名单上每个学生的去向（在学校参加调研、请假、转校、实习或者辍学），如果对个别学生的去向有疑问的话，调研员会通过同班同学、班主任、给学生本人或父母打电话等多种方式来确定此学生的去向。

第九章 中等职业教育质量监测相关专题研究

我们注意到样本流失率较高，总结起来有三个原因：一是辍学率高（这也是我们的一个重要的研究结果）；二是在评估调研时，一些学生因为参加实习，不在学校；三是转到别的学校，或者因身体不舒服等原因而暂时请假，调研当天不在学校。在2014年4月调研时，在12071名学生中有4004名学生（样本学生的33%）没有完成学生问卷或者测试卷。因此这33%的学生不在我们的分析数据中（除了分析辍学率外）。在流失的这些学生中，有1469名学生辍学，1584名学生实习，28名学生转校，923名学生请假。

（四）分析方法

从基线到评估，分两步来检查中职学生的专业技能和文化基础知识是否有了明显的改善。首先，计算每个学生从基线到评估专业知识测试成绩和文化基础知识测试成绩的绝对增长分数（用评估调研测试成绩减去基线调研测试成绩）。其次，把绝对增长分数标准化。标准化后的分数服从正态分布（均值=0，标准差=1）。根据简单的正态分布性质，如果标准化后所有的值都落在 [-2 2] 之外，就表示专业知识或文化基础知识在本学年出现明显增进或明显退步。例如，从基线到评估，假如绝对增长分数的标准分大于2，说明这个学生的专业知识或文化基础知识有显著改进；如果标准分落在 [-2 2] 之间的话，就表示这个学生的专业知识或文化基础知识没有任何增长。

我们用样本均值来描述中职生：（1）表现出的行为是否有利于学生学习和社会稳定；（2）实习是否能使他们获得经验，学习到宝贵的工作技能；（3）对中职学校是否满意；（4）是否辍学。变量的描述性统计详见表9-12。

表9-12　　**中职教育就读质量研究的变量描述**

变量	观察值	均值	标准差	最小值	最大值
评估专业成绩	8046	502.44	150.88	18.52	948.72
评估数学成绩	8048	505.36	164.88	0	1000
辍学	12071	0.12	0.33	0	1

续表

变量	观察值	均值	标准差	最小值	最大值
毅力品质	8021	0	1	-4.34	2.57
学生特征					
年龄	12024	17.53	1.56	13.01	48.02
性别	12066	0.72	0.45	0	1
户口	12058	0.87	0.33	0	1
初中毕业	12028	0.65	0.48	0	1
基线专业成绩	12058	488.28	127.94	0	907.41
基线数学成绩	12064	533.42	148.47	0	1000
父母至少有一人是高中以上学历	12071	0.27	0.44	0	1
父母至少有一人在家	11959	0.86	0.35	0	1
家庭经济状况	12071	8.22	3.15	0	14
学校特征					
公办/民办	114	0.80	0.40	0	1
上级管理部门	97	0.87	0.34	0	1
示范校	115	0.50	0.50	0	1
在校生规模	115	2421.63	2023.5	97	11000
生师比	115	0.12	0.17	0.01	0.96
本科学历教师比例	110	1.16	1.89	0.05	16
专业教师比例	107	0.94	3.36	0.16	35
生均教育经费	106	7034.62	9907.82	273.68	61707.32

二 中职教育就读质量抽样评估结果分析

通过多维度分析，有两个重要发现。第一，中职教育没有很好实现提高学生技能和能力的目标，大约90%的中职学生的专业知识和文化基础知识在评估期内没有明显增进。第二，中职学生的不良行为发生率较高（不良行为主要指逃课、抄作业、作弊等不当行为，打架、敲诈勒索、欺负同学等不良社会行为，以及抽烟喝酒等危害身体健康的行为）。超过60%的学生通过直接说明或者辍学表达了他们对中职教育的不满。

(一) 样本学校学生发展状况

通过对两次调研数据的对比分析发现，尽管学校之间存在较大差异，但总体来看，2013—2014学年存在着以下现象：(1)中职学生的专业知识增长不明显，文化基础知识普遍没有进步；(2)中职学生实习岗位与所学专业严重不对口；(3)学生存在不良行为习惯；(4)中职学生辍学率平均高于30%。

1. 专业知识和文化基础知识无明显增进

表9-13是样本学校2013—2014学年专业知识和文化基础知识的增进情况。可以看出，样本学校学生专业知识成绩平均增长了10.6分，但这10.6分仅相当于总分（为使各科成绩可以比较，所有科目的测试成绩总分都转化为1000分）的1.1%。并且，在这个学年仅有10.1%的学生的专业知识成绩进步明显。也就是说，大约90%的中职学生在2013—2014学年专业知识增长不明显。另外，在调研时采取主诉的方式，询问"与学年初相比，你现在（学年末）的专业能力怎么样？"数据结果显示，近20%的学生认为他们自己的专业能力没有任何长进，甚至有退步。

研究结果显示，样本学生不但专业知识没有增长，文化基础知识的增长也可以忽略不计。中职学生2013—2014学年文化基础知识平均增长5分，相当于总分的0.5%。同时比较专业成绩和文化基础成绩时，发现在专业知识增长的情况下，文化基础知识也增长的学生非常少。根据调查结果，2013—2014学年只有8.9%的学生文化基础知识取得了明显进步（两个年级的结果相同）。这意味着，有91.1%的中职学生的文化基础知识没有增长，甚至有一部分学生的成绩不仅没有增长，反而有所倒退。采用主诉方式询问的结果显示，有53.9%的学生认为他们自己的数学能力没有任何长进，甚至有退步。

按年级来看专业知识的增进情况，发现两个年级学生的专业知识增进都很有限。尽管计算机专业二年级的学生专业成绩平均增长分数比一年级高2.3分，但在这个学年专业成绩明显进步的学生所占比例几乎相同（分别是10%，10.3%）。这个结果表示，在中职学校的前两年里，专业课教学和实践仅使很少一部分学生的专业知识得到增长。

表9-13　中职教育就读质量研究样本学生的年学业增进情况

专业	年级	专业知识成绩 平均增长分数（分）（总分=1000）	专业知识成绩 分数增长显著的学生比例（％）	文化基础知识成绩 平均增长分数（总分=1000）（分）	文化基础知识成绩 分数增长显著的学生比例（％）
计算机	1	9.1	10.0	6.4	10.2
计算机	2	11.4	10.3	4.8	8.1
数控	1	*	*	4.6	9.1
数控	2	14.2	10.1	1.3	5.9
合计		10.6	10.1	5.0	8.9

＊在基线调研时，数控一年级学生刚入学，没有学习专业课，所以无法测定他们在这一学年的专业技能增进情况。

另外，我们的研究发现，两个专业学生的文化基础知识正在逐步退化。数据显示，计算机二年级学生文化基础知识取得显著进步的学生比例比计算机一年级学生低了2.1个百分点。数控二年级文化基础知识取得显著进步的学生比例比数控一年级学生低了3.2个百分点。总之，我们的调查结果证明，中职学校并没有让学生的专业知识和文化基础知识得到应有的改进。

2. 顶岗实习未达到政策目的

表9-14是对样本学校学生实习经历的描述性统计。近1/3的学生在中职学校的第一年或者第二年完成了实习。在基线调研时，有12071名样本学生，1794名学生说他们参加过实习；在评估调研时，基线样本学生中的1584名正在实习。根据调查数据，进入中职学校的前两年，有28％的学生参加了实习。这说明，尽管国家规定中职生应该在中职教育的第三学年参加实习，然而，中职学校学生在第一学年和第二学年参加实习的现象司空见惯。

在评估调研时收集了样本学生参加实习的详细信息。虽然顶岗实习是中职教育过程的一部分，但是调查数据显示，中职学校没有遵守政府关于顶岗实习的政策要求（参见表9-15）。例如，《中等职业学校学生实习管理办法》明确规定，"中等职业学校三年级学生要到生产服务一线参加顶岗实习",同时规定"不得安排一年级学生到企业等单位顶岗实习";在参加实习的一年级学生中,计算机专业学生中的13.5%,数控专业学生中的15.1%在参加实习时尚未成年(16周岁以下),甚至二年级学生中有一小部分(约1%)计算机和数控专业的学生在最近一次实习时还未满16周岁。

表9-14　　中职教育就读质量研究样本学生的实习参与情况

专业	年级	样本学生（人）	因在实习而未参加评估调研的学生数（人）	参加了评估调研且有实习经历的样本学生数（人）	实习比例（%）
计算机	一年级	4679	108	496	12.9
	二年级	3092	775	543	42.6
数控	一年级	2474	79	372	18.2
	二年级	1826	622	383	55.0
合计		12071	1584	1794	28.0

除了年级和年龄限制外,《中等职业学校学生实习管理办法》第六条规定"学校要定期检查实习情况",学生在实习时应该安排一名教师陪伴,但根据我们的数据,有39%的学生说在实习时没有指导教师陪伴,有35.7%的学生说老师没有询问过他们的实习情况。

此外,大多数学生的实习缺乏教育目的。有68.2%的学生说在最近的一次实习中,他们的工作与所学专业无关。实际上,在和学生访谈中了解到,在大多数情况下,他们被送到工资很低的制造业岗位工作,这意味着这些实习跟教育目的无关。中职生的实习主要是为了弥补学校资源的不足,合理利用企业的人、财、物等资源,让中职学生在实习的过程中积累工作经验。企业作为中职学生实习教育的重要参与方,也没有尽到责任和义务,轻视学生的培养,重视学生的劳动,有33%的学生说在实习的时候,实习单位没有给实习生安排任何培训活动。很明显,这样的实习违背了政府旨在保护学生,把实习作为中职教育重要组成部分的意图。

表9-15　中职教育就读质量研究样本学生的实习经历状况

专业	年级	参加过实习的人数（人）	专业不对口的比例（％）	没有指导教师的比例（％）	不会推荐给同学的比例（％）	老师没询问过实习情况占比（％）	实习单位没有培训活动占比（％）
计算机	一年级	496	65.5	39.9	45.8	33.9	28.2
计算机	二年级	543	78.1	41.8	58.0	41.4	37.4
数控	一年级	372	59.1	35.8	41.1	31.2	32.5
数控	二年级	383	66.3	37.1	51.4	33.7	33.4
合计		1794	68.2	39.0	49.8	35.7	33.0

正因为中职实习违背政府保护学生和进行实习教育的政策目的，就不奇怪为何学生对实习经历如此不满。在学生问卷中，询问学生是否愿意把最近一次的实习工作推荐给其他同学，在有实习经历的一年级学生中，近一半的学生（计算机专业是45.8％，数控专业是41.1％）说不会把他们的实习工作推荐给其他同学，即使同学请实习过的学生推荐工作，他们也不会推荐他们自己的实习工作岗位。参加过实习的二年级学生不推荐的比例更高，计算机二年级不推荐的比例高达58％，数控专业二年级的学生不推荐的比例也超过了一半（51.4％）。两个年级这两个专业合起来计算的话，大约有一半的学生（49.8％）对他们的实习工作不满意。

3. 学生存在不良行为习惯

（1）不良行为频发

在本节中，不良行为包括作弊、逃课、抄作业、和老师顶嘴、打架、敲诈勒索、欺负同学、抽烟、喝酒，可以把不良行为分为三种。第一种是不良班级行为，即作弊、逃课、抄作业、和老师顶嘴；第二种是不良社会行为，即打架、敲诈勒索、欺负同学；第三种是危害健康行为，即抽烟、喝酒。

调查发现，在中职学校里，有不良班级行为的学生特别常见。根据调查数据（见表9-16），有64.6％的学生说上一周（调研的前一周）

第九章 中等职业教育质量监测相关专题研究

在教室内观察到有不良班级行为。最经常被观察到的不良班级行为是抄作业（49.5%的学生看到过）和作弊（39.7%的学生看到过）。

表9-16 中职教育就读质量研究样本报告的中职生常见不良行为状况

专业	年级	样本学生数（人）	不良班级行为 人数（人）	不良班级行为 比例（%）	不良社会行为 人数（人）	不良社会行为 比例（%）	危害健康行为 人数（人）	危害健康行为 比例（%）	不良行为 人数（人）	不良行为 比例（%）
计算机	一	3390	2308	68.1	845	24.9	1570	46.3	2405	70.9
计算机	二	1803	1162	64.4	312	17.3	799	44.3	1232	68.3
数控	一	1848	1118	60.5	445	24.1	815	44.1	1178	63.7
数控	二	1026	625	60.9	225	21.9	490	47.8	680	66.3
合计		8067	5213	64.6	1827	22.6	3674	45.5	5495	68.1

更为严重的是，有相当一部分中职生在上一周观察到校园内某些同学的不良社会行为，打架、敲诈勒索、欺负同学等。调查数据显示，有22.6%的学生在上一周看到了这些行为，其中最为常见的行为是打架（15.8%的学生见到过）。我们还询问了学生是否有危害健康的行为，例如抽烟、喝酒。总体上看，有45.5%的学生说他们在校园内看到过同学抽烟或者喝酒，虽然年级、专业、年龄不同，但一年级和二年级学生抽烟、喝酒比例大致相同。并且，有7.2%的样本学生自我报告说他们每天都会抽烟（已有烟瘾倾向）。总之，我们的研究表明，中职学校中有不良班级行为、不良社会行为和危害健康行为的学生普遍存在，有68.1%的学生见到过不良行为的发生。

（2）网瘾表现不明显

除了以上消极行为外，调查还发现，中职学生花费大量的时间使用手机或电脑，目的是娱乐而不是学习。调研数据显示，中职学生上周（调研前一周）平均每天花费3.8小时用他们的手机或电脑来玩游戏、看视频（看电视剧、电影、综艺节目等）和聊天（详见图9-6）。用电子设备娱乐的时间占据学生使用电子设备总时间的63.6%。此外，使用美国匹兹堡大学 Kimberly Young 教授编制的"杨氏网瘾诊断量表",测量了样本学生的网瘾情况,Young 一共设计了八个题目,如果有五个题目是肯定的,就可以断定该生患有"网络成瘾症",结果显示,有414名学生(占评估调研总样本数的 5.1%)过度使用网络。总之,中职学生网瘾症状虽然不明显,但是生活很空虚,每天花费大量的时间用电脑/手机娱乐。

平均每天使用电子设备时间

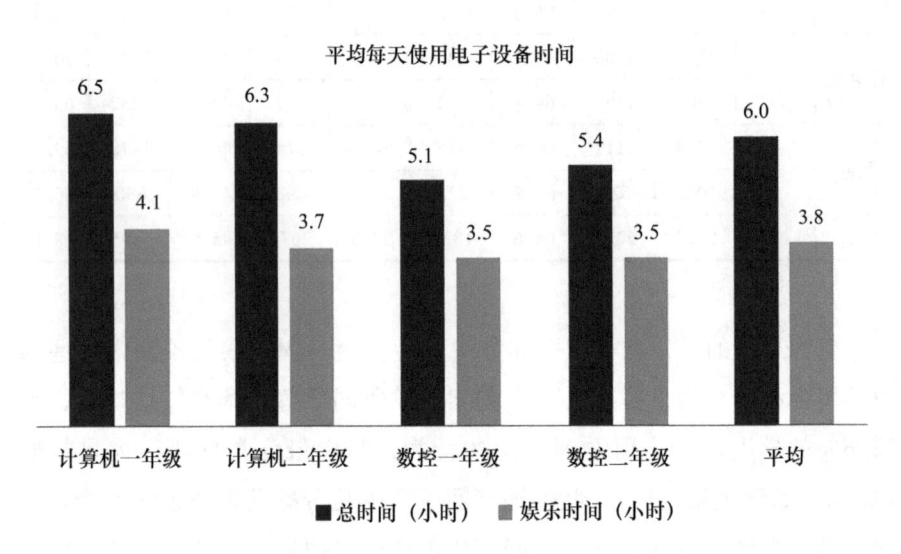

	总时间(小时)	娱乐时间(小时)
计算机一年级	6.5	4.1
计算机二年级	6.3	3.7
数控一年级	5.1	3.5
数控二年级	5.4	3.5
平均	6.0	3.8

图 9-6 中职教育就读质量研究样本使用电子设备情况

4. 学生对中职学校满意度低,辍学率高

在中职学校学习一年,学生的专业知识没有明显增长,文化基础知识没有取得明显进步,甚至有所退步,实习工作与所学专业毫无关系,不良行为频频出现,这些结果自然无法让学生对中职学校感到满意。当询问学生对中职学校的学习是否满意时,在同时参加基线和评估调研的一共 8067 人中有 43.3% 的学生表示对中职学校经历不满意,占基线样本学生的 28.9%。此外,在评估调研时获知有 1469 名学生辍学(占基线样本学生的 12.2%)(如表 9-17 所示)。既然选择了辍学,从一定意义上讲,他们是通过辍学对中职教育表达了他们的不满。

表9-17　　　　中职教育就读质量研究样本学生的辍学率

专业	年级	基线样本学生数（人）	辍学人数（人）	辍学率（%）
计算机	一年级	4679	782	16.7
	二年级	3092	220	7.1
数控	一年级	2474	384	15.5
	二年级	1826	83	4.5
合计		12071	1469	12.2

基线样本学生在一学年内的辍学率是12.2%。计算机专业和数控专业都是一年级辍学率最高，由表9-17中的数据可以计算出一年级第一学年辍学率为16.3%［（782+384）/（4679+2474）×100%=16.3%］，二年级的辍学率是6.2%。另外，通过一项电话访谈数据得出，一学年的两个学期之间的假期辍学率为10.3%①。根据这些数据，可以计算出中职学校两个学年的累计辍学率为31.2%（累计辍学率=第一学年辍学率16.3%+假期期间辍学率10.3%+第二学年辍学率（100%-16.3%-10.3%）×6.2%=31.2%）。因此，总共有60.1%（28.9%+31.2%=60.1%）的学生通过直接回答或者辍学表达了对中职学校学习的不满意。

（二）样本数据反映出的中职教育人才培养问题

1. 办学定位以规模为主

1997年以后，中国大学的投资大幅度增加，投资的增加引起入学人数剧增，从1998年到2005年，大学生人数从220万人增加到850万人。高等教育系统的扩张刺激了普通高中规模的进一步扩大，2012年，全国普通高中学校达到13509所，在校生为2467.2万人。普高的发展挤压了中职学校的生存空间，致使中职学校招生陷入招生难的困境。中职教育的发展又是政策关注重点，《国家中长期教育改革与发展规划纲要（2010—2020

---

① 2014年10月，笔者从样本区域随机选择16所学校，对16所样本学校的计算机专业一年级（基线和评估调研时是一年级）的学生（参加了评估调研的学生）进行电话追访，询问学生的去向，目的是调查第一学年和第二学年之间的辍学情况。

年)》要求总体保持普通高中和中职学校招生规模大体相当。

基于此,中职学校不仅没有学历、分数线等限制,而且一部分中职学校的老师还要下乡招生,上门服务。调研数据显示,有74%的中职学校校长认为,迫于政府给予的招生压力,他们必须全力以赴扩大招生。有82%的受访班主任反映说,学校每年都会给他们下达招生任务,并与工资挂钩,招生活动占据了他们1/3的精力,而招来的学生是否在校,在校是否学习,以及学习的成效如何却没有得到足够的重视。

在采取主诉方式询问学生是否有老师向他们介绍过本专业的培养计划时,有38.9%的学生回答"否";当问学生是否有老师向你们介绍过每门课的教学大纲时,有35.9%的学生回答"否"。此外,有37.6%的学生自述班主任从没有找其聊过天;有68.8%的学生说没有任何老师和学生一对一地讲过就业和职业规划问题。学生在进入中职学校时,对他们所学的专业、本专业在社会上的地位、未来的就业前景所知甚少,教师若不作适当引导和讲解,学生很快就会对本专业失去兴趣,没有兴趣,谈何学习?

同时,在课程设置上,忽视基础知识教育,文化基础课处于边缘状态,最终导致中职生文化基础知识贫乏,采用主诉方式对9131名样本学生的调研结果显示,有55%的学生认为在中职学校他们的数学能力没有任何长进。片面重视操作技能和短期就业,限制了中职生的未来职业理想;严重忽视基础知识教学和养成教育,阻碍了中职生的未来学业理想,也不利于中职生未来的职业发展。中职教育不应该是教会学生为特定职业做准备,而应教会学生如何学习,如何调整和适应。中职学校应以"提高培养质量,促进学生发展"作为办学理念。

2. 校园文化缺乏内在涵养

根据调查数据,与国家中职学校的办学标准相比,样本学校物力资源均值基本已达到甚至超过国家办学标准。为了增强学校的吸引力,部分中职学校十分重视"表面",在校园硬件设施上投入大量资金,校园环境发生了翻天覆地的变化。还有部分学校,社会主义核心价值观标语贴满校园,但是实际活动却流于形式。只重视就业教育,轻视文化基础知识、道德、心理教育，没有培养学生形成良好的行为习惯。校园文化对一个人的影响是潜移默化的，群体之间的相互影响也是潜移默化的。

中职生年龄一般在15—18岁，这一时期的青少年不再盲目地相信家长、教师等权威，而是在同伴群体中寻找认同感。在基线调研时，学生问卷部分问及学生"大部分时间住在哪里"，有88.4%学生说住在学校宿舍，这表示他们在家的时间变少，那么与同伴的关系变得尤其重要。同伴成为学生个体的信息源，对学生社会化技能的学习起着至关重要的作用。但由于我国传统教学中缺乏合作学习的观念，青少年群体一般是在生活中自发形成的，且多数群体的形成和教育无关，所以青少年同伴群体对群体成员极少有教育作用。群体在形成后，有很强的凝聚力和同化作用，对群体成员影响至深。调研数据显示，中职学生身边围绕着一群行为不良的学生，这个年龄学生的身心发展正处于矛盾冲突期，渴望得到认可。在这种情况下，他们要么被同化，要么被排斥，而被同化的可能性很高。

此外，校园文化建设不力，给了不良网络文化可乘之机。21世纪科技迅速发展，这一时期的中职学生正处于"互联网+"时代，网络以势不可挡的趋势迅速渗透到社会生活的各个角落，网络的使用远超过其他媒介。样本学生自我报告说，最近一周他们每天用电脑和手机的时间约为6小时，其中玩游戏、聊天或看视频等非学习性质的时间高达3.8小时。网络和智能手机的使用，使中职学生的世界观、人生观、价值观深受影响，长期受网络不良信息的影响，学生会产生强烈的破坏欲，淡化道德与法律意识。信息垃圾的泛滥也会造成学生是非观念模糊，给学生的道德理念造成很大的冲击，会直接影响学生的行为，有些学生的不良社会行为不能说没有受到网络的影响。

3. 实践环节管理不到位

中职学校的人才培养实践环节包括两个方面，一是校内实践课程，二是顶岗实习。根据调研数据，中职学生在第一学年内专业技能增进并不明显。中职教育部分专业课程安排很随意，在调研中发现，118所中职学校的专业课门数从1—9门不等，课时数从2—58个，差异很大。由专业课的安排可以推及实践课程。专业技能增进不明显和课程安排的随意性，说明了中职生校内实践管理不到位。

顶岗实习是教学活动的一个环节，顶岗实习的初衷是通过专业拓展训练，促进人才培养。但是，顶岗实习的结果却是劳务性远大于教育性，异化了顶岗实习的教育本质。在调研中我们也发现，一些中职学校的顶岗实习不仅专业不对口，而且常常是根据企业需求随机安排。当学校的合作企业订单任务紧张时，学校会要求学生临时中断学业，像突击队一样进厂顶岗实习。研究团队在调研时恰遇一位教务主任接到一个企业急用实习生的电话，整个交谈过程像是在交易。电话里讲："你们能不能给我200个实习生"；主任讲："我们三年级学生都下厂了，没学生了"；电话里讲："想想办法吧，用低年级学生也行，我可以加价钱，实在不行先给我100个应应急……"

这样的顶岗实习从短期来看，企业获得了廉价劳动力，缓解了"用工荒"的燃眉之急；中职学校向企业转嫁了办学成本，甚至还能获得企业给的好处费；中职生逃出了无聊的课堂，还挣到了实习工资，可谓皆大欢喜。但从长期来看，企业将持久缺乏高素质劳动力，无法摆脱员工频繁离职和缺乏企业精神的烦恼；中职学校将无法显著地提高育人质量，无法甩掉"劣质""弱势"的符号；中职毕业生在"用工荒"的年代能够找到工作岗位，但随着产业结构升级转型，他们很可能将成为社会的边缘群体。

就中职学生顶岗实习的性质来说，中职学校认为顶岗实习就是"企业顶岗"，企业认为中职学生实习就是"顶岗生产"，未能充分认识到顶岗实习是职业学校教育的重要组成部分。就顶岗实习的功能来说，学校把学生顶岗实习作为缓解教育资源不足的途径，企业把学生顶岗实习作为缓解劳动力紧张的手段，都没有重视顶岗实习的育人功能。同时，利益相关者之间关于开展顶岗实习的责权关系不明确，组织、管理和活动方式的规则系统不健全，互相抱怨，互相推诿。在教育政策文本中，多处强调企业对顶岗实习的责任，但在企业法和公司法中，却没有任何对实习生教育的激励与约束机制。中职学校一方面抱怨企业缺乏社会责任感和校企合作的热情；另一方面也无奈于市场经济条件下企业追求利益最大化的经济理性。

4. 学生对中职学校缺乏认同感

同时在参加基线和评估调研的学生中，有43.3%通过主诉的方式表达了对中职学校经历的不满意。在评估调研时发现有1469名学生辍学，这些学生通过辍学的方式表达了对中职学校学习的不满意。也就是说，总共有60.1%的学生对中职学校学习感到不满意。不满意也代表着对中职学校没有认同感，这个结果与社会上大多数人对中职学校的看法一致。

中职生对学校认同感不强，一方面与社会给中职学校加的"标签"有关。提起中职生，人们马上想起的词语就是"成绩差"，确实，绝大部分中职生都是因为没有考上普高，"被迫"上中职。他们本是一群15—18岁的"孩子"，可能只是不喜欢学习，老师和家长却给他们冠上了一个"坏"字。结果，跟"三人成虎"的故事一样，他们开始做老师和家长臆想的事，逃课、抄作业、和老师顶嘴，甚至抽烟、喝酒、打架。这样一来，老师和家长对他们的印象就更差，以致形成了一个恶性循环。

另一方面是因为中职学校人才培养质量不高。中职教育的目标是培养有专业技能，有文化基础知识，且身心健康的技术技能型人才。而实际情况却是，中职学生在学校专业知识增长方面不明显，文化基础知识普遍没有进步；实习岗位与所学专业严重不对口；中职教育没有培养学生形成良好的行为习惯；辍学率平均高于30%。

5. 学生学习主动性差

提起中职学生，大家首先想起来的就是成绩差，考不上普通高中才会选择中职教育，中职学校的学生是应试教育的失败者，其基础薄弱。虽然成绩差，但他们依然有和普通中学生一样的学习习惯和方法，甚至更为严重，学习主要依赖老师督促、监管。和上中学时不一样，升学率是中学教师考评的重要内容，这迫使中学教师以敦促学生学习为首要任务。而中职的老师一般没有这样的压力，但上课方式仍然是以教师为中心，以书本知识为核心，至于学生学与不学，全靠自觉。在调研时我们观察了中职学校的课堂。在课堂上都是老师讲自己的，学生忙自己的。而且和普通高中的学生相比，他们没有升学压力，没有压力就没有学习的动力。样本学生每天平均上课时间为8.3小时,课堂上玩手机和电脑(玩游戏、聊天、看视频)的时间平均为1.5个小时。

中职学校老师未能从终身学习、终身发展的视野要求中职学生,人格培养和养成教育不力,忽视学生自主学习能力的培养,中职生的学习风气较为涣散,"学生感"不强。调研结果显示,有7%的学生课后学习和写作业的时间为零,23%的学生课后学习和写作业的时间少于1小时。样本学生自我报告说他们最近一周每天用电脑和手机的时间约为6小时,其中玩游戏、聊天或看视频等非学习性质的时间高达3.8小时。在使用"杨氏网瘾诊断量表"测量样本学生的网瘾情况时,我们发现有414名学生(占评估调研总样本数的5.1%)过度使用网络。

三 中职教育就读质量抽样评估的启示与建议

中职教育的扩张是为了提高学生的专业技能和基础技能,摒弃不良行为,增加社会工作经验。然而,我们研究发现,中职教育没有达到任何一个目的。90%的中职生专业知识和文化基础知识没有任何改善;学生身边围绕着一群行为不良的学生,逃课、抄作业、作弊、和老师顶嘴、打架、敲诈勒索、欺负同学、抽烟喝酒的学生到处都是。学生的实习工作质量特别低,违背政府关于实习的政策规定,没有实现保护学生,进行实习教育的目的,实习岗位与专业毫不相关,学生没有从实习中学到知识和有技术含量的技能。对目前中职教育现状调查的结果显示,超过60%的学生对中职教育不满意,约1/3的学生在进入中职学校的前两年里辍学。怎么才能促进中职学校学生的发展呢?

(一)加强基础知识和基本素养教育

作为一个不同于普通高中生的特殊群体,不断掌握科学的学习方法,形成科学的学习方式和技巧,不断提高获得、应用新知识的能力对中职学生以后完成学业,走上工作岗位,提高个人素养,适应时代发展具有至关重要的作用。政策制定者、管理者、教育者要重视中职教育作为职业和人生双重发展基础的特性,理性地看待中职教育的就业取向,树立为未来培养人的基本理念,加强基础知识和基本素养教育。

第九章　中等职业教育质量监测相关专题研究

近些年来，越来越多的国家在职业教育体系中开始注重一般能力教育。2004年欧盟委员会的《马斯特里特研究报告》指出，职业教育要强调培养学生丰富而宽泛的职业能力。2006年出版的《终身学习的关键能力——欧洲参考框架》指出：知识、技能和才能是欧盟创新力、生产力、竞争力的重要影响因素，职业教育与培训的教学目标要培养人的各种能力，包括交际、读写算、学会学习、综合职业能力等。不但要培养特定的工作技能，也要培养一般能力，支持年轻人的能力发展。2012年，在上海召开的第三届国际职业技术教育与培训大会上，各国代表也提出职业技术教育要从注重短期发展需求转向注重长期发展需求，并且强调职业教育的重要任务是帮助学习者学会如何学习、如何调整适应，而不只是帮助他们为特定职业做好准备。

2010年我国颁布的《国家中长期教育改革和发展规划纲要（2010—2020年）》提出，职业教育要体现终身教育理念。2014年《国务院关于加快发展现代职业教育的决定》也指出，中职教育要"在保障学生技术技能培养质量的基础上，加强文化基础教育""科学合理设置课程，将职业道德、人文素养教育贯穿培养全过程"。中职教育必须改变以往的"放羊式"教育，教育模式从"授之以鱼"转变为"授之以渔"。不仅仅是进行就业教育，也要注重未来就业能力的培养，关注学生全面发展，强调学习能力、动手能力、创新能力等综合能力的培养。达尔文说过，"最有价值的知识，是关于方法的知识"，把学习能力作为职业学校学生学习的基础性核心能力来培养，将是中职学生最终实现全面发展、终身学习的重点。

课程是教育的核心载体，任何教育理想只有进入课程体系才能付诸实施。因此，重视中职生的基本文化素质教育，必须调整中职课程结构，开足、开好语文、数学、外语等基础知识课程。一方面，在课程设置方面，要加大基础课的课时量，参考国际经验，将通识教育课程在总课时中所占的比例从现在的1/3增加到1/2；另一方面，在课程实施环节，将文化素养融于文化知识，重视文化课教学质量，加强课堂管理，保证课堂秩序，将文化课的教学质量作为考核教师工作绩效的重要内容，激励教师要善于针对中职生的学业基础和学习特点进行教学设计，并切实做好备课、上课、作业批改、课外辅导、学业评价等各个环节的工作。

（二）优化校园文化

校园文化是一种无形的教育力量，对学生发展起着潜移默化的作用，良好的校园文化环境能够充分发挥校园文化育人功能，促进学生全面发展。在这里，校园文化主要指物质文化、精神文化和网络文化。

物质文化就是中职学校的各种实物，它是校园文化的外在表现形式，主要包括校园内各类建筑物、教学和实训设备、图书资料和文体娱乐设施等教育教学、娱乐设施设备。除此之外，还包括校园整体布局规划，草木、湖泊、雕塑、标志、标语等人文环境设施。根据研究团队的调查数据，或许是因为中职教育"重投入轻产出的评价体系"，中职学校在改善教学、实训条件方面投资很大，与国家中职学校的办学标准相比，样本学校物力资源均值已超过国家办学标准，但各学校没有形成自己的特色，低水平重复建设现象普遍存在，资源浪费严重。中职学校应该花心思构建独特的校园物质文化，使学校的一草一木、每个标志和标语、亭台湖泊都体现出学校专业特色和办学宗旨。在建设人文环境时，应该根据学校的办学宗旨和人才培养目标，结合学校的专业特色，体现出整体性、和谐性和教育意义。学校的实训场地要有足够的设备占有空间、原料摆放空间和教学空间；实训设备在数量和质量上都要满足教、学需求，数量充足，符合专业化、现代化要求；图书馆是文献的汇聚地和展示平台，图书馆的文献既要有专业书籍又要有人文社科类书籍。此外，购买数字图书馆是拓展学生知识面的有效途径。

精神文化就是学校全体师生认同的、比较稳定的且有其自身特色的价值观念、理想追求、道德要求、行为规范、办学理念等，包括校风、校训、教风、学风、班风等。学校应该以育人为目的，中职学校也不例外。中职学校应该将育人和专业特色贯穿在校风、校训和教风中。校风、教风、学风、班风都是校园文化理念的表现形式，应彰显本校专业特点，将全校师生的价值观融合、提升为学校理念，从学生入学伊始就应该把这种理念贯穿在他们的生活和学习当中，营造专业技能和通识教育并重的学习氛围，帮助学生深入理解中职学校办学宗旨、培养目标，调动学生学习积极性。教师在教学时应做到学高为师、身正为范，对学生既有爱，又有责任，通过言传身教营造良好的教风，同时正面宣扬良好的道德行为，用行动示范，帮助学生养成良好的学风。积极开展各种校园活动和班级活动，建设"团结、紧张、严肃、活泼"的班风。良好的班风和学风对于培养学生良好的行为习惯大有裨益。

随着时代的发展和科学技术的进步，网络已经成为生活和学习中不可或缺的一部分。现阶段的中职学生是伴随着互联网和移动通信的迅猛发展成长起来的，对网络的接受能力和使用程度很高，互联网和电子设备深入他们的生活和学习中，深刻地影响和改变着他们的生活和学习方式，在校园中形成了一种独特的网络文化。中职学生绝大部分尚未成年，辨别是非能力低，容易受外界影响，网络上的信息好坏皆有，很可能会对他们的世界观、人生观、价值观带来不良影响。中职学校进行网络文化建设，重在提高学生的人文素养，加强道德教育和法制教育，加强网络监管。让学生自觉抵制和消除网络中存在的不健康信息，强化网络对广大学生的正面引导作用，引导学生文明上网；充分发挥网络灵活、便利的特点，可利用网络进行思想教育，拓展教育空间，创新教育教学模式。

（三）提高实习的教育性

一二年级的中职学生有相当一部分还没有达到法定的劳动年龄，让他们参加实习本身就是违法行为。即便年龄符合规定，但中职学生还是高中生，学生应以学习为主，先学好了理论知识和文化基础知识，才能更好地提高专业技能，更好地适应经济社会发展，实现中职学生的终身发展。中职生在一二年级时应以学习基础知识和专业技能知识为主，对于实践性较强的专业，理论和实践的结合，应在学校的实训基地进行，而不是去工厂劳动，累积实践经验。因为在目前的环境下，工厂的劳动无法满足中职生技能知识和实践性能力的提升需要。

样本数据的统计显示，从第一学年10月到第二学年10月，学生累计辍学率高达22.5%。寒假过后学生流失16.3%，暑假过后又流失10.3%。寒暑假成为学生流失的重要节点与假期里学校安排的顶岗实习与学生自主打工不无关系。与326位中职辍学生的访谈结果显示，68%的学生辍学是因为他们"想学的东西学不到，学到的又与生产岗位不对接"，尤其是在访谈中，无论是教师还是学生都指出，实际的工作场景与学校里学的东西毫不相关。可见，目前的顶岗实习是以企业需求为轴心，与教学活动无关，脱离了政策制定者对顶岗实习的目标设定。让一二年级的中职生去顶岗实习，不但影响了他们基础知识的学习和专业技能知识的获取，而且顶岗实习内容与学业知识的无关性，很可能让他们对读书的有用性产生怀疑，进而导致辍学率的上升。

学生在顶岗实习时，既是企业的员工，同时又是一名未毕业的学生。校企合作双方应兼顾学生的发展和企业的发展，而不能以双方的利益为基石，对学生实习岗位的分配应从培养学生的角度，提高顶岗实习的教育性；而不是从生产需要的角度，把顶岗实习看作顶岗生产，把中职生看成临时工。

现实是，无论是学校还是企业，都忽视了顶岗实习的教育功能，顶岗实习的教育性缺失。实习指导教师在顶岗实习中起着至关重要的作用，一是可以解决学生实习中所遇到的问题，二是对问题进行总结与升华，启示学生理论和实践相结合，把学生培养成真正的技能型人才。但在对学生的调查中，有39%的学生说实习期间没有驻场教师指导；有35.6%的学生说实习期间，学校教师没有询问过一次实习情况。

企业应该参与学校人才培养计划的制订，把顶岗实习的中职生当作储备资源来培养，而不只是当作劳动力，企业参与制订学校人才培养计划，在一定程度上可以调动企业与学校合作的积极性。但根据我们的调查数据，很少有企业参与学校人才培养计划的制订。有23%的校长说，企业不会为实习生提供培训计划；有52%的学生说，去实习单位前或者实习期间，学校或企业对他们进行的培训，与实习目的或内容并不相关；有68.2%的学生说，他们实习的岗位与所学专业不对口；有70%的班主任说，他们带的实习学生从事的工作是加工流水线。没有培训计划，工作内容与专业不相关，在单一的劳动模式下，学生是不会学到真正有用的知识和技术的。

(四) 强化中职学生自我认同感

长期以来,人们对中职学校和中职学生存在诸多的认知偏见。例如,"只有成绩差的学生才读中职""家境不好的孩子才读中职",这是一种普遍的社会观念。中职生因此被贴上了特殊标签,这种标签会对他们的自我认同感产生很大影响。他们成为人们口中的"坏孩子"。威利斯说:

> "教学范式"(teaching paradigm)将学生们区分为听话的"好学生"和不听话的"坏学生",这种制度性的分化以及教师在课堂上对"小子"们的挖苦和惩罚也许并不是出于什么阴谋,但对处于叛逆期的"小子"们而言,这只会把他们推向反面,亦即生产出一套"反学校"的文化来凸显个性、恢复自信并以此建构他们自己的身份认同。毫无疑义,无论在形式、内容还是气质上,这套"反学校文化"都是对学校的支配文化,亦即中产阶级文化的一个坚决抵制。①

这就好比既然我是"坏孩子",我就应该做出一些符合我身份的事情。中职生逃课、作弊、抄作业、和老师顶嘴、抽烟、喝酒、打架、欺负同学、敲诈勒索、赌博等行为可能就是对这一标签做出的回应。增加中职生的身份认同感,关键还在于提高中职教育质量。

(五) 提高学生自主学习能力

由于科学技术的迅速发展和知识更新的不断加快,今天学到的知识,明天就可能过时,如果我们停止学习,不久之后就会被社会淘汰。联合国教科文组织提出,"学会学习",注重培养学生自学能力、实践能力和知识迁移能力,以适应知识更新和职业结构不断变化的要求。对于今天的学生来说,教会他们自主学习,比掌握现有的知识更加重要。在中职学校里,老师课上讲什么学生听什么,布置什么作业写什么作业,课后自觉主动学习、思考的学生少之又少。甚至,有的学生课上不听讲,课下不做作业,又谈何自己主动学习?这种现象的原因除了学生学习基础

---

① 转引自吕鹏《生产底层与底层的再生产——从保罗·威利斯的〈学做工〉谈起》,《社会学研究》2006年第2期。

差、学习动机不足、学校学习氛围不浓外，跟老师不严格要求学生、枯燥且单一的教学模式、部分中职教师的"教师中心"理念有很大关系。

提高学生的自主学习能力，首先要激发学生的学习动机。虽然中职学生成绩较差，但分数的高低与智力没什么太大关系，大部分人智力相差无几。成绩差的原因更多的是学习目标不明确，或学习动机不足，或学习方法不正确，或学习不努力。因此，营造良好的课堂氛围，建立良好的师生关系，课堂教学以学生为主体，改变教学方式方法，最大限度地激发学生的学习积极性，让学生对学习有兴趣，学生才能产生自主学习的想法。

其次，要进行有效的职业生涯规划指导。通过教师讲解和学生自己查阅资料，让中职学生充分了解所学专业，了解专业就业前景，了解未来的人才市场需求。机会只垂青那些有准备的人，未来社会的知识更新快，我们在其中不进则退，要想拥有明天，今天就要加倍努力，专业知识有助于得到今天的工作，通识技能（文化基础知识、文化素养）则会让学生适应明天的工作，所以专业知识和文化基础知识都要努力学习，不能捡了芝麻，丢了西瓜。

最后，培养学生积极的学习态度。态度决定一切，积极的学习态度是培养学生自主学习能力的关键。

第四节　中职教育就业质量的实证考察与启示和建议

一　中职教育就业质量实证案例概述

（一）案例背景

"就业是民生之本、稳定之基、发展之要。"[①] 中职教育作为技术技能型人才培养的主阵地和促进就业创业的重要途径，发挥着"稳就业、促发展、惠民生"的重要作用。改革开放以来，中职教育为我国经济社

---

① 晋浩天：《如何帮毕业生走好就业第一步》，《光明日报》2022年3月10日第7版。

会发展提供了有力的人才和智力支撑,在一定程度上改善了我国的劳动力结构。根据教育部统计数据,2021 年,我国有中职学校 7294 所、招生 488.99 万人、在校生 1311.81 万人、毕业生 375.37 万人[1]。中职毕业生就业率连续 10 年保持在 96% 以上[2],全国有 2 亿多技能劳动者,其中,高级工 4700 万人、技师 1000 万人、高级技师 300 万人,相当一部分接受过中职学历教育或中职培训[3]。随着我国进入新的发展阶段,产业升级和经济结构调整不断加快,各行各业对技术技能型人才的需求越来越紧迫,中职教育的基础性地位越来越凸显。

学生就业是中职学校声誉的重要关照,实现高质量就业是中职教育的重要目标。自 2005 年开始,教育部建立了中职学校毕业生就业情况统计发布制度,以不同形式向社会发布毕业生年度就业报告。从总体情况来看,全国中职学校毕业生就业率一直保持在高位水平上。但是,高就业率并不代表高就业质量。一些研究表明,中职毕业生在就业市场上往往面临着收入较低、稳定性较差、发展空间不大等问题[4]。因此,初中毕业生对中职教育的选择意愿较低,部分学生宁愿辍学或者复读也不愿意读中职[5];一些因"伪自愿"而进入中职学校的学生,在就读期间也有较高的流失风险。根据国家统计局的数据计算,2019—2021 年,中职学校学生流失率在 12%—15%,平均流失率为 14.2%,普通高中的这一比例仅为 1.6%[6]。

职业教育真的不如普通教育吗?读中职真的无用吗?2022 年新修订的

---

[1] 教育部:《2021 年全国教育事业发展统计公报》,http://www.moe.gov.cn/jyb_sjzl/sjzl_fztjgb/202209/t20220914_660850.html,2022 年 9 月 14 日。

[2] 俞曼悦:《十年来我国中高职就业率均在 90% 以上,高于普通高校平均值》,http://www.moe.gov.cn/fbh/live/2022/54487/mtbd/202205/t20220524_630019.html,2022 年 5 月 24 日。

[3] 皮博、蔡雨荷:《党的十八大以来工会工作成就经验新闻发布会》,http://acftu.people.com.cn/n1/2022/0801/c67502-32491261.html,2022 年 8 月 1 日。

[4] 曾湘泉、王辉:《个人效用、教育因素和岗位特征——基于我国中职毕业生就业质量指标体系的研究》,《学术研究》2018 年第 3 期。

[5] 苏丽锋、孙志军、李振宇:《初中后教育选择意愿及影响因素研究——普高、中职还是不再读书?》,《华中师范大学学报》(人文社会科学版)2017 年第 5 期。

[6] 《中国统计年鉴》,国家统计局,https://data.stats.gov.cn/easyquery.htm?cn=C01,2023 年 4 月 7 日。

《中华人民共和国职业教育法》从法律上确定了职业教育的"类型教育属性",中职教育与普通高中教育是同等层次不同类型的教育。党的二十大也强调要"推进职普融通""优化职业教育类型定位"。那么,该如何理解中职教育的类型价值呢?本书依据实证数据,基于就业质量视角对中职教育的就业市场回报进行讨论,以期丰富对中职教育类型价值的认识。

(二)文献综述

已有文献从中职教育的就业市场表现展开了相关研究,但对于接受中职教育能否实现理想的职业选择并没有形成全面、一致的研究结论。

一方面,大多数研究认为,接受中职教育具有良好的市场表现。首先,中职教育在提高农村家庭社会经济地位和收入水平方面发挥了重要作用,接受中职教育的农村劳动者平均年收入是仅接受初中教育收入回报的1.88倍[1],中职教育是促进农村劳动力增收的有效教育投资方式[2]。从缩小农村居民收入差距的角度来看,虽然中职教育和普通高中教育均能缩小贫困居民的收入差距,但中职教育的减贫效应更加明显[3]。其次,中职教育的收入效应不仅对农村居民具有显著作用,从城市层面及全国层面来看也具有显著作用。李实和丁赛针对我国城镇居民收益率的研究发现,接受中职教育收益率不仅高于初中后直接进入劳动力市场的收益率,也高于普通高中毕业生的收益率[4]。彭贤杰等研究发现,在同等教育层次下,接受中职教育的劳动者不仅具有显著的收入效应,而且在职业地位和幸福感等方面具有显著的非收入效应[5]。

---

[1] 颜敏:《技能高中还是普通高中?——中国农村学生的教育选择》,《中国农村经济》2012年第9期。

[2] 栾江等:《高中教育还是中等职业教育更有利于增加西部地区农村劳动力非农收入?——基于异质性的处理效应估计》,《中国农村经济》2014年第9期;祁占勇、谢金辰:《投资职业教育能否促进农村劳动力增收——基于倾向得分匹配(PSM)的反事实估计》,《教育研究》2021年第2期。

[3] 李强谊、钟水映、曾伏娥:《职业教育与普通教育:哪种更能减贫?》,《教育与经济》2019年第4期。

[4] 李实、丁赛:《中国城镇教育收益率的长期变动趋势》,《中国社会科学》2003年第6期。

[5] 彭贤杰、康苗苗、王继平:《不同类型高中教育回报的动态研究——基于货币收益和非货币收益的视角》,《教育发展研究》2021年第8期。

第九章　中等职业教育质量监测相关专题研究

另一方面，有些研究认为，中职教育在市场表现上并没有显著优势。其中，丁小浩和李莹根据北京大学教育经济研究所调查数据研究表明，中职毕业生相对普通高中毕业生除了具有较短的待业时间优势外，在收入和职业层次方面均没有显著差异[①]。刘万霞基于国务院发展中心2010年对全国农民工的调查数据研究发现，中职教育对农民工从事较好的职业及工作满意度没有直接影响[②]。曾嘉针对我国珠三角与长三角中等教育收入差距的研究发现，中职教育相对普通高中的收入处于较低水平，中职教育市场竞争力偏低[③]。

近年来，也有研究开始关注中职教育比较优势的动态变化，从劳动者生命周期的角度检验中职教育的市场回报。例如，王姣娜使用中国家庭动态调查2010年基线数据研究发现，接受中职教育比接受普通高中教育有更多的收入回报，但收入差异随时代转变而发生着变化，改革开放早期接受中职教育具有较高的收入回报，1990年后接受中职教育的优势已消失[④]。王奕俊等也得到了与此类似的研究结论[⑤]。王姣娜研究认为，接受中职教育对城市居民就业的可能性显著高于接受普通高中教育的城市居民，但随着劳动力年龄的增长，其差距不断缩小，当劳动力年龄超过29岁以后，接受普通高中教育者更容易实现理想的就业目标[⑥]。魏万青和白芸从职业声望、社会经济地位和收入水平方面对中职教育的市场回报进行了分析，发现中职教育在这三个方面的优势主要来自"80前"劳动者，"80后"劳动者已不具有市场优势[⑦]。

[①] 丁小浩、李莹：《中国城镇中等职业教育就业状况分析》，《教育科学》2008年第8期。
[②] 刘万霞：《职业教育对农民工就业的影响——基于对全国农民工调查的实证分析》，《管理世界》2013年第5期。
[③] 曾嘉：《教育质量不平等对居民收入差距的影响：以中等教育为例》，《华南师范大学学报》（社会科学版）2016年第4期。
[④] 王姣娜：《教育类型、职业生涯与劳动力市场回报》，《社会发展研究》2016年第1期。
[⑤] 王奕俊、胡慧琪、吕栋翔：《教育收益率发生了变化吗——基于CFPS的中等职业教育招生下滑与升学热原因探析》，《教育发展研究》2019年第11期。
[⑥] 王姣娜：《教育类型、职业生涯与劳动力市场回报》，《社会发展研究》2016年第1期。
[⑦] 魏万青、白芸：《职高教育能提升劳动力市场优势吗？——基于CFPS2010的比较研究》，《社会发展研究》2016年第4期。

综合来看，现有文献对中职教育的就业市场回报进行了关注和研究，但已有研究主要集中在中职教育相对于普通高中的收入回报上，而忽视了中职教育本身的学历优势，缺少对劳动力就业质量的全面考察，且没能达成相对一致的研究结论。因此，在已有研究基础上，本节试图从以下方面做出进一步探索：第一，探讨上与不上中职的就业市场回报是否存在差异，即初中学历和中职学历两类群体的就业质量是否相同？第二，分析高中阶段接受不同类型教育群体的就业市场回报是否存在差异，即普通高中学历与中职学历这两类群体的就业质量是否相同？第三，研究中职学校拥有不同人力资本的毕业生就业市场回报是否存在差异，即同为中职学校的学生，学与不学、学好与学坏，是否会影响其就业后的劳动收入？

二 中职教育就业质量实证案例分析

（一）初中学历和中职学历两类群体的就业质量差异

1. 数据来源

本书选取中国人民大学中国调查与数据中心实施的中国综合社会调查（Chinese General Social Survey，CGSS）中的微观数据。该项目始于2003年，是我国最早的全国性、综合性、连续性调查项目，调查范围涉及社会、社区、家庭、个人等多层次信息，具有较强的典型性与代表性。本书选取CGSS 2013年、2015年和2017年的调查数据，以18—65岁处于劳动年龄且完成中职教育阶段的群体作为研究对象，剔除受访者不知道、拒绝回答和数据缺失的样本，三个时期共得到有效样本3222个。

2. 模型设定

本部分研究的核心问题是从初中升入中职学校是否会带来就业质量的变化，反映在计量上即检验初中学历组相比中职学历组的就业质量差异。由于就业质量指数为0—100的连续变量，设定OLS回归模型如下。

$$y_i = \alpha 0 + \alpha_1 edu_i + \alpha_2 contr_i + v_y + v_r + \varepsilon_i \tag{1}$$

其中，y_i 为第 i 位劳动者的就业质量指标；edu_i 为核心解释变量中职教育学历；$contr_i$ 为影响就业质量的个人层面和家庭层面控制变量；v_y 和 v_r 分别表示控制了时间固定效应和地区固定效应；ε_i 为随机误差项。

3. 变量选取及描述性统计

（1）被解释变量

根据上文分析，选取工作收入、工作强度、工作稳定性和工作自主性四个维度的指标测算就业质量指数。其中，收入水平为上一年劳动者职业收入，为了降低数据极端值的影响，对收入为 1% 和 99% 水平进行截尾处理，以职业收入的对数进行测量；工作强度以每周工作小时数衡量；工作稳定性以是否签订劳动合同表示，签订劳动合同赋值为 1，未签订劳动合同赋值为 0；工作自主性根据问题"在多大程度上能决定您的工作具体方式"这一问题来测量，访问以 1—4 分的数值赋分，数值越大，代表自主程度越高。

参考学界主流研究方法，构造就业质量指数[1]。首先，对四个指标进行离差标准化处理：

$$x_{ij}^{equ} = \frac{(x_{ij} - \min_j)}{(\max_j - \min_j)} \tag{2}$$

在式（2）中，x_{ij}^{equ} 为标准化处理的分项指标，i 为劳动者个体，j 为具体测量指标，$\min_j$ 和 $\max_j$ 分别为 j 指标的最小值和最大值。由于工作时间是负向指标，故以 1 减工作时间进行反向处理。在标准化处理分项指标的基础上，采用等权平均法计算就业质量指数[2]：

$$quality_i = \frac{1}{4} \sum_{j=1}^{4} \times x_{ij}^{equ} \times 100 \tag{3}$$

（2）核心解释变量

本书的主要目的在于分析中职教育相对初中学历的就业质量变化，

---

[1] Leschke, J., Watt, A., "Challenges in Constructing a Multi-dimensional European Job Quality Index", *Social Indicators Research*, Vol. 118, No. 1, 2014, pp. 1–31.
[2] Lennox, C. S., Francis, J. R., Wang, Z. T., "Selection Models in Accounting Research", *Accounting Review*, Vol. 87, No. 2, 2012, pp. 589–616.

因此将研究对象选定为初中学历和中职学历的群体。其中，中职教育包括职业高中、中专和技校三种类型，将三者合并在一起，其赋值为 1，初中学历群体赋值为 0。为了分析高中阶段相同学历不同类型教育人群的就业质量，加入最高学历为普通高中群体的样本，中职教育赋值为 1，普通高中赋值为 0。

（3）控制变量

为避免遗漏重要变量而产生内生性问题，借鉴已有研究，从个人层面、家庭层面、年份固定效应和地区固定效应等方面加以控制[①]。在个人层面，具体来说，选取处于劳动年龄且完成中职教育的群体作为分析对象，并加入年龄的平方项分析年龄与就业质量的二次函数关系；性别变量，男性赋值为 1，女性赋值为 0；非农业户口赋值为 1，农业户口赋值为 0；汉族赋值为 1，其他少数民族赋值为 0；政治面貌变量，党员和民主党派赋值为 1，其他类型赋值为 0；把婚姻或再婚有配偶的赋值为 1，其他情况赋值为 0；以自评健康作为代理变量，由 1—5 分的整数表示，数值越大，表示健康状况越好。

家庭背景控制变量以父亲具体特征和 14 岁时家庭等级加以测量。其中父亲文化特征以父亲实际受教育程度表示；父亲政治面貌以父亲是否入党或加入民主党派表示，有党员或民主党派身份赋值为 1，其他赋值为 0；父亲职业地位以被访问者 14 岁时父亲有级别的行政职务表示，在被访问者 14 岁时父亲担任行政职务且有级别的赋值为 1，其他情况赋值为 0；根据题项"您 14 岁时家庭处于哪个等级上？"得到家庭社会等级变量，访问得到 1—10 的自评分数，数值越大，表示家庭等级越高。

上述变量的具体定义和描述性统计如表 9-18 所示。

[①] 张抗私、史策：《高等教育、个人能力与就业质量》，《中国人口科学》2020 年第 4 期；姜扬：《政府民生性财政支出的就业效应研究》，《东北师大学报》（哲学社会科学版）2021 年第 6 期；冯沁雪、曹宇莲、岳昌君：《专业兴趣会影响就业质量吗？——基于 2009—2019 年高校毕业生就业调查的实证研究》，《教育与经济》2021 年第 4 期。

表 9-18 中职教育就业质量研究变量定义及描述性统计

变量类型	变量名称	定义或赋值	均值	标准差
被解释变量	就业质量指数	取值在 0—100，分值越高表示就业质量越好	59.60	14.93
	工作收入	过去一年职业收入的对数	9.82	1.96
	劳动合同	以是否签订劳动合同表示，签订劳动合同赋值为 1，未签订劳动合同赋值为 0	0.36	0.48
	工作强度	以每周工作时间表示	53.56	18.08
	工作自主性	"在多大程度上能自主决定您的工作？"采用 1—4 分的自评分数，分数越大，代表自主性越高	2.71	1.00
核心解释变量	中等职业教育	最高学历为中等职业教育（包括职业高中、中专和技校）的赋值为 1，最高学历为初中或普通高中的赋值为 0	0.27	0.44
个人控制变量	年龄	18—65 岁中职毕业且处于劳动阶段的年龄	39.63	10.50
	年龄平方	被访问者年龄的平方	1680.41	842.72
	性别	男性赋值为 1，女性赋值为 0	0.60	0.49
	户口	非农业户口赋值为 1，农业户口赋值为 0	0.43	0.49
	民族	汉族赋值为 1，其他赋值为 0	0.94	0.24
	政治面貌	具有党员和民主党派身份赋值为 1，其他赋值为 0	0.06	0.24
	婚姻状况	初婚或再婚有配偶赋值为 1，其他赋值为 0	0.82	0.39
	健康状况	"您目前的身体健康状况？"采取 1—5 分的自评分数，分数越大，代表健康状况越好	4.06	0.87
家庭控制变量	父亲受教育程度	以父亲实际受教育年限表示	5.82	4.06
	父亲政治面貌	具有党员和民主党派身份赋值为 1，其他赋值为 0	0.12	0.32
	14 岁时父亲行政职务	将担任行政职务且有级别的赋值为 1，将没有担任行政职务且行政职务无级别的赋值为 0	0.03	0.16
	14 岁时家庭等级	"您 14 岁时家庭处在哪个等级上？"采取 1—10 分的自评分数，分数越高，代表等级越高	3.33	1.77

4. 实证结果

（1）中职教育的就业质量效应

表 9-19 报告了中职教育相对其他阶段和类型教育的就业质量回归

结果,其中,(1)—(3)列为中职教育学历相对初中学历就业质量的回归结果。为了提高估计结果的稳健程度,逐步加入个体特征和家庭特征控制变量,并对年份效应和地区效应进行固定。(1)—(3)列的估计结果均显示,中职教育在1%的水平上具有统计学意义,表明中职教育相较初中学历劳动者具有更高水平的就业质量,以模型(3)为分析对象,中职毕业相比初中毕业直接进入劳动力市场的就业质量提高了约6.34%。这表明,对于希望尽快步入劳动力市场的初中阶段学生来说,中职教育能够带来较高的就业质量回报。

表9-19 中职教育就业质量研究样本的就业质量回归结果

变量	(1)	(2)	(3)	(4)	(5)	(6)
中职教育	7.7454*** (0.5948)	6.6524*** (0.6382)	6.3388*** (0.6405)	1.5517** (0.6545)	1.1398* (0.6765)	1.2381* (0.6751)
个体特征控制变量						
年龄		0.7902*** (0.1786)	0.8553*** (0.1777)		1.2679*** (0.2269)	1.3031*** (0.2261)
年龄平方		-0.0093*** (0.0022)	-0.0095*** (0.0022)		-0.0158*** (0.0027)	-0.0157*** (0.0027)
个体特征控制变量						
性别		1.3045** (0.5212)	1.5279*** (0.5164)		1.3941** (0.6669)	1.5440** (0.6625)
户口		3.7687*** (0.5505)	3.1630*** (0.5552)		4.7386*** (0.6903)	3.9365*** (0.7095)
民族		0.1270 (0.9796)	0.3655 (0.9807)		0.2386 (1.5250)	0.5438 (1.5169)
政治面貌		2.1652** (1.0894)	2.0267* (1.0857)		0.9534 (1.0004)	0.9407 (1.0089)
婚姻状况		-0.7335 (0.7739)	-0.6681 (0.7688)		0.1043 (0.9182)	0.2044 (0.9110)
健康状况		0.9580*** (0.2911)	0.8763*** (0.2902)		0.5563 (0.3874)	0.5669 (0.3825)

续表

变量	(1)	(2)	(3)	(4)	(5)	(6)
家庭背景控制变量							
父亲受教育程度			0.3084*** (0.0685)			0.2881*** (0.0873)
父亲政治面貌			-1.8566** (0.8338)			0.2037 (0.9020)
14岁时父亲行政职务			3.1912** (1.5934)			1.5706 (1.3711)
14岁时家庭等级			0.5447*** (0.1458)			0.6263*** (0.1881)
常数项	58.2332*** (0.4979)	36.7051*** (3.8143)	30.3494*** (3.8292)	65.9752*** (0.6341)	35.6149*** (4.9431)	29.4430*** (5.0282)
年份固定效应	是	是	是	是	是	是
地区固定效应	是	是	是	是	是	是
观测值	3222	3222	3222	2131	2131	2131
R^2	0.0747	0.1022	0.1144	0.0499	0.0986	0.1116

说明：*、**和***分别表示在10%、5%和1%水平下的显著水平；括号内的数值为稳健标准误。

（2）中介效应

①中介效应模型设定

上文的实证结果表明，接受中职教育相比初中毕业直接进入劳动力市场具有显著的就业质量优势，那么这种优势是直接来自受教育年限的增加，还是经由其他渠道对就业质量产生的间接影响？考虑到对于接受相对较高教育层次的中职学历劳动者来说，他们可能具有较强的学习能力、认知能力和信息获取能力，更容易在劳动力市场上胜出。因此，为了检验中职教育能否通过上述中介渠道对就业质量产生影响，根据温忠麟和叶宝娟（2014）[①]的分析思路，在方程（1）的基础上构建中介效应

[①] 温忠麟、叶宝娟：《中介效应分析：方法和模型发展》，《心理科学进展》2014年第5期。

模型如下。

$$M_i = \gamma_0 + \gamma_1 edu_i + \gamma_2 contr_i + v_y + v_r + \varepsilon_i \tag{4}$$

$$y_i = \beta_0 + \beta_1 edu_i + \beta_2 M_i + \beta_3 contr_i + v_y + v_r + \varepsilon_i \tag{5}$$

其中，y_i 和 edu_i 与式（1）相同，分别表示就业质量指数和中职教育。M_i 为中介变量，包括学习投入、认知能力和信息获取。学习投入变量以过去一年里空闲时间的学习频率进行测量，数值越大，表示越经常学习；以被访者英语掌握水平作为个人认知能力的代理变量，数值越大，表示英语水平越好；以多媒体使用情况衡量信息获取能力，数值越大，表示对多媒体使用越频繁，即信息获取能力越强。

②中介效应估计结果与检验

在表9-20中，列（1）为中职教育对就业质量的直接效应，列（2）（4）（6）为公式（4）的回归结果，对应的中介变量分别是学习投入、认知能力和信息获取能力，列（3）（5）（7）为公式（5）的回归结果，并且上述回归均引入了相同的控制变量、时间固定效应和地区固定效应。在中职教育对中介变量的回归中，中职教育的系数均在1%水平上显著为正，表明接受中职教育相对初中学历群体在业余时间里更热爱学习、具备更强的认知能力和信息获取能力。将中职教育和中介变量同时纳入模型后发现，列（3）（5）（7）中学习投入、认知能力和信息获取能力的系数均在1%水平上显著为正，且中职教育变量的回归系数与列（1）相比有所下降，表明学习投入、认知能力和信息获取能力是中职教育影响就业质量的中介变量，即中职教育通过提高劳动者的学习投入、认知能力和信息获取能力，进一步提高他们的就业质量。

通过计算可得，学习投入、认知能力和信息获取的中介效应分别为0.56、0.70、0.94，中介效应占总效应的比重分别为8.89%、11.02%、14.85%。为了更准确地判断学习提升、认知能力和信息获取的中介效应，进一步采用Bootstrap方法进行检验。结果发现，三个中介效应检验的置信区间均不包含0，根据Bootstrap方法检验原理，证实了学习投入、认知能力和信息获取在中职教育与就业质量之间的中介形成机制。由此可见，劳动者在业余时间里不断学习科学知识、注重提升其自身的认知能力和信息获取能力对于提高就业质量具有积极作用。

表9-20　　中职教育就业质量研究的中介效应模型回归结果

变量	(1) 就业质量	(2) 学习投入	(3) 就业质量	(4) 认知能力	(5) 就业质量	(6) 信息获取	(7) 就业质量
中职教育	6.3388*** (0.6405)	0.4129*** (0.0422)	5.7753*** (0.6437)	0.3330*** (0.0289)	5.6389*** (0.6530)	0.5830*** (0.0494)	5.3975*** (0.6473)
学习投入			1.3646*** (0.2784)				
认知能力					2.0977*** (0.4324)		
信息获取							1.6147*** (0.2019)
常数项	30.3494*** (3.8292)	1.8354*** (0.2633)	28.5503*** (3.8923)	1.6409*** (0.1593)	27.6057*** (3.8967)	4.8670*** (0.3115)	23.1963*** (3.9452)
Bootstrap检验	置信区间 [0.3353, 0.8816]		置信区间 [0.4072, 1.1196]		置信区间 [0.9074, 1.4503]		
个人控制变量	是	是	是	是	是	是	是
家庭控制变量	是	是	是	是	是	是	是
年份固定效应	是	是	是	是	是	是	是
地区固定效应	是	是	是	是	是	是	是
观测值	3222	3222	3222	3222	3222	3222	3222
R^2	0.1144	0.0979	0.1212	0.1925	0.1208	0.3851	0.1315

说明：*、**和***分别表示在10%、5%和1%水平下的显著水平；括号内的数值为稳健标准误。

3. 时间趋势分析

中职教育在整体上提高了劳动者的就业质量，但在不同历史时期和发展阶段,中职教育带来的就业质量回报可能存在差异,因此有必要根据教育事业发展的关键阶段,进一步分析中职教育在不同阶段的就业质量差异。考虑到毕业是走向就业的关键节点,将劳动者划分为1978—1989年、1990—1998年、1999—2008年及2009—2017年毕业的四个不同阶段。采取这种划分的原因在于,在这些发展阶段里,国家教育有不同的战略选择,影响或决定了中职教育发展方向。1978年,为了适应经济发展的需要,中职教育成为培养补充国家急需技术人才的关键,中职教育改革提上议事日程;20世纪90年代,职业教育在改革中明确了发展方向,大力发展职业教育成为社会共识,中职教育在这一阶段迎来了快速发展的重要时期;90年代末的高校扩招,使高等教育从精英化向大众化转变,接受普通教育成为首要选择,中职教育发展面临困境;进入新的历史时期,随着产业结构调整和经济转型发展,就业市场对职业教育提出了更高的要求和期望,中职教育机遇和挑战并存。

表9-21报告了不同毕业阶段中职教育就业质量效应的估计结果,从回归结果可以发现,在不同时期,中职教育相对初中学历劳动者的就业质量均具有明显优势,即改革开放四十余年来,中职教育在提高劳动者就业质量方面作出了突出贡献。具体来看,中职教育的就业质量随着毕业年份呈现出先增加后减小的"倒U"形特征,在1999—2008年这一阶段达到最优后呈现出下滑趋势。与以往研究[①]中职教育的最优收入效应出现在改革开放早期不同的是,本部分的实证结果显示,中职教育的最优就业质量效应出现在20世纪末及21世纪初期阶段。出现这一结果的原因可能在于:第一,随着改革开放的推进、市场经济发展和劳动力市场完善,我国的宏观就业环境得到了前所未有的改善,劳动者的就业观念从实现就业到提高就业质量转变,从只关注工作收入向全面关注工作强度、工作稳定性及工作自主性等更为全面的就业质量转变;第二,

---

① 陈伟、乌尼日其其格:《职业教育与普通高中教育收入回报之差异》,《社会》2016年第2期;李强谊、钟水映、曾伏娥:《职业教育与普通教育:哪种更能减贫?》,《教育与经济》2019年第4期。

中职教育在高校扩招前迎来了发展的黄金时期,就业质量得到显著提高,同时在政策时滞效应的作用下,中职教育的就业质量在扩招后仍然保持在较高的水平上。

表9-21　　　　　中等职业教育就业质量效应分时期回归结果

变量	(1)	(2)	(3)	(4)
中职教育	3.1227** (1.5699)	7.2535*** (1.2374)	7.9359*** (1.4390)	5.1935* (2.6748)
常数项	16.5028 (32.4395)	34.3067* (19.5197)	39.7001*** (12.2563)	-7.1234 (21.1872)
个人控制变量	是	是	是	是
家庭控制变量	是	是	是	是
年份固定效应	是	是	是	是
地区固定效应	是	是	是	是
观测值	936	790	652	203
R^2	0.0701	0.1984	0.1336	0.1459

说明:*、**和***分别表示在10%、5%和1%水平下的显著水平;括号内的数值为稳健标准误。

(二)普通高中学历与中职学历两类群体就业质量差异

依然基于CGSS 2013年、2015年和2017年的数据,用相同的方法建立模型,因变量、控制变量不变,自变量的值由初中学历和中职学历变化为普高学历和中职学历,分析相同学历不同类型教育所带来的就业质量差异。研究结果见表9-19的(4)—(6)列所示。(4)—(6)列的估计结果显示,在控制了个体特征和家庭特征有关变量后,中职教育相较普通高中就业质量的显著性有所下降,但是仍在10%的水平上具有显著意义,以模型(6)为分析对象,在同等受教育年限下,中职教育相较普通高中就业质量的优势保持在1.24%左右。这表明,对于高中毕业即就业的学生来说,接受中职教育相对于普高会获得较高的就业市场回报。也就是说,在劳动力市场上,中职学历群体的就业质量优于普高学历群体。

(三) 不同人力资本的中职毕业生就业质量差异

1. 数据来源

本部分使用的数据来源于对同一批样本连续 5 次的追踪调查。2013—2016 年，针对分层随机抽样的样本，通过现场问卷和访谈形式，围绕中职学生的在校情况进行了四次调查，获得了近 2 万名学生的有效信息，包括家庭经济状况、父母学历和职业等家庭信息；学生性别、年龄、年级、专业等学生个人基本信息，以及认知和非认知发展状况；学校荣誉（是否国家级示范校）以及办学类型等学校基本信息。2018 年，采用电话访谈形式围绕样本学生毕业后的就业状况再次进行了追踪调查。根据 Krejcie 提供的推荐样本规模表格，在 95% 的置信水平下，如果总体规模为 2 万人，推荐的样本规模为 377 人[1]。考虑到电话形式不一定能联系上所有样本，且一部分人会拒绝参与访谈，因此按 10% 的比例从 2 万名样本学生中随机抽取了电话追访对象，最终收集到 1107 个样本的就业信息。根据研究需要剔除不符合要求的样本后，最终得到 345 个有效样本（大于基于 90% 置信区间的样本量）。

2. 变量定义

劳动力市场收入差异一直是学者关注的研究问题，本部分以中职学生为研究对象，关注人力资本与收入关系的劳动收入即劳动所得的收入，包括工资薪金、劳务报酬、专利收入、稿酬等。工薪阶层的劳动收入主要为工资薪金，本书以个人的工资性收入即初职月薪为因变量。剔除异常值后，月薪范围在 500—6200 元。

我们关注的核心自变量是人力资本，包括认知能力和非认知能力两个方面。具体而言，认知能力以中职学生在一二年级学年末[2]的数学、专业知识和技能标准化测试成绩为测量指标，非认知能力以学生的一般

---

[1] Krejcie, R. V., "Determining Sample Size for Research Activities", *Educational & Psychological Measurement*, 1970.

[2] 中职学校一般采取 "2+1" 的学制模式，即学生在入学的前两年在校学习，最后一年去企业实习。

自我效能感和尽责心品质为测量指标。

之所以选择数学和专业知识技能标准化测试成绩作为认知能力的代理变量，是因为数学是国际性学科，是高中阶段学生必修的文化基础课之一，是一切科学的基础，可以用来衡量学生的基本知识技能。同时，职业技能被视为中职教育的关键目标，但囿于大规模数据的可得性，不便通过实践操作考量技能状况，因此，本书采取在卷面测试中增加部分体现实践操作技能的题目，从中既能测量学生的专业知识掌握情况，又能在一定程度上考察学生的实践技能。

之所以选择一般自我效能感和尽责心作为非认知能力的代理变量，是因为自我效能感和尽责心是已有文献在研究与个体发展成就相关问题时常用的指标。本书使用张建新和 Schwarzer 的中文版一般自我效能感量表[1]，其内部一致性系数为 0.87，使用的大五人格量表中的尽责心量表，其内部一致性系数为 0.71[2]。自我效能感和尽责心量表分别采用 Likert 四点、五点计分法，对每个量表的所有题项加总后，经过标准化处理，得到量表得分。

中职学生家庭资本和在校期间是否流失也是本书关注的重要变量。依据科尔曼对家庭资本的划分[3]，本书从家庭文化资本、社会资本和经济资本三个方面测量中职学生的家庭资本。家庭文化资本用父亲的受教育程度衡量。样本中父亲的学历有六种：没有读小学（3.3%）、小学（22.4%）、初中（53.7%）、高中（17.2%）、大专（2.5%）、本科（0.8%），在进行变量操作化时，依次赋值为 0、6、9、12、15、16。家庭社会成本用父亲的职业类型来衡量，"职业"是个人与社会的连接点，它在很大程度上代表了个人在社会中拥有资源的多寡。依据李春玲提出

---

[1] Zhang, J. X., Schwarzer, R., "Measuring Optimistic Self-beliefs, A Chinese Adaptation of the General Self-Efficacy Scale", *Psychologia An International Journal of Psychology in the Orient*, No. 3, 1995, pp. 174–181.

[2] Barrick, M. R., Mount, M. K., "The Big Five Personality Dimensions and Job Performance: A Meta-analysis", *Personnel Psychology*, No. 44, 1991, pp. 1–26.

[3] Coleman, J., "Social Capital in the Creation of Human Capital", *American Journal of Sociology*, No. 94, 1988, pp. S95–S120.

的阶层分化标准将职业分为中上层、中下层和底层[①]。调查数据显示，样本学生父亲职业只有中下层和底层两类，中下层包括一般专业技术人员、基层行政人员、现役军人和警察、个体经营者；底层包括农民、普通工人、无业下岗人员等。在进行变量操作化时，底层赋值为1，中下层赋值为0。家庭经济资本的衡量主要参考世界卫生组织在关于学校儿童健康行为研究项目开发的"家庭富足量表（FAS）"，以电冰箱、电脑、洗衣机等拥有量来标示家庭经济状况，共14个项目，"有"赋值为1，"没有"赋值为0，对数据进行标准化处理，并选取一个主成分作为家庭经济资本的代理变量。

其他控制变量包括性别（男=1）、民族（汉族=1）、户口类型（农村户口=1）、年级（一年级=1）、专业（计算机=1）等个人基本特征变量，是否示范校（是=1）、办学类型（普通中专为基准组）等学校特征变量，就业区域、就业行业、工作岗位类型、公司规模、每周工作时间等就业状况变量。样本基本信息如表9-22所示。

表9-22　不同人力资本的中职毕业生就业质量研究样本基本信息

变量名	观察值	均值	标准差	最小值	最大值
初职月薪（元）	345	2623.97	947.77	500	6200
初职月薪对数	345	7.80	0.39	6.21	8.73
家庭经济资本	345	-0.98	1.47	-5.29	1.29
父亲受教育年限	334	8.76	2.68	0	16
父亲工作（底层=1）	335	0.81	0.40	0	1
数学成绩标准分	276	-0.14	0.89	-2.28	2.89
专业成绩标准分	276	0.06	1.01	-4.82	3.38
自我效能感标准分	345	0.05	1.00	-2.01	2.33
尽责心标准分	345	0.03	1.00	-3.50	2.40

---

① 李春玲主编：《比较视野下的中产阶级形成——过程、影响以及社会经济后果》，社会科学文献出版社2010年版，第24页。

续表

变量名	观察值	均值	标准差	最小值	最大值
性别（男=1）	345	0.79	0.41	0	1
民族（汉=1）	344	0.98	0.15	0	1
户口（农村=1）	345	0.86	0.35	0	1
专业（计算机=1）	345	0.60	0.49	0	1
年级	345	1.47	0.50	1	2
就业地点	342	1.37	0.53	1	3
就业行业	341	3.00	2.29	1	8
工作岗位类型	328	2.25	0.67	1	3
公司规模	342	3.57	1.92	1	8
周工作时间（小时）	339	54.23	10.90	25	96
是否有实习经历（是=1）	343	0.75	0.43	0	1

资料来源：作者依据调查数据自制。

3. 模型构建

本书采用 OLS 分析人力资本对劳动收入的影响，回归模型如下：

$$\ln wage_i = \alpha + \beta_1 CAP_i + \beta_0 FAM_i + \sum_1^n \gamma_n C_{in} + \varepsilon_i \tag{6}$$

其中，$\ln wage_i$ 为中职学生 i 初职月薪对数；CAP 为人力资本测度指标，FAM 为家庭资本测度指标，β_1、β_0 为其影响系数；$\sum_1^n C_{in}$ 为一系列其他控制变量，即可能影响劳动收入的其他因素，γ_n 为相应控制变量的系数；α 为常数项，ε_i 为误差项。

4. 实证结果

表 9-23 显示了人力资本对劳动收入影响的回归结果，在模型 1 和模型 2 中，分别放入数学成绩标准分、专业成绩标准分等认知能力变量，分析认知能力对劳动收入的影响；在模型 3 和模型 4 中分别放入尽责心、自我效能感等非认知能力变量，考量非认知能力对劳动收入的影响；在模型 5 中纳入了所有人力资本变量，考察认知能力和非认知能力对收入

的共同影响。

由表 9-23 的前四列可以看出,认知能力和非认知能力对收入的影响系数均为正值,表示人力资本与劳动收入显著正相关。其中,专业成绩、自我效能感得分对收入具有不显著的积极影响,说明专业知识和技能、自我效能感对提高劳动收入有一定程度的正向促进作用。数学成绩、尽责心得分与收入呈正相关,且均在5%的水平下显著,这表示文化基础知识每增加一个标准分,劳动收入就增加6.6%;尽责心得分每增加一个标准分,劳动收入就增加5.5%。

表 9-23　　样本学生人力资本对其在次要劳动力市场上劳动收入的影响

变量	(1) Model 1	(2) Model 2	(3) Model 3	(4) Model 4	(5) Model 5
数学成绩标准分	0.066**				0.060**
	(0.026)				(0.027)
专业成绩标准分		0.038			0.028
		(0.024)			(0.025)
尽责心			0.055**		0.052*
			(0.027)		(0.030)
自我效能感				0.031	0.020
				(0.024)	(0.027)
家庭资本					
家庭经济资本	-0.005	-0.006	-0.005	-0.006	-0.003
	(0.016)	(0.016)	(0.017)	(0.017)	(0.016)
家庭文化资本	0.021**	0.020**	0.020**	0.020**	0.020**
	(0.009)	(0.009)	(0.009)	(0.009)	(0.009)
家庭社会资本	0.037	0.036	0.018	0.044	0.012
	(0.060)	(0.060)	(0.062)	(0.061)	(0.061)
是否控制其他变量	是	是	是	是	是

续表

变量	(1) Model 1	(2) Model 2	(3) Model 3	(4) Model 4	(5) Model 5
常数项	7.538***	7.530***	7.512***	7.502***	7.558***
	(0.198)	(0.200)	(0.200)	(0.201)	(0.198)
R^2	0.183	0.169	0.176	0.168	0.207

说明：括号内为标准误；*** 表示 $p<0.01$，** 表示 $p<0.05$，* 表示 $p<0.1$；个人基本特征、学校特征、就业状况其他控制变量结果省略，如需要可向作者索取。

资料来源：作者根据调查资料自制。

由模型5的回归结果可知，纳入所有认知能力和非认知能力变量后，R^2 增加到0.21，说明人力资本对收入的解释力增加，人力资本对劳动收入的重要性有所提升。此时，数学成绩和尽责心得分对收入的影响系数依然为正，相比模型1和模型3，二者的系数虽然有所下降但仍然显著，分别在5%和10%的水平上显著。具体来说，文化基础知识和尽责心每增加一个标准分，劳动收入分别增加6%和5.2%，这表示认知能力和非认知能力都是影响劳动收入的重要因素。专业知识技能、自我效能感与劳动收入依然表现为不显著的正相关，表示专业知识技能和自我效能感得分的增加对提高劳动者收入有积极影响，但这种积极影响在统计上不显著。

总体来说，人力资本对中职毕业生的劳动收入有显著的积极影响。并且进一步分析中职学生一个学年内的人力资本变化发现，数学测试成绩平均每增加5分，技能成绩会增加10.6分，与学生主诉的成绩增进情况基本一致。可以看出，中职学生的人力资本在中职学校得到了一定的提高。这意味着中职教育不仅有助于学生人力资本的形成和积累，而且人力资本较高的毕业生就业市场回报也较高。

三 中职教育就业质量研究启示与建议

（一）结论与讨论

从以上三个层面的分析可以得出：

1. 中职毕业与初中毕业直接进入劳动力市场相比，接受中职教育的就业市场回报较高。新人力资本理论认为，教育能够增加个人的认知和非认知能力。与初中毕业生相比，中职学生通过接受更多的教育，积累更多的人力资本，在就业市场上可以获得更大的收益。根据明瑟收入模型，劳动收入和受教育年限具有线性关系，在同等条件下，受教育年限越长，收入就越高。

2. 中职毕业与普高毕业相比，中职毕业生的就业市场回报较高。中职和普高作为同一阶段两种不同类型的高中教育，究竟哪种类型的教育能够带来更多的回报，这是学者们一直关注的问题。我们的研究虽然证实了上中职能获得更高的就业市场回报，但这一结果是基于最高学历而言的。也就是说，对于没有能力或机会上大学的学生来说，上中职既能习得知识，又能学会一定的职业技能，中职教育能够帮助学生更好地在劳动力市场上就业，对于没有能力和机会上大学的人而言，是一个更好的选择。对于高中毕业后继续升学的学生来说，选择哪种类型的教育更好，不是本书讨论的问题。

3. 同样是上中职，在中职学校积累的人力资本越多，劳动收入就越高。人力资本理论对教育回报有较强的解释力，它明确指出，人力资本越高，给个人带来的收益越高。学者们也都在研究中证实了这一结论，无论是普通教育还是职业教育，人力资本越多的人在劳动力市场上的表现越好，收入越高。

（二）对策与建议

根据以上结论，结合当前中职教育吸引力尚显不足，人才培养质量仍需进一步提高的问题，提出如下建议。

1. 建立内部衔接机制，坚持高中阶段类型的教育定位

首先，中职教育与普通高中教育是同一层次、不同类型的教育，既有区别，就不应一味模仿普通教育。其次，中职教育是职业教育这种类型教育的一个阶段，而非全部。当前越来越多的中职毕业生选择升学，这要求中职学校一方面坚持职业教育的办学逻辑，培养技术技能型人才；另一方面不能抛弃中职的高中属性，要加强文化素养教育，为中职学生

继续教育做准备。当前，职业教育类型也正在走向高等化，这要求在高中阶段教育和高等教育之间搭建人才成长的"立交桥"，在专业标准、课程建设、学籍管理、实训安排、教学改革等方面进行系统设计、衔接贯通，实现中职教育和普通高中教育、中职教育和高等教育之间的衔接通达。

2. 完善资格框架制度，明确就业和发展的定位

从发达国家的经验来看，构建普职等值、融通的教育体系是提高中职教育吸引力的必由之路。当前，在中高职衔接、中本衔接方面确实取得了显著进步。然而，在普职等值互认方面，并没有获得实质性进展，职业教育和普通教育毕业生在劳动力市场上享受同等待遇的目标还未真正实现。关键原因在于，国家资格框架制度尚未建立。完善资格框架制度首先要构建统一的职业资格能力标准和资格认证体系，让资格认证有章可循；其次要建立学分认定制度，不同背景的学习者通过课程学习所获得的学分可以相互认定，达到职业资格能力标准即可获得资格证书；最后要有专门的部门进行资格认证管理，打破当前条块分割的管理体制，改变证出多门，专业标准、课程标准和资格认定标准不统一的现象。

3. 坚持"三全育人"，突出提升学生人力资本的定位

立德树人是教育的根本任务，中职教育担负着培养生产、服务、管理一线高素质技术技能型人才的重任。但不可否认，由于中职学校入学门槛低甚至无门槛，学生素质水平参差不齐，学校育人工作充满挑战。《国家职业教育改革实施方案》指出，"推进职业教育领域'三全育人'综合改革试点工作，使各类课程与思想政治理论课同向同行，努力实现职业技能和职业精神培养高度融合"。对于中职学校而言，就是在全员、全程、全方位育人中，促进学生身心成长。具体来说，一是知识学习与思政教育相结合，专业课老师要将思政教育融合在日常教学中；二是理论学习与实践学习相结合，在实践中育人；三是学校学习和企业实习相结合，校企协同育人，职业技能和职业道德融合育人；四是以学生成长为主线，教学、日常管理、企业实习"三位一体"，对学生进行过程性、增值性评价，顺应其身心发展规律，全面提升学生的认知能力和非认知

能力，促进中职生的人力资本积累。

小 结

本章从职业教育质量评估、中等职业学校标准化建设、中等职业教育质量抽样评估及中等职业教育就业质量四个方面，围绕中等职业教育质量监测进行了专题研究。

其一，党的十八大以来职业教育质量评估政策研究。这一研究以69份相关政策为研究对象，通过提取政策主题词，采取社会网络、聚类、多维尺度等方法，对政策重点和特点进行分析。研究发现，职业教育质量评估政策已经形成包括职业教育质量评估主体、评估方法、评估内容、评估保障等方面的完整内容体系，并呈现出政策价值由服务经济发展到建设教育强国、政策主体由单一到多元、政策结构由离散到聚合、政策内容由一般到具体等演进特征，显示出我国职业教育高质量发展迈出了坚实的步伐。面向未来，职业教育质量评估政策还应在完善政策设计、优化政策结构、加强政策督导等方面持续推进。

其二，中等职业学校标准化建设研究。这一研究以河南省K市的中职学校为研究对象，参照已有的政策文件，编制"中等职业学校标准化建设情况调查问卷"，运用SWOT分析法对K市中职学校的年度质量发展数据进行分析，明确中职学校在标准化建设中所面临的机遇、挑战、优势、劣势，提出中职学校标准化建设的建议。

其三，中等职业教育就读质量抽样评估研究。该研究以扩展的人力资本理论为依据，运用本课题组于2013年10月和2014年4月在118所中职学校获得的近1.2万余名学生的纵向调研数据，从认知和非认知两大维度，对中职学生的发展质量进行评估，通过多维度分析发现中职教育存在的一些突出问题，例如，在近一个学年间，样本学生的专业知识和文化基础知识无明显增进、顶岗实习未达到政策目的、学生存在不良行为习惯、学生对中职学校满意度低、辍学率高等。基于此，建议中职学校加强基础知识和基本素养教育、优化校园文化、提高实习的教育性、强化中职学生自我认同感、提高学生自主学习能力，从而改善中职教育质量，促进中职学校学生发展。

其四，中等职业教育就业质量实证研究。这一研究依据CGSS的实证数据和课题组调查数据，基于就业质量视角对中职教育的就业市场回报进行讨论。通过对初中学历和中职学历、普通高中学历与中职学历、不同人力资本的中职毕业生进行就业质量差异分析，发现中职毕业生与普高、初中两类毕业生相比，中职毕业生的就业市场回报较高；同样是上中职，在中职学校积累的人力资本越多，劳动收入就越高。根据以上结论，结合当前中职教育吸引力尚显不足，人才培养质量仍需进一步提高的问题，建议建立内部衔接机制，坚持高中阶段类型教育的定位；完善资格框架制度，明确就业和发展的定位；坚持"三全育人"，突出提升学生人力资本的定位。

参考文献

一 政策文本

《中共中央关于教育体制改革的决定》（中共中央〔1985〕）。

《关于对职业高级中学开展评估，认定"省级重点职业高级中学"的通知》（教职厅〔1990〕8号）。

《省级重点职业高级中学的标准》（教职厅〔1990〕8号）。

《国务院关于大力发展职业技术教育的决定》（国发〔1991〕55号）。

《关于印发"国家级重点技工学校标准"的通知》（劳培字〔1992〕16号）。

《关于搞好省级重点职业高中评估总结并进行抽查的通知》（教职厅〔1992〕19号）。

《关于开展省级重点职业高中评估工作抽查活动的通知》（教职厅〔1992〕20号）。

《关于评选"国家级、省部级重点普通中等专业学校"的通知》（教职厅〔1993〕12号）。

《国家教委关于颁发"国家级重点职业高级中学标准"的通知》（教职厅〔1994〕1号）。

《普通中等专业学校办学水平评估指标体系（试行）》（教职厅〔1994〕4号）。

《关于开展国家级重点职业高中及中学评估认定工作的通知》（教职厅〔1995〕1号）。

《关于印发〈国家重点技工学校标准〉（修订）的通知》（劳部发

〔1997〕238号）。

《技工学校教育督导评估暂行规定》（劳动部令〔1997〕9号）。

《关于调整中等职业学校布局结构的意见》（教职成〔1999〕3号）。

《中等体育运动学校设置标准（试行）》（体青字〔2001〕167号）。

《中等职业学校设置标准（试行）》（教职成〔2001〕8号）。

《中等艺术学校设置标准（试行）》（文教科发〔2001〕55号）。

《关于开展中等职业学校合格评估工作的通知》（教职成司函〔2003〕14号）。

《关于开展国家级重点中等职业学校调整认定工作的通知》（教职成司函〔2003〕33号）。

《教育部关于加快发展中等职业教育的意见》（教职成〔2005〕1号）。

《国务院关于大力发展职业教育的决定》（国发〔2005〕35号）。

《关于做好国家重点技工学校评估工作有关事项的通知》（劳社厅发〔2007〕16号）。

《关于印发国家重点技工学校标准的通知》（劳社部发〔2007〕26号）。

《关于印发高级技工学校标准的通知》（劳社部发〔2007〕27号）。

《教育部关于进一步深化中等职业教育教学改革的若干意见》（教职成〔2008〕8号）。

《关于公示拟确认32所国家重点技工学校50所高级技工学校名单的通知》（劳社厅函〔2008〕71号）。

《关于实施国家中等职业教育改革发展示范学校建设计划的意见》（教职成〔2010〕9号）。

《教育部关于印发〈中等职业学校设置标准〉的通知》（教职成〔2010〕12号）。

《中等职业教育改革创新行动计划（2010—2012年）》（教职成〔2010〕13号）。

《国家中长期教育改革和发展规划纲要（2010—2020年）》（国家中长期教育改革和发展规划纲要工作小组办公室〔2010〕）。

《国家教育督导团关于印发〈国家教育督导报告：关注中等职业教育

（摘要）〉的通知》（国教督〔2011〕3 号）。

《关于印发"中等职业教育督导评估办法"的通知》（教督〔2011〕2 号）。

《教育部办公厅关于制订中等职业学校专业教学标准的意见》（教职成厅〔2012〕5 号）。

《关于扩大中等职业教育免学费政策范围 进一步完善国家助学金制度的意见》（财教〔2012〕376 号）。

《中等职业学校教师专业标准（试行）》（教师〔2013〕12 号）。

《现代职业教育体系建设规划（2014—2020 年）》（教发〔2014〕6 号）。

《国务院关于加快发展现代职业教育的决定》（国发〔2014〕19 号）。

《关于建立职业院校教学工作诊断与改进制度的通知》（教职成厅〔2015〕2 号）。

《教育部关于印发〈职业院校管理水平提升行动计划（2015—2018 年）〉的通知》（教职成〔2015〕7 号）。

《关于建立完善中等职业学校生均拨款制度的指导意见》（财教〔2015〕448 号）。

《关于开展中等职业教育质量年度报告工作的通知》（教职成厅函〔2016〕2 号）。

《中等职业学校办学能力评估暂行办法的通知》（国教督办〔2016〕2 号）。

《新一代人工智能发展规划》（国发〔2017〕35 号）。

《国务院办公厅关于深化产教融合的若干意见》（国办发〔2017〕95 号）。

《关于深化技工院校教师职称制度改革的指导意见》（人社部发〔2017〕90 号）。

《国务院关于印发国家职业教育改革实施方案的通知》（国发〔2019〕4 号）。

《教育部关于职业院校专业人才培养方案制订与实施工作的指导意见》（教职成〔2019〕13 号）。

《中国教育现代化 2035》（中共中央、国务院〔2019〕）。

《中共中央关于制定国民经济和社会发展第十四个五年规划和二〇三五年远景目标的建议》（中共中央〔2020〕）。

《关于深化新时代教育督导体制机制改革的意见》（中共中央办公厅、国务院办公厅〔2020〕)。

《职业教育提质培优行动计划（2020—2023年）》（教职成〔2020〕7号）。

《"十四五"职业技能培训规划》（人社部发〔2021〕102号）。

《关于推动现代职业教育高质量发展的意见》（中共中央办公厅、国务院办公厅〔2021〕）。

《职业学校办学条件达标工程实施方案》（教职成〔2022〕5号）。

《中华人民共和国职业教育法》（第十三届全国人民代表大会常务委员会〔2022年修订〕）。

《关于深化现代职业教育体系建设改革的意见》（中共中央办公厅、国务院办公厅〔2022〕）。

二　学术著作

［美］阿列克斯·英克尔斯、戴维·H. 史密斯：《从传统人到现代人——六个发展中国家中的个人变化》，中国人民大学出版社1992年版。

［美］B. 盖伊·彼得斯等编：《公共政策工具：对公共管理工具的评价》，顾建光译，中国人民大学出版社2007年版。

［美］布卢姆等：《教育评价》，邱渊等译，华东师范大学出版社1987年版。

安泰环球技术委员会编著：《管理风险　创造价值——深度解读ISO 31000：2009标准》，人民邮电出版社2010年版。

陈斌等：《职业院校教学工作诊断与改进的关键问题研究》，四川大学出版社2019年版。

褚宏启：《教育现代化的路径——现代教育导论》，教育科学出版社2013年版。

杜育红主编：《教育政策的监测与评价研究——以"西部地区基础教育发展"项目影响力评价为例》，人民教育出版社2010年版。

金娣、王钢编著：《教育评价与测量》，教育科学出版社2007年版。

李桂荣等：《县域义务教育均衡发展监测机制研究》，科学出版社2016年版。

罗荣渠：《现代化新论》，华东师范大学出版社 2013 年版。

涂艳国主编：《教育评价》，高等教育出版社 2007 年版。

王扬南、刘宝民主编：《中国中等职业教育质量年度报告（2018）》，高等教育出版社 2018 年版。

肖明编著：《知识图谱工具使用指南》，中国铁道出版社 2014 年版。

徐国庆：《职业教育课程论》，华东师范大学出版社 2015 年版。

徐国庆：《职业教育原理》，上海教育出版社 2007 年版。

张车伟主编：《中国人口与劳动问题报告 No.22——迈向现代化的中国城镇化》，社会科学文献出版社 2021 年版。

中共中央马克思恩格斯列宁斯大林著作编译局编译：《马克思恩格斯全集》第四十三卷，人民出版社 2016 年版。

中华职业教育社编著：《中华职业教育发展评价报告（2022）》，中共中央党校出版社 2022 年版。

周志刚：《职业教育质量评价体系研究》，经济科学出版社 2018 年版。

庄华峰、杨钰侠、王先进主编：《社会政策导论》，合肥工业大学出版社 2005 年版。

三 期刊论文

白玲、张桂春：《人文主义教育：我国职业教育之魂的丢失与重拾——基于联合国教科文组织对人文主义教育的重申》，《职教论坛》2017 年第 10 期。

本刊编辑部：《数字化赋能职业教育新生态——世界数字教育大会职业教育平行论坛综述》，《中国教育信息化》2023 年第 29 期。

陈爱华、杨成明、张棉好：《现代职业教育质量文化：内涵、价值及构建》，《教育与职业》2015 年第 29 期。

陈伟、乌尼日其其格：《职业教育与普通高中教育收入回报之差异》，《社会》2016 年第 2 期。

陈向平、袁洪志：《高职院校学生发展诊断与改进指标体系研究》，《中国职业技术教育》2016 年第 24 期。

陈向阳：《中职公共基础课课程标准：背景、挑战与策略选择》，《中国职业技术教育》2020年第9期。

丁小浩、李莹：《中国城镇中等职业教育就业状况分析》，《教育科学》2008年第8期。

付铮：《财政管理视角下中等职业教育投入机制的优化》，《河南师范大学学报》（哲学社会科学版）2014年第41期。

傅宁、司继明：《中等职业学校学生学业增值评价模式的建构》，《职业教育》（下旬刊）2019年第5期。

高文杰：《"教育2030行动框架"旨归及其对我国职业教育现代化的战略启迪》，《职业技术教育》2017年第36期。

顾明远：《试论教育现代化的基本特征》，《教育研究》2012年第9期。

顾明远：《再论教育本质和教育价值观——纪念改革开放40周年》，《教育研究》2018年第5期。

国家教育标准体系研究课题组：《国家教育标准体系的发展与完善》，《教育研究》2015年第2期。

韩一松：《教育现代化视域下职业教育治理共同体：特征、问题及路径》，《继续教育研究》2017年第6期。

何文明：《规范中职招生还须强化政府统筹》，《教育与职业》2014年第12期。

胡斌武等：《中等职业教育发展的均衡性与效率性实证检验——基于省际面板数据的分析》，《教育研究》2017年第3期。

胡德鑫：《新世纪以来德国职业教育质量保障的基本路径研究》，《中国职业技术教育》2020年第15期。

贾剑方：《从大纲到标准：职业教育课程标准的溯源与借鉴》，《职业技术教育》2015年第22期。

姜大源等：《当代世界职业教育发展趋势研究——现象与规律（之一）——基于横向维度延伸发展的趋势：定界与跨界》，《中国职业技术教育》2012年第18期。

蒋春洋、柳海民：《提升职业教育吸引力对策研究——基于福斯特职业学校谬误论的思考》,《现代教育管理》2012年第9期。

金怡、张文有:《中职学校协作共建教学诊改数据中心的研究与实践》,《职业技术教育》2020年第41期。

柯婧秋、高红梅、石伟平:《面向2035:中职教育现代化探析》,《职业技术教育》2018年第7期。

匡瑛、井文:《深化职业教育评价改革的逻辑起点、实践痛点与出路要点》,《教育发展研究》2022年第Z1期。

赖德胜、石丹淅:《我国就业质量状况研究:基于问卷数据的分析》,《中国经济问题》2013年第5期。

兰俊宝等:《中职学校教学工作诊断与改进的市域推进策略》,《职业技术教育》2021年第23期。

李桂荣、李向辉:《中职学生学业成绩影响因素分析——基于河南省的经验研究》,《教育经济评论》2016年第2期。

李桂荣、姚松、李向辉:《中职教育供给侧存在的问题及改革思路》,《教育发展研究》2017年第3期。

李桂荣、李向辉、易红梅:《中职示范学校育人质量的抽样调查与试点评估》,《教育与经济》2016年第1期。

李嘉、唐湘宁:《中等职业教育高质量发展的障碍、机遇与实践路向——以新修订的〈中华人民共和国职业教育法〉为指引》,《职教通讯》2023年第7期。

李强谊、钟水映、曾伏娥:《职业教育与普通教育:哪种更能减贫?》,《教育与经济》2019年第4期。

李实、丁赛:《中国城镇教育收益率的长期变动趋势》,《中国社会科学》2003年第6期。

李向辉、易红梅:《中职教育对"以就业为导向"的误读、危害与治理》,《教育发展研究》2016年第6期。

李玉静:《职业教育现代化必须坚持中国特色的制度创新》,《职业技术教育》2016年第10期。

李玉静:《职业教育治理:效能评价标准构建》,《职业技术教育》2020

年第 34 期。

李政、徐国庆：《职业教育国家专业教学标准开发技术框架设计》，《教育科学》2016 年第 2 期。

廖洪清：《中职教育治理的多维价值、原则与发展路向》，《职业技术教育》2015 年第 34 期。

林克松：《我国省际中等职业教育发展水平的测度与比较》，《西南大学学报》（社会科学版）2018 年第 1 期。

刘慧：《学校教学工作诊断与改进的难点及对策研究》，《教育评论》2019 年第 6 期。

刘丽群：《"高中普职规模大体相当"政策的现实之困与长远之策——基于近 40 年来高中教育政策的分析》，《河北师范大学学报》（教育科学版）2018 年第 6 期。

刘万霞：《职业教育对农民工就业的影响——基于对全国农民工调查的实证分析》，《管理世界》2013 年第 5 期。

刘晓、徐珍珍：《"机器换人"与职业教育发展：挑战与应对》，《教育发展研究》2015 年第 21 期。

刘彦林、哈巍：《中职免学费政策实施效果评估》，《教育发展研究》2017 年第 21 期。

刘云波：《中高职衔接模式下学生发展差异研究——基于北京市试点的实证分析》，《北京社会科学》2018 年第 10 期。

刘志国、刘志峰：《中高职衔接人才培养质量保障体系构建研究》，《中国高教研究》2014 年第 7 期。

陆素菊、寺田盛纪：《在经济性与教育性之间：职业教育的基本定位与未来走向——陆素菊与寺田盛纪关于职业教育发展中日比较的对话》，《华东师范大学学报》（教育科学版）2019 年第 2 期。

栾江等：《高中教育还是中等职业教育更有利于增加西部地区农村劳动力非农收入？——基于异质性的处理效应估计》，《中国农村经济》2014 年第 9 期。

闵维方：《当前中国教育经济学研究面临的若干重大问题》，《教育与经济》2013 年第 1 期。

聂伟、王军红:《论职业教育质量监测指标的逻辑及其自洽》,《中国高教研究》2020 年第 7 期。

潘海生、高常水:《企业参与职业教育策略变迁机理及政策启示》,《教育研究》2016 年第 8 期。

彭贤杰、康苗苗、王继平:《不同类型高中教育回报的动态研究——基于货币收益和非货币收益的视角》,《教育发展研究》2021 年第 8 期。

祁占勇、谢金辰:《投资职业教育能否促进农村劳动力增收——基于倾向得分匹配(PSM)的反事实估计》,《教育研究》2021 年第 2 期。

郄海霞、王世斌、董芳芳:《美国中等职业教育外部质量评价机制及启示——以亚利桑那州为例》,《比较教育研究》2013 年第 12 期。

任春荣:《如何有效反馈教育质量监测结果》,《人民教育》2022 年第 7 期。

申文缙、周志刚:《德国职业教育质量指标体系及启示》,《外国教育研究》2015 年第 6 期。

束建华:《关于制定职业教育专业标准的政策建议》,《职教论坛》2005 年第 3 期。

司淑梅、于京波:《基于教师专业发展的职教师资培训的调查研究》,《中国成人教育》2015 年第 20 期。

苏丽锋、孙志军、李振宇:《初中后教育选择意愿及影响因素研究——普高、中职还是不再读书?》,《华中师范大学学报》(人文社会科学版)2017 年第 5 期。

孙建:《基于共同治理的中高职衔接教学质量监控体系》,《教育与职业》2017 年第 14 期。

谭绍华、李同同:《大数据赋能职业教育质量监测:从局域到全局的系统嬗变》,《中国职业技术教育》2023 年第 4 期。

唐以志:《关于以效果为导向构建职业教育质量评价标准的思考》,《中国职业技术教育》2016 年第 6 期。

陶蕾、杨欣:《我国中等职业教育资源配置效率评价及分析——基于

DEA-Malmquist 指数模型》,《教育科学》2015 年第 8 期。

滕珺、李敏谊:《联合国教科文组织职业技术教育政策的话语演变——基于 N-Vivo 的文本分析》,《教育研究》2013 年第 1 期。

万德年:《高职院校开展教学诊断与改进工作研究》,《职教论坛》2017 年第 16 期。

王德亮等:《管培评协同的中等职业学校教师专业技能分级培训体系构建》,《职业技术教育》2020 年第 5 期。

王殿复、薛雯:《中职学校教学质量监控系统构建的实践与探索——以齐齐哈尔市职业教育中心学校为例》,《职业技术教育》2020 年第 23 期。

王继平、尉淑敏:《新世纪以来我国中职学生资助体系建设的回顾与反思——兼谈德国经验的借鉴》,《职业技术教育》2021 年第 42 期。

王军红、聂伟:《元标准视域下职业教育质量标准的审视和改进》,《黑龙江高教研究》2023 年第 41 期。

王玄培、王梅、王英利:《德国职业教育外部质量评价及其对我国职教评价体系的启示》,《教育与职业》2013 年第 22 期。

王奕俊、胡慧琪、吕栋翔:《教育收益率发生了变化吗——基于 CFPS 的中等职业教育招生下滑与升学热原因探析》,《教育发展研究》2019 年第 11 期。

王兆华、许世建:《利益相关者视角下职业教育校企合作财税支持政策研究——基于 NVivo 的政策文本分析》,《职业技术教育》2019 年第 18 期。

魏万青、白芸:《职高教育能提升劳动力市场优势吗?——基于 CFPS2010 的比较研究》,《社会发展研究》2016 年第 4 期。

向长征:《基于领导视角的中职教学诊断与改进研究》,《当代职业教育》2018 年第 3 期。

肖啸等:《面向 2035 的中职学校治理:图景与路径——基于"P-E-S-T 模型"的分析》,《中国职业技术教育》2018 年第 36 期。

谢树方、唐以志:《中等职业学校教育教学质量监控与教学评价机制的研究》,《中国职业技术教育》2016 年第 17 期。

辛涛、李峰、李凌艳:《基础教育质量监测的国际比较》,《北京师范大学学报》（社会科学版）2007 年第 6 期。

徐飞：《中职教育治理体系现代化：构成框架与实现路径》，《职教论坛》2018 年第 4 期。

徐鸿洲：《教育管办评分离背景下中职教育质量评估的实然困境与应然路径思考》，《职业技术教育》2018 年第 33 期。

许佳佳、李桂荣：《实然与应然错位：中职学校顶岗实习对学生发展的影响评估》，《河南大学学报》（社会科学版）2020 年第 1 期。

薛二勇等：《推进中国教育数字化的战略与政策》，《中国电化教育》2023 年第 1 期。

闫广芬、石慧：《改革开放 40 年来职业教育"中国模式"的内生重构》，《西南大学学报》（社会科学版）2019 年第 1 期。

闫志利等：《对口招生高校中职生源与普高生源学生素质状况比较研究》，《职业教育研究》2014 年第 1 期。

阎亚军：《上海市中职学校教育质量监测模式探究》，《上海教育评估研究》2020 年第 4 期。

杨进：《把中职摆在普及高中阶段教育的突出位置》，《中国教育报》2017 年 4 月 12 日第 3 版。

杨锦钰：《中职教师培训后的职业能力：是否提高，怎样判断——基于雷达图的分析》，《中国职业技术教育》2022 年第 17 期。

杨延：《国家专业教学标准：工学结合深层次改革的关键》，《职业技术教育》2007 年第 10 期。

杨银付：《深化教育领域综合改革的若干思考》，《教育研究》2014 年第 1 期。

杨志成、柏维春：《教育价值分类研究》，《教育研究》2013 年第 10 期。

余朝宽等：《中职学生综合素质"多元立体"评价模式研究——以重庆市渝北职业教育中心为例》，《中国职业技术教育》2021 年第 8 期。

俞可等：《循证：欧盟教育实证研究新趋向》，《华东师范大学学报》（教育科学版）2017 年第 3 期。

曾嘉：《教育质量不平等对居民收入差距的影响：以中等教育为例》，

《华南师范大学学报》（社会科学版）2016 年第 4 期。

曾湘泉、王辉：《个人效用、教育因素和岗位特征——基于我国中职毕业生就业质量指标体系的研究》，《学术研究》2018 年第 3 期。

张晨、马树超：《我国职业学校办学条件评价和预警机制研究》，《中国高教研究》2011 年第 8 期。

张弛：《关注人的生存、生长与生成：现代职业教育目的解析》，《中国职业技术教育》2012 年第 36 期。

张桂春：《发达国家职业教育教师专业发展的规制及经验》，《教育科学》2013 年第 5 期。

张济洲、黄书光：《谁读职校——基于社会分层视角》，《全球教育展望》2015 年第 9 期。

张扬群、吕红：《诊断与改进：中职学校的校本化实践——以重庆市渝北职业教育中心为例》，《中国职业技术教育》2019 年第 5 期。

赵博琼：《农村中职学校教师考核评价体系建构与思考》，《中国职业技术教育》2018 年第 4 期。

赵静、沈有禄：《我国中等职业教育投入机制存在问题的原因与对策分析》，《中国职业技术教育》2011 年第 3 期。

赵莉香：《中职学生学习效果评价方法研究》，《中国教育学刊》2020 年第 S1 期。

郑筱婷等：《选择普通高中教育还是中等职业教育——高中阶段不同类型教育期望回报率的实证分析》，《教育研究》2023 年第 1 期。

中国教育科学研究院：《提高国民素质 建设人力资源强国》，《教育研究》2017 年第 5 期。

朱山立、韩玺：《类型教育视野下中职学生学业评价的类型意蕴与革新路径》，《教育与职业》2022 年第 17 期。

朱正浩等：《澳大利亚 TAFE 院校跨境教育质量监控趋势及借鉴》，《职教论坛》2017 年第 7 期。

庄西真：《中国式职业教育现代化：内涵、图景与路径》，《中国高教研究》2023 年第 2 期。

四 学位论文

韩喜梅:《我国职业教育质量第三方评估机制研究》,博士学位论文,天津大学,2019 年。

王军红:《职业教育质量生成及其机制研究》,博士学位论文,天津大学,2013 年。

五 网络文档

《中国统计年鉴》,国家统计局,https://data.stats.gov.cn/easyquery.htm?cn=C01。

教育部:《2016 年全国中等职业学校办学能力评估报告》,http://www.moe.gov.cn/jyb_xwfb/gzdt_gzdt/s5987/201712/t20171207_320820.html。

教育部:《2021 年全国教育事业发展统计公报》,http://www.moe.gov.cn/jyb_sjzl/sjzl_fztjgb/202209/t20220914_660850.html。

教育部:《2022 年全国教育经费执行情况统计快报》,http://www.moe.gov.cn/jyb_xwfb/gzdt_gzdt/s5987/202306/t20230630_1066490.html。

教育部:《2022 年全国教育事业发展统计公报》,http://wap.moe.gov.cn/jyb_sjzl/sjzl_fztjgb/202307/t20230705_1067278.html。

教育部:《中国教育概况——2018 年全国教育事业发展情况》,http://www.moe.gov.cn/jyb_sjzl/s5990/201909/t20190929_401639.html。

教育部等:《关于 2020 年全国教育经费执行情况统计公告》,http://wap.moe.gov.cn/srcsite/A05/s3040/202111/t20211130_583343.html。

中国教育改进社:《中国教育改进报告(2011、2013、2015、2016)》,http://www.ceiiedu.org/。

中国教育科学研究院:《全国中职教育满意度调查报告》,http://paper.jyb.cn/zgjyb./html/2017-05/16/content_478583.htm。

《"产业工人队伍建设改革五周年"新闻发布会》,中华全国总工会网站,https://www.acftu.org/xwdt/xwfbh/xwdtfbxc/202206/t20220602_810426.html。

中央人民政府:《中国共产党第十八届中央委员会第三次全体会议公报》, https：//www. gov. cn/hudong/2015 - 06/09/content_ 2875841. htm。

六 外文文献

Australian Government & Australian Skills Quality Authority,"Quality in Dicatorannual Summary", https：//www. asqa. gov. au/rto/responsibilities/data-collection-and-provision/quality-indicator-annual-summary.

Australian Government & Australian Skills Quality Authority,"ASQA Organization Strcture", https：//www. asqa. gov. au/sites/default/files/2021 - 09/ASQA_ Org-Chart-2021_ Sept_ E. pdf.

Australian Government & Australian Skills Quality Authority,"Self-Assessment Tool", https：//www. asqa. gov. au/standards/self-assessment-tool.

Australian Government & Australian Skills Quality Authority,"Consultation Paper: Working together towards effective self-assurance (Version 1.0)", https：//www. asqa. gov. au/sites/default/files/2020 - 08/consultation-paper-working-together-towards-self-assurance_0. pdf.

Australian Government,"Fit and Proper Person 2011", https：//www. legislation. gov. au/F2011L01341/asmade/text, 2011.

Australian Government,"National Vocational Education and Training Regulator (Data Provision Requirements) Instrument 2020", https：//www. legislation. gov. au/F2020L01517/latest/text, 2020.

Australian Government,"National Vocational Education and Training Regulator (Financial Viability Risk Assessment Requirements) Instrument 2021", https://www. legislation. gov. au/F2021L01040/latest/text, 2021.

Australian Government,"Standards for VET Regulators 2015", https：//www. legislation. gov. au/F2014L01375/latest/text, 2017.

Australian Government,"Standards for VET Accredited Courses 2021", https://www. legislation. gov. au/F2021L00269/asmade/text, 2021.

Barrick, M. R., Mount, M. K.,"The Big Five Personality Dimensions and

Job Performance: A Meta-analysis", *Personnel Psychology*, No. 44, 1991.

Carayannis, E. G., Campbll, D. F. J., *Mode 3 Knowledge Production in Quadruple Helix Innovation System: 21st-century Democracy, Innovation, and Entrepreneurship for Development*, New York: Springer Science + Business Media, 2012.

Coleman, J., "Social Capital in the Creation of Human Capital", *American Journal of Sociology*, No. 94, 1988.

European Commission, "Fundamentals of a Common Quality Assurance Framework (CQAF) for VET in Europe", http: //www. cedefop. europa. eu/files/5168_ 3a. pdf, 2009.

European Parliament and Council, "Recommendation of the European Parliament and of the Council: On the Establishment of a European Quality Assurance Reference Framework for Vocational Education and Training", https://eur-lex. europa. eu/LexUriServ/LexUriServ. do? uri = OJ: C: 2009: 155: 0001: 0010: EN: PDF, 2009.

Guijt, I., Gaventa, J., "Participatory Monitoring and Evaluation: Learning from Change", *Institute of Development Studies*, 1998.

Henry Etzkowitz and Loet Leydesdorff, "The Dynamics of Innovation: From National Systems and 'Mode 2' to a Triple Helix of University-industry-government Relations", *Research Policy*, Vol. 29, No. 2, 2000.

Krejcie, R. V., "Determining Sample Size for Research Activities", *Educational & Psychological Measurement*, 1970.

Lennox, C. S., Francis, J. R., Wang, Z. T., "Selection Models in Accounting Research", *Accounting Review*, Vol. 87, No. 2, 2012.

Leschke, J., Watt, A., "Challenges in Constructing a Multi-dimensional European Job Quality Index", *Social Indicators Research*, Vol. 118, No. 1, 2014.

Markwick, M. C., "Golf Tourism Development, Stakeholders, Differing Discourses and Alternative Agendas: The Case of Maita", *Tourism Manage-*

ment, No. 21, 2000.

Mitchell, R. K., Agle, B. R., Wood, D. J., "Toward a Theory of Stakeholder Identification and Salience: Defining the Principle of Whom and What Really Counts", *Academy of Management Review*, Vol. 22, No. 4, 1997.

National Centre for Vocational Education Research, "What We Do", https://www.ncver.edu.au/about-ncver/about-us, 2021.

Office of Vocational and Adult Education US Department of Education, "Investing in America's Future: A Blueprint for Transforming Career and TechNicalEducation", https://www.ed.gov/news/speeches/investing-americas-future-blueprint-transforming-career-and-technical-education, 2012.

The European Quality Assurance in Vocational Education and Training, "EQAVET's Way of Working: Community of Practice", https://www.eqavet.eu/Eqavet2017/media/Documents/EQAVET-community-of-practice.

The European Quality Assurance in Vocational Education and Training, "How We Work", https://eqavet.eu/About-Us, 2018.

The European Quality Assurance in Vocational Education and Training, "Misson", https://ec.europa.eu/social/main.jsp?catId=1536&langId=en-About-Us.

The European Parliament and the Council of European Union, "Recommendation on the Establishment of a European Quality Assurance Reference Framework for Vocational Education and Training", 2009.

The International Organization for Standardization, "ISO 31000: 2018 Risk Management-Guidelines", https://www.iso.org/obp/ui/#iso:std:iso:31000:ed-2:v1:en.

UNESCO, "Education 2030: Incheon Declaration and Framework for Action for the Implementation of Sustainable Development Goal 4: Ensure Inclusive and Equitable Quality Education and Promote Lifelong Learning Opportunities for All", http://unesdoc.unesco.org/images/0024/002456/245656E.Pdf, 2016.

UNESCO, "Proposed Indicators for Assessing Technical and Vocationaleducation and Training", http://unesdoc.unesco.org/images/0026/002606/260674e.pdf, 2014.

United Nations, "Transforming Our World: The 2030 Agenda for Sustainable Development", https://sustainabledevelopment.un.org/post2015/transformingourworld/publication, 2015.

Zhang, J. X., Schwarzer, R., "Measuring Optimistic Self-beliefs, A Chinese Adaptation of the General Self-Efficacy Scale", *Psychologia An International Journal of Psychology in the Orient*, No. 3, 1995.